風水罗盘全解

三元三合罗经实用指南

傅洪光 著

华龄出版社

责任编辑：薛　治
责任印制：李未圻

图书在版编目（CIP）数据

风水罗盘全解/傅洪光著．—北京：华龄出版社，2011.5
ISBN 978－7－80178－815－3

Ⅰ.①风… Ⅱ.①傅… Ⅲ.①风水－研究－中国 Ⅳ.①B992.4

中国版本图书馆CIP数据核字（2011）第086111号

书　　名：	风水罗盘全解——三元三合罗经实用指南
作　　者：	傅洪光　著

出版发行：	华龄出版社		
地　　址：	北京市东城区安定门外大街甲57号	邮　编：	100011
电　　话：	（010）58122246	传　真：	（010）84049572
网　　址：	http://www.hualingpress.com		

印　　刷：	三河市九洲财鑫印刷有限公司		
版　　次：	2011年7月第1版　2024年10月第17次印刷		
开　　本：	720×1020　1/16	印　张：	26
字　　数：	409千字	印　数：	76501～82500
定　　价：	58.00元		

版权所有　　翻印必究

本书如有破损、缺页、装订错误，请与本社联系调换

休宁老吴鲁衡木罗盘

本书罗盘图片由周易书斋®提供。购买罗盘或索取更多资讯请加QQ：370845136或致电15652026606王老师。

休宁老吴鲁衡木罗盘背面

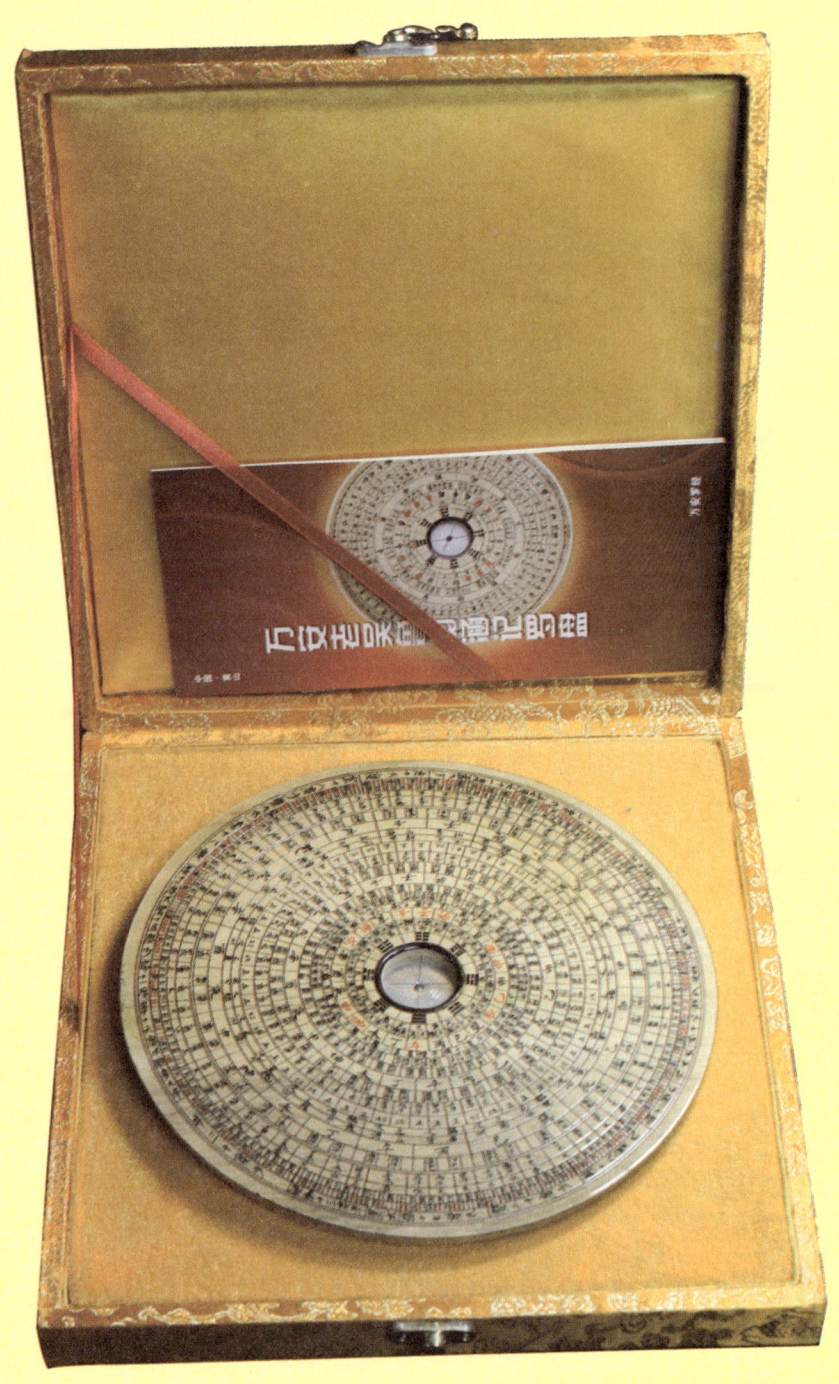

老吴鲁衡涵记嫡传休宁万安罗盘

老吴鲁衡涵记罗盘正面

本书罗盘图片由周易书斋®提供。购买罗盘或索取更多资讯请加QQ：370845136或致电15652026606王老师。

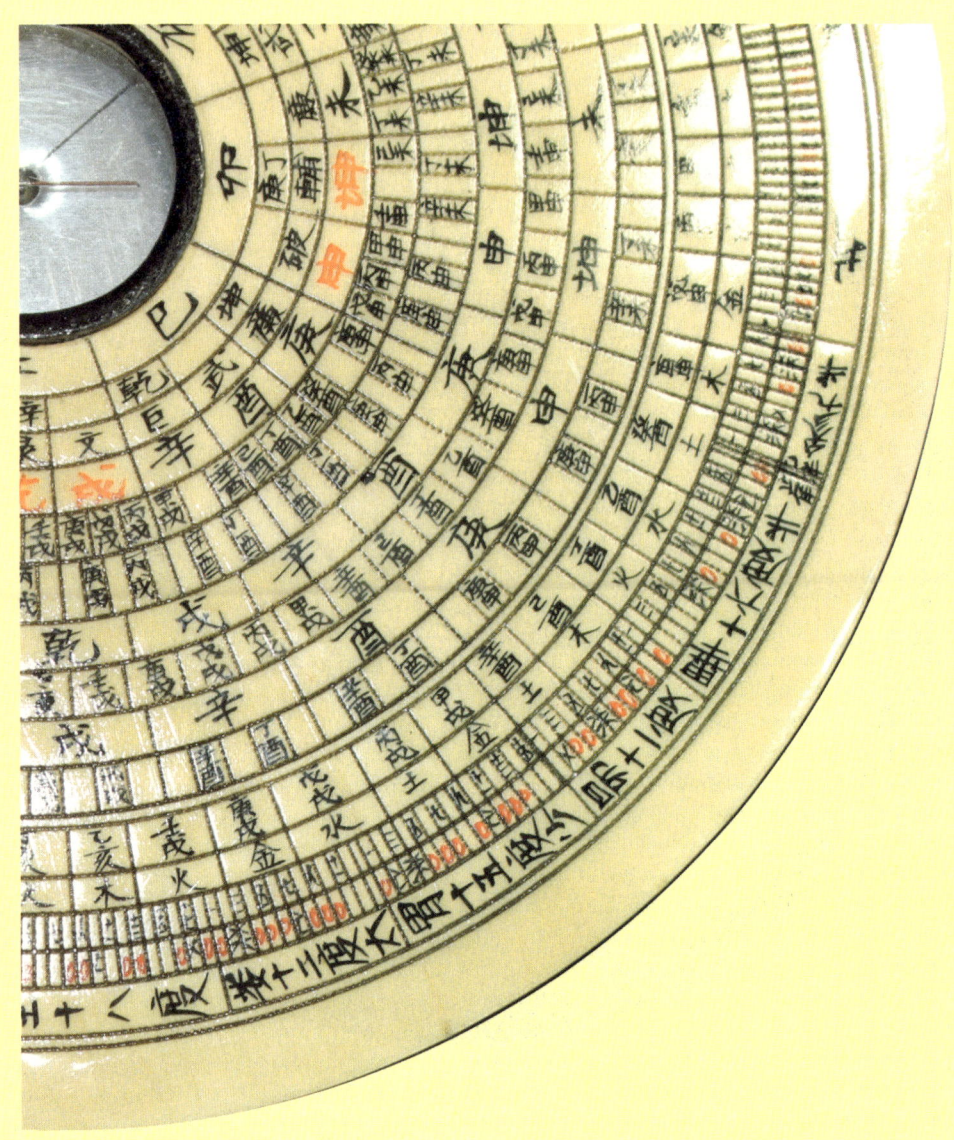

老吴鲁衡涵记罗盘局部

老吴鲁衡涵记罗盘背面

本书罗盘图片由周易书斋®提供。购买罗盘或索取更多资讯请加QQ：370845136或致电15652026606王老师。

台湾翰辉三合盘

本书罗盘图片由周易书斋®提供。购买罗盘或索取更多资讯请加QQ：370845136或致电15652026606王老师。

台湾翰辉三元盘

本书罗盘图片由周易书斋®提供。购买罗盘或索取更多资讯请加QQ：370845136或致电15652026606王老师。

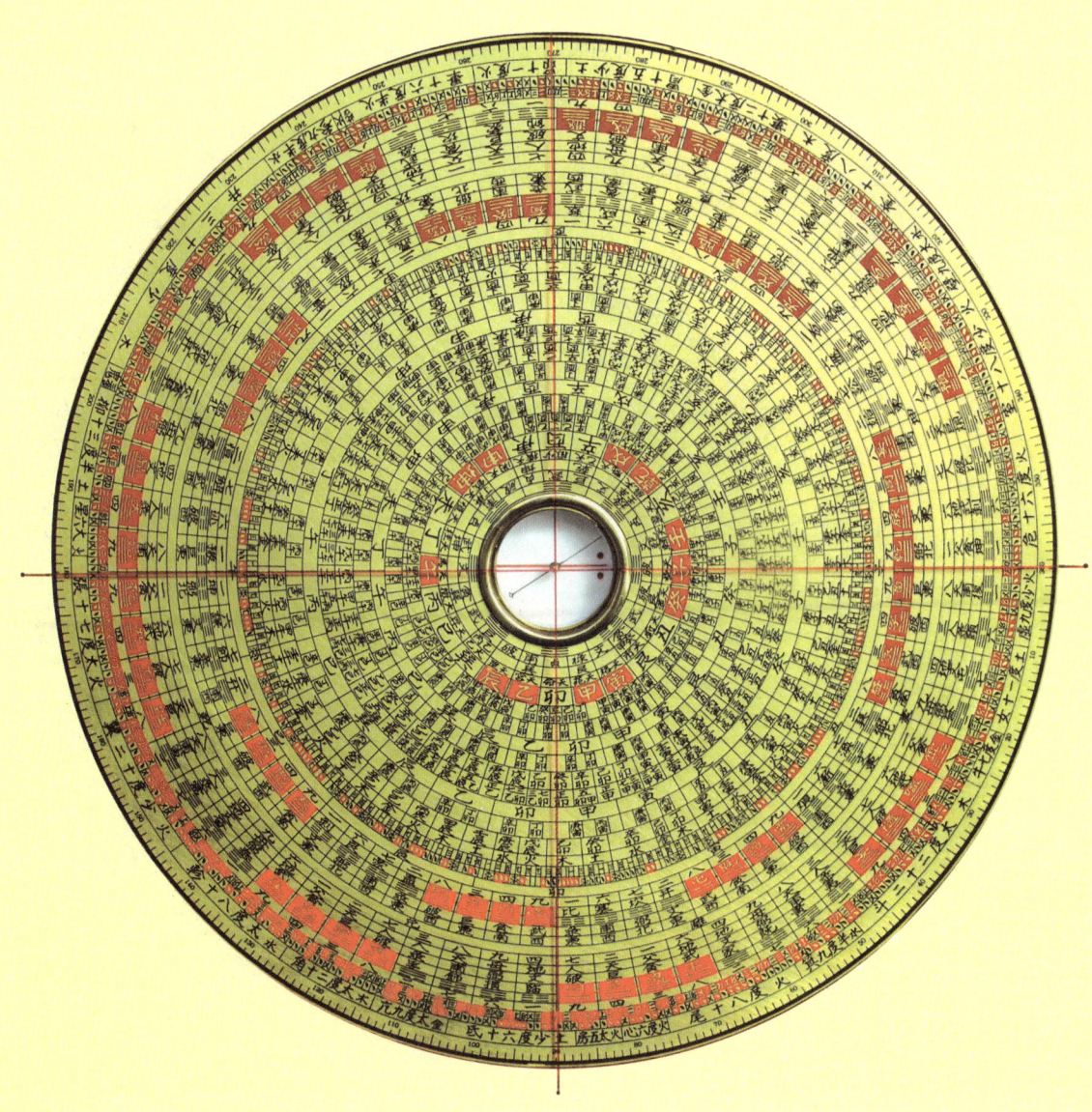

台湾翰辉综合盘

本书罗盘图片由周易书斋®提供。购买罗盘或索取更多资讯请加QQ：370845136或致电15652026606王老师。

台湾日星堂三合盘

本书罗盘图片由周易书斋®提供。购买罗盘或索取更多资讯请加QQ：370845136或致电15652026606王老师。

台湾日星堂三元盘

本书罗盘图片由周易书斋®提供。购买罗盘或索取更多资讯请加QQ：370845136或致电15652026606王老师。

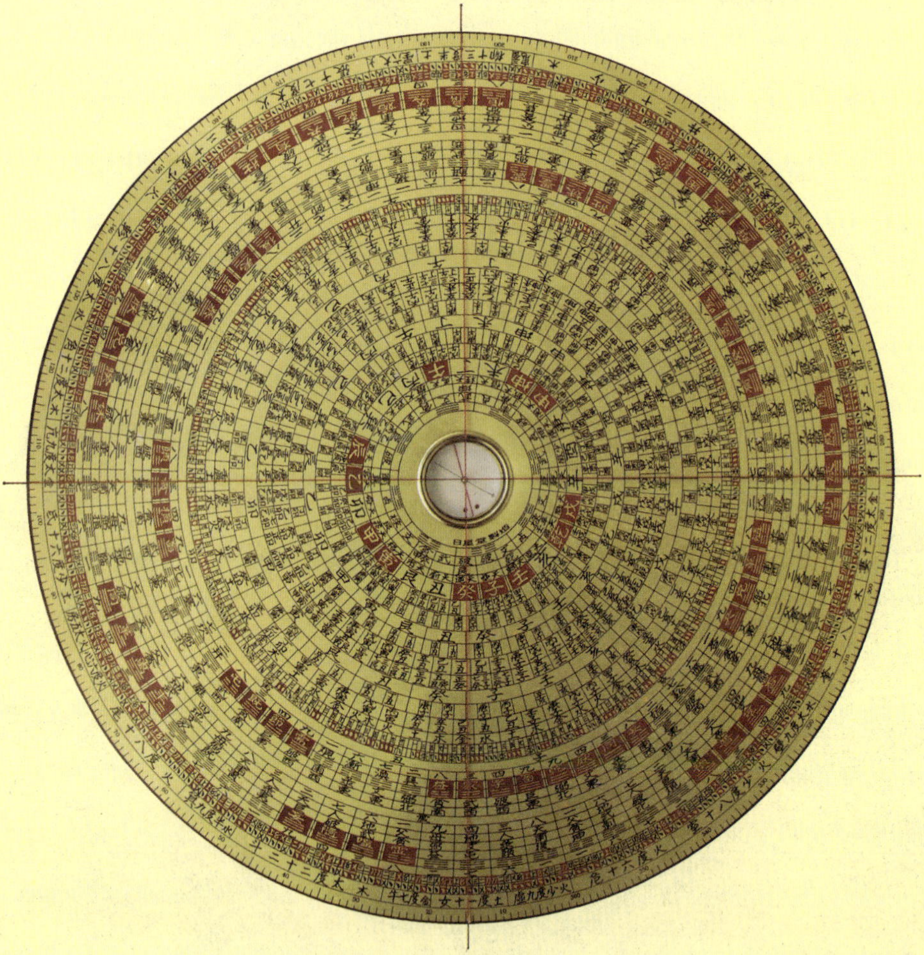

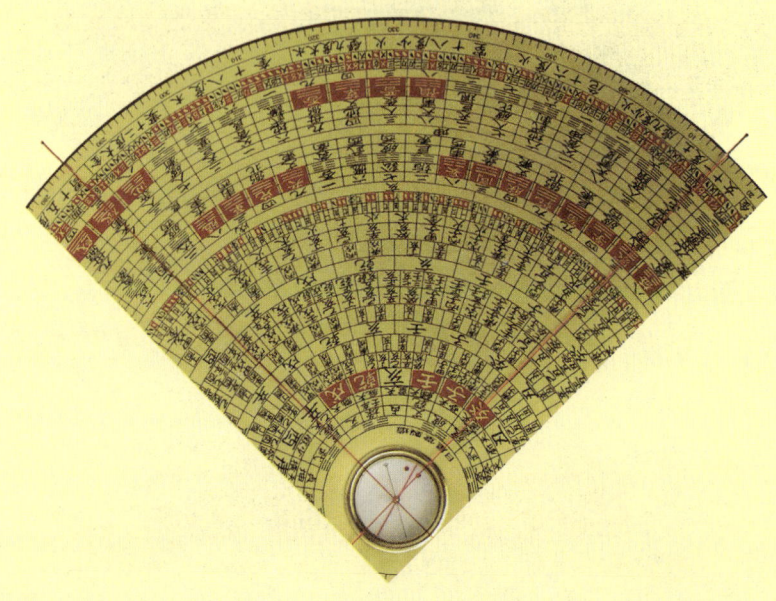

台湾日星堂综合盘

台湾日星堂综合盘局部

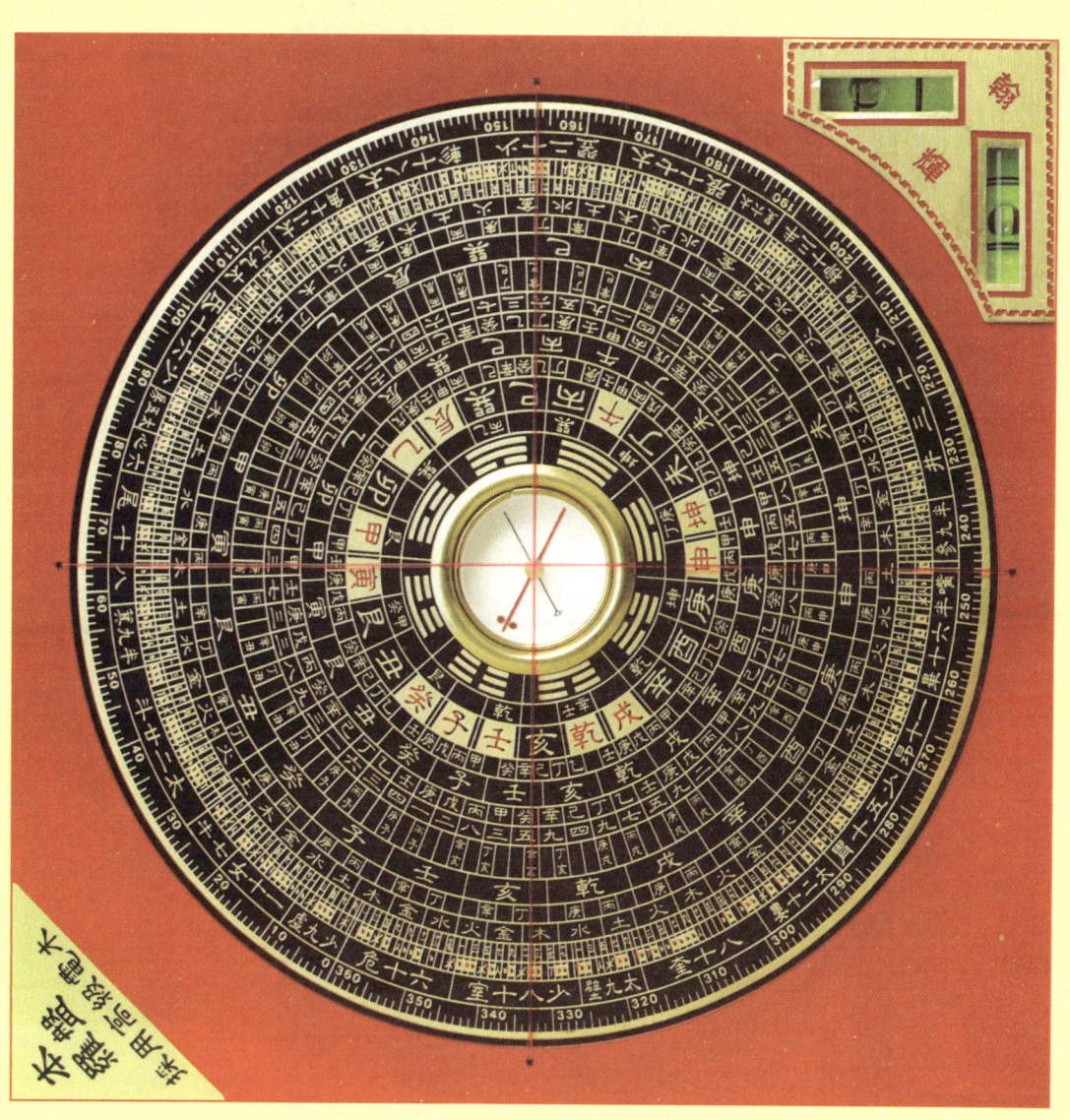

台湾翰辉三合盘

本书罗盘图片由周易书斋®提供。购买罗盘或索取更多资讯请加QQ：370845136或致电15652026606王老师。

学易斋制鲁班尺

前　　言

众所周知，立向是风水学中的一个关键要素。这里有一个说法："分金差一线，富贵不相见。"所谓分金，就是古代风水师对方位的细致分度，他们认为方位的分度就像把珍贵的金子分开，要慎之又慎，绝对马虎不得。风水师要是"差一线"即错一个分金方位，往往就可能把旺丁旺财的阴阳宅变成凶宅！而一般人也许无法想象，360度的圆周方位，风水术中竟然可以细致到240个分金，也就是划分为240个方位。这种情况下，要凭眼力去断风水的吉凶，分金丝毫不差，恐怕只有神才可以做到，而风水师不是神，所以他们还需要一个特殊的工具——罗盘。

看风水时必定手持罗盘，成了风水师留给世人的一个普遍印象。古往今来，几乎每个行业都有自己的吃饭工具，剃头匠要用剃刀，画匠要用笔，侠客要用刀剑……而风水师的吃饭工具就是罗盘。每个风水师在临终前，都会把毕生最重要的法物和秘诀传给最得力的弟子，罗盘正是传承法物之一。把罗盘给衣钵传人，就是把吃饭工具给了弟子，意味着弟子从此可以靠这项工具和技能来谋生了。

在风水行内人看来，那些自吹神通广大，不用罗盘也能看风水的人，不过是些妄断吉凶的江湖骗子。真正的风水师无论寻龙点穴、消砂纳水，还是立向布局，都要依靠罗盘。罗盘运用稍有偏差，就会直接影响判断的准确性，误了大事。因此，是否精通罗盘内容，是否能把罗盘运用自如，也是判断一个风水师业务和能力是否过硬的依据。

但要熟练掌握罗盘，不是一件容易的事情，因为罗盘不仅仅是一件工具，它还是一部集大成的"风水百科书"。罗盘也被尊称为罗经，取的就是"包罗万象，经天纬地"之义。从最开始的司南、汉代栻到形制完备的罗盘，举凡天文地理、宇宙八方，风水学发展中吸纳的一切知识如八卦、干支、纳甲、五行、九星、节气、奇门、二十八宿等等，都会在小小的罗盘上体现出来，足以让初次接触罗盘的人眼花缭乱，无从着手。

本书的编写，即着眼于还原罗盘上复杂玄奥的知识。书中综合大量文献资料，梳理了罗盘从初创到完备的发展历史，详尽地介绍罗盘的结构、种类及基本使用方法，并结合大量图例，详细讲解了罗盘各层知识和运用规则，以期揭开罗盘的神秘面纱，为有志于研究古代风水学的读者提供指导和参考。

编　者

2011 年 6 月

致　谢

《一本书弄懂风水》及本书出版后，广受海内外读者关注，很多读者来函来电，以示褒扬，并热心指正书中错误。天津卢亭龙先生，绩学有素，认真研求，精心校勘，多次来函指正。二书的再版，主要是根据卢亭龙先生的校勘成果，改正谬误，以期完璧。作为二书的编撰者，我们谨向卢老师和广大读者表示最真诚的感谢。

郑同　傅洪光

2012 年 2 月

目　　录

第一章　罗盘源流 ⋯⋯⋯⋯⋯⋯⋯⋯⋯⋯⋯⋯⋯⋯⋯⋯⋯ 1

一、罗盘的前世今生 ⋯⋯⋯⋯⋯⋯⋯⋯⋯⋯⋯⋯⋯⋯ 1

1. 风水罗盘的鼻祖——司南 ⋯⋯⋯⋯⋯⋯⋯⋯⋯ 1
2. 雏形：汉代六壬式盘 ⋯⋯⋯⋯⋯⋯⋯⋯⋯⋯⋯ 4
3. 指南针的应用 ⋯⋯⋯⋯⋯⋯⋯⋯⋯⋯⋯⋯⋯⋯ 8
4. 从指南针到风水罗盘 ⋯⋯⋯⋯⋯⋯⋯⋯⋯⋯⋯ 11
5. 创制与改进 ⋯⋯⋯⋯⋯⋯⋯⋯⋯⋯⋯⋯⋯⋯⋯ 13

二、辨方正位：风水师的利器 ⋯⋯⋯⋯⋯⋯⋯⋯⋯ 18

三、罗经：包罗万象的风水百科 ⋯⋯⋯⋯⋯⋯⋯⋯ 22

四、罗盘的基本结构和种类 ⋯⋯⋯⋯⋯⋯⋯⋯⋯⋯ 25

1. 罗盘的基本结构 ⋯⋯⋯⋯⋯⋯⋯⋯⋯⋯⋯⋯⋯ 25
2. 罗盘的种类 ⋯⋯⋯⋯⋯⋯⋯⋯⋯⋯⋯⋯⋯⋯⋯ 28

五、罗盘的著名产地和制作工艺 ⋯⋯⋯⋯⋯⋯⋯⋯ 31

第二章　与罗盘相关的基础知识 ⋯⋯⋯⋯⋯⋯⋯⋯⋯ 33

一、河图洛书 ⋯⋯⋯⋯⋯⋯⋯⋯⋯⋯⋯⋯⋯⋯⋯⋯ 33

二、八卦 ⋯⋯⋯⋯⋯⋯⋯⋯⋯⋯⋯⋯⋯⋯⋯⋯⋯⋯ 35

1. 八卦的产生 ⋯⋯⋯⋯⋯⋯⋯⋯⋯⋯⋯⋯⋯⋯⋯ 36
2. 卦象 ⋯⋯⋯⋯⋯⋯⋯⋯⋯⋯⋯⋯⋯⋯⋯⋯⋯⋯ 36
3. 先天八卦和后天八卦 ⋯⋯⋯⋯⋯⋯⋯⋯⋯⋯⋯ 37

三、六十四卦 ⋯⋯⋯⋯⋯⋯⋯⋯⋯⋯⋯⋯⋯⋯⋯⋯ 40

1. 卦名 ⋯⋯⋯⋯⋯⋯⋯⋯⋯⋯⋯⋯⋯⋯⋯⋯⋯⋯ 40
2. 爻位 ⋯⋯⋯⋯⋯⋯⋯⋯⋯⋯⋯⋯⋯⋯⋯⋯⋯⋯ 41
3. 卦序 ⋯⋯⋯⋯⋯⋯⋯⋯⋯⋯⋯⋯⋯⋯⋯⋯⋯⋯ 41
4. 卦气 ⋯⋯⋯⋯⋯⋯⋯⋯⋯⋯⋯⋯⋯⋯⋯⋯⋯⋯ 43

5. 纳甲 …………………………………… 44

　四、阴阳 ………………………………………… 47

　五、五行 ………………………………………… 50

　　1. 五行概念 …………………………………… 50

　　2. 五行生克规律 ……………………………… 51

　　3. 五行休王论 ………………………………… 52

　　4. 五行在风水中的运用 ……………………… 53

　六、天干地支 …………………………………… 54

　　1. 干支象意 …………………………………… 54

　　2. 六十甲子 …………………………………… 55

　　3. 干支配阴阳 ………………………………… 57

　　4. 干支推算法 ………………………………… 57

　　5. 干支与五行 ………………………………… 59

第三章　罗盘风水基础——地理五诀 …………… 61

　一、寻龙 ………………………………………… 61

　　1. 什么是龙? ………………………………… 61

　　2. 寻龙的要点 ………………………………… 62

　　3. 干龙和支龙 ………………………………… 62

　　4. 阴龙和阳龙 ………………………………… 64

　　5. 星峰形体 …………………………………… 65

　　6. 龙的"祖"与"宗" ……………………… 67

　　7. 龙的结穴"三落" ………………………… 68

　　8. 龙之入首 …………………………………… 69

　　9. 龙之过峡 …………………………………… 70

　　10. 龙之剥换 ………………………………… 70

　二、点穴 ………………………………………… 71

　　1. 什么是穴? ………………………………… 71

　　2. 穴的基本形体 ……………………………… 72

　　3. 点穴要法 …………………………………… 74

　　4. 倒杖法 ……………………………………… 75

　三、察砂 ………………………………………… 78

　　1. 砂的概念 …………………………………… 78

 2. 四神砂 …………………………………………… 79

 3. 察砂基本方法 …………………………………… 80

 4. 消砂要点 ………………………………………… 81

四、观水 ……………………………………………… 82

 1. 水能聚气 ………………………………………… 82

 2. 水城和水口 ……………………………………… 83

 3. 观水要点 ………………………………………… 85

 4. 内外明堂 ………………………………………… 86

 5. 理气纳水 ………………………………………… 87

五、立向 ……………………………………………… 88

 1. 千里江山一向间 ………………………………… 88

 2. 坐山朝向 ………………………………………… 89

 3. 确定建筑物的坐向 ……………………………… 89

 4. 二十四山 ………………………………………… 90

第四章　罗盘基本层面详解 ……………………… 93

一、天池 ……………………………………………… 93

二、先天八卦 ………………………………………… 96

三、后天八卦 ………………………………………… 101

四、八煞黄泉 ………………………………………… 105

五、曜煞黄泉 ………………………………………… 108

六、坐山劫煞 ………………………………………… 113

七、紫白九星 ………………………………………… 116

 1. 九星之名 ………………………………………… 116

 2. 九星吉凶 ………………………………………… 117

 3. 三元紫白 ………………………………………… 119

 4. 洛书轨迹 ………………………………………… 120

 5. 九星五气 ………………………………………… 122

 6. 掌运九星推算法 ………………………………… 127

八、地母翻卦九星 …………………………………… 131

 1. 坐山九星 ………………………………………… 131

 2. 翻卦爻变推九星 ………………………………… 132

 3. 九星与二十四山 ………………………………… 134

4. 其他翻卦九星 ································· 136
5. 九星吉凶应用 ································· 141

九、二十四天星 ································· 143
1. 天星盘的由来 ································· 143
2. 二十四天星异名 ······························· 146
3. 二十四天星的不同盘式 ························· 148
4. 天星八贵 ····································· 150
5. 二十四天星的应用 ····························· 151

十、地盘正针二十四山 ····························· 153
1. 二十四山方位 ································· 153
2. 二十四山与二十四节气 ························· 155
3. 正针二十四山阴阳 ····························· 155
4. 以先天十二地支乘气 ··························· 161

十一、二十四节气 ································· 161
1. 二十四节气由来 ······························· 161
2. 二十四节气简述 ······························· 162
3. 太阳到山盘 ··································· 165
4. 太阴到山盘 ··································· 169

十二、穿山七十二龙 ······························· 171
1. 七十二龙分金盘式 ····························· 171
2. 穿山七十二龙吉凶 ····························· 173
3. 阴阳孤虚旺相 ································· 174
4. 纳音五行断吉凶 ······························· 174
5. 杨公五气 ····································· 178

十三、一百二十分金 ······························· 185
1. 一百二十分金排列 ····························· 185
2. 分金吉凶论断 ································· 188

十四、人盘中针二十四山 ··························· 191
十五、透地六十龙 ································· 196
十六、透地奇门 ··································· 214
1. 奇门遁甲 ····································· 214
2. 二十四节气起局 ······························· 215

3. 八门排演法 ………………………………………… 216
4. 三奇的遁演法 ……………………………………… 221
十七、平分六十龙 ………………………………………… 226
1. 正度 ………………………………………………… 227
2. 三七分度 …………………………………………… 228
3. 五五分度 …………………………………………… 229
十八、二百四十分金 ……………………………………… 230
十九、天盘缝针二十四山 ………………………………… 232
1. 设缝针以纳水 ……………………………………… 232
2. 双山三合五行 ……………………………………… 233
3. 长生十二宫 ………………………………………… 237
4. 三合水法的立向知识 ……………………………… 243
5. 辅星水法 …………………………………………… 245
二十、盈缩六十龙 ………………………………………… 250
二十一、十二宫次 ………………………………………… 255
二十二、十二分野 ………………………………………… 259
二十三、浑天星度五行 …………………………………… 264
二十四、浑天星度吉凶 …………………………………… 271
1. 二十八星宿 ………………………………………… 271
2. 开禧宿度和时宪宿度 ……………………………… 274
3. 二十八宿分度 ……………………………………… 275
4. 二十八宿界限 ……………………………………… 279
5. 二十八宿的应用 …………………………………… 280
二十五、易卦先天卦气盘 ………………………………… 293
1. 先天六十四卦方圆图 ……………………………… 293
2. 罗盘先天六十四卦圆图的排法 …………………… 296
3. 卦气内盘和外盘的排法 …………………………… 296
4. 卦气盘的用法 ……………………………………… 298
二十六、星运盘 …………………………………………… 300
二十七、六十甲子配六十四卦 …………………………… 307
二十八、玄空大卦爻位 …………………………………… 309
1. 抽爻换象 …………………………………………… 309

2. 卦爻定律 ……………………………………………… 310
　二十九、八宅吉凶 ………………………………………… 343
　　1. 八卦定八宅 …………………………………………… 343
　　2. 东四宅和西四宅 ……………………………………… 343
　　3. 八宅吉凶方位 ………………………………………… 344
　　4. 起伏位定游星 ………………………………………… 348
　　5. 命卦推求法 …………………………………………… 352
　　6. 宅命相配论吉凶 ……………………………………… 354

第五章　罗盘的实际应用 …………………………………… 357
　一、罗盘的基本用法 ……………………………………… 357
　　1. 罗盘使用前的校正 …………………………………… 357
　　2. 罗盘定向的操作步骤 ………………………………… 357
　　3. 罗盘定向的两种方式 ………………………………… 359
　　4. 用罗盘分析静、动、变、化宅 ……………………… 360
　二、风水立极要法 ………………………………………… 360
　　1. 阳宅立极 ……………………………………………… 361
　　2. 阴宅立极 ……………………………………………… 364
　三、奇针八法 ……………………………………………… 365
　四、镇宅与化煞 …………………………………………… 366

第六章　选择适合的罗盘 …………………………………… 367
　一、罗盘的尺寸和材料 …………………………………… 367
　　1. 罗盘的尺寸 …………………………………………… 367
　　2. 罗盘的材料 …………………………………………… 367
　二、罗盘的选购要点 ……………………………………… 368
　三、罗盘的保养与维护 …………………………………… 370

参考文献 ………………………………………………… 372

第一章　罗盘源流

　　风水罗盘是有指南针的方位盘。从物理上说，它实际上是利用指南针定位原理来测定方位的工具，是中国古代四大发明之一的指南针的沿续和发展。

　　仔细探究罗盘的"前世今生"，我们不难发现，罗盘的发明和应用，是古代先民对于宇宙和人生的奥秘不断探索的结果，这其中的很大一部分要归功于那些风水学家们。正是由于他们在不断实践中逐渐积累起丰富的经验，才有了罗盘的发展和完善。

　　对于研究风水学的人来说，罗盘可不仅仅是一件测向工具那么简单。罗盘上逐渐增多的圈层和日益复杂的指针系统，代表着古人对于宇宙系统中某一个层次信息的理解，意味着风水这门古老学问的不断发展和改进。可以这么说：罗盘的发展史，正是一部生动的风水学发展史，罗盘上所标示的信息蕴含了大量古老的知识与智慧。

一、罗盘的前世今生

1. 风水罗盘的鼻祖——司南

　　罗盘通常也被称为"罗经"。在古代，罗经被视为"包罗万象、经天纬地"的神器，它的来历也被蒙上了一层神奇的色彩。比如《罗经透解》开篇说：

> 盖罗经之始，乃轩辕黄帝战蚩尤，迷其南北。天降玄女，授帝针法，始得破彼妖术，此针法所由来也。然事属荒远，莫能稽考，或者谓周成王时，越裳入贡，归迷故道，周公遵其针法，造指南车以送之，针法始定。

　　相传4000多年前的黄帝统治时期，蛮横无道的蚩尤不接受黄帝的统治，双方大战于涿鹿之野。蚩尤使法术招来浓雾，当时黄帝被困于浓雾之中，迷失方向。幸得天降玄女，传授给黄帝指南针法，把指南针装入兵车之中，这才破了蚩尤的妖术，转危为安。又传闻3000年前的周成王时，南方的越裳氏到京城朝拜，周公送给他们指南车，作为辨别方向的工具。这些传说年代久远，当然无法考察证实。

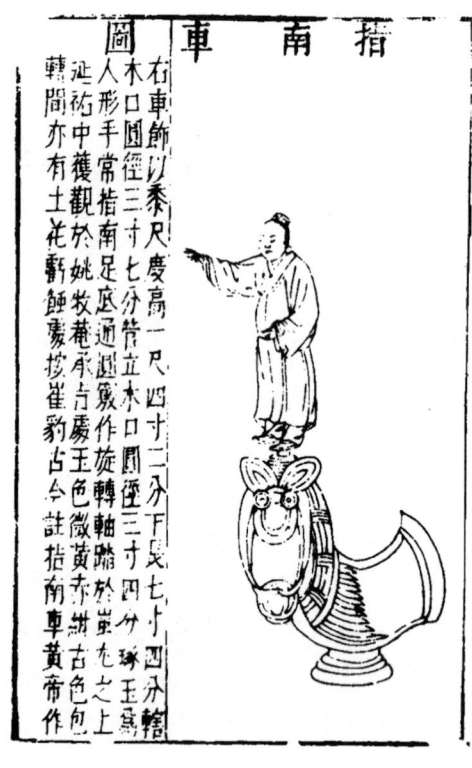

古代指南车

罗盘是有指南针的方位盘，用以测定方位。风水用的罗盘看起来极为复杂神秘，但其根本的工作原理仍是利用地球的磁极性。

自然界中，许多物质具有吸引铁、镍等物质的属性，这叫作磁。磁体上磁性最强的部分称为磁极。可以在水平面内自由转动的磁条，在磁场的作用下静止时，方向大致指向南北。指北的一端称北极，指南的一端称南极。我们生活所依存的地球是一个磁性天体，如同任何磁体一样，它也有性质相反的两个磁极。其中一极接近于地球的南极，叫南磁极；另一极接近地球的北极，叫北磁极。

在磁极的作用下，地球形成了一个具有巨大吸引力的磁场，只要我们准备一根可以转动的磁针，磁针在地磁作用下，受到同性相斥、异性相吸的自然法则制约，必然会自动停止在南北方向。这就是指南针的工作原理。

指南针的发明是古代先民对磁现象的观察和研究的结果。我国是用文字记载电磁现象最早的国家之一。早在春秋战国时期，由于冶铁技术的兴起和发展，人们发现了天然磁石的存在，并了解了磁石吸铁的现象。《管子·地数篇》云："上有慈石者，下有铜金。"这是古籍中对磁石的最早记载。东汉高诱在《吕氏春秋·精通篇》的注释中说："石，铁之母也。以有慈石，故能引其子；石之不慈者，亦不能引也。"对磁现象作出了较为朴素的解释。

在《三国志·吴书》中，曾有这样的说法："琥珀不取腐芥，磁石不受曲针。"这就是说，腐烂的芥草不被摩擦过的琥珀吸引，比较柔软易于弯曲的金属也不被磁石吸引。这个发现说明当时的人已经初步可以分清哪些物质可以被吸引，哪些物质不被吸引。

为什么会产生前面所叙述的这种吸引现象，古代人曾试图给予解释。王充在《论衡·乱龙篇》中这样写道："他类有似，不能掇取者何也？气性异殊，不能相感动也。"这就是说，琥珀和磁石为什么对有些类似的东西，不能产生吸引的效果呢？是由于气性不同，不能互相感应的缘故。

宋代的陈显微在《古文参同契笺注集解》中，也曾对磁石吸铁有过这样的解释："磁石吸铁，皆阴阳相感，阻碍相通之理……"即认为磁石吸铁是由阴阳相互感应引起的。

总的来说，古人对电与磁的吸引现象的产生有两种解释：一种是阴阳感应作用引起的；一种是"气"或"微粒"的作用引起的。

古代先民在对磁现象的观察和研究的过程中，进一步了解了磁的性质，并试图更多地应用这些性质。传说秦始皇修建阿房宫时，有一道宫门是用磁铁制造的。如果刺客带剑而过，立刻会被吸住，被卫兵当场捕获。此外医书上还谈到用磁石吸铁的作用，来治疗吞针。这样随着人们对磁性的了解和利用，大约在战国时期，我国出现了世界上最早的指示方向的磁仪器——司南。

早在公元前3世纪，就有了关于司南的记载，如《韩非子·有度篇》就记载说："先王立司南以端朝夕。"《鬼谷子·谋篇》也记载说，郑国的人到远处采玉，就带了司南去，以防迷失方向。可知当时司南已经得到了普遍的应用。以后张衡作《东京赋》，将司南改称为指南。

可惜的是，战国时期的司南并没有实物流传下来，目前的司南模型是根据东汉王充在其著作《论衡》中的有关记载复原而成的。据考证，司南由一个用磁石做成的勺和一个栻组成。勺象汤匙，底部呈圆形，可以在平滑的盘上自由旋转。当勺静止时，勺柄就会指向南方。栻是方形盘，用铜质或木质材料制成，盘的四周刻有天干、地支和八卦。八干是甲、乙、丙、丁、庚、辛、壬、癸，十二支是子、丑、寅、卯、辰、巳、午、未、申、酉、戌、亥，加上四维乾、坤、巽、艮，共有二十四向，作为司南的定向。中间有个圆形的天盘，盘面很光滑，相当于后世罗盘的天池，勺在上面可以转动。

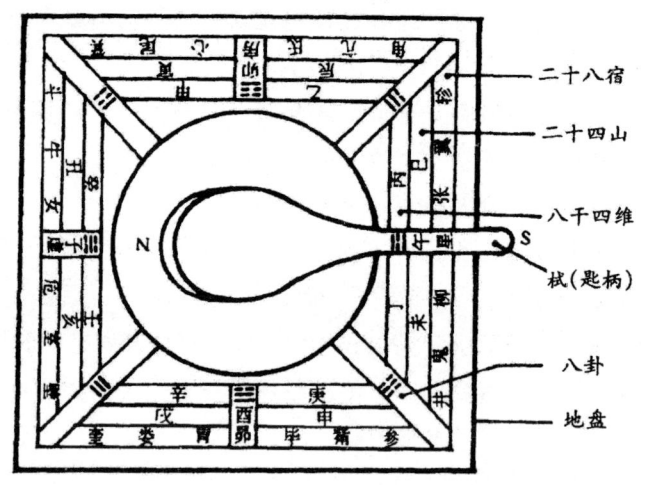

司南复原图

　　司南的最初发明者现在已无可查考，但是有一点是清楚的：司南的发明与古代风水家长期观天测地、相度阴阳的实践经验有着重要联系。

　　由于天然磁石在琢制过程中，不容易找出准确的极向，而且也容易因受震而失去磁性，因而司南成品率低。同时也因为这样琢制出来的司南磁性比较弱，而且在和地盘的接触的时候转动摩擦阻力较大，效果不是很好，因此这种司南未能得到广泛的应用。可是，司南的发明使人们对方位的感受更加具体，对方向的分位也由东、南、西、北四方演为八干、四维、十二支，合称为二十四向（又称二十四山），这正是后世风水罗盘分度的基本单位。另外，风水罗盘重要的两个组成部分——方位盘和指极磁体，都可以在司南那里找到原型。所以，可以说司南是风水罗盘的鼻祖。

2. 雏形：汉代六壬式盘

　　1977年，安徽阜阳汉汝阴侯墓出土了一件西汉初期的六壬式盘。到现在，类似的式盘已经发现了数个。

　　在汉代，六壬术很盛行，这是源于阴阳五行学说的一种占卜术。什么是六壬呢？古人认为，水、火、木、金、土五行之中，以水为首；甲、乙、丙、丁、戊、己、庚、辛、壬、癸十天干中，壬、癸皆属水，壬为阳水，癸为阴水，舍阴取阳，故名为"壬"；在六十甲子中，壬有六个，即壬申、壬午、壬辰、壬寅、壬子、壬戌，所以叫"六壬"。以六壬为坐标系而推算天时和方位吉凶，即为六壬术。六壬式盘就是当时的人们创造出来供六壬占术使用的工具。

北宋的《景佑六壬神定经》释其造式："天：中作斗杓，指天罡，次作十二辰，中列二十八宿，四维局。地：列十二辰，八干，五行，三十六禽。天门、地户、人门、鬼路四隅讫。"六壬式盘由上下两层同轴叠成。上盘圆形象天，称作天盘；下盘方形法地，称作地盘。

天盘正中央是北斗七星，周围有两圈篆文，内圈为十二个数字，代表一年之间的十二个月份，外圈则是二十八宿。

地盘四周是三层篆文：内层为八干（壬、癸、甲、乙、丙、丁、庚、辛）四维（天、地、人、鬼），中层为十二地支，外层为二十八宿。使用时，转动天盘，以天盘与地盘对位的干支时辰判断吉凶。

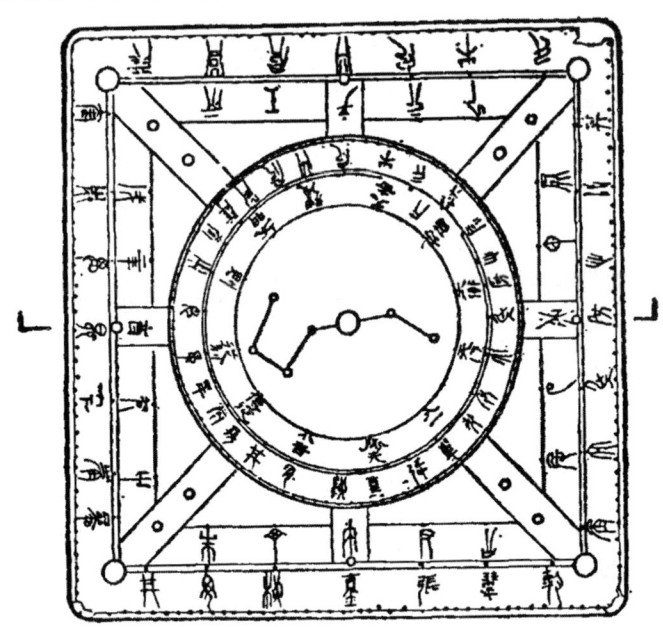

东汉初六壬式盘

古人认为，时间和方位存在着一定的对应关系，二者相合则吉，相悖则凶。如《黄帝宅经·凡修宅次第法》说："正月生气在子、癸，死气在午、丁；二月生气在丑、艮，死气在未、坤；三月生气在寅、甲，死气在申、庚；四月生气在卯、乙，死气在酉、辛；五月生气在辰、巽，死气在戌、乾；六月生气在巳、丙，死气在亥、壬；七月生气在午、丁，死气在子、癸；八月生气在未、坤，死气在丑、艮；九月生气在申、庚，死气在寅、甲；十月生气在酉、辛，死气在卯、乙；十一月生气在戌、乾，死气在辰、巽；十二月生气在亥、壬，死气在巳、丙。"这种时空对应关系，正是汉代六壬式盘的设计原理。

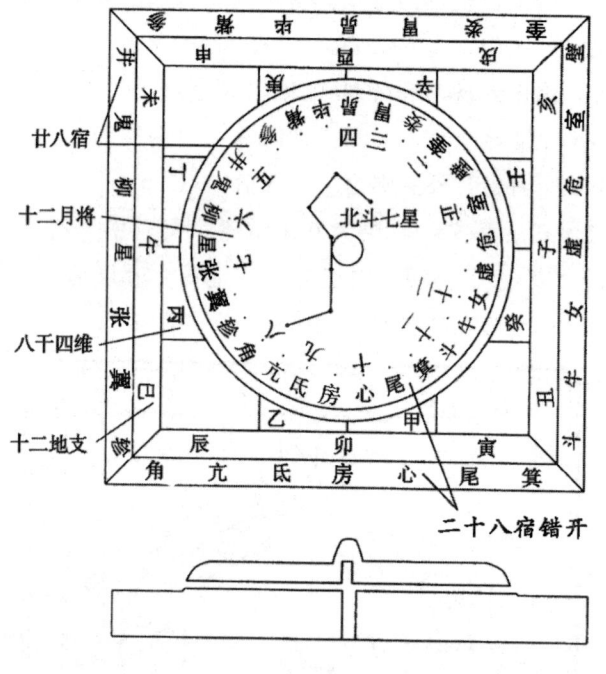

汉代栻

汉代六壬式盘的应用范围很广。《唐六典》卷十四概括为九个方面："一曰嫁娶，二曰生产，三曰历法，四曰屋宇，五曰禄命，六曰得官，七曰祠祭，八曰发病，九曰殡葬。"举凡一切阴阳之事，都要用到这种占盘。由于也用于判断方位的吉凶，就与风水术发生了联系，像上面所举的"屋宇"、"殡葬"方面，肯定是与风水有关的。

六壬式盘中的地盘为方形盘，虽然没有磁针，不能测定方向，却分层刻画有二十四个吉凶方位。在古代风水典籍《黄帝宅经》中，有以阴阳八卦配干支，分为二十四路，作为建宅的指导原则，正是将六壬式盘应用到相宅中。书中载有阴阳二宅图并有较详细的说明。书中说："二十四路者，随宅大小中院分四面，作二十四路，十干（应为八干，戊己不用）、十二支、乾、艮、坤、巽，共为二十四路是也。""二十四路"即后来风水术中的"二十四山"，也就是住宅四面的二十四个方位，其表示法与司南同。

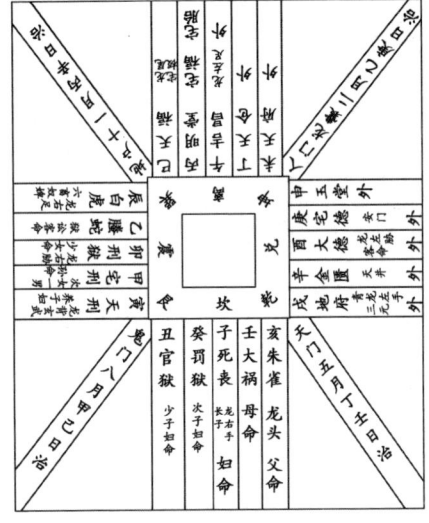

《黄帝宅经》中的阳宅图

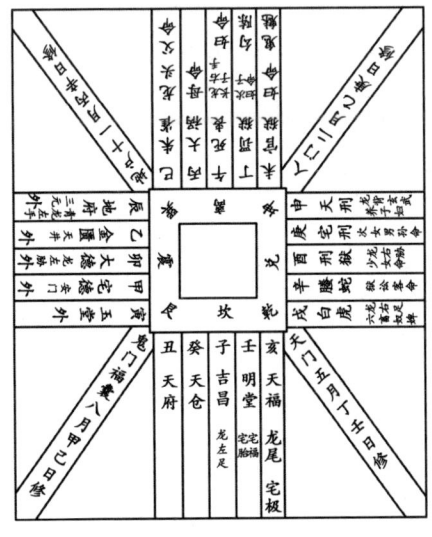

《黄帝宅经》中的阴宅图

这一特点被风水罗盘直接继承了下来，并演化为圆盘。据《九天玄女青囊海角经》记载："玄女昼以太阳出没而定方所，夜以子宿分野而定方气，用蚩尤而作指南，是以得分方定位之精微。始有天干方所、地支方气，后作铜盘合局二十四向，天干辅而为天盘，地支分而为地盘。"从中可以知道罗盘的最初形制，就是由天盘和地盘组成，上面主要刻有二十四向。所以大体说来，风水罗盘正是司南与六壬式盘结合的产物。

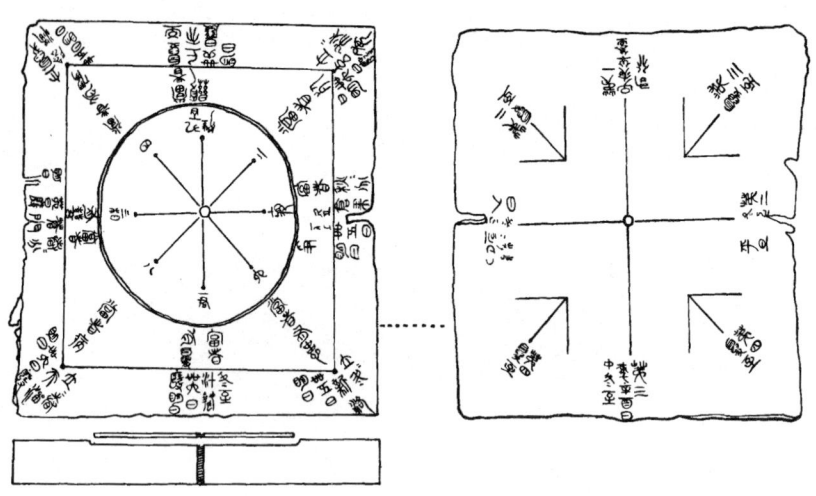

西汉太乙九官占盘

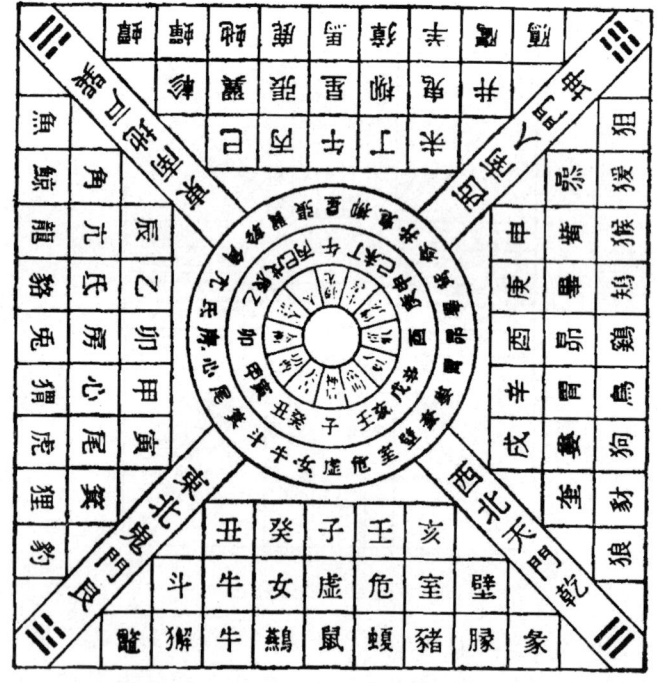

六朝铜制六壬式盘

3. 指南针的应用

前面介绍，司南是由天然磁石磨制成的，而天然磁石在琢制过程中，不容易找出准确的极向，而且也容易因受震而失去磁性。用今天的话来说，司南的制作成本极高，但效果并不理想。随着社会生产力的不断发展，科学技术的不断进步，航海业的不断扩大和发展，制造出一种比司南更好的指向仪器不但成为必要，而且也有了可能。在经过长期的生产实践和反复多次的试验之后，人们终于发现了人工磁化的方法，从而制造出更高一级的磁性指向仪器。

北宋时期，已经可以用人工的方法制造一种新的指向仪器，这就是指南鱼。它的制作过程，有个重大的突破，就是采用磁化的方法。北宋时的曾公亮在《武经总要》中曾记载："用薄铁叶剪裁，长二寸，阔五分，首尾锐如鱼型，置炭火中烧之，候通赤，以铁钤钤鱼首出火，以尾正对子位，蘸水盆中，没尾数分则止，以密器收之。用时，置水碗于无风处平放，鱼在水面，令浮，其首常向午也。"这是一种人工磁化的方法，它利用地球磁场使铁片磁化，即把烧红的铁片放置在子午线的方向上，烧红的铁片内部分子处于比较活动的状态，使铁分子顺着地球磁场方向排列，达到磁化的目的。蘸入水中，可把这种排列较快地固定下来，而鱼尾略向下倾斜可增大磁化程度。人工磁化方法的发明，对指南针的应用和发展起了巨大的作用。

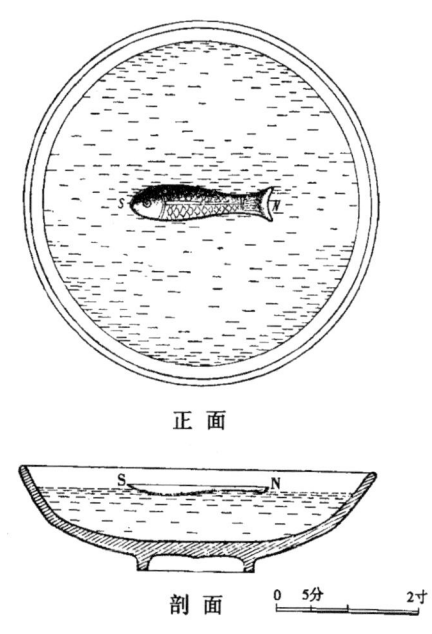

《武经总要》记载的指南鱼复原图

除了曾公亮所记载的指南鱼，北宋著名科学家沈括在《梦溪笔谈》中提到另一种人工磁化的方法："方家以磁石摩针锋，则能指南。"按沈括的说法，当时的"方家"用磁石去摩擦缝衣针，就能使针带上磁性。从现在的观点来看，这是一种利用天然磁石的磁场作用，使钢针内部磁畴的排列趋于某一方向，从而使钢针显示出磁性的方法。这种方法比地磁法简单，而且磁化效果比地磁法好，为有实用价值的磁指向器的出现创造了条件。

具有划时代意义的是，《梦溪笔谈》里还详细记录了磁针的装置和用法。沈括曾经做过四种试验：

水浮法——把指南针放在有水的碗里，使它浮在水面上，指示方向。针怎么能浮在水面上呢？沈括没有说明。北宋晚期，有个叫寇宗奭的人，编了一部《本草衍义》，书中讲到在指南针上穿几根灯草，就可以浮在水面上了。沈括的水浮法，可能也是这样的。

指甲旋定法——把磁针放在手指甲面上，使它轻轻转动。手指甲很光滑，磁针就和司南一样，也能旋转自如。

碗唇旋定法——把磁针放在光滑的碗口的边上，磁针可以旋转，指示方向。

缕悬法——在磁针中部涂一些蜡，粘上一根细丝线，把细丝线挂在没有风的地方。

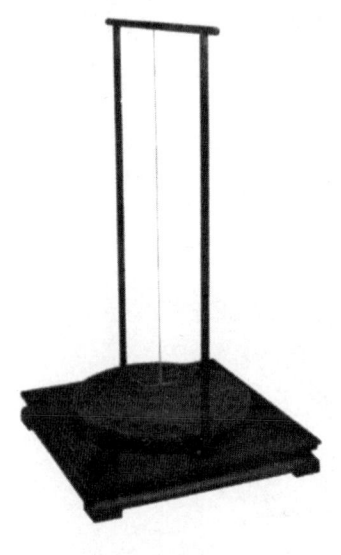

古代缕悬法指南针

根据试验，沈括认为这四种方法中以缕悬法最好。因为用指甲旋定法和碗唇旋定法，磁针很容易滑落，用水浮法，水也动荡不定，而缕悬法没有这些缺点。

沈括在《梦溪笔谈》中记载的这四种方法，可以说是世界上指南针使用方法的最早记录。这四种方法，有的至今仍然为近代罗盘和地磁测量仪所采用。现在磁变仪、磁力仪的基本结构原理，就是用缕悬法。航空和航海使用的罗盘，多以水浮磁针作为基本装置。事实上，这四种方法已经归纳了迄今为止指南针装置的两大体系——水针和旱针。

南宋陈元靓在他所撰的《事林广记》中，也介绍了当时民间曾经流行的有关指南针的两种装置形式，就是木刻的指南鱼和木刻的指南龟。木刻指南鱼是把一块天然磁石塞进木鱼腹里，让鱼浮在水上而指南。木刻指南龟的指向原理和木刻指南鱼相同，它的磁石也是安在木龟腹，但是它有比木鱼更加独特的装置法，就是在木龟的腹部下方挖一小穴，然后把木龟安在竹钉子上，让它自由转动。这就是说，给木龟设置一个固定的支点，拨转木龟，待它静止之后，它就会南北指向。

指南针在宋代得到了普遍应用，并且有许多记载。朱彧于1119年在广州看见中国的海船上的舟师"识地理，夜则观星，昼则观日，阴晦观指南针"，他把这写进了《萍洲可谈》，这是世界上关于航海使用指南针的最早记录。南宋吴自牧在《梦梁录》中也记载了航行用指南针："风雨其晦时，惟凭针盘而行，乃火长掌之，毫厘不敢差误，盖一舟人命所系也。"

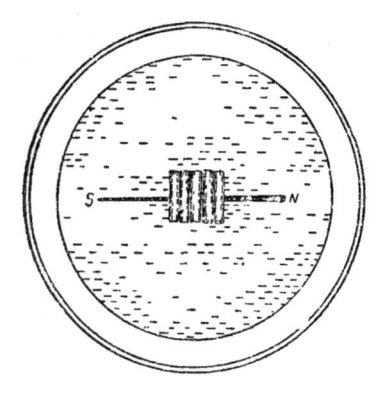

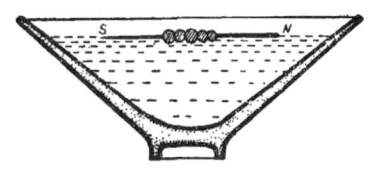

宋代指南浮针复原图

4. 从指南针到风水罗盘

正如在使用司南时需要有地盘配合一样，在使用指南针的时候，也需要有方位盘相配合。一开始，指南针在使用时可能是没有固定的方位盘的，但是由于测定方位的需要，不久之后就有了磁针和方位盘的结合，罗盘就正式诞生了。方位盘乃是汉时地盘的二十四向，但是盘式已经由方形演变成环形，我们今天所熟悉的罗盘形制确定下来。

罗盘的出现，无疑是指南针发展史上的一大进步，只要一看磁针在方位盘上的位置，就能定出方位来。罗盘的出现为航海提供了一个可靠而方便的指向仪器。最早在我国出现了水罗盘。盘面周围刻二十四方位，内中盛水，磁针横穿灯草，浮于水面。南宋时期，这种带有方位盘的指南针就已经用于航海了，甚至到了清代，仍有所见。

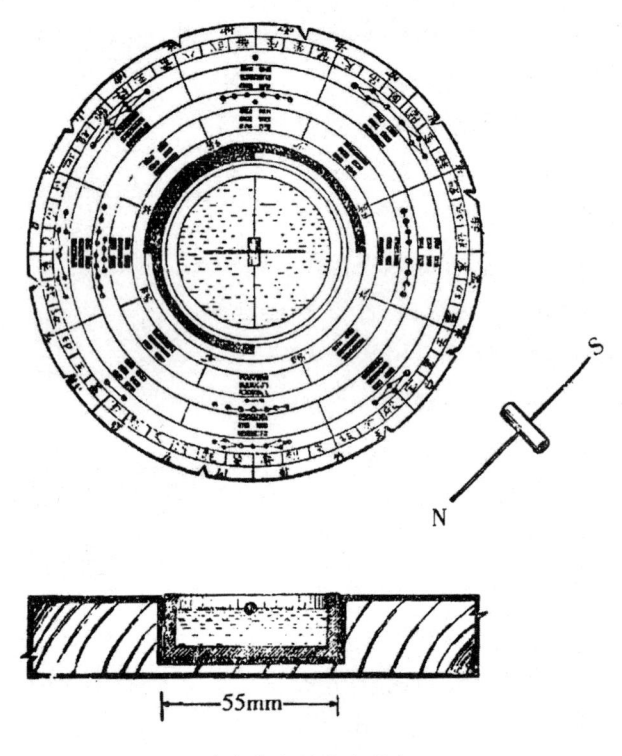

清代休宁风水水罗经

除了水罗盘外，还有一种常用的罗盘——旱罗盘。旱罗盘是用一根尖的支轴支在磁针的重心处，尽量减少支点的摩擦力，使磁针在支柱上自由灵活地转动以正确地指向南方。过去由于资料的缺乏，一直认为旱罗盘在我国的出现时间比较晚，是明朝中叶以后从外国传入。然而，上世纪80年代出土的张仙人瓷俑将中国使用（或者说发明）旱罗盘的时间大大提前了。

1985年，在江西临川县温泉乡莫源李村的窑背山，发现了南宋邵武知军朱济南墓，墓中出土了一批素烧瓷俑。其中有两件造型相同的瓷俑别具特色：俑底座下方有墨书"张仙人"三字，右手持一带有指针的大罗盘，指针中部为棱形，中有小坑，针两侧呈长条状，作上、下指向。上指者针端为矛头状，整个指针位置居于罗盘中央，针端与罗盘相接。罗盘为宽平面环状，上有明显的表示刻度的条纹。如果不计指针针端和俑手所遮的部分，整个罗盘共有15条刻度，当中两条十分靠近而且一端相连接，其他刻度之间的距离则大体相等。这可能是一件十六刻度的罗盘。其形状与清代的罗盘已经十分相似，只不过略显粗糙原始。

由瓷俑手持罗盘的姿势可以看出，这个罗盘显然不是水罗盘，而是旱罗盘。从文献记载中可以看出，它不是凭空产生的。《梦溪笔谈》中记载的碗唇旋定法和指甲旋定法，正是后世旱罗盘支轴磁针指南技术的雏形。

南宋曾三异在《同话录》中说道："地螺或有子午正针，或用子壬丙间缝针。……天地南北之天，当用子午，或谓江南地偏，难用子午之正，故丙壬参之。"这是最早的记载风水罗盘的文献。这里的"地螺"就是地罗，也就是罗经盘。这显然是一种风水用的罗盘。

从曾三异的记载可以看出，这种罗盘不但有子午正针（是以磁针确定的地磁南北极方向），还有子午丙壬间的缝针（是以日影确定的地理南北极方向），两个方向之间有一夹角，这就是磁偏角。显然，这时人们已经把磁偏角的知识应用到罗盘上，这种罗盘较早期罗盘有了较大的变化。

风水罗盘结合了定向的磁针和六壬盘，其中包含了中国古代天文、地理、哲学等各方面

张仙人俑与旱罗盘

的内容，要比纯粹作为指南工具的罗盘复杂得多，而且它还是一个开放的体系，从诞生之日起，其内容便随着风水学的发展不断得以丰富。

5. 创制与改进

前面说过，汉代六壬式盘的盘面除先后天八卦外，只有八干、四维、十二支的二十四个方位。一直到早期罗盘出现以后，仍保持着原先的盘面形式，分为阴阳二龙进行格龙乘气。对此《天玉经》有云："先天盘十二支，后天加上干和维，八干四维辅支位，子母公孙同此推。"这种形制一直到晚唐风水大师杨筠松手里才有了改变。

杨筠松本名杨益，字叔茂，"筠松"是他的号。由于民间关于他以风水术来扶危救贫的传说很多，他又被世人尊称为"杨救贫"。他祖籍庐陵，生长在窦州（即今广东信宜县），17岁即登科第，辗转至京城长安任职，到唐僖宗时，拜国师，官金紫光禄大夫，享正三品，掌灵台地理事，也就

是专管皇陵的勘察营建工作。到公元880年，黄巢起义军攻破长安时，杨筠松与知友仆都监一道携宫中风水等术数秘籍离开京城。他入昆仑山，辗转步龙南下，至虔化（今江西宁都）怀德乡（今黄陂一带）黄禅寺，为当地风水胜境所吸引，遂定居下来，传徒授业直至去世。

三僚村杨公祠

虽然正史鲜有提及，但在民间，杨筠松却享有极高的知名度，有关他的各种传说代代相传。杨筠松的风水术仍尊袭汉晋以来的阴阳五行之说，但他结合自己的踏勘山水实践，更注意自然环境中地形、地势及地物的影响，主张因地制宜、因形择穴，开创了风水中的形势宗。同时，他对于罗盘的改进也居功至伟。

相传，罗盘上的地盘二十四山是杨筠松创制的。在此之前，并没有完整的二十四山盘，只有八卦盘和十二地支盘。汉代的栻虽然也有八卦、地支和天干的标记，但不是均分度数，而是将天干、八卦和十二地支分成三层，所占度数不一致。杨筠松将其重新安排，把八卦、天干、地支完整地分配在平面方位上，这是一个划时代的创造。二十四山从唐代创制后，一直保留到现在，尤其地盘二十四山是杨盘的必备层次之一。

其次，杨筠松在风水术实践中发现，阴阳五行普遍存在于四面八方，其分布按照八卦五行属性来确定，这与实际情况不符，用阴阳龙来格龙过于粗糙。他在反复研究之后，改为十二地支配上天干，用纳音五行来表达龙的五行属性，这就是如今我们看到的七十二龙盘。

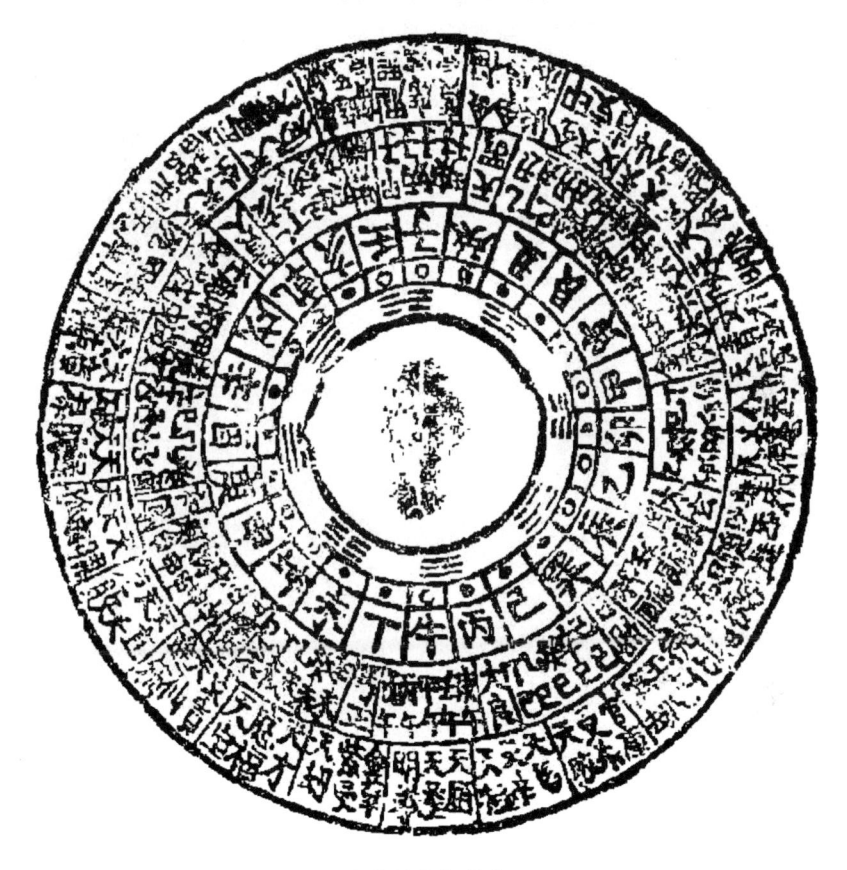

古代风水铜罗盘

罗盘上面的缝针，即天盘，相传也是杨筠松创造的。因为他发现用地盘纳水有较大的误差，于是根据天道左旋、地道右旋的原理，创制了天盘双山用于消砂纳水。罗盘中只有天盘是双山，其他盘是没有双山的。古人认为，龙是从天上来的，属于天系统，为阳；水在地中流，属于地系统，为阴。由于天地左右旋的相对运动而产生的位移影响，所以用于纳水的天盘理应右移，故杨公将其在地盘的方位上向右（顺时针）旋转移位7.5度。

所以，地盘、天盘和七十二龙盘三者合在一起又被称为"杨盘"。

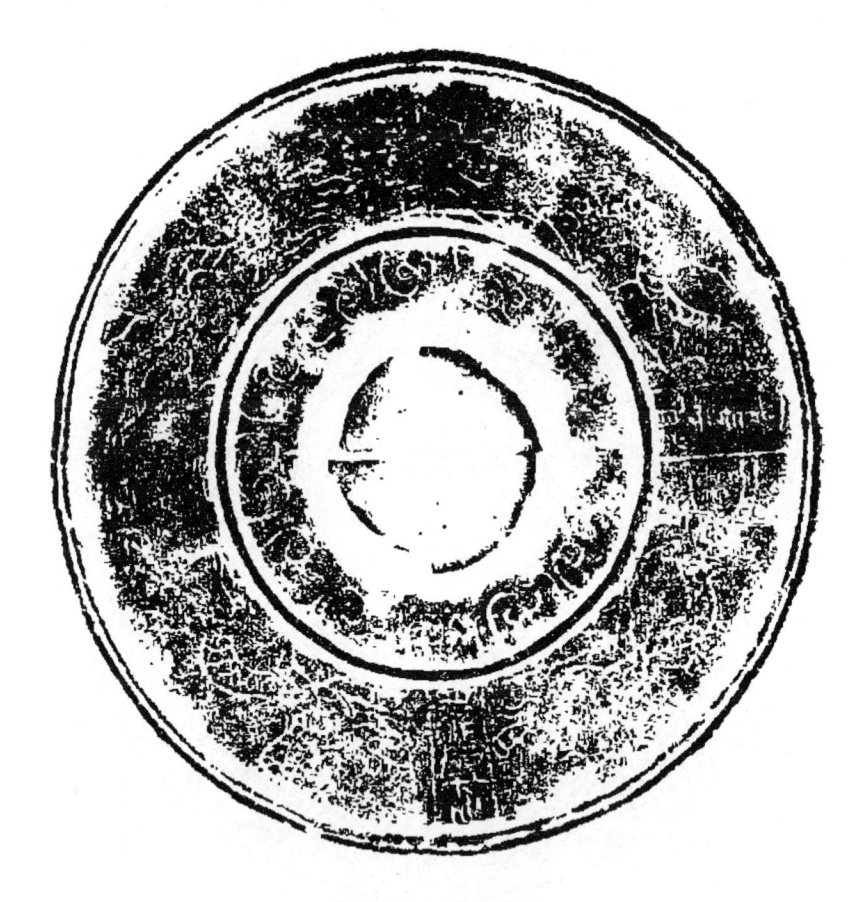

古代风水铜罗盘背面

　　到了宋代，杨筠松的传人赖文俊（世称赖布衣）引进二十八宿天星五行，增设了人盘，专用于消砂出煞。人盘的二十四山比地盘二十四山逆时针旋转了7.5度，使用中针。人盘又叫做"赖盘"。中国罗盘从此有了正针、中针、缝针三针，体制完备起来。

　　以后，随着风水学的发展，风水派别开始增多，新的理论方法不断出现。这些新的理论方法体现在罗盘上，使得盘面的层次也变得复杂起来。由于风水派别和大师传承的不同，罗盘形成了不同的种类，同种类的罗盘也因风水师传的不同和产地的不同有些微的差异，且同一种类罗盘因尺寸大小的不同，所容纳的圈层内容则又会有所增减。于是，形成了我们今天看到的丰富多彩的款式。

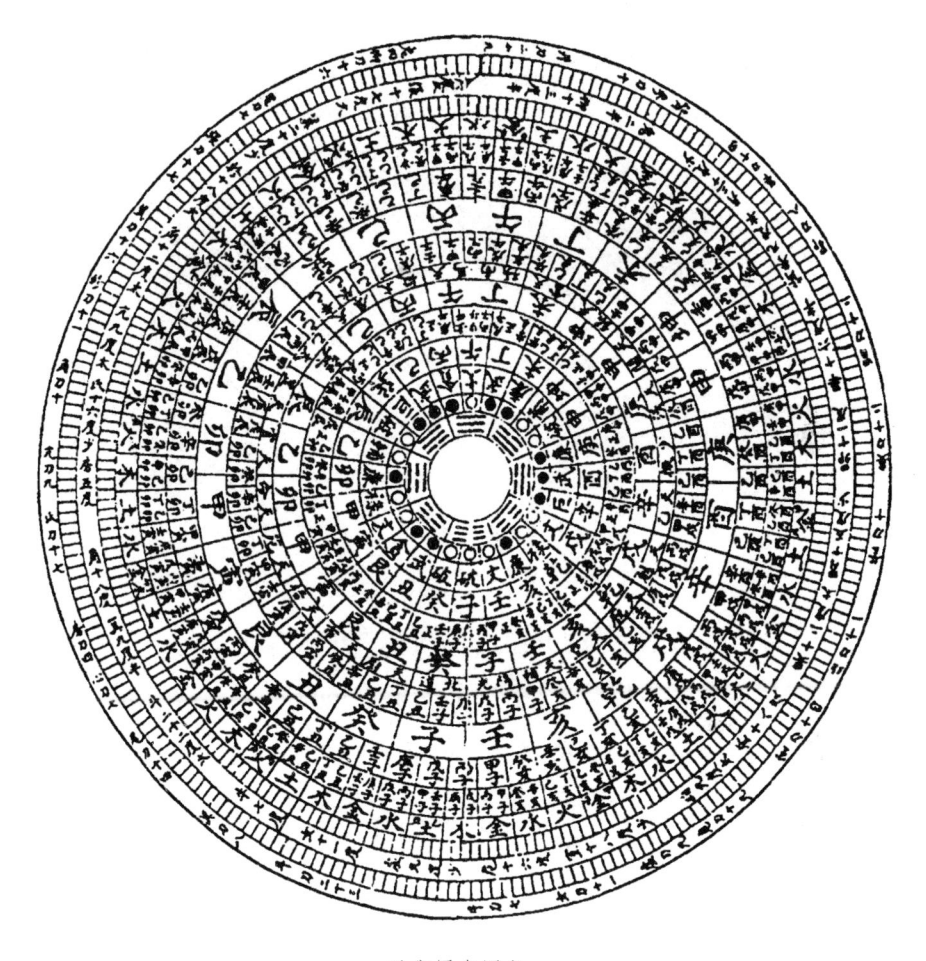

近代罗盘图之一

　　随着风水罗盘的完善和普遍应用，专门阐释罗盘原理和应用经验的书籍也开始出现。尽管数目极少，但每一本都内容全面，洋洋大观，主要有：明代熊汝岳的《罗经解》、徐之镆的《罗经顶门针》、清代王道亨的《罗经透解》、胡国桢的《罗经解定》以及叶九升《罗经指南拨雾集》等。

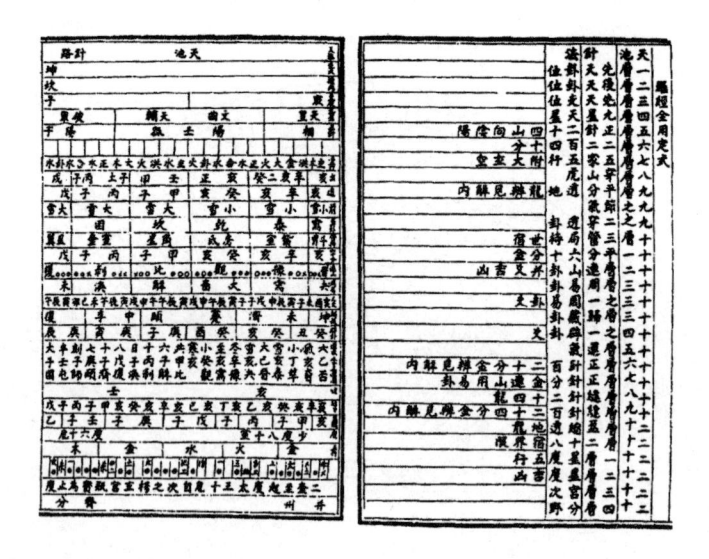

清《罗经解定》所载罗盘层次

二、辨方正位：风水师的利器

罗盘是风水师参天量地的必要工具，它的基本作用就是辨方正位。

风水是人们对环境进行选择和自理的一门实用学问，其范围包括住宅、村落、城市、宫室、寺观、陵墓诸方面，风水师通过考察山川地理环境，包括地质水文、生态气候及景观等等，来选择吉地，以建筑住宅或陵墓等。其中，涉及陵墓的称为阴宅，涉及其他方面建筑的称为阳宅。

经过漫长的发展，风水学逐渐分成两大派，一派讲究峦头形势，是为形势派，另一派讲究方位理气，称理气派。两大派之下，又有八宅派、三合派、翻卦派等大大小小的派别。但无论其流派如何错综复杂，内容如何玄奥晦涩和混乱，风水学的主旨却一脉相承，十分明晰：一是辨方正位，一是相土尝水。其中又以辨方正位为最重要。完成了辨方正位，方能结合人的八字命理，以阴阳五行之生、克、制、化关系来论吉凶。

风水学的经典文献《管氏地理指蒙》里有云："卜兆乘黄钟之始，营室正阴阳之方，于以分轻重之权……生者南向，死者北首。"又说："卜兆营室二事，一论山，一论向，为堪舆家第一关键。"要实现基址选择的天时、地利、人和的完美统一，"辨方正位"是首先必须做到的。我们可以通过考察风水学的源头来证明这一点。

太保相宅图

在中国古代传说中，有对先民选择聚落基址、辨方正位、规划经营的活动的记述。例如，《轩辕本纪》说："黄帝始划野分州，有青乌子善相地理，帝问之以制经"。《抱朴子内篇·极言》也说黄帝"相地理则书青乌之说"。这里提到的青乌、地理，就是风水学较早的称谓。虽说传说不可全信，但至少也反映了一部分真实的历史，说明辨方正位从一开始就是风水的根本。

在《诗经》中，有"既景乃岗，相其阴阳"之说，明确地记载了周民族先祖公刘测日影以定方位的一种风水之术，这也是风水之文的滥觞。原文说：

笃公刘，逝彼百泉，瞻彼溥原，乃陟南冈，乃觏于京。京师之野，于时处处，于时庐旅，于时言言，于时语语。

笃公刘，既溥既长，既景乃冈，相其阴阳，观其流泉。其军三单，度其隰原。彻田为粮，度其夕阳，豳居允荒。

这些诗句如实描述了公刘勘察地形、规划营宅的各种细节。诗中大意是说，公刘为寻找好的一个定居处，不辞辛劳，长途跋涉。他先站在流泉的岸边，眺望宽广的平原，再登上南边的高岗，察看水源流向，推断阴阳，断定眼前是建都的好地方，于是规划定都，营造住房。所谓的"陟"，就是登临跋涉；所谓的"观"，就是全面观察对比；所谓的"度"，就是实际勘测、衡量。据考证，当时公刘所用的是一种名为"土圭法"的简单测量方法。公刘被推崇为风水学的一个远祖，他的这种"既景乃岗，相其阴阳"的活动，正是后来风水家"辨方正位"的源头。

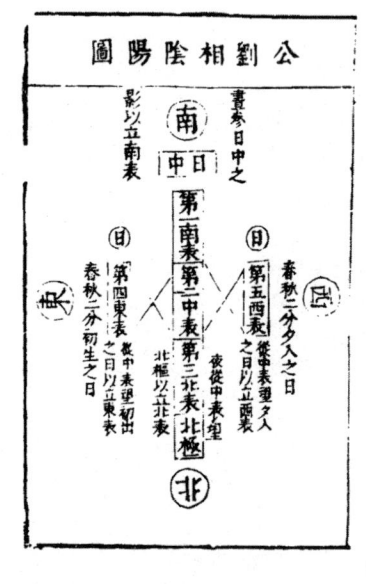

公刘相阴阳图

风水师对辨方正位的追求，不仅是为了追求良好朝向和合理的空间布局，也是出于宗法礼制和伦理观念的考虑。《周礼》："惟王建国，辨方正位，体国经野，设官分职，以为民极。"至于帝王之居，历来更必须"天子择中而处"（《管子·度地篇》）。建筑方位的确定历来为统治者所关心，重要建筑方位的偏正与否，被看作是治邦安国的大事。古人认为，只有方位端正了，前后左右次序才能定下来，国家才能有次序，达到以礼治国，人民安居乐业，天下太平的目的。

再到后来，原先还比较简单粗糙的辨方正位，被赋予了丰富的吉凶观念，并逐渐融汇了阴阳家、五行家的方术和理论，如阴阳五行、八卦象数、星命、谶纬等等，变得日益复杂起来。在许多风水书中，都有建筑坐向和方位的讨论，并被认为与人的吉凶休咎密切相关。例如有"论各命坐向"说："亥卯未命，宜坐北向南大吉，坐东向西次吉，坐南向北可用，不宜坐西向东，犯坐煞大凶。寅午戌命，宜坐东向西大吉，坐南向北次吉，坐西向东可用，不宜坐北向南，犯坐煞大凶。巳酉丑命，宜坐南向北大吉，坐西向东次吉，坐北向南可用，不宜坐东向西，犯坐煞大凶。申子辰命，宜坐西向东大吉，坐北向南次吉，坐东向西可用，不宜坐南向北，犯坐煞大凶勿用。"就把建筑的坐向和人的"命"联系在一起。

又比如，汉代有西益宅的风水禁忌。所谓西益宅，就是向西边增建房屋。为什么忌讳西益宅？《风俗通义》解释说："宅不西益。俗说西者为上，上益宅者，妨家长也。"按古代的方位尊卑观念来说，西方是"尊长之位"，在西边增建房屋是对尊长的大不敬，会让尊长受损伤，所以应当禁止。此外，西益宅也被认为是犯了凶神，因为在传统观念中，西方神为太白，其正是凶神。这也是一个把方位和吉凶联系在一起的例子。

既然方位和吉凶有密切关系，那就不能马虎对待了。不仅东西不分、南北颠倒是大错，就连一丁点的偏移也不行。随着辨方正位的要求越来越高，越来越精细化，仅依靠目测或者简单的工具已经不能满足需要，这时测定方位更为精准的罗盘就应运而生了。

罗盘的出现使人们对方位的感受更加具体，比如：一开始人们只知道东南西北四个方向，有了罗盘，人们对方向的分位也衍生出八干、四维、十二支，合称为二十四向（又称二十四山）。在这个基础上，加上各种复杂的方术理论，充分满足了精确化的需要。

有一句众所周知的风水格言，即："吉山自吉位，吉水向凶方。"那么什么是"吉位"，什么是"凶方"，只有用罗盘才能检测出来。

随着风水术的发展，罗盘的地位越来越重要。清乾隆时期的餐霞道人说过："罗经是堪舆之指南，无罗经则山向何由分，方位何由定。"佛隐《风水讲义》也说："罗经为堪舆家之秘宝，挨星度，正方位，分金定穴，端赖乎是，所以列为阴宅之关键，研究是道者，必先洞悉罗经之妙用。"到了明清时期，罗盘已成为风水师的必备之物。掌握罗盘的用法，成了风水从业者的一项基本功。风水师既可以用罗盘来乘气、立向、消砂、纳水、观天，又可用来相地，"测山川生成之纯杂，以辨其地之贵贱大小"。在辨方正位这方面，罗盘的功能达到了登峰造极的地步。

夏至致日图记录了古代最早的测定方位的方法——土圭法

如果我们换一个角度，从现代科学的角度来看，风水学与罗盘的结缘也有一定的必然性。

中国风水术是一门庞大的而深奥的学问，正如《罗经解定》说的，是"经纬天地，包罗万象"。它包括了天文学、地理学、地质学、气象学、磁电光学、景观学……以现代来说，主要是磁场气场的微观学。

风水学认为，人的气场受宇宙的气场控制，人与宇宙和谐就是吉，人与宇宙不和谐就是凶。于是，风水家们凭着经验把宇宙中各个层次的信息，如天上的星宿、地上以五行为代表的万事万物、天干地支等，全部放在罗盘上。风水师则通过磁针的转动，寻找最适合特定人或特定事的方位或时间。

尽管风水学中没有提到"磁场"的概念，但是罗盘上各圈层之间所讲究的方向、方位、间隔的配合，却暗含了磁场的规律，具有防止选址于地下磁场紊乱、地质不寻常的地方的功用，从而达到"避凶"之目的。这是因为：罗盘之磁针极易受外磁场干扰，遇到上述地方则磁针"浮而不定，偏东偏西，不归中线"，风水师认为这些地方非吉地，应避之。从生物磁场学的角度看，这有一定道理，紊乱的磁场会影响人体的生物磁场，引起事端。即使今天，人们的住宅或工作场所也应远离金属矿厂、高压线、发电厂和变电所为好。这或许也是风水罗盘"辨方正位"功能的深层原因吧。

三、罗经：包罗万象的风水百科

风水师使用罗盘格龙、立向和消砂纳水，为人们选择相对理想的居住、丧葬环境。他们的实践经验不断积累，每一个时代都有新的理论创见，往往会在罗盘的层面上反映出来。经过一两千年的发展，随着风水学的盛行和流派的繁复，罗盘的圈层逐渐增多，指针系统日益复杂，由起初简单粗糙的形制，演变成内容丰富、划分精细的体系。我们今天看到的罗盘，因流派和产地的不同而各异，层数或多或少，体制复杂，内容各异，各种层数加起来共有五十多层。可以说，罗盘就是风水学术的一部大百科全书。

从本质上看，风水产生于生活和农业生产的需要，其理论来源于观察自然和改造自然地理环境的实践；从形式上说，它发端于卜宅者这一带有巫术内容的活动，而后来的相宅活动又使它有了科学的经验。风水学与天文学、地理学及哲学关系尤为密切，如天文学的天干、地支、二十八宿、七曜，地理学的地形、地貌知识，哲学里的阴阳、五行、气说、八卦、"天人合一"思想等等，构成了风水理论的主骨。可以说没有中国的天文、地理与哲学，就没有风水，而风水又是这些学科在建筑上的实例应用。

风水学首先与《易经》和阴阳五行学说有着密切的关系。两千多年前的春秋时期，人们对《周易》的阐释走向成熟，出现了所谓的《易传》

"十翼"，人们从《周易》中推衍出一套自然和人生哲学体系。到了汉代，大儒董仲舒集前人思想之大成，创造出一套符号系统和推演模式，用阴阳五行来统摄宇宙万物，使杂乱无章的事物、现象渐趋规范有序，就连抽象的时间、方位等也被整合进这套体系。孟喜、京房等汉代象数易学家们则以阴阳八卦符号系统来统一万物，以数字来说明自然万物的变化规律。阴阳五行和易经八卦是后世

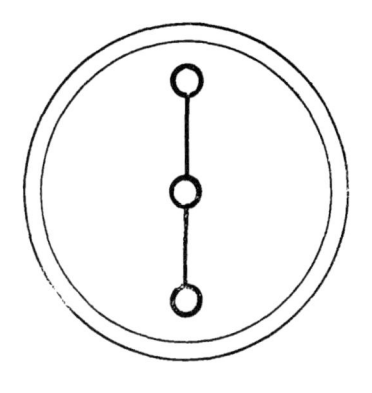

古代风水铜罗盘磁针

一切术数的思想之源，它们的影响不仅是哲学意义上的，还为风水学提供了一套操作性强的推衍和运算的符号系统，使风水术有章可循。

风水学的许多法则，本身就源于《易经》的时空、位象、数理等辩证方法。比如由《易经》衍生出来的八卦，其代表的乾天、坤地、震雷、巽风、坎水、离火、艮山、兑泽等自然物，正是风水学必须应用的要素，这就有了"乾天坤地，乾父坤母"的说法；又如龙脉起伏盘旋，有护有从，有雌有雄，是太极图曲线的反映；水法应用上的净阴净阳，是洛书术数的转化运用，等等。

这些学说与风水学融合，并与时俱进，推动风水学向前发展。比如，当汉代以五行学说为主时，风水流行的是"五音相宅"的"图宅术"；而宋代之后，随着道家和理学对八卦的深入研究，风水也建立起阴阳、八卦、九星系统，出现了以《八宅周书》为代表的学说。

就这样，随着中国文化的不断发展，风水术融入了阴阳五行、天人合一、天干地支等观念，理论越来越复杂，术法也越来越繁琐，最终确立起一个庞大精奥的风水文化体系。

相应地，罗盘由指南针分两仪；再分四象，东南西北（少阳、太阳、少阴、太阴）；再分八卦，八卦分先后天，先天发展为六十四圆图，三百八十四爻位；后天分为二十四山，一百二十分金至三百六十微金；三百六十五度，由四方二十八宿所管辖、代表地球公转轨道和时间……

那么，罗盘主要包含了哪些知识体系呢？我们可以看清代《罗经透解》上的一段概括：

一为太极，是黄道五行百千万化也。二为两仪，一阴一阳，乾、坤也。三为三才，天、地、人也。四为四象，东、西、南、

北。五为五行，金、木、水、火、土也。六为六甲，六十花甲也。七为七政，日、月、五星也。八为八卦，乾、坤、艮、巽、震、坎、兑、离也。九为九宫，贪、巨、禄、文、廉、武、破、辅、弼也。十为成数，《洛书》一得九而成十也。

这一段共十个概念，融合了中国古代天象学、儒学、道学等多种哲学理论，是形成风水学的基本依据。一是太极，天地之精、万物之本。二是二仪，一阴一阳。三是三才，天、地、人。四是四象，东苍龙，西白虎，南朱雀，北玄武。五是五行，金、木、水、火、土。六是六甲，甲子、丙寅等六十花甲。七是七政，又叫七曜，日、月、金、木、水、火、土七大行星。八是八卦，各分阴阳。九是九宫，是指贪狼、巨门、禄存、文曲、廉贞、武曲、破军、左辅、右弼，是风水家根据传统《洛书》九宫说命定的九方示象。十是成数，《洛书》"戴九履一"（头上为九、脚下为一）二数之和。若要大致弄懂罗盘，这些概念都需熟悉。

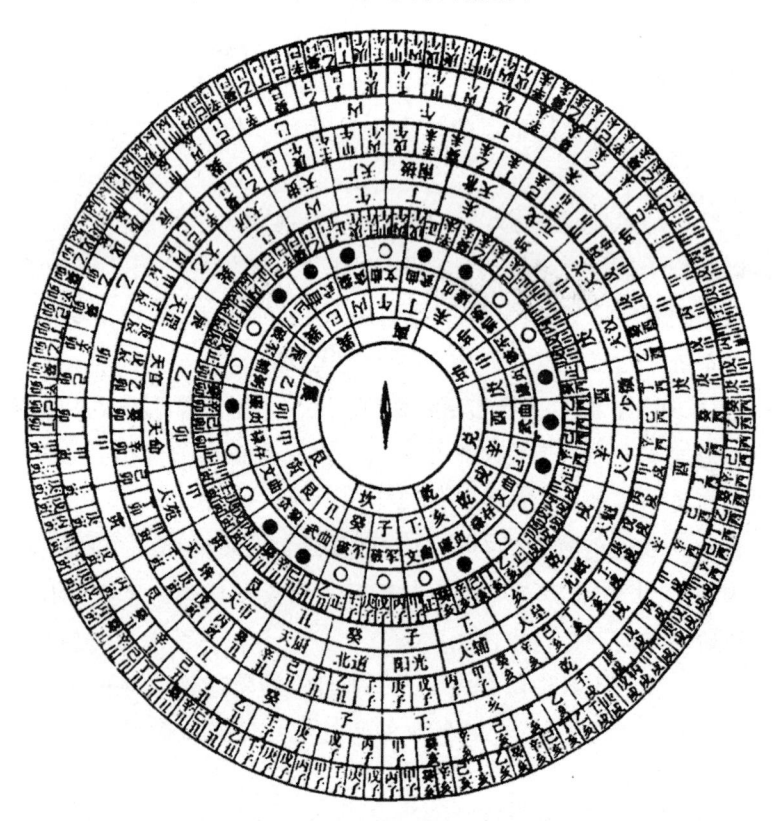

罗盘

总之，风水罗盘内容博大精深，融阴阳五行之理、八卦河洛之数、天干地支之道、日月星象等哲理于一体，涉及太极、阴阳、八卦、五行、河图、洛书、纳甲、天星、二十八宿等，呈现了古代风水学的智慧。它将天、地、人三者关系有机地联系在一起，将磁极子午、臬子午、北极子午之间的关系比较准确地在盘面上反映出来，将气、理、数、形等不同的关系协调起来，用系统的方法说明各种关系，每一层都是一门独立的知识。正因如此，罗盘又被尊称为罗经，取"包罗万象、经纬天地"之义。更有人赞叹曰："凡天星、卦象、五行、六甲也，所称渊微浩大之理，莫不毕具其中也。"

四、罗盘的基本结构和种类

1. 罗盘的基本结构

罗盘主要由内盘、外盘、天池指南针三大部分构成，另外还有天心十道。

（1）内盘

内盘就是紧邻指南针外面那个可以转动的圆盘。内盘印有许多同心的圆圈，一个圈就叫一层。各层划分为不同的等份，有的层格子多，有的层格子少，最少的只分成八格，格子最多的一层有384格（应六十四卦三百八十四爻），每个格子上印有不同的字样。罗盘的各种内容分别印刻在内盘的不同盘圈（层）上，通过转动，吉凶占验都在这里进行。

（2）外盘

外盘为正方形，是内盘的托盘。在四边外侧中点各有一小孔，穿入红线成为天心十道，用于读取内盘盘面上的内容。天心十道要求相互垂直。刚买的新罗盘使用前都要对外盘进行校准才能使用。不过，有些罗盘特别是内地制造的罗盘没有外盘，使用时不太方便。有外盘的罗盘多为香港和台湾近现代生产的。

（3）天池与指南针

天池位于罗盘中心，内置指南针。一般来说，指南针的形式有两种：一是较为传统的形式，仅用一圆形直针，指南一端用红色涂染，因为按阴阳五行之说，南方为火，为朱雀，为赤雉之血所染，所以配以红色。另一种为近现代的形式，类似于钟表的指针，指南端为红色或有箭头；而指北端为黑色，顶端为一圆环，两侧带有凸角。通常把圆环称为牛鼻，凸角称为牛角，其象征牛头，有牵引导向的意思。为什么会有这种设置呢？原来，中国历来以农业为本，农耕离不开牛，在古代的黄历中，看某年如何，首先要看有几牛耕田，牛数越多预示着某年的收成越好。由于罗盘中有24节气等内容，与农业关联密切，所以指南针的这种形式，蕴含着罗盘对事物的指导意义，同时也易于辨认磁针的指向。

在天池的底部有一条红线，称海底线，其对正地盘正针的子午正中方位，在其北端两侧有两个红点，使用时磁针的北端要与底线的北端重合。在现代产的罗盘中，天池底部常用表示东南西北的十字线，更方便辨认。

（4）天心十道

天心十道是固定于外盘上且通过天池中心的两条相互交叉垂直的红线，当转动圆盘时，依靠天心十道线就可读出盘面上的内容，由此可推知线向方位吉凶如何。无外盘者则无天心十道线，使用罗盘时需要弹线定向。

随着风水学的盛行和流派的繁复，以及阴阳五行的推算占验，明清以来的风水罗盘逐渐发展为多层而细密的分度，一般少则几层，多则几十层。不过深入分析却不难发现，罗盘最基本的还是以后天八卦为基准，组合八干、十二支组成的二十四个方位分度。所以不论层数增加了多少，罗盘最核心的结构总是不变的，即总是以天盘、地盘、人盘三盘和正针、中针、缝针三针为基本框架，这就是所谓的"三盘三针"。其他诸盘是对三盘的注释和进一步的具体化，是为三盘服务的。

"三盘三针"由内到外依次是地盘正针、人盘中针、天盘缝针。三盘同分为每格15度的二十四山（八干、十二支和四维）。磁针指向子、午正中称正针；指向子癸、午丁中间称中针；指向壬子、丙午之缝称缝针。关于地盘正针的创立时间，目前已经不可考，但是最晚在唐代已经开始使用。至于缝针和中针，根据清末刘公中在《堪舆避谬传真》一书中的说法，缝针二十四山为杨筠松所创，用来测天十二宫；中缝二十四山则为宋人赖太素（赖布衣）所设，用以测天星。因此，又有杨公缝针、赖公中针之说。这些在前文已有过介绍。

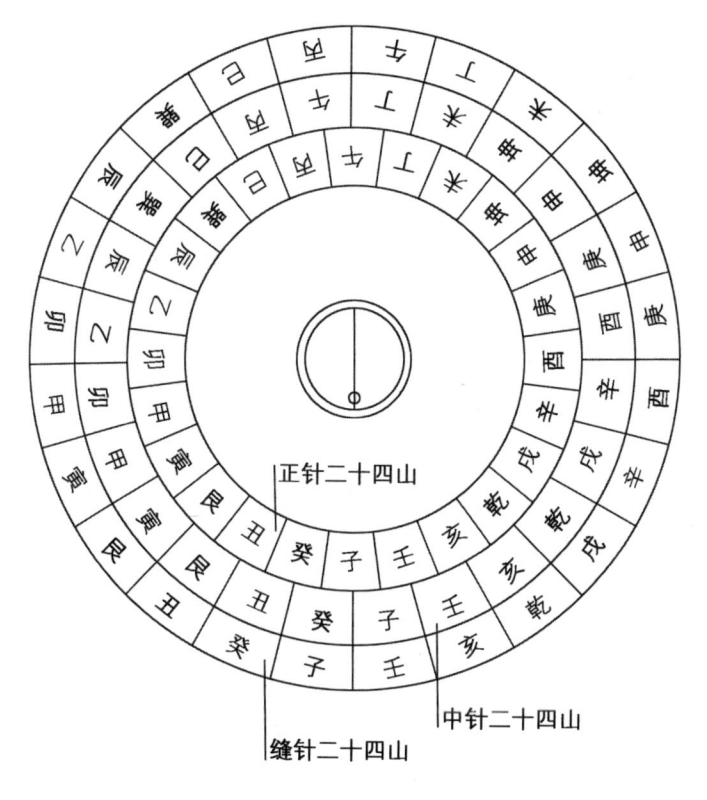

三盘三针图

由于三针的指向不同，产生了以何为准的分歧。历代风水师各持己见，形成了不同的门户流派。其中以主张三盘合用的三合派应用最为广泛。三合派认为，"正针可辨方位阴阳，中针可察天星贵贱，缝针可占五行生死"。（清代曹眆《地理犀精附说》）

事实上，三针指向的不同是有其科学依据的。李约瑟从磁偏角出发，指出正针所指是天文上的南北，至迟是在公元8世纪上半叶时所定；缝针是杨筠松在公元880年前后观察到当时的磁偏角东移，因而把正针的方向作7.5度西移；到了12世纪，磁偏角又向西倾移，因此赖文俊按正针的方向向东移7.5度。三盘三针是为了适应磁偏角的移动而做的相应改动，同时也忠实地记录了这种偏移现象，成为今天研究中国古代磁偏角现象的实证。

一个罗盘上竟然有三个子午向，也就是三个南北向，对于这一点，刚开始接触风水罗盘的人可能难免感到纳闷。为什么三盘三针所指的子午向之间会形成夹角？这就涉及到磁偏角的问题了，值得在这里好好讲讲。

如上所述，地盘正针所指的子午向与人盘的子午向之间形成一个7.5

度的夹角；地盘的子午向与稍外层的天盘子午向也有一个7.5度的夹角。一个在偏右位置，一个在偏左位置。其实，这个夹角便是人们常说的磁偏角。

正针与缝针错开半格，实出于对磁偏角的校正。现代物理学告诉我们，磁针所指南北，并不是子午线，其间存在一个角度即地磁偏角。磁偏角的数值各地不同，随时也会有微小差异，但古代风水家却凭自觉来解释这一现象，如《罗经会心集》以为："盖针体属金，虽经火炼，终不能胜南离真火之气，因避真火之气，故不能指正位而偏于左，乃五行之气使然。"还解释道："古人春分之日，树八尺之臬，以测太阳出入之景表而定东西，再架十字线以分南北，四正定而八方之正位皆得矣。圣人以不便民用，仿元女针法，制土圭代之，即罗经也……然天之气与地之气常略参差，臬所校较浮针而偏丙，于是适其变，立内、外两盘，以浮针所指之子午为正针，臬所测值壬子丙午之间为中针。"

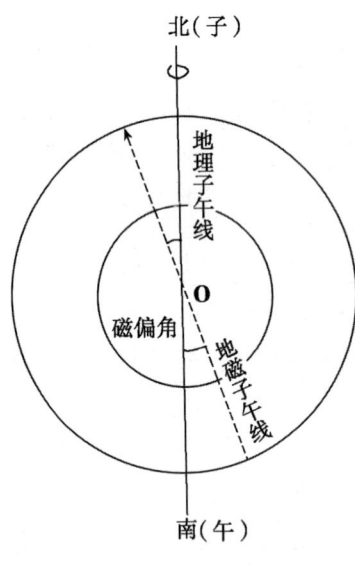

大概因为直观看来，指南针（浮针）所测之南北是基于地球上的方位，所以叫地盘；而臬影所测之南北是基于天上太阳的光影，故称天盘；而北极之子午则称为人盘，以示与天、地盘相呼应。今天看来，用五行之气和天地之气来解释磁偏角，有其简单幼稚的一面，而且容易发生错误，但天、地、人盘之设却颇有科学道理和哲学哲理，蕴藏着人们对地磁偏角与人体的某种心理、生理联系的认识与处理，是中国哲学的天人合一思想在建筑上的实际应用。

地理极与地磁极关系图

2. 罗盘的种类

罗盘的种类很多，名称也各异，由于风水的学派不同，根据各派理论的适用，罗盘的制作也不同。大体而言，明清以来的风水罗盘主要可分为三合盘、三元盘及综合盘三种类型。

（1）三合盘

三合盘的主要特征是其由三层二十四方位组成，即有地盘正针、人盘中针和天盘缝针三层，其结合其他圈层的内容使用，以定向、消砂、纳水等。三合盘在徽州最为盛行，故又称为徽盘。此外，前面讲过，相传杨筠松在晚年时期为便于消砂、纳水，对罗盘进行了一次改造，加上了天盘缝针和七十二龙等层环，所以三合盘也被称为杨公盘（杨盘）。

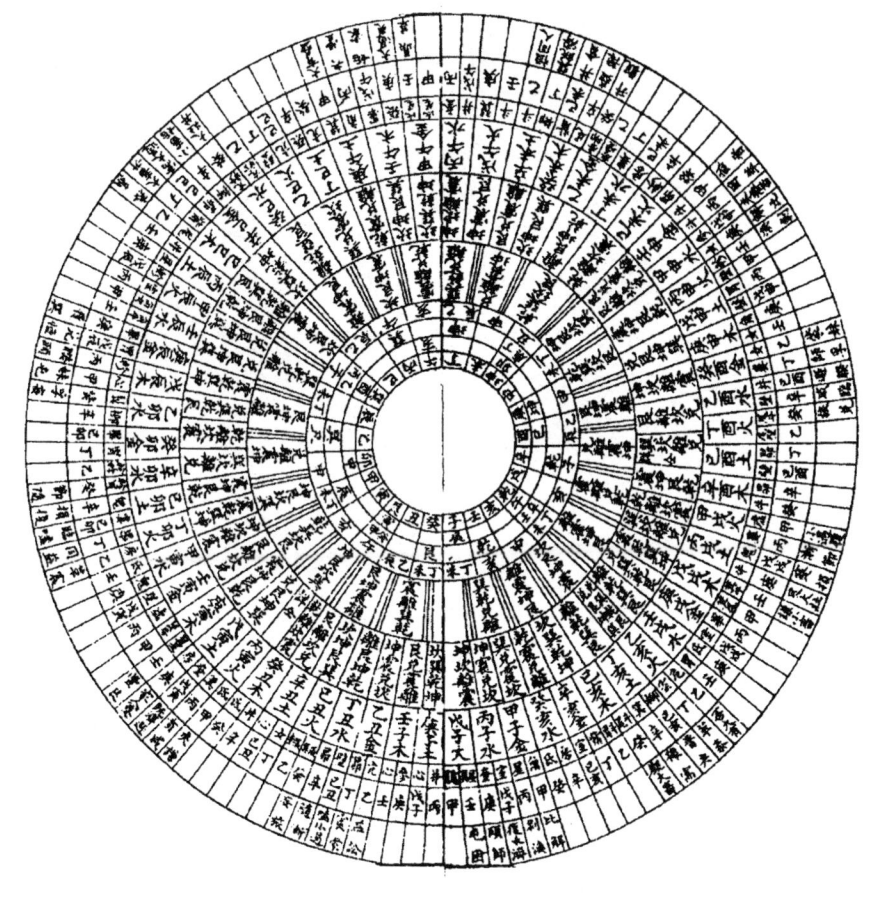

三合罗盘

（2）三元盘

三元盘又称卦盘或易盘，据传由明末清初的风水家蒋大鸿创立，所以后人又称为蒋公盘（蒋盘）。其主要特征是有易卦及各种六十四卦圈层，且一般只保留一层二十四方位即正针二十四山，而二十四山阴阳分配格局又不同于三合盘，是三阴三阳相间，组成了天地人三元，可用元运来推方位之吉凶。

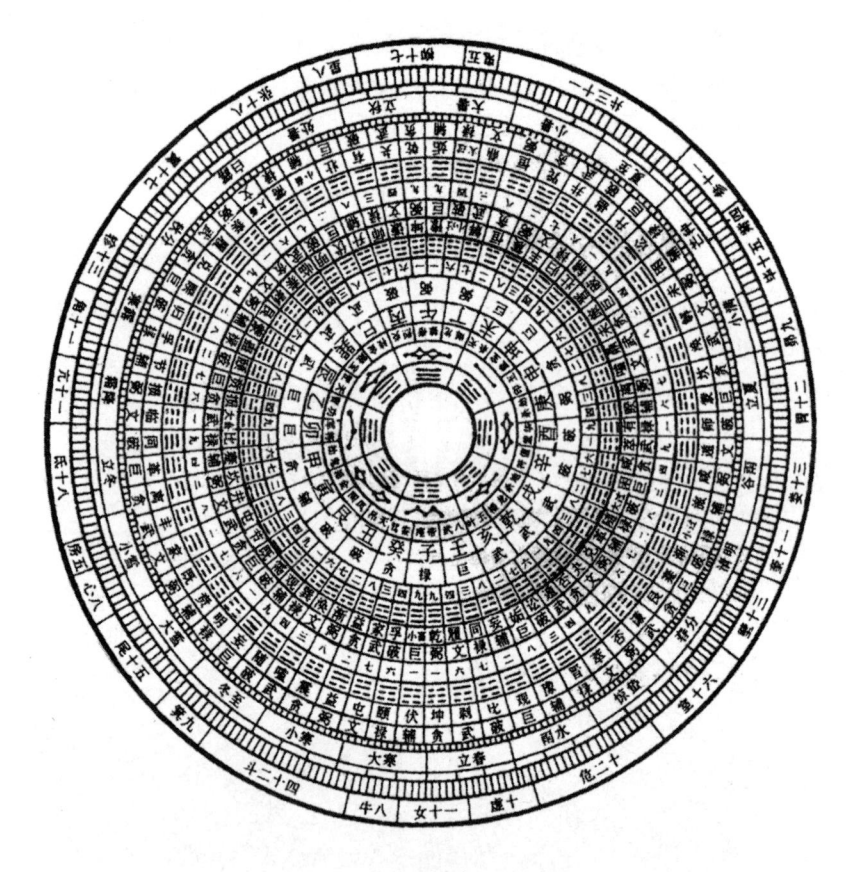

三元罗盘

（3）综合盘

上述两种罗盘由于用法不一、浅深各异，有后来者将其合二为一，叫做"徽易同参盘"即综合盘。所谓综合盘，顾名思义，是综合了三合盘和三元盘的主要圈层组成，其主要特征是保持了三合盘的地盘正针、人盘中针、天盘缝针和三元盘的易卦层，以及两种罗盘的其他主要圈层，所以综合盘层数细密，内容庞杂。

除了以上特征外，判别三合盘与三元盘的另一方法是在盘面上看，地盘二十四山的阴阳分配格局是不同的。当然，即使是同一种类的罗盘因尺寸大小的不同，所容纳的圈层内容也会有所不同。不同流派和产地也会有些差异，如同样是三合盘，安徽产的"徽盘"和福建产的"建盘"就有所不同，而香港和台湾所产的三合盘又不同于内地所产罗盘。

五、罗盘的著名产地和制作工艺

中国罗盘历来有沿海型和内地型之分。沿海型罗盘的生产地为福建漳州和广东兴宁，生产出的罗盘主要用于航海指向；内地型罗盘的产地主要有安徽休宁、江西赣州等地，其产品即风水罗盘，用于测定房屋建筑和墓葬的方位及平面布局，史称"徽盘"。此外，罗盘的有名产地还有浙江的杭州和温州。

近代以来，台湾、香港地区和马来西亚、日本等国也生产风水罗盘。特别是台湾和香港生产的机制铜面罗盘质量和精度均较高，较著名的商号有通胜、翰辉、东定等。

这里重点介绍一下安徽休宁万安桥的罗经作坊。万安之所以成为中国风水罗盘的生产地，与徽州人特别崇尚风水和徽州多风水师有关。清初休宁县万安人赵吉士在其著作《寄园寄所寄》中就写道："风水之说，徽人尤重之，其平时构争结讼，强半为此。"足见徽州风水的盛行。这无疑为罗盘提供了广阔的市场空间。在这种情况下，万安罗盘业应运而生。

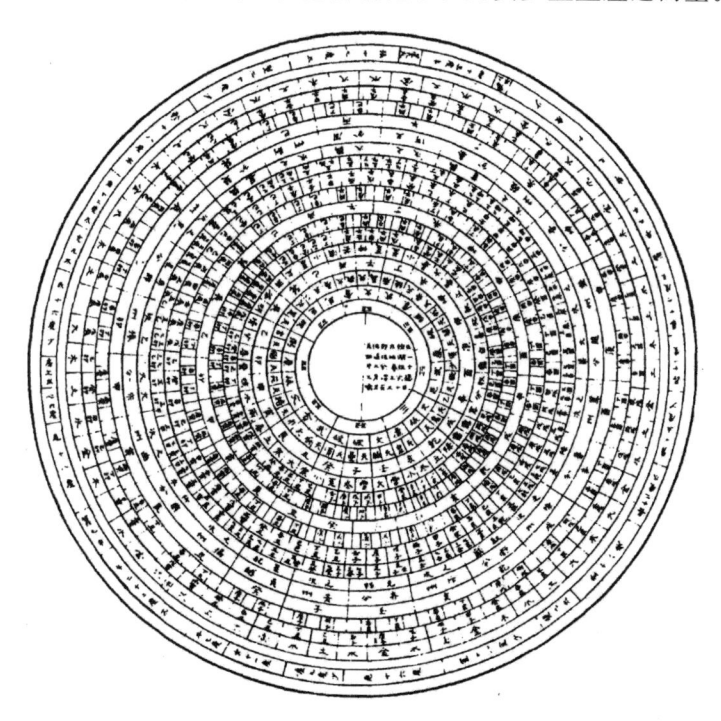

安徽休宁万安桥罗经店罗盘

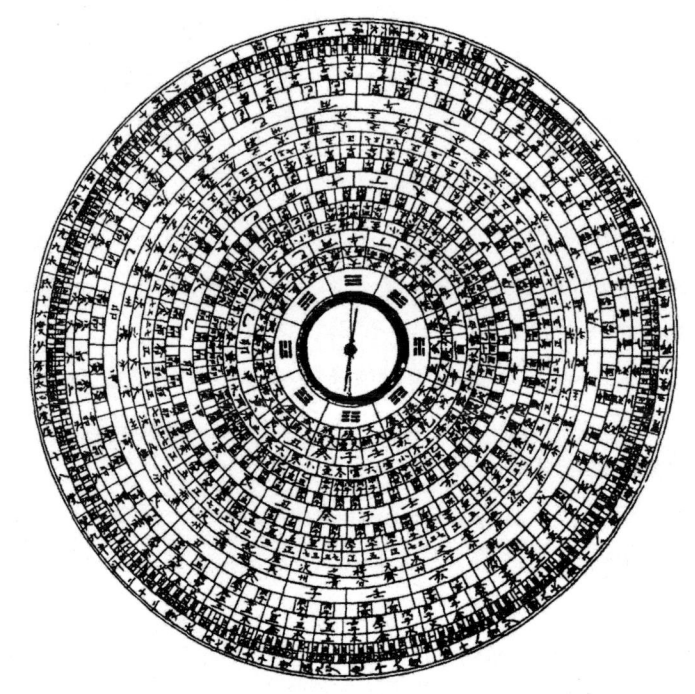

安徽休宁万安桥老吴鲁衡罗经店十八层罗盘

万安罗盘（徽盘）是现存的全国唯一以传统技艺手工制作的木质罗盘，产地在今天的安徽省休宁县万安镇万安街。安徽休宁万安桥罗经作坊历史悠久，始于元末明初，发展于明代，清代中叶进入鼎盛时期，清末一度衰败，民国初年重振辉煌并延续至20世纪60年代初。停顿近20年后，1982年又恢复生产。历史上的罗盘名店有方秀水、吴鲁衡、胡茹易、胡平秩等。

万安罗盘继承了中国传统的罗盘制作技艺，在长期生产过程中形成了自己的特点，对技艺流程和技艺手法有严格的要求。制成一具罗盘，一般要经过6道工序，首先要精选特等木料"虎骨树"（学名重阳木），按照不同规格锯、刨制成罗盘毛坯，然后将毛坯车成圆盘形和木圈，用砂纸磨光并挖好装磁针的圆孔，随后在上面按不同盘式的图谱用刀刻画格和书写盘面，接着熬炼桐油并往罗盘上上油。安装磁针是最后也是最关键的工序，由店主在密室内单独操作，其工作包括磁化钢针、测定磁针重心、装针等。

在现代社会中，万安罗盘的实用功能逐步退化，市场需求萎缩，老艺人先后离世，后继传人缺乏，罗盘制作技艺濒于消亡，亟待保护利用。鉴于此，万安罗盘手工制作技艺已经申报并被中华人民共和国文化部批准列入"中国非物质文化遗产"项目国家名录。

第二章　与罗盘相关的基础知识

初次接触罗盘的人，难免会被盘面上一圈一圈的文字吓住，认为玄奥神秘，不可捉摸。其实，要了解风水学，学会看懂罗盘，并不需要过人的智慧，只是和掌握别的学问和技能一样，掌握风水罗盘也需要有一个进阶过程，第一步就是要了解相关的基础知识。

对于风水学来讲，古老的阴阳、五行、河洛、八卦等知识和理念，正是其庞大体系下的最原始的基石，无论看上去多么复杂繁琐的理论方法，其实都是建立在这些基石之上的。所以，要掌握风水罗盘，就得先熟悉这些基础知识。这样由浅入深，才能逐层剥去罗盘玄奥神秘的外衣。

一、河图洛书

河图、洛书可谓术数之源，最早见于《尚书》，在《易传》等易学典籍中也多有记述。有关河图、洛书的传说出现在春秋战国时代。相传远古伏羲氏时，有一匹神异的马浮出洛阳东北的黄河，它背上有从一到十的数字花纹，象征吉庆，人们把它画下来，这就是"河图"。又相传在大禹治水时，洛水中浮出神龟，背上有从一到九的数字纹，人们将这个神纹叫作"洛书"。

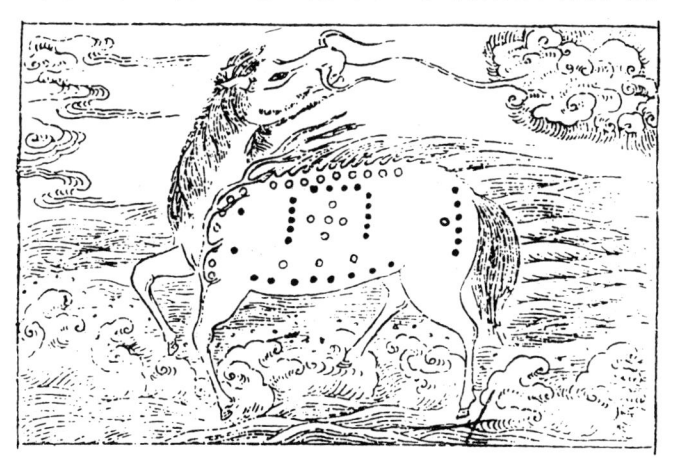

河出图

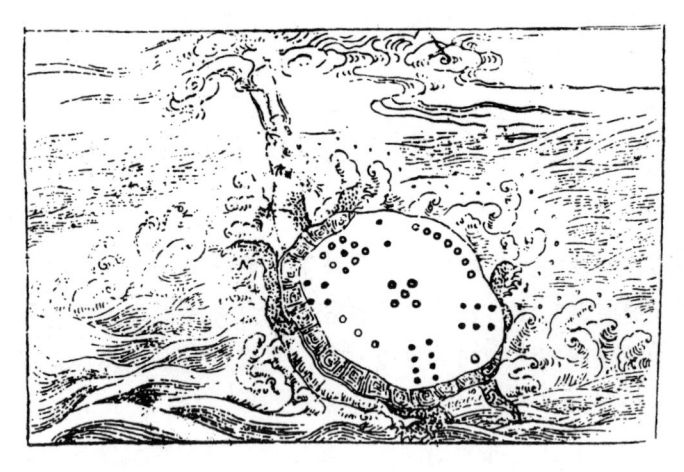

洛出书

　　河图由从一到十的十个数字所组成，其绘图概念来自《周易·系辞传》所云"天一，地二，天三，地四，天五，地六，天七，地八，天九，地十"。图中的白圈即奇数为阳，又代表天，称为天数；黑点即偶数为阴，又代表地，称为地数。天数相加之和为二十五，地数相加之和为三十。天地之数相加，共得五十五，这也是古人所称的"凡天地之数，五十有五"。

　　河图的方位排列引入五行的概念，可表示为：一与六共宗居北方，因天一生水，地六成之；二与七为朋居南方，因地二生火，天七成之；三与八为友居东方，因天三生木，地八成之；四与九同道居西方，因地四生金，天九成之；五与十相守居中央，因天五生土，地十成之。

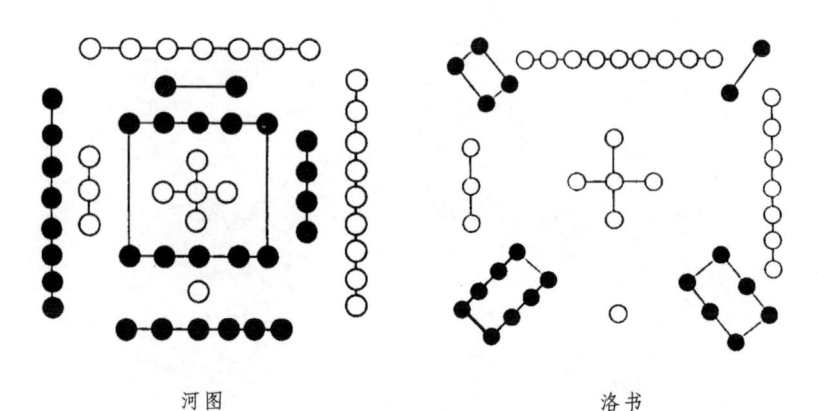

河图　　　　　　　　　洛书

　　洛书实际上就是一个所谓的"魔方阵"，其概念来源与河图一样，也出自《系辞传》。它以五为中心，其中的数字无论从纵、横、斜任何一个方向相加，总和必定是十五。据说洛书显示了天地运行的顺序，图中白圈为奇（阳），象征天道；黑点为偶（阴），象征地道。奇数一在北方，表示一阳初生；三在东方，表示阳气渐增；九在南方，表示阳气达到顶峰；七在西方，表示阳气逐渐衰退。这就是所谓天道的运行规律。又阴气由西南发生，以偶数二表示；阴气逆时针旋转至东南角，至此逐渐增长，以偶数四表示；阴气在东北角达到极盛，以偶数八表示；地数六在西北角，表示阴气逐渐消失。这就是所谓地道运行规律。而五居中，象征天地之和。

河图、洛书确定了十个数字的方位，本来目的纯粹是揭示数字之间的内在结构关系，和所谓的天地之道没有什么关系，可是后来人出于各种动机，不断赋予它们阴阳、五行、八卦等属性，似乎宇宙万物变化规律都可纳入其中，没有它们不能统摄的事物。这样，河图、洛书逐渐被风水术汲取，成为推演吉凶的基本工具。

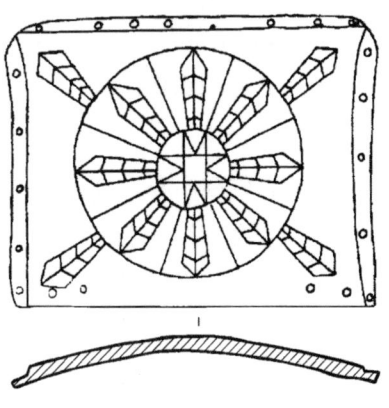

安徽含山凌家滩出土洛书玉版

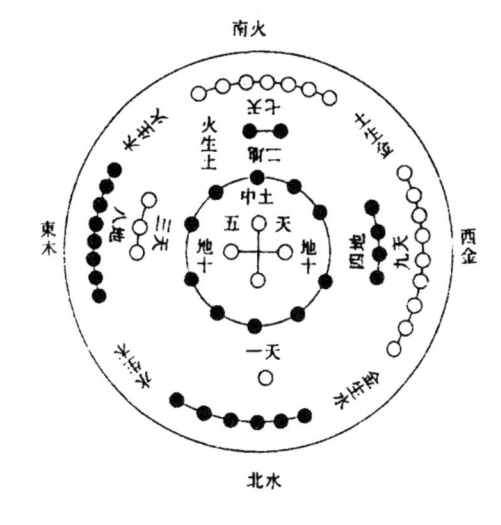

河图配阴阳五行图

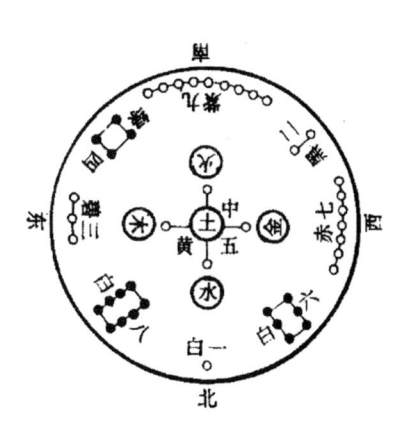

洛书配阴阳五行图

二、八卦

八卦即乾、兑、离、震、巽、坎、艮、坤。为什么叫卦呢？唐朝孔颖达说："卦者，挂也。言悬挂物象以示人，故谓之卦。"卦就是象征自然界各种现象和人类社会各种人事变化的符号,成为描述宇宙万物的模式。

1. 八卦的产生

据《周易·系辞传》云,远古伏羲氏仰观天象,俯察地理,同时又观察动植物的形态生长状况,近取之于身,远取之于外物,于是做八卦。八卦即乾、兑、离、震、巽、坎、艮、坤。八卦两两相重,就构成了六十四卦,共三百八十四爻。

卦由—和--两种符号组成,—代表阳性的事物,称作阳爻;--代表阴性的事物,称作阴爻。在《易经》中,阳爻有专用名称,叫作"九";阴爻也有专用名称,叫"六"。八卦的每一卦都三爻组成。

关于爻的起源和含义有多种说法:(1)结绳说。上古结绳记事,大事打一大结,小事打一小结,阳爻和阴爻分别是大结和小结。(2)认为阳爻象征男根,阴爻象征女阴。(3)龟兆说。古代烧灼龟甲以占卜,依其兆纹定吉凶,阳爻和阴爻就是兆纹的规范化。如此等等。

卦的三个爻的排列组合方式无论怎样搭配,也不外乎四种类型,即三个都是阳爻,如乾卦;三个都是阴爻,如坤卦;两个阳爻一个阴爻,如巽卦、兑卦和离卦;两个阴爻一个阳爻,如坎卦、震卦和艮卦。

八卦为什么用三个爻表示,而不用两爻或四爻或其他爻画数呢?先哲老子说:"一生二,二生三,三生万物。""三"表示很多,"无限",是万物之数。远古时代是"数多不过三"的时代,三表示多数,一些古文字就有以三为多的遗迹,比如,三人为"众",三是表示多、集合成群的意思。古代成语也有"一日三秋"、"三省吾身"、"韦编三绝"、"三番五次"、"一而再,再而三"等,都表示的是多数。同时,三爻卦上爻代表天,下爻代表地,中间爻代表人,朱熹说"三画(三爻)而三才之象始备"。由此,用三爻构成的八卦就具有了包容万物的哲学意义了。

2. 卦象

八卦的阴阳爻排列看起来好似眼花缭乱,不过,只要记住《周易本义》上关于八卦的一首歌就找到规律了。

乾三连,坤六断。

震仰盂,艮覆碗。

兑上缺,巽下断。

离中虚,坎中满。

八卦的这首歌，是根据八卦的符号特点或象征的物象编写出来的。

乾三连（☰）：乾卦的三个阳爻如三条直线一样没有断裂；

坤六断（☷）：坤卦的三个阴爻中间是断开的；

震仰盂（☳）：震卦的爻好像平放着的盆盂；

艮覆碗（☶）：艮卦的爻好像翻过来倒放着的饭碗；

兑上缺（☱）：兑卦的上爻有个缺口；

巽下断（☴）：巽卦的下爻是断开的；

离中虚（☲）：离卦的中间一爻因断开而空虚了；

坎中满（☵）：坎卦的上下两爻断开了，中间一爻未断，填满了。

那么，古人是依照怎样的思路来画出具体形式的八卦的呢？《易经·系辞传》说："是故易有太极，是生两仪，两仪生四象，四象生八卦。"太极是指原始的物质，这种最原始的物质"太极"，经过第一次的变化，就分化成了阴阳两种物质，即"两仪"。用符号表示，就是━、--；第二次变化就是阴阳再分别分成"太、少"即太阴、少阳、少阴、太阳，也就是"两仪生四象"。用符号表示就是⚏、⚎、⚍、⚌。第三次变化是四象还要继续分化，产生出八种象征，即八卦。"四象生八卦"的整个过程就完成了。

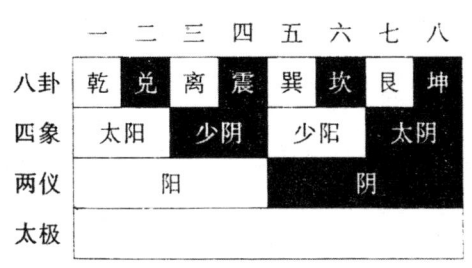

八卦	乾	兑	离	震	巽	坎	艮	坤
	一	二	三	四	五	六	七	八
四象	太阳		少阴		少阳		太阴	
两仪	阳				阴			
太极								

先天八卦次序图

八卦中，乾卦代表天，坤卦代表地，两个符号代表了时间、空间、宇宙；离卦代表太阳，坎卦代表月亮，震卦代表雷，巽卦代表风，艮卦代表高山、陆地，兑卦代表水（海洋、河流、沼泽）。古人认为，宇宙就由这八个大的自然现象组成，它们包罗了一切事物。

3. 先天八卦和后天八卦

关于八卦的具体方位，古代流传下来的有两种排列方式：一种是"伏羲八卦"，又称为"先天八卦"。其方位为：乾南、坤北、离东、坎西、兑东南、震东北、巽西南、艮西北；乾兑震离为阳，巽坎艮坤为阴。乾一、兑二、离三、震四、巽五、坎六、艮七、坤八为先天数。

先天八卦相传为伏羲所作，现在我们所见到的先天八卦图是宋代陈抟根据《说卦传》中的文字推演出来的，这段文字就是："天地定位，山泽通气，雷风相薄，水火不相错，八卦相错，数往者顺，知来者逆，是故易逆数也。"所以以乾（天）坤（地）定上下之位，离（火）坎（水）列左右之门，艮（山）对兑（泽），巽（风）对震（雷）。乾、兑、离、震为阳，分别以1、2、3、4为序象征天左旋；巽、坎、艮、坤为阴，分别以5、6、7、8为序象征地逆转。两者象征阴阳相错。

先天八卦

另一种是"文王八卦"，又称为"后天八卦"。乾坎艮震为阳，巽离坤兑为阴。后天八卦相传为文王所作。《说卦传》中说："万物出乎震，震，东方也；齐乎巽，巽，东南也。……离也者，明也，万物皆相见，南方之卦也。……坤也者，地也，万物皆致养焉，故曰致役乎坤。兑，正秋也，万物之所说也……乾，西北之卦也，言阴阳相薄也。坎者，水也，正北方之卦也……艮，东北之卦也，万物之所成终而所成始也。"后天八卦方位即由此来。西北为乾为天，位最尊，可能与周民族发祥于西北有关。

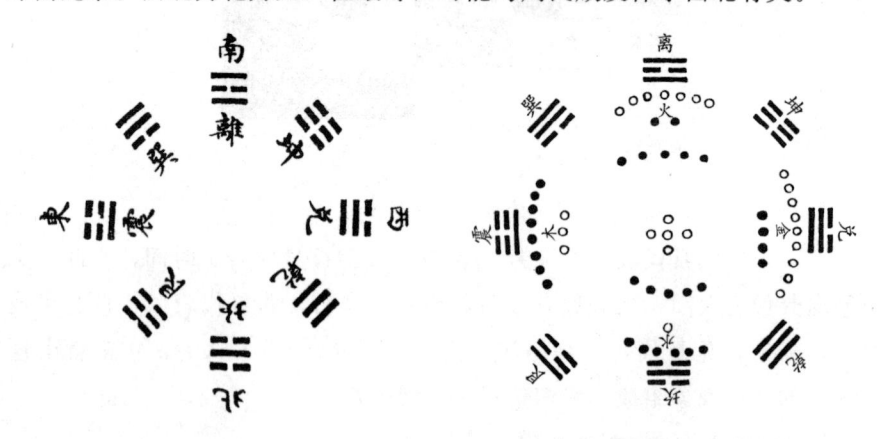

后天八卦　　　　　　　　后天八卦配河图、五行图

先天八卦指称的是八大自然现象，其中是没有人的位置的。而在后天八卦那里，用乾代表父，坤代表母，震为长男，坎为中男，艮为少男，巽为长女，离为中女，兑为少女，人于是与八卦和自然界联系起来。发展到

后来，为了方便实际运作，各种术家又赋予了八卦更丰富、更复杂、更具体的内涵，如以乾卦来代表君、父、玉、金、健等等。

文王八卦次序图

八卦方位的涵义反映在筮法上，为风水术天尊地卑、阳尊阴卑等观念提供了理论和方法基础。

乾（☰）为天　坤（☷）为地　天地定位
天和地是配对的。乾是父，坤是母，父母也是配对的。乾是1，坤是8，乾和坤加起来等于9。9是极大数目的表征，代表极为完美。所以乾坤相配，称之为天地定位。

艮（☶）为山　兑（☱）为泽　山泽通气
高山和湖泽是配对的。艮是少男，兑是少女，少男和少女不但阴阳配对，辈份也配对。艮是7，兑是2，加起来等于9，也是极为完美之组合。所以艮兑相配，称之为山泽通气。

震（☳）为雷　巽（☴）为风　雷风相薄
雷和风是自然界两种能震撼人心的天象。风吹得愈起劲，雷声响得越是激烈，雷声越是激烈，风速越是怒吼，两者相得益彰。震是长男，巽是长女，不但阴阳配对，辈份也相配。震是4，巽是5，加起来等于9，也是极为完美的组合。所以震巽相配，称之为雷风相薄。

> 坎（☵）为水　离（☲）为火　水火既济
>
> 水和火是对应的。坎是中男，离是中女，中男和中女不但阴阳配对，连辈份也相同。坎是6，离是3，加起来等于9，也是极为完美的组合。所以坎离相配，称之为水火既济（水火不相射）。

八卦还可与五行相配：坎属水，离属火，乾和兑属金，震和巽属木，坤和艮属土。八卦还与方位和时间有联系，可分别表示东、南、西、北和东南、西南、东北、西北八个方位，以及冬至、夏至、春分、秋分、立冬、立春、立夏、立秋八节气。

三、六十四卦

1. 卦名

将八卦通过重叠组合，使各卦由三个爻变为六个爻，可推演成六十四卦，也称为重卦或别卦。

上经三十卦卦名是：乾、坤、屯、蒙、需、讼、师、比、小畜、履、泰、否、同人、大有、谦、豫、随、蛊、临、观、噬嗑、贲、剥、复、无妄、大畜、颐、大过、坎、离。

下经三十四卦卦名为：咸、恒、遁、大壮、晋、明夷、家人、睽、蹇、解、损、益、夬、姤、萃、升、困、井、革、鼎、震、艮、渐、归妹、丰、旅、巽、兑、涣、节、中孚、小过、既济、未济。

为了方便人们记住六十四卦卦名，古代流传下来一首《上下经卦名次序歌》：

乾坤屯蒙需讼师，比小畜兮履泰否。
同人大有谦豫随，蛊临观兮噬嗑贲。
剥复无妄大畜颐，大过坎离三十备。
咸恒遁兮及大壮，晋与明夷家人睽。
蹇解损益夬姤萃，升困井革鼎震继。
艮渐归妹丰旅巽，兑涣节兮中孚至。
小过既济兼未济，是为下经三十四。

这首歌前三句讲上经，后四句讲下经，按通行本卦序叙述了六十四卦卦名，方便了人们的记忆。

2. 爻位

六十四卦均由六爻组成，六爻所在的位次就叫爻位。爻位自下而上依次排列，分别称作初、二、三、四、五、上。

```
      乾卦☰                    坤卦☷
 ━━━━━  上九            ━ ━    上六
 ━━━━━  九五            ━ ━    六五
 ━━━━━  九四            ━ ━    六四
 ━━━━━  九三            ━ ━    六三
 ━━━━━  九二            ━ ━    六二
 ━━━━━  初九            ━ ━    初六
```

以爻位比附人事，如《周易·乾凿度》说："初为元士，二为大夫，三为公，四为诸侯，五为天子，上为宗庙。凡此六者，阴阳所以进退，君臣所以升降，万民所以为象则也。"

还有把爻位两两并列，以象征天、地、人"三才"，即以初、二两爻象征"地"位，三、四两爻象征"人"位，五、上两爻象征"天"位。

爻位又分阴阳、奇偶，即初、三、五爻为奇，属阳位；二、四、上爻为偶，属阴位。

爻位的排列顺序有一定的含义。从下到上，象征事物周而复始的发展过程和变化规律，或者自然界植物生长周期的循环往复，即初位象征事物发展萌芽，主于潜藏勿用；二位象征事物崭露头角，主于适当进取；三位象征事物功业小成，主于慎警惧审时；四位代表事物进入更高层次；五位象征事物圆满成功，主于处盛戒盈；上位象征事物发展终尽，主于穷极必反。

3. 卦序

在我们见到的通行本《易经》中，六十四卦是依据一定的顺序排列的，这其中有什么玄秘之处吗？对此，古代学者有不同的说法。最早对此做出解释的是成书于汉初以前的《序卦传》。它认为，六十四卦从乾、坤到既济、未济，乃是一个存在着因果关系的系列，后卦因前卦而来，或者是相承接，或者是相反对。《序卦》对六十四卦的解释，主要是重视卦名的义理，只有对乾、坤的解释是按取象说，以乾为天，以坤为地。如该

41

《传》的开头说："有天地，然后万物生焉。盈天地之间唯万物，故受之以屯。屯者，盈也。屯者，物之始生也。物生必蒙，故受之以蒙。蒙者，蒙也，物之稚也。物稚不可不养也，故受之以需。需者，饮食之道也。"其中文首"天地"指乾坤。依中国古人观念，天地合气，便形成了万物。"屯"的一个意思是充盈，义即天地之间充满了万物，所以乾坤两卦之后就是屯卦。"屯"同时又指万物初生之时，还比较幼稚，所以屯卦之后是蒙卦，"蒙"就是事物幼稚的意思。事物幼稚的时候，需要养育，所以"蒙"之后便是"需"卦，需就是饮食之义。如此等等。可以看出，《序卦传》就卦名来分析前后卦的关系，有其一定的合理性，也方便读者记忆。

除了通行本的卦序外，六十四卦还有其他的卦序，这就是分宫卦象次序：

乾为天	天风姤	天山遁	天地否	风地观	山地剥	火地晋	火天大有
震为雷	雷地豫	雷水解	雷风恒	地风升	水风井	泽风大过	泽雷随
坎为水	水泽节	水雷屯	水火既济	泽火革	雷火丰	地火明夷	地水师
艮为山	山火贲	山天大畜	山泽损	火泽睽	天泽履	风泽中孚	风山渐
坤为地	地雷复	地泽临	地天泰	雷天大壮	泽天夬	水天需	水地比
巽为风	风天小畜	风火家人	风雷益	天雷无妄	火雷噬嗑	山雷颐	山风蛊
离为火	火山旅	火风鼎	火水未济	山水蒙	风水涣	天水讼	天火同人
兑为泽	泽水困	泽地萃	泽山咸	水山蹇	地山谦	雷山小过	雷泽归妹

我们先看分宫卦象次序的头八个卦：

乾为天，天风姤，天山遁，天地否，风地观，山地剥，火地晋，火天大有。

先看乾卦。这个乾卦是阳极了，第一爻变了，阳极就变阴，是由内开始变，于是外还是乾三，内卦第一爻变作阴，就成为巽卦，巽为风，所以成为天风姤。接着第二爻变了，外卦还是三乾，内卦第二爻变为艮卦，艮代表山，所以成为天山遁。继续变下去，外卦还是不动，内卦第三爻变为坤卦，坤代表地，于是成为天地否。接着是第四爻变，外卦第一爻变了，于是成为风地观。然后第五爻变了，于是成为山地剥。到了第七卦不能再往上变了，于是改为外卦的初爻再变，即第七卦火地晋。这第七个卦名为游魂之卦，这是表示由内在的思想，变成行动，由行动影响到外在的环境，现在又是外在的环境，又压迫自己内在的思想发生了变，游魂就是这样回来的。到了第八卦，名归魂卦，意思是回到本位了，内卦变成原位，于是成为火天大有。乾宫的八个卦就这样变的，简单地说，分宫卦象次序的变是这样的：一、本体卦，二、初爻变，三、第二爻变，四、第三爻变，五、第四爻变，六、第五爻变，七、第四爻变回原爻，八、内卦变回本体卦。其他七个本宫卦也与此相类。

4. 卦气

卦气说主要是借爻象的变化推测气候的变化，进而推断人事的吉凶。所谓卦气，是以八卦或六十四卦配一年四时、十二月、二十四节气、三百六十五日，并以此解释一年节气的变化。具体来说，主要以坎、震、离、兑为四正卦，主一年四季，即坎主冬，震主春，离主夏，兑主秋。这四正卦又分别主管二十四节气中的六个节气，从冬至到惊蛰为坎卦用事，春分到芒种为震卦用事，夏至到白露为离卦用事，秋分到大雪为兑卦。又一卦六爻，正好每爻主管一个节气。

震（春季）	坎（冬季）
芒 小 立 谷 清 春 种 满 夏 雨 明 分	惊 雨 立 大 小 冬 蛰 水 春 寒 寒 至
兑（秋季）	离（夏季）
大 小 立 霜 寒 秋 雪 雪 冬 降 露 分	白 处 立 大 小 夏 露 暑 秋 暑 暑 至

四正卦与四季及二十四节气相配

除了这四正卦，其余六十卦分配于十二月之中，每月五卦，每卦主管六日七分，并配入七十二候。自十一月冬至初候开始，中孚卦用事，为一年节气变化的开始。到次年十一月大雪末候，颐卦用事，为一年节气变化之终。

其中又有十二辟卦，代表十二个月和一年节气中的中气（处于月中的节气），象征一年四时的变化。这十二辟卦为：复、临、泰、大壮、夬、乾、姤、遁、否、观、剥、坤。列表如下：

复	临	泰	大壮	夬	乾	姤	遁	否	观	剥	坤
䷗	䷒	䷊	䷡	䷪	䷀	䷫	䷠	䷋	䷓	䷖	䷁
十一月	十二月	正月	二月	三月	四月	五月	六月	七月	八月	九月	十月
冬至	大寒	雨水	春分	谷雨	小满	夏至	大暑	处暑	秋分	霜降	小雪
冬一阳生	冬二阳生	春三阳生	春四阳生	春五阳生	夏六爻皆阳	夏一阴生	夏二阴生	秋三阴生	秋四阴生	秋五阴生	冬六爻皆阴

其中从复到乾，阳爻自下而上逐渐增加，是阳息阴消的过程；从姤到坤，阴爻逐渐增长，是阴息阳消的过程。所以十二辟卦又被称作十二消息卦，表示一年四季、十二月、二十节气阴阳二气的消长变化。

卦气用卦爻符号统摄了所有的季节物候，每年节气和物候的变化都由阴阳的升降消息决定，几乎每一天的活动都可以推测出吉凶福祸来。风水术因而把卦气说纳入罗盘中，用来推算阴阳消长、五运六气，从而判断吉凶。

5. 纳甲

纳甲是由京房创造的筮法。京房（公元前77—前37年）是西汉学者，本姓李，字君明，东郡顿丘（今河南清丰西南）人，师事河东焦延寿习《易》，开创京氏《易》学，简称京房《易》。他将甲、乙、丙、丁、戊、己、庚、辛、壬、癸十天干纳于八卦，并与五行、方位相配合。即乾纳甲，坤纳乙，甲乙为木，表示东方；艮纳丙，兑纳丁，丙丁为火，表示南方；坎纳戊，离纳己，戊己为土，表示中央；震纳庚，巽纳辛，庚辛为金，表示西方；乾纳壬，坤纳癸，壬癸为水，表示北方。由于甲为十天干之首，举一以概其余，故名"纳甲"。

八宫卦六爻纳甲表

八卦＼爻位	上爻	五爻	四爻	三爻	二爻	初爻
乾	壬戌	壬申	壬午	甲辰	甲寅	甲子
坤	癸酉	癸亥	癸丑	乙卯	乙巳	乙未
震	庚戌	庚申	庚午	庚辰	庚寅	庚子
巽	辛卯	辛巳	辛未	辛酉	辛亥	辛丑
坎	戊子	戊戌	戊申	戊午	戊辰	戊寅
离	己巳	己未	己酉	己亥	己丑	己卯
艮	丙寅	丙子	丙戌	丙申	丙午	丙辰
兑	丁未	丁酉	丁亥	丁丑	丁卯	丁巳

有关其中的原理，《蠡海集》云："纳甲之说，自甲为一，至壬为九，阳数之始终也。故归乾，易顺数也。乙为二，癸为十，阴数之始终也，故归坤，易逆数也。乾一索而得男，为震。坤一索而得女，为巽。故庚入震，辛入巽。乾再索而得男，为坎。坤再索而得女，为离。故戊归坎，己归离。乾三索而得男，为艮。坤三索而得女，为兑。故丙从艮，丁从兑。阳生于北而成于南，故乾始甲子而终以壬午。阴生于南而成于北，故坤始乙未而终以癸丑。震巽一索也，故庚辛始于子丑。坎离再索也，故戊己始于寅卯。艮兑三索也，故丙丁始于辰巳也。

还有一种说法："乾坤者，二气之正位也。坎离者，二气之交互也。正位则始终全备，故甲壬归乾，乙癸归坤。交互则往来处中，故戊归坎，己归离。震巽乃受气之始，故庚辛归焉。艮兑乃生化之终，故丙丁归焉。乾坤位阴阳之极，故子午丑未配于甲壬乙癸。父母总摄内外之义，震巽长男长女为初索，是以子丑配庚辛。坎离中男中女为再索，是以寅卯配戊己。艮兑少男少女为三索，是以辰巳配丙丁。纳之为吉受也。容六甲于八卦中也。易者，逆也，数皆以逆而推之。"

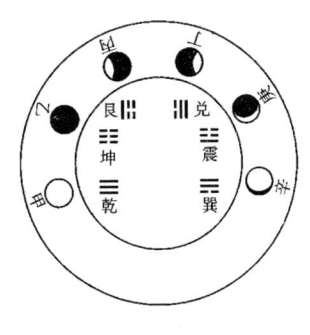

参同契纳甲图

以上是讲纳甲的来源和内外二卦的干支，纯卦纳甲的歌诀是：

乾金甲子外壬午，

坎水戊寅外戊申，

艮土丙辰外丙戌，

震木庚子外庚午，

巽木辛丑外辛未，

离火己卯外己酉，

坤土乙未外癸丑，

兑金丁巳外丁亥。

纳甲法在三合、九星风水中使用极为广泛。风水上常用的纳甲法，简单的说就是将天干地支纳入八卦。通过纳甲之法，八卦与五行、天干的方位和时间结合在一起，可以据此为人占卜阴阳宅吉凶。如果推算的结果是衰死，则这个地点不能用，要么换人，要么改时间。纳甲法受到风水的重视，有论者指出："纳甲有一定之数，即有一定之理，故形家以此察山川之性情，辨阴阳之贵贱，审吉凶之避就。"

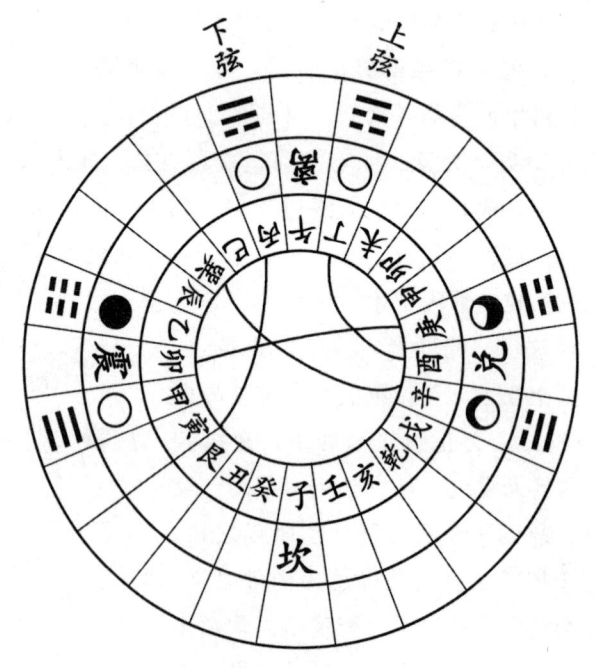

阴阳升降纳甲图

四、阴阳

阳最初是指阳光的向背，物体向日的一面为阳，背阳的一面为阴。后来这一概念不断延伸，从用来象征气候的寒热到广泛解释自然界与社会生活的所有现象。如明暗、寒热、日月、天地、昼夜、内外、上下、动静、黑白、快慢、君臣、男女、强弱、生死等，这些事物或现象都可以分为相互对应的两个方面，是相互对立又相互依存的统一体。到最后，阴阳概念的内涵被拓展到极致，宇宙间万事万物都可以归结为阴与阳两大类，一切事物的形成和变化，全凭阴阳二气的运动与转换，这就是"阴阳交而生物"。

《国语·周语》中载西周末年太史伯阳父的话说："夫天地之气，不失其序。若过其序，民乱之也。阳伏而不能出，阴迫而不能蒸，于是有地震。"伯阳父关于阴阳的言论是今存古籍中以阴阳为宇宙天地之气的开始，说明人们已经能够自觉地把阴阳作为一种模式、规范，以此去认识世界、阐释世界中的各种变化现象。

后来《老子》有云："万物负阴而抱阳。"肯定阴阳的矛盾势力是事物本身固有的。《周易·系辞传》进一步提出"一阴一阳之谓道"的学说，把阴阳交替看作宇宙的根本规律。

战国末期，以邹衍为代表的阴阳家，"乃深现阴阳消息，而作怪迂之变"，则把阴阳变成了和"天人感应"说结合的概念。

到汉代，董仲舒又进一步提出"阳尊阴卑"说，并用阴阳来比附自然和社会现象，即"天有阴阳，人亦有阴阳"：在自然是天为阳，地为阴，昼为阳，夜为阴；在社会是君为阳，臣为阴；在家庭是父为阳，子为阴，夫为阳，妻为阴……总之，凡属主导的正面的事物都是阳，凡属次要的负面的事物都是阴。

阴阳八卦图

在古人眼里，阴阳两者的关系是对立统一的辩证关系。"譬如阴阳，阴中有阳，阳中有阴，阳极生阴，阴极生阳，所以神化无穷。"《朱子语类》卷九十八）阴阳互含，说明阴阳是互相的，阴阳作为事物的对立面的关系不是绝对的。孤阴不生，独阳不长，任何一方如果失掉对另一方的依存，就没有什么阴阳可言。没有阳，就没有阴；没有阴，也就不可能出现阳；没有地，就没有天；没有天，也就无所谓有地……阴阳又是不断变化着的，阴长则阳消，阳长则阴消，譬如昼夜之过渡、寒暖季节之交替等。阴阳也不是绝对的。在一定条件下，阴阳又是可以向各自的对立面转化的。

中国人对阴阳互根、对立及转化的论述，具有了现代辩证法的世界观与认识论。阴阳始终处在动态平衡中，如果这种变化出现反常，即是阴阳消长的异常反应。《周易·系辞传》说："阴阳合德，而刚柔有体。"

阴阳对立统一示意图

阴阳概念在古代风水术中得到充分的应用。《黄帝宅经》一开篇就大讲阴阳："夫宅者，乃是阴阳之枢纽，人伦之轨模……凡人所居，无不在宅，虽只大小不等，阴阳有殊，纵然客居一室之中，亦有善恶。"说明阴阳为选宅之关键因素。

风水的形势派理论把山称为阳，水称为阴，山南称为阳，山北称为阴，水北称为阳，水南称阴。风水家论山水，以山主静而属阴，其势高，又为阴中之阳者；水本动而属阳，其势低，又为阳中之阴者。因而讲究山水交会，动静相乘，阴阳相济。所以《青囊海角经》说："山水者，阴阳之气也，山有山之阴阳，水有水之阴阳，山者阴盛，水者阳盛。高山为阴，平地为阳。阳盛则喜乎阴，阴盛则欲乎阳。山水之静为阴，山水之动为阳。阳动则喜乎静，阴静则喜乎动。"

南宋蔡元定所撰《发微论》曰："夫孤阴不生，独阳不长，天下之物莫不要相配对。地理家以雌雄言之，大概不过相对待之理。何以言之？山属阴水属阳，故山水相对有雌雄。而山之于水，各有雌雄。阳龙取阴穴，阴龙取阳穴，此龙穴相对雌雄。阳山取阴为对，此主客相对有雌雄也。"表现出阴阳相互依存、对立统一的辩证思想。

阴阳鱼图

风水学中有许多改善人与环境之关系的做法，其本质就是要恢复环境的阴阳平衡，使得人所居住的内外环境达到阴阳调和的理想境界。传统风水学认为，环境之阴阳调和，其较为理想的分配比例，应以阴四阳六为合，阳比阴多为宜。如果阴阳二者的比例相同，反而会使二者互相排斥。比如在一个住宅单位房与房相对的话，就会使气的循环流动受到破坏。因为房内的空气分别相对流出，会使家庭形成两种热力的倾向，会出现家人不和等情形。

《老子》所说的"万物负阴而抱阳，冲气以为和"对风水择地有着深刻的影响。古代风水术士认为，地之形势要犹如人体，有首、有臂，两臂围合方称安全，这就需要背靠青山，青山环绕。山应高大，居中为玄武，左侧应有青龙山辅佐，右侧有白虎山挡风，南有朱雀山为屏应，前有河水流过，方为理想的之吉地。《堪舆泄秘》云："凡到一乡之中，先看水城归哪一边，水抱边可寻地，水反边不可下。"这是说村落选址应在河流的弯曲处，以呈马蹄形的自然围合特征。这些理论显然与"负阴而抱阳"的观念是相契的。

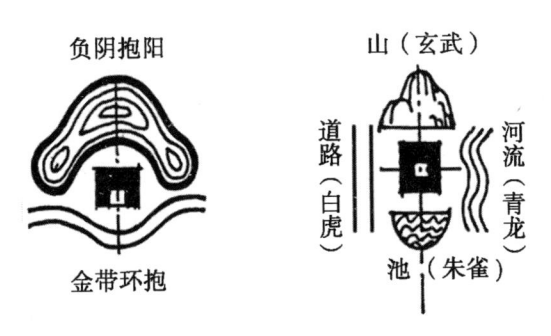

负阴抱阳模式图

五、五行

所谓"五行",即水、火、木、金、土,古人视之为构成宇宙万物的五种基本元素,自然界和社会人生的各种事物和现象,都可依其性质与这五种基本元素相比拟而进行归类。"行"意味着运动、作用、循环,正是这五种各具特性的基本元素不断运动和作用,才形成了宇宙万物的生长与消亡。

1. 五行概念

"五行"一词,最早见于《尚书·甘誓》:"嗟!六事之人,予誓告汝!有扈氏威侮五行,怠弃三正,天用剿绝其命!"这里的"五行"是何意义,今已无从考定。随后的《尚书·洪范》却明确列举了五行的内容。武王克殷以后,问箕子以天道,箕子的回话里就说到"五行":"一曰水,二曰火,三曰木,四曰金,五曰土。水曰润下,火曰炎上,木曰曲直,金曰从革,土爰稼穑。润下作咸,炎上作苦,曲直作酸,从革作辛,稼穑作甘。"认为五行是五种最基本的事物,但还没有认为是构成万物的基本元素。总之,"五行"一开始正如梁启超所言,"不过自然界中一种粗浅微末之现象,绝不含何等深邃之意义"。

当五行这五种物质由具体事物变成抽象概念后,便随即成为具有普遍意义的思维模式。自然界及社会中一切事物都可根据其属性相应地分类,归入五大类中,按照五行的法则运动和变化。

在五行学说的统摄下,自然界中的空间方位可划为五方:木居东方、金居西方、火居南方、水居北方、土居中央;季节分别是木主春,火主夏,金主秋,水主冬;色彩分五色:金白、火红、木青、水黑、中央土黄;声音有五音:土为宫,金为商,木为角,火为徵,水为羽……而在社会是君王遵五事,人们循五常,朝廷设五官……自然、社会、宇宙、人事均分别系于五行之下,从而使杂乱无章的事物、现象变为有序。

关于五行和五方、四季的关系,古人是这么解释的:木本向阳而生,它在春季阳气始生时开始生长。东方正是日出之处,所以木放在东方。火的本性是炎热,夏季炎热,而南方是阳气最盛的季节和方位,所以火放在南方。金的本性是清凉肃杀,秋季树木落叶不再生长,而西方是太阳落山的方位,太阳落山前后阳气衰落,气候清凉,所以金放在西方。水的本性是澄澈寒冷,冬季气候寒冷,我国北方气候也是寒冷,所以把水放在北方。土的本性厚实适中，有利于万物生长，中央地处四方之中，所以土放在中央。

五行与四季关系表

状态\五行	木	火	金	水	土
旺	春	夏	秋	冬	四季末
相	冬	春	四季末	秋	夏
休	夏	四季末	冬	春	秋
囚	四季末	秋	春	夏	冬
死	秋	冬	夏	四季末	春

2. 五行生克规律

古人总结出一套五行相生相克的规律。五行相生关系为：木生火，火生土，土生金，金生水，水生木。五行相克关系为：木克土，土克水，水克火，火克金，金克木。

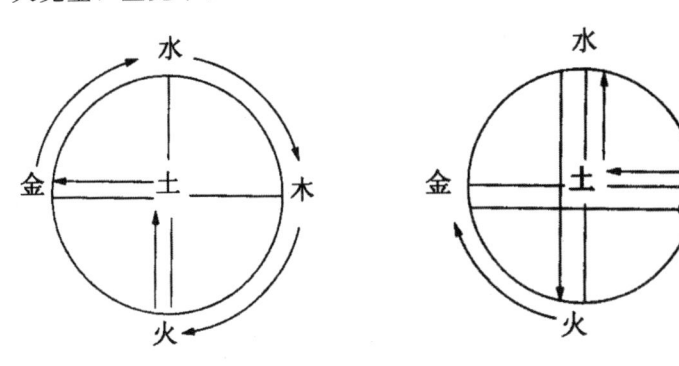

五行相生　　　　　　　五行相克

五行相生相克的道理并不是胡乱建立的，而是有一定的现实依据的。先说相生：火生土，是当烈火燃一些物件后，物件便会化为灰烬，这灰烬就是土，因此火生土；土生金，是我们从大地上挖掘出金矿，矿石是土，但却蕴藏了黄金的品质，经提炼后，便造出了纯净的金块金饰，故此是土生金；金生水，金如果被火溶解，金便形成液体状态，此液体便被视为水的一种，故金生水；水生木，道理非常浅显，树木的成长需要水的灌溉滋润，因此是水生木；木生火，这道理也很简单，古人是钻木取火的，火来自木头，故木生火。

五行相克的道理可解释为：火克金，是因为坚固的黄金在烈火燃烧下，便会一点一滴地熔化，所以是火克金；金克木，是因为金属可以造成刀剑斧头，这些工具可砍断树木，故金克木；木克土，是因为树木在成长时，其树根会不断在上下伸延，它能突破所有土壤和岩石，以尽其所能抓紧泥土及吸收水分，所以是木克土；土克水，是因为土能够造成墙壁或堤坝，起到挡水的作用，这就是所谓的"水来土掩"，故土克水；水克火，即任何火灾、任何火种，只要有水泼于其上，都能够减轻火势，甚至熄灭，谓之水克火。

五行相生相克关系实际上是指自然界某种物质对另一种物质起着促进、滋生，或者起着制约、压抑的作用与反作用，正是有了相生、相克的两面，世间万物才能维持一种稳定的平衡与协调。

3. 五行休王论

在汉代，人们根据五行生克原理，提出五行休王论，即王、相、休、囚、废五气。它们的具体含义是：王，又称旺或壮，处于旺盛状态。相，处于次旺状态。休，休息，休闲，不管事。囚，衰落，被禁锢。废，被克制而废，毫无生气。五行休王论与四季结合，可用下表表示：

五行休王论与四季结合表

四季	春	夏	秋	冬	四季末
五行	木旺	火旺	金旺	水旺	土旺
它生的	火相	土相	水相	木相	金相
生它的	水休	木休	土休	金休	火休
克它的	金囚	水囚	火囚	土囚	木囚
它克的	土死	金死	木死	火死	水死

五行休王论在各种术数中得到普遍应用。一个人命运的好坏，取决于他初生时禀赋的五行。中国古代术士就是根据这种观念，以人的出生时间所对应的五行来预测命运的吉凶。风水术中占断阳宅、阴宅是否吉利，其中很重要的一件事也是要推算宅主人的命运。此外，五行与方位扯上关系后，对风水术影响也很大。风水术士占断宅地方位后，要推算吉凶，即可

以五行生克原理为依据。

4. 五行在风水中的运用

在风水学中，五行可与方位、天干、地支等相结合，由此产生的名称很多，使用的方法也不一样。具体地说，主要有四生五行、三合五行、四经五行、双山五行、玄空五行和向上五行等。这几种五行的内容及产生方法较为复杂，涉及八卦、九星、天干地支等学说。

风水术中有云："四经审脉遵三合，三合玄空真妙诀。"大意是说，在东、西、南、北四个方向审看龙脉，要遵循三合的规律，只有三合才能得到真正的妙诀。"四经"、"三合"、"玄空"都是风水学的术语。这里的"四经"，是指东、西、南、北四个方向；与五行相配，东方属木，南方属火，西方属金，北方属水，它们都各有各的位置，只有土居于中宫。而风水家在实际运用中，或者使用坐山朝向，或者使用向上五行，却不用中宫。所以，虽然是五行，实际上只用了四行，所以才叫"四经五行"。

"三合"是指在东、西、南、北四个方向中，又以二十四山中的十二地支分别合成局，即寅、午、戌合成火局，巳、酉、丑合成金局，申、子、辰合成水局，亥、卯、未合成木局，而生、旺、墓象需要三方组合才行，所以称为三合，这三合中就包含着五行。

先贤还有云："四生三合是天机，双山五行全秘诀。"这句话的意思是说：四生三合都是属于天机，双山五行都是属于风水中的秘诀。这里所说的"四生"即"四维"，在金、木、水、火这四局中，各含三地支，而在三地支中，又只有一个地支表示长生，所以也称为"四长生"，简称"四生"。

而所谓"双山"，是指在天干和地支中，分别有两个字属于同一宫，干支相合而言。例如：八卦中的艮与天干中的丙、辛与地支中的寅、午、戌相合，为廉贞火；八卦中的巽与天干中的庚、癸与地支中的巳、酉、丑相合，为武曲金；八卦中的坤与天干中的壬、乙与地支中的申、子、辰相合，为文曲水；八卦中的乾与天干中的甲、丁和地支中的亥、卯、未相合，为贪狼木。并且二字合为同一宫卦，所以称为"双山五行"。

五行的道理是完全一样的，为什么会有四生、三合、四经、双山的区别呢？这完全是因为它们的用法不一样，所以名称才不一样。

除了四经、四生、三合、双山，还要注意玄空、向上的提法。风水堪舆中的"玄空五行"，是根据生入克入、生出克出，定吉凶而得到的名称。所谓"玄"，是指神明变化；所谓"空"，是指无所凭倚。立穴定向，完全根据虚灵水法取用。水性变化莫测，无所凭依，所以叫"玄空五行"。

风水学的"向上五行"，实际上是杨筠松的风水秘诀，这是按照水口来定长生的方位，如果水口不吉，就不能用，如果遇到这种情况，就要马上把死化为自旺。绝处逢生的方法，就是根据向上起长生，所以叫"向上五行"。

上面所说的四经、三合、双山、玄空、四生、向上，名称虽然不一样，但是道理是一样的。风水家认为，如果学习风水的人能够将这六个五行烂熟于胸中，并根据它们收水立向，实际已尽得真谛。

总之，要想准确地理解风水和罗盘，就要弄清楚"五行"的相关术语和原理，这是一个很重要的基本功。

六、天干地支

天干、地支，简称干支，是中国古代人们用以记录年、月、日、时的一种专门符号，主要用于古代历法中。干支，又作"干枝"，古人将其比作树干与树枝的关系，干强枝弱，以干为主。其中，天干有十位，依次为：：甲、乙、丙、丁、戊、己、庚、辛、壬、癸。地支有十二位，即：子、丑、寅、卯、辰、巳、午、未、申、酉、戌、亥。

在古代风水术的运用中，准确而又熟练地掌握干支纪年月日时的方法，可以说是一种基本功。

1. 干支象意

天干有十位，依次为：甲、乙、丙、丁、戊、己、庚、辛、壬、癸。古人认为，这十天干包含有万物荣枯盛衰之象。

甲：像草木破土而萌，阳在内而被阴包裹。

乙：草木初生，枝叶柔软屈曲。

丙：炳也，如赫赫太阳，炎炎火光，万物皆炳燃着，见而光明。

丁：草木成长壮实，好比人的成丁。

戊：茂盛也，象征大地草木茂盛繁荣。

己：起也，纪也，万物抑屈而起，有形可纪。

庚：更也，秋收而待来春。

辛：金味辛，物成而后有味，辛者，新也，万物肃然更改，秀实新成。

壬：妊也，阳气潜伏地中，万物怀妊。

癸：揆也，万物闭藏，怀妊地下，揆然萌芽。

地支有十二位，即：子、丑、寅、卯、辰、巳、午、未、申、酉、戌、亥。其象意与十天干大体相同，也表示植物从生长到衰凋的轮回。

子：孳也，阳气始萌，孳生于下也。

丑：纽也，寒气自屈曲也。

寅：髌也，阳气欲出，阴尚强而髌演于下。

卯：冒也，万物冒地而出。

辰：伸也，万物舒伸而出。

巳：起也，阳气毕布已矣。

午：仵也，阴阳交相愕而仵。

未：昧也，日中则昃，阳向幽也。

申：伸束以成，万物之体皆成也。

酉：就也，万物成熟。

戌：灭也，万物灭尽。

亥：核也，万物收藏，皆坚核也。

天干配方位

地支配方位　　　地支配季时

2. 六十甲子

从商代起，人们就将十干与十二支从头到尾依次搭配起来，以它们最小的公倍值六十为周期来计算时间，就形成了"六十甲子"，这是因为其组合起于甲子。具体说来，是用天干的首字"甲"与地支的首字"子"配合列为第一，其次用天干第二字"乙"与地支的第二字"丑"配合得乙丑……这样配合下去，第六十位正好是天干的末字"癸"与地支的末字"亥"配成癸亥。再往下配便又逢甲子了。如此循环往复，以至无穷。这就是古代的干支纪法。

六十甲子干支次序表

	1	2	3	4	5	6
1	甲子	甲戌	甲申	甲午	甲辰	甲寅
2	乙丑	乙亥	乙酉	乙未	乙巳	乙卯
3	丙寅	丙子	丙戌	丙申	丙午	丙辰
4	丁卯	丁丑	丁亥	丁酉	丁未	丁巳
5	戊辰	戊寅	戊子	戊戌	戊申	戊午
6	己巳	己卯	己丑	己亥	己酉	己未
7	庚午	庚辰	庚寅	庚子	庚戌	庚申
8	辛未	辛巳	辛卯	辛丑	辛亥	辛酉
9	壬申	壬午	壬辰	壬寅	壬子	壬戌
10	癸酉	癸未	癸巳	癸卯	癸丑	癸亥

由三个六十甲子推得一百八十年，叫三元。第一个甲子年为上元，第二个为中元，第三个为下元，这就是风水学的三元运气说。

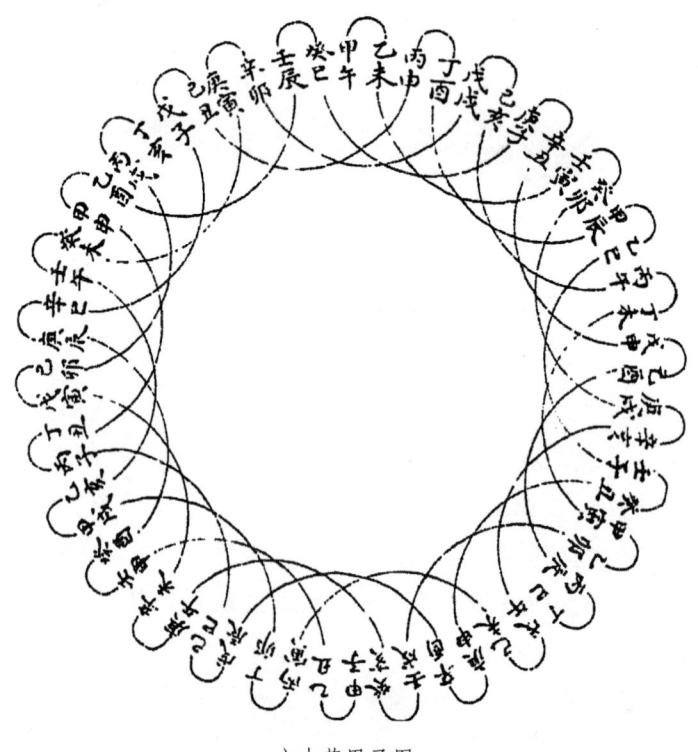

六十花甲子图

3. 干支配阴阳

天干与地支搭配是有一定法则的，要由阳干与阳支、阴干与阴支结合，而不能是阳干配阴支、阴干配阳支。十干中，甲、丙、戊、庚、壬为阳，乙、丁、己、辛、癸为阴；十二支中，子、寅、辰、午、申、戌为阳，丑、卯、巳、未、酉、亥为阴。

也就是说，在十二地支子、丑、寅、卯、辰、巳、午、未、申、酉、戌、亥中，奇数为阳，偶数为阴。（天干、八卦亦同，━为阳爻，╍为阴爻，男女也一样，性征也以奇偶分阴阳）。

十二地支又被各赋予12种动物表示，称之为十二生肖。

子—鼠　午—马

丑—牛　未—羊

寅—虎　申—猴

卯—兔　酉—鸡

辰—龙　戌—狗

巳—蛇　亥—猪

十二生肖的阴阳也符合上述所论，牛、兔、羊、鸡、猪属阴，其蹄爪双偶，蛇是为零（偶），四脚蛇亦为双偶。虎、龙、马、猴、狗属阳，其蹄爪单奇，独鼠前两脚四爪，后两脚五爪，因"子时"是晚上11点到凌晨1点，11点到12点为夜之极，故属阴；12点到1点为日之始，故属阳。所以鼠前脚属阴，后脚属阳。

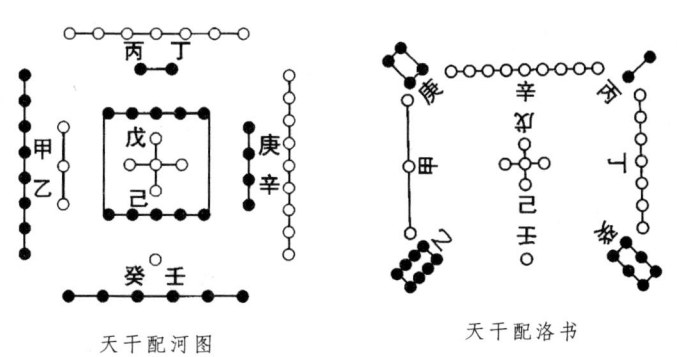

天干配河图

天干配洛书

4. 干支推算法

在风水相宅中，要推算出准确的年、月、日、时的干支，方能预测与分析吉凶。

推算年干支的方法，最简单的是直接查万年历，也可以通过六十甲子表反推，需要查阅历书，找出当年的干支。这里必须注意的是，要以每年的立春而不是正月初一作为划分一年的真正界限，如果正月有立春节气，立春仍用前一年的干支；如果立春在十二月，那么立春后当用下一年的干支。

推算月份，由于十二地支与十二月正好相应，如果已经知道了当年的天干，可通过下表来查阅。

从年干推月支表

当年天干	甲己	乙庚	丙辛	丁壬	戊癸
正月	丙寅	戊寅	庚寅	壬寅	甲寅
二月	丁卯	己卯	辛卯	癸卯	乙卯
三月	戊辰	庚辰	壬辰	甲辰	丙辰
四月	己巳	辛巳	癸巳	乙巳	丁巳
五月	庚午	壬午	甲午	丙午	戊午
六月	辛未	癸未	乙未	丁未	己未
七月	壬申	甲申	丙申	戊申	庚申
八月	癸酉	乙酉	丁酉	己酉	辛酉
九月	甲戌	丙戌	戊戌	庚戌	壬戌
十月	乙亥	丁亥	己亥	辛亥	癸亥
十一月	丙子	戊子	庚子	壬子	甲子
十二月	丁丑	己丑	辛丑	癸丑	乙丑

这里也必须注意查看节气来确定月份界限，而不能以每月的初一为界。一年二十四个节气，从立春开始，凡排单数的称"节"，凡排双数的称"气"。推月要以"节"为界限。每月初一若在本月节前，用上月干支；若在本月的下一个节后，就得用下个月的干支。

推日可用历书直接找出当时干支，也可依六十甲子表推算。已知日的干支，可通过下表查时辰的干支。

从日干推时干支表

当时地支＼当时干支＼当日天干	甲己	乙庚	丙辛	丁壬	戊癸
子时（23—1）	甲子	丙子	戊子	庚子	壬子
丑时（1—3）	乙丑	丁丑	己丑	辛丑	癸丑
寅时（3—5）	丙寅	戊寅	庚寅	壬寅	甲寅
卯时（5—7）	丁卯	己卯	辛卯	癸卯	乙卯
辰时（7—9）	戊辰	庚辰	壬辰	甲辰	丙辰
己时（9—11）	己巳	辛巳	癸巳	乙巳	丁巳
午时（11—13）	庚午	壬午	甲午	丙午	戊午
未时（13—15）	辛未	癸未	乙未	丁未	己未
申时（15—17）	壬申	甲申	丙申	戊申	庚申
酉时（17—19）	癸酉	乙酉	丁酉	己酉	辛酉
戌时（19—21）	甲戌	丙戌	戊戌	庚戌	壬戌
亥时（21—23）	乙亥	丁亥	己亥	辛亥	癸亥

5. 干支与五行

干支与阴阳五行的结合，也是风水术的一个基本法则。干支的阴阳属性见前。干支与五行相配合后又产生较为复杂的变化。见下表。

干支五行属性表

五行		木	火	土	金	水
天干	阳	甲	丙	戊	庚	壬
	阴	乙	丁	己	辛	癸
地支	初	寅	巳	辰戌丑未	申	亥
	盛	卯	午		酉	子
	衰	辰	未		戌	丑

其中天干与五行配合的象征意义，可以下面的歌诀来表达：

甲木属森林大木，乙木属花草小木。
丙火属太阳大火，丁火属灯盏小火。
戊土属大地之土，己土属田园之土。
庚金属斧铁之金，辛金属珠饰之金。
壬水属大海之水，癸水属雨露之水。

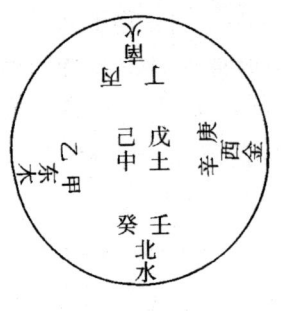

也就是说：

甲乙木：甲为阳木，乙是阴木。
丙丁火：丙为阳火，丁是阴火。
戊己土：戊为阳土，己是阴土。
庚辛金：庚是阳金，辛是阴金。
壬癸水：壬为阳水，癸是阴水。

至于地支与五行的关系，如上表所见，每三位代表一种五行，但第一位表示初兴，第二位表示极盛，第三位表示渐衰。唯有辰、戌、丑、未在风水中不但有属土的说法，还分别属木、金、水、火，有"四库"之称。即：丑为金库，生亥子而克寅卯；辰为水库，生寅卯而克巳午；未为木库，生巳午而受金克；戌为火库，克申金而受水制。因此，辰戌丑未又称为"杂气"。每一地支除了本身的五行属性之外，又以一个足以代表自己性质的天干为"本气"，还包含着若干其他气的成分。

天干配五行

地支配五行

总之，干支作为古代历法中最基本的知识，是研究中国古代风水术所必须了解和熟悉的。

第三章　罗盘风水基础——地理五诀

风水学中有所谓的"地理五诀",就是龙、穴、砂、水、向。其实就是把山川地势等自然环境归纳为龙、穴、砂、水四种要素(也称"四科"),然后以这四种要素本身的条件及其相互间的关系决定建筑基址和位向的布置。从峦头风水来讲,这四大要素的最佳组合应为:龙真、穴的、砂环、水抱。因此对龙、穴、砂、水的考察和踏勘成了形势派风水活动的最主要内容,称为寻龙、点穴、察砂、观水。

一般认为,龙、穴、砂、水属于峦头,向属于理气。龙、穴、砂、水是看得到的,较为人们所重视,因为地理师为人讲解时,能言之有"物";而向是看不到、摸不着的,常为一般人所忽视,但恰恰却极为关键。有句话叫"千里江山一向间",说的就是这个道理。

一、寻龙

1. 什么是龙?

"龙"是风水学的专业术语。所谓龙,就是山脉,包括山的走向和起伏变化。山脉为什么被称为龙呢?这是因为山脉变化莫测,就犹如龙的行踪一样。在神话传说中,龙是一种变化莫测的动物,它们忽隐忽现,忽大忽小,忽东忽西;同样,山脉也是起伏不定,转折变化,让人不容易看清楚。

中国的地势西北高,东南低,地形复杂,既有东西走向山脉,又有南北走向山脉;既有东北—西南走向山脉,又有西北—东南走向山脉。各地大小山脉绵延起伏,纵横交织,或俊秀,或险峻,或挺拔,或巍峨,恰如龙腾、龙飞、龙伏、龙行之势,又如"人身脉络,气血之所而运行"(《地理人子须知》),所以山脉又被称为"龙脉"。

是不是所有的山都是"龙"呢?当然不是这样,不是所有的山都可以称为"龙"。"龙"必须是有水的山。因为山若无水,便有"死气",有了水,才能找到"生气"。此外,龙的形成虽然离不开山,但如果山没有变化就只能称为荒山,不能称为龙。因此讲到龙,必须要寻其有变有化,有势有形,有峰有峦的山,才可以言龙,否则,只能说是山。

风水形势法特别注重蕴藏"生气"的"龙",有"来龙去脉"、"寻龙捉脉"、"寻龙望势"之说。古人认为,千里来龙千里结作,百里来龙百里结作,由此可知好的龙脉之难寻。

罗盘的主要作用之一,就是格龙。所谓格龙,就是格定来龙,简单说就是看山脉走向,测量山脊线的走向,以作为定向的参考。格龙立向的方法很多,有用二十四山、六十四卦以及七十二龙测量山脉走向,以决定阳宅或阴宅的方位,使能收取山脉与自然间的旺气、旺运,古人说"格龙以乘气",就是这个意思。

2. 寻龙的要点

《地理五诀》中有"五常"的提法,最首要的一点,就是"龙要真"。赵梦麟注曰:"龙必要真。"那么,什么是真龙呢?这本书中有这样的描述:"个字中抽,辞楼下殿,穿帐过峡,峰腰鹤膝。仓库旗鼓,文笔衙刀,罗列峡中,缠护重重。迎送叠叠,忽大忽小,转东转西,曲曲活动。束气起顶,尖圆方正。左右两大水,交合环抱有情,即是真龙。"也就是说,龙脉蜿蜒起伏,龙气壮足,绵延无断,转东转西,生气勃勃,左右又有水环抱,便是真龙。

除了龙的真假问题,判断龙脉的好坏,其审定标准是山脉的长远、大小兴衰。

山脉是由山岭沿着一定的方向分布组合而成,这个特定的方向就是山脉走向,在风水学中,称为"来龙去脉"。所谓"寻龙",实际上就是找到山的主脉,俗称"找靠山"。一般要求山势雄伟,来龙清晰绵长,起伏跌宕。来龙绵远的,发福亦绵远;来龙短促的,发福亦短促。此外,还要求植被丰富,云雾缭绕。之所以要求来龙悠远绵长,是因为龙长得水多,龙短得水少。风水有"得水为上,藏风次之"的说法,因此来龙长远的,水流也长,即所谓源远流长。

3. 干龙和支龙

山脉有主脉和支脉,所以"龙"也就有"干龙"和"支龙"。干龙一般是一个地区最高大的山脉,如昆仑山等。龙脉有分支,也有大小长短,故谓"龙犹树,有大干,有小干,有大枝,有小枝"。干即大龙,如树干;枝即小龙,如树的枝叶。树干强建的,枝叶必定繁茂。论龙之大小,正是取象于此。然而干有大小,枝有横直,因此龙也有大干龙、小干龙、大枝龙、小枝龙、横龙、直龙等名目。

要辨别是干龙还是支龙,要以水源为定。大干龙以大江大河夹送,小干龙则以大溪大涧夹送;大枝龙以小溪小涧夹送,小枝龙则以田源沟渠夹送。风水学认为同,"观水源长短而枝干之大小见矣"。

大干龙的祖山必定是名山大川,延绵千百里,跨州连郡,气势恢宏。中国古代一般以干龙脊脉为疆域界限,这种以山形划分地域的做法一致沿用至今。

古代风水术以四条大河来划分龙脉,称为三大干龙。长江以南向东南方延伸的山脉为南龙,又称为巽龙;长江、黄河之间成行列的山脉为中龙,又称为震龙;黄河、鸭绿江之间的山脉为北龙,又叫艮龙。三大干龙的起点都是昆仑山。地理学家均认为,龙脉以昆仑山为始祖,分为南北两大干脉,再由两大干脉分成各个分脉,台湾的玉山山脉是由其中的南岭系分支而来。再由玉山脉系分至各地小脉。

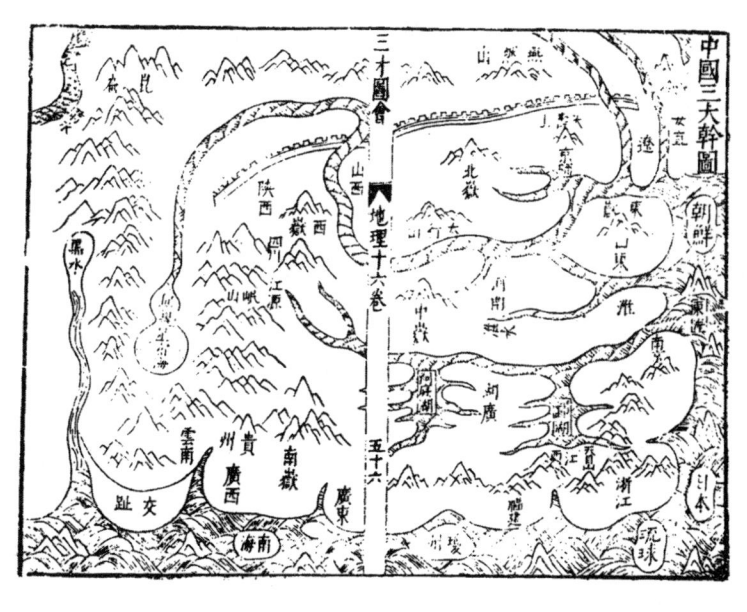

中国三大干龙图

每条干龙从起点到入海,又按照远近大小分为远祖、老祖、少祖。越靠近起点昆仑山越老,反之则越嫩。山老了没有生气,嫩才有生气。风水学中有言："搜嫩不搜老，葬饥不葬饱。乘嫩气中和，葬老乘杀了。"（《地理考索》）因此吉地要在少祖山寻，不能在远祖、老祖山寻。

4. 阴龙和阳龙

按山脉的盘旋方向，龙可分为阴龙和阳龙，又称雌龙和雄龙。天气左旋为阳，地气右旋为阴，而龙气行于地中，也有阴阳作为依据。阴龙是循逆时针方向盘旋的山脉，阳龙则正好相反。另一种划分阴龙和阳龙的方法是按山脉两侧的水流方向来判断。如果水在来脉的左侧，以脉的走向论龙，则为左水右旋，龙脉为阴龙；反之则为右水左旋，是正旋龙，即阳龙。

关于阴龙阳龙的入葬吉凶，《青囊海角经》有诗论说：

阳位山来男更多，阴山只是旺青娥。
阴阳相配俱周足，孝义儿孙发福多。
阴山齐起出英雄，昔日黄巢葬祖宗。
二十万军心一片，忽然战败走西东。
阳山齐起号金龙，时暂收他太乙宫。
无奈廉贞多叛逆，此山天上号狂龙。

除了以盘旋方向来分龙的阴阳外，风水中还有一种区分龙的阴阳的方法，即以龙形低平的为阳，尖耸的为阴。从这一认识出发，故凡来龙低平，直至到头结穴时地貌忽又变得突起耸来的，叫做阳龙阴受。《曾杨问答》有云："何者为阳来阴受？曰：来脉微平，入穴之处，突节起块，是谓阳来阴受。"

与阳来阴受相反的是阴来阳受。大凡来龙脊骨明显，而结穴时地貌忽又变得有窝凹陷的，叫做阴来阳受。《曾杨问答》说道："何者为阴来阳受？曰：脉来有脊，入穴有窝，是谓阴来阳受。"

《地理铁弹子》有云："阴胜逢阳则止，阳胜逢阴则在。雄龙须要雌龙御，雌龙须要雄龙簇。"龙势一定要到阴阳、雌雄媾会的地方，才能结成胎，要寻龙望气，这一点是必须仔细观察的。在山谷之间，阴气常有优势，所以一到了平洋之地上，就会脱胎换骨，而且局面也开阳舒畅，这时精气才会有融结，这就是所谓的"阴胜逢阳则止"。相应地，大开就会有大结，小开就会有小结。

另一方面，在平洋之地上，阳气是占据优势的，要是突然耸起了冈阜或山脊，就叫"吉气所起"，是四面的阴砂来缠护，即便浅显直露，也是一种成局。所以平原的地势，只要分局明朗，骨脉显露就可作为证据，这就是所谓的"阳胜逢阴而则住"。

此外，如果干龙雄伟强壮，有自天而降、乘风前行的气势，这就叫雄龙。雄龙两边护送的山脉必须柔顺、婉转，不和主干争强。相反，如果主山柔软娇嫩，就是雌龙，它两边护送的山必须拱夹有力，呈起气势，这才能见精神。

总的来说，山形气脉有阴有阳、有雄有雌，只有阴阳协调、雌雄相配才能形成好地。

5. 星峰形体

风水中论龙，讲究山峰或峦头的形象，有"星峰"之说，实际上是以山岳与天相配，上应天星，以星辰譬喻分类。其中有五星形体之分，就是按五行说中表征金、木、水、火、土属性的圆、直、曲、锐、方诸形象，将山峦分为金星、木星、水星、火星、土星五种，来评价山峰形象优劣。

木星峰：耸直修达，头圆而身直。山形圆滑耸拔，直刺天空，此形可能代表树干。

火星峰：尖焰峭锐。形如一团烈焰，因其酷似毛笔，通常称这种山为文笔峰。

土星峰：方平厚重。形如平坦的屋顶或中文"几"字，换一种说法，即为顶部平坦、山坡陡峭的突出体。

金星峰：周正圆净。山形高大，顶部圆滑没有尖棱锐角，形如地面上巨大的球体。

水星峰：屈曲流动，形如水波或活蛇。由很多起伏和缓的山岳连缀而成的山脉即属于此类。

风水中认为，五种山形按五行相生排列而来便是"生龙"。"生龙"也就是指山峦起伏，行止有致，生动美观，五星咸备其实就是对变化丰富的山态的追求。不管一条龙里的单个山峰多么秀丽，如果其他部分排列紊乱，这条龙还是不吉利。按此原则，若龙始自南方火山，紧接其后应为土山、金山、水山及木山。

火星　　　　　金星　　　　　木星　　水星　　　土星

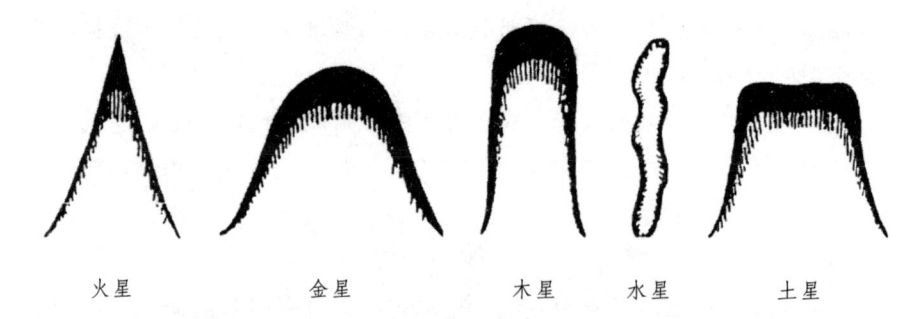

　　如果龙按五行相克原则排列组织，则大凶而且会给人带来各种灾祸。例如，若金山后紧接着火山、水山、土山及木山，这种山脉就是按五行相克原则排列的，在这种情况下，不管单个山峰多么秀丽，整条山脉也不会被视为吉利。

　　若是五星会聚一起，叫做"五星聚讲"，这就更是妙不可言的福地了。

　　以山形五星说为本，又有变格之说，这就是九星说。九星即贪狼星、巨门星、武曲星、文曲星、破军星、廉贞星、禄存星、左辅星、右弼星，风水中用来指称不同形状的山。九星的说法出自道家的天文理论，清代江永的《河洛精蕴》说："九星出于北斗，北斗九星，一枢、二机、三璇、四权为魁，五衡、六开阳、七摇光为杓。开阳、摇光之旁有小星，左为辅，右为弼，合为九星。"

　　《龙山九星歌》曾对九星的形象描述道："贪狼原象笋初生，巨门走马屏风列。文曲排牙似柳枝，惟有禄存猪屎节。廉贞梳齿挂破衣，武曲馒头甘边辞。破军破伞柏板同，畏弼雌雄如满具。"

　　九星指代山形，是以五星为基础，再提出四种兼形，分别附以吉凶休咎的内容，以指导风水踏勘活动。九星除以上所指外，还有以太阳星、太阴星、金水星、木星、天财星、天罡星、孤曜星、燥火星、扫荡星为九星者，也是从五星衍化出来，但分别更细。

　　九星形体皆可还以还原为五星中的一个，具体说来就是：贪狼——木星；巨门、禄存——土星；文曲、右弼——水星；廉贞——火星；武曲、破军、左辅——金星。

　　九星中有三吉星，即贪狼、巨门、武曲。此外，辅弼二星亦属小吉，又合称五吉星。而破军、廉贞、禄存、文曲为凶星。葬大吉者为大贵，葬大凶者大祸。

贪狼　巨门　禄存　文曲　廉贞

武曲　破军　左辅　右弼

九星山形图

九星所结穴形部位，各有大致类别。贪狼星多结乳头穴，巨门多结窝形穴，武曲结穴多钗钳形，禄廉多结突穴，文曲多结穴于坪，纵高处亦结为掌心穴，破军结穴于两旁，辅星正穴如燕窝，高处如灯笼，平地如鸡窝，弼星隐于平地。

6. 龙的"祖"与"宗"

古代风水学习惯上用人的家族亲属关系给从起始到尽头的龙脉的某段高耸部分命名，于是有了"太祖山"、"少祖山"、"父母山"等说法。

太祖叫祖，少祖叫宗。太祖山是从龙脉出发的山，一般高大异常，连州接郡，延绵数百里，或至少也冠盖一邑一方，高耸巍峨，天阴时有云气生于山颠（这样才有生气）。《地理大全》记录："大抵龙之起身发脉之处，必有高大山峦，谓之太祖。"万里山脉，最先耸起的高山为干龙的太祖山。通常其山"生气"十足，绿意盎然，又因其离龙脉结穴处很远，是判定龙之吉凶参考要素。

少祖山，是太祖山之后具有一定高度的高山。自太祖山后迢迢下行，其间小的星峰则不必论，直至再起高山，谓之"少祖山"。也就是说，发源于高大的太祖山之后，第二次明显耸起的高山，称之"少祖山"，又称主山、主星，是聚气的关键。刘基《堪舆漫兴》曰："近穴名曰少祖山，此山吉凶最相关。开睁展翅为祥瑞，低小孤单力必悭。"少祖山要奇特秀丽、方正开展，才是钟灵毓秀，生气郁积的"风水宝地"。如果欹斜不正、孤露嶙峋、瘦削破碎、臃肿粗恶，都不是吉地。

父母山，指穴后一节的山。《地理大全》云：自此少祖山下，或起或伏，或大或小，或直或曲，但以玄武顶后一节之星，名曰"父母山"。父母山之下，落脉处为胎，如禀受父母的血脉而成胎一样；其下束气处为息，如母之怀胎养息；再起小山头为孕；结穴处为育。

龙脉走向图

太祖山、少祖山、父母山的定名是相对的，否则按照三大干龙的划分，全中国就只有昆仑山这一座太祖山了。所谓太祖山、少祖山和父母山，是以所定的穴位为主体的，即某山是某穴的太祖山或少祖山、父母山。这种由祖山建立与选址相连的地形次序就是"捉脉"。

祖山与穴相呼应，如果从穴看去节节增高，就是能够福泽子孙后代的福地；反之，如果一重更比一重低，福泽就不会绵长，子孙也会贫穷。在风水理论中，少祖山是非常受重视的，与选址的关系也最为密切，而太祖山由于距离较远，其实对风水无关紧要。

7. 龙的结穴"三落"

来龙如果是真龙，最终必然要结穴。关于结穴，风水学里有"三落"的说法。所谓的"三落"，指龙脉落穴于初段、中段、末段。风水家认为，龙脉生气融聚落穴，有旺于初者，有盛于中者，有归于尽者，所以叫三落。徐善继《人子须知·龙法》说："龙之落局，融结不一，而其大要有三，有初落、有中落、有末落。"

初落者，是指离祖山不远就结形穴。这样的穴如果形局完密，那么发福也就最快，只是脉气不长，所以所得的福气也不会长久。中落者，是指在龙脉腰中的位置结穴，这时虽然离祖山已远，迢迢而来，而且也有剥换变星，穴星尊重，余枝回转，城郭周密，但这种穴只为干中枝作，未为大贵，其大龙脉气来尽，犹自作势远去。杨筠松《疑龙经》云："君如见此干龙身，的向干龙穷处觅。"穷处即为末落，龙神大尽，方结形局，故又名为大尽龙。末落之穴，为龙脉生气最后归聚之处，是以真气旺盛，必有大贵结作。然也必须形势完全，朝案特立，明堂开阔，缠山回转，四应有情，方为极地佳城。

《地理醒心录·全局入式歌》中又有"四落"的说法："入式当明四

落，有落皆堪作，初落由来近祖山，局势必须完，中落余枝作城郭，吉气於欺斯泊，未落名为大尽龙，气势大英雄，分落后擘脉去，串贯还可取。"也就是比前述三落多一个"分落"。

8. 龙之入首

龙有千姿百态，不能认定有龙就有富贵，有些看起来生动活变的龙脉，也未必定主吉祥，因为我们还必须看龙脉来穴入首在什么方位。

首，就是头，风水学中用来形容千里来龙到头之主星。入首，有到头之意。某某龙入首，即穴后或左右二三节之脉，或四五节之入脉。千里来龙，在快结穴时，先束气过峡，忽然耸起山体，准备结穴，此段山龙形势叫做"入首"。一般认为，"入首"实质上是千里来龙到头一节的阴阳运气。如果入首不佳，一切都是徒劳。

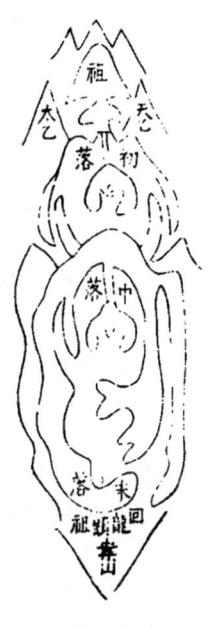

二落三穴图

入首形势有两种分类法，一分为三格，即"尽龙直入"、"横龙侧入"、"回龙转入"。一分为六格，即"直龙入首"、"横龙入首"、"飞龙入首"、"潜龙入首"、"回龙入首"、"闪龙入首"。直龙是撞背来，顶对来脉结穴，气势很大，发福极快；横龙是从侧落；飞龙是结上聚；潜龙是落平洋；回龙是曲翻身；闪龙，即龙脉躲闪。

风水家认为，龙脉入首处肥丰圆满、生气充融者，即是发富发贵之真龙。龙脉来得绵远的，发福也绵远；龙脉来得短促的，发福也短促。入首方位，与穴局生旺也应当相配。乙龙得午，入首在艮；丁龙得酉，入首在巽；辛龙得子，入首在坤；癸龙得卯，入首在乾。以上这四入首主大富贵，但如果入首一差，则福祸便全然不相同了。如坎龙坐戌，艮龙坐申，震龙坐寅，巽龙坐卯，离龙坐巳，坤龙坐酉，兑龙坐亥，乾龙坐子，为犯龙上八煞，其龙变假，危害轻的会削减富贵，重则破家绝嗣。

考察来龙入首在风水寻龙术中有很重要的地位，对此徐善继《人子须知·龙法》云："是则只知以形象定吉凶，不从入首处审慎详察，差以毫厘，谬以千里，遗害有不可胜言者。"又有文论道："不论来龙千里，只看到头融结。故凡审龙之美恶及诸般龙格，皆以入首穴后之二三节、四五节内，以至少祖山为最要紧切。"

9. 龙之过峡

两座山相连而不是紧靠，中间连接部分就称为峡。所谓过峡，风水中指龙脉经两山相夹处或地势跌断处通过。缪希雍《葬经翼》说："夫峡者，祖山中干行度之次，敛大为小，变粗为精，两山相夹以成之也。"

从形态上看，过峡是龙（山）的起伏到再起伏的过渡部分。用风水术语来讲，过峡就是自某一节龙的起祖星（山峰）束气降势到下一节龙展气起星的过程。龙从高处到低处的形势称为降势。龙由高到低呈下降之势称为束气，反之谓之展气。这表明龙的生气运动变化旺盛有力。

风水中认为过峡的作用在于脱卸龙脉的凶、邪诸气，过峡多而形态佳，到头才能融结吉穴。反之，龙脉迢迢而来，更不跌断，全无过峡，直至穴场，虽极屈曲而奔走势雄，但因其没有过峡，杀气没有脱卸，这就是一种凶龙。

审度过峡在风水寻龙中是很重要的一个方面。风水家有云，"峡者，乃为龙之真情发现处也。故未有龙真而无美峡，未有峡美而不结吉地者。是以审峡之美恶，则可知龙脉之吉凶，而现龙之术，尤须精于审峡，而为勘舆之秘诀也。"《泄天机·全局入式歌》云："龙行过峡脉有四，正出左右次，回头顾祖出尤奇，穴状可前知。"也就是说，只凭审峡，便可预先知道穴之形状。

10. 龙之剥换

剥换，也作博换、驳换。指龙脉前行时山势不断变化，卸除粗老险恶之形，结出新嫩之穴。剥换的实质就是变化，天地的变化无穷无尽，有好的变坏，也有坏的变好。龙的变化，是山水秉承天地日月的精气在演变。其玄妙之间即是吉凶祸福，应验之机。"剥换者，变化也，凡来龙必须脱清杀气，而剥换即为脱清杀气之法。"

《雪心赋》说："星以剥换为贵。"《泄天机·全局入式歌》："退卸剥换粗者细，凶星变吉气，老龙抽出嫩枝柯，跌断不嫌多。"

风水中认为，真龙行脉，必多顿伏，断而又连，连而又断，形断而势不断，山不连而气相连；相反，龙脉没有剥换的，则气不全，脉不真，杀气太重，决无融结造化，不必追寻矣。

剥换以由大变小，由粗变细，由老变嫩为佳。《撼龙经》云："一剥一换大生小，从大剥小最奇异。剥换如换好衣裳，如蝉退壳蚕退筐。"

山形九星的剥换，有一定顺序，依次为：贪狼入巨门，巨门入禄存，禄存入文曲，文曲入廉贞，廉贞入武曲，武曲入破军，破军入辅弼。每类星峰，均有九至十二节由大生小的剥换。如贪狼生小贪狼，变尽则往往跌断剥入下星。

二、点穴

1. 什么是穴？

穴，在风水中指的是死者的葬地或生者的住地。穴的所在地，就是居址的位置；如果是用于葬死者，则称为"葬口"。为什么把葬口称为穴？顾名思义，这种说法是有讲究的。这就好比人生病了要通过艾灸来治疗，不是孔窍的关键地方烧不得。风水学中所说的"穴"也是如此，它是山止气住之所，是冲阳和阴，精气所凝之窍，相当于人的丹田，是能量聚集最强的地方。

穴是生人或死者的居住之地，以得龙脉生气止聚之处为佳。穴是相对于脉而言的，在千变万化的环境中寻出脉络走向，然后确定穴址，就叫做"点穴"。由此可见，穴和龙是分不开的，因来龙怎么来，他的气自然会聚在什么地方。就像一个庭院，不论风怎么吹，纸屑、落叶总是会聚在某处，此聚集之处就是穴场，千里来龙才结作一个好的穴场。

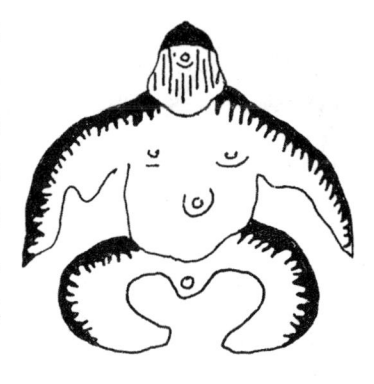

风水穴位以人体之"窍"为原型

从位置上看，穴处于中央；从地形上看，穴是一种小型凹地。《龙经》论穴注文曰："旋螺如螺壳之回旋也。"这种小型旋卷构造其实也是一种低凹。现代地质学原理认为，岩石受到地质压应力和张应力的作用，产生变形、弯曲、褶皱、断裂，这样，局部就会出现一些凸起或凹陷的小型褶曲。其中一些旋卷状褶曲由于岩层揉皱强烈，易于风化剥蚀，就形成了小的凹地，即风水中所说的"穴"。

但是仅仅有穴的地理形象还不足以称为风水宝地。风水理论认为，真穴是需要水来配合的。缪希雍《葬经翼》就说："穴者，山水相交，阴阳融聚，情之所钟处也。"所谓"风水之法，得水为上"，真穴之所以被认为是吉地，就是因为它是山和水的最佳结合处。四面环山（藏风）的居处，还必须有有水流交汇（得水、聚气），才是上好吉穴。

穴是一个选定了的范围较大的区域中的一个点，点穴也就是指定建筑基址。中国风水学认为"穴要的"，就是要选中那个最佳位置。

点穴是风水寻龙术中的一个重要环节，历来为风水家们所重视。古语有云："寻龙容易点穴难。"又说："三年求地，十年定穴。"在绵亘的龙脉中，远者百里千里，近者十里二三里，寻龙于浩远之间，选穴场实非易事。点穴如差之毫厘，便会谬之千里，不仅无福，反而有灾，所以不可不慎。

2. 穴的基本形体

穴有四种基本形体：窝、钳、乳、突。

（1）窝穴

窝形：指穴中心圆晕处微有凹窝，这样的穴又称窟穴、开口穴、金盆穴。窝穴是阳结之穴，平地高山皆有，高山多于平地。然而穴虽落于凹处，仍须平正，否则水积其中，称为"水里眠"；如果窝中能起突泡，则是佳穴，称作"水里坐"，符合风水术所讲究的"眠干就湿"原则。

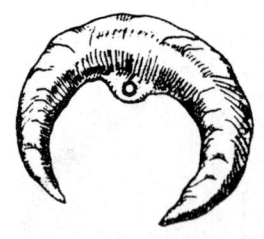

窝穴分深窝、浅窝、阔窝、狭窝四格。左右均匀为正格，左右不同为变格，左右交会为藏口，左右不交会为张口。

凡深窝，须深得其宜，窝中有微乳微突者，称阳中有阴，虽深不忌。若无乳突又忌坑陷太深，或目眩棱不圆，左右偏颇，则是假窝。

窝穴

凡浅窝，须浅得其宜，如金盘荷叶之类，两掬如弓抱，方合格。倘若太浅而弦棱不明，便是假窝。

阔窝要开口中实广，不宜太深，须左右交会，窝中有微乳微突，即以乳突顶按扦，为合格。倘若无乳突，弦棱不明，两掬不交者，不可下。

狭窝，开口虽狭小，但要相称如燕窠、鸡窠，而窝中圆净，弦棱明白，两掬湾抱，方合格。若不圆净、不明白、不湾抱，则此狭窝不可用。

关于窝穴之形，有两点需牢记。首先，窝穴忌倾泻斜坡之状。杨筠松《疑龙经》有云："窝穴须要曲如巢，左右不容少偏陂。偏陂不可名巢穴，倒仄倾摧祸奈何。"其次，窝穴以圆为贵，忌有破缺，若见簸箕漏槽之形更是为凶。刘基《堪舆漫兴》曰："假窝有穴不堪扦，空亡懒坦缺一边。若见得漏槽并破陷，令人夭折退牛田。"

（2）钳穴

钳形：指穴星两脚长伸，抱持穴场之形。又称开脚穴、虎口穴、钗钳、仙宫来穴，平地、高山俱有之。杨筠松《疑龙经》曰："钳穴如钗挂壁隙，唯嫌顶上有水来。钗头不圆多破碎，水倾穴内必生灾。"

钳穴要求顶上端圆，这样才能使生气融聚于钳口。最忌钗头破碎，顶上生槽，直水贯顶，顿泻元辰，为大凶之象。

钳形的正格有四种：直钳、曲钳、长钳、短钳；变格有三种：仙宫（一边直，一边曲）、单提（一边长，一边短）、叠指（一边单，一边双）。除了正格、变格外，钳穴还有左右转金、转木、转水、转火、转土，以及一脚转金，一脚转木、水、火、土等二十五格。

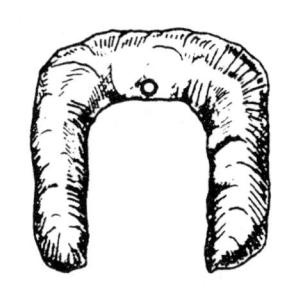

钳穴

（3）乳穴

乳形：指穴星两臂伸张，中间垂出，如人乳之形，又称悬乳穴、乳头穴，高山平地皆有。乳穴与钳穴的穴星形状相似，区别之处在于有垂为乳，无垂为钳。乳穴正格有长乳、短乳、大乳、小乳，变格有双垂乳、单垂乳。

乳穴两臂伸张，必须无缺漏凹折，必须两臂抱卫才算合格，否则有风来激荡，生气便会乘风而散。杨筠松《疑龙经》有言："乳头之穴怕风缺，风若入来人绝灭。必须低下避风吹，莫道低时鳖裙绝。"

乳穴垂出之形宜端正清秀。刘基《堪舆漫兴》有言："问君何者是假穴，剑脊烟包脚带斜。峻急峻嶒人半个，粗顽臃肿祸三年。"可见若是倾斜、陡泻、粗恶，俱是恶形假穴。

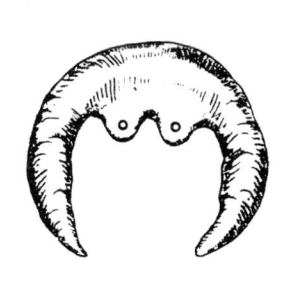

乳穴

（4）突穴

突形：指穴中顶上微微突起之穴，又称泡穴，其形"如覆杓、如胸乳、如水泡，近看则有，远看则无"（廖瑀《泄天机·四象葬法》），因此又名鸡心、鱼泡、鹅卵、龙珠等。其正格分大突、小突，变格分双突、三突。

突穴大小须适宜（一如前文所述过犹不及的原则），大者不显粗肿懒玩，小者亦不至微弱无力；形状须突而光圆，突象隐微（近看则有，远看则无），龙虎拱聚，藏风聚气。若是耸异暴突，则为孤曜，若为葬地，则家破人亡。

突穴高山平地皆有，但以平地为多。高山突穴必须左右环抱，两臂周

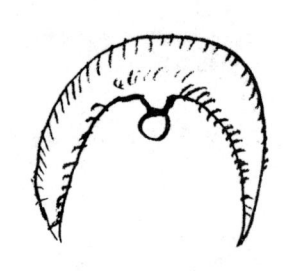

遮，切忌孤露受风，生气飘散；平地突穴则以得水为宜，要界水明白，水势注聚或远抱，纵使四面受风，也不为害。一句话，高山突穴要藏风，平地突穴要得水。

自然地形复杂多变，正如人们永远无法找到两片完全相同的树叶，穴形也是如此。但是千变万化不离其宗，穴形虽细分下来不胜枚举，却都属于窝、钳、乳、突四种基本形体的变化。熟悉了这四种基本形体的吉凶判断规则，自然就能够举一反三，依此类推。

突穴

3. 点穴要法

点穴很讲究方法，如果临穴乱点，很可能会使得之不易的真龙之穴变福禄为祸灾。

点穴首先要考虑龙脉与穴的关系。风水理论认为，穴是天造地设的，既有生存之龙，必有生成之穴。看地重在择穴，择穴重在审龙。龙真必结穴。龙脉的走势、方位、位置等千变万化，"高忽而低，亦低而高；北忽行南，亦西而东；有闪走的，有斜飞的；有背水的，有临岸的"（黄妙应《博山篇》）；而穴分四形，四形之中又有正格变格。对于如何在复杂多变的地形中寻到真正的吉穴，《博山篇》提出了几点基本原则："认穴法何者真，何者假？山水向是为真，山水背是为假。何者生，何者死？风藏水逆气聚是生，风飘水荡气散是死。龙逆水方成龙，穴逆水方得穴。"

因此，点穴的第一要点就是要得水。《青囊海角经》云："穴虽在山，祸福在水。所以点穴之法，以水定之。中原万里无山，英雄迭出，何故？其贵在水。故曰：有山取山断，无山取水断。"穴有水环绕，使生气凝聚不散，自然是上上吉穴。《葬书》"气乘风则散，界水则止"注曰："无水则风到而气散，有水则气止而风无……而其中以得水之地为上等，以藏风之地为次等。"可见，得水是聚气的关键。

其次，要藏风。生气乘风则散，因此无论是哪种穴形，都忌破损缺漏，凹陷拗折。生气散漫而无所蓄积的穴，人无法乘生气，自然无法感应天地而泽及子孙，只能是腐骨败椁而已。但是所谓"藏风"，并不是指不能有风，而是避开有害之风，藏聚有利之风。事实上，没有一丝风，空气无法流通的封闭之地，绝对不是理想的人居环境。

点穴还要考虑穴本身。《博山篇》又云："穴有高的、低的、大的、小的、瘦的、肥的，制要得宜，高宜避风，低宜避水，大宜全作，小宜窄作，瘦宜下沉，肥宜上浮。阴阳相度，妙在一心。"

点穴要考虑气。《博山篇》云："气不和山不植，不可扦，或有奇纹土隐中，法宜扦。气未止山走趋，不可扦，或腰结，或横龙，法宜扦。气未会山而孤，不可扦，落平阳水局卫，法宜扦。气不来脉断续，不可扦，自然断，断了断，法宜扦，气不行山垒石，不可扦，或异骨土隐中，法宜扦。"这就是说，不能聚气的山不能点穴，但有解救办法，解救得宜，一样可以点穴。

有些龙脉是行到尽头才结穴，有的龙脉是在半截腰间便有结穴。不论龙头龙腰，只要具备穴星、龙砂虎砂、阴水阳水诸标志，便可以在此点穴。点穴先要用罗经定出金、木、水、火各局，确定一局。再定出龙的生、旺、死、绝，择其生、旺，避其死绝，砂水环拱，明堂居中，便可以挖土掘穴。穴不要挖得过大，以免泄气。穴的深浅，一般说来，山地应挖得深一点，平地应挖得浅一些，但必须将浮土挖尽，见到五色润土才可下葬。

总而言之，点穴最好先登上一方高地，从局外进行全面的审察，再从有情之处细察微茫，以辨穴的真、假、生、气。总结历来的点穴要点，大约有十二项：一要藏风聚气，二要找生气避死气，三要明堂借水，四要交合分明，五要前后相应，六要左右相济，七要避凶躲煞，八要内外相乘，九要浅深得宜，十要不脱脉情，十一要别其枯润，十二要土色鲜明。

4. 倒杖法

倒杖，是指立穴放棺，即葬法。杖，为确定穴位的标竿。缪希雍《葬经翼》："倒杖者，葬家立穴放棺消息准的之要法也。大较各因其入首星辰脉络自然之势，顺适其情，不违其理，的知生气所钟，因放棺以乘之。"倒杖放棺，是风水术中乘生气的最后关键一环，纵然形好势佳，葬法一误，则前功尽弃。郭璞《葬经》所云"穴吉葬凶，与弃尸同"即指此。是以立穴放棺，切忌伤脉离脉，深浅干湿不辨，高低深浅不可有分寸之违，否则不惟无吉，亦且有凶。

谢和卿《至宝经》："阴阳倒杖若能明，开井放棺立葬绳。要识标竿深与浅，休抛后接与前迎。"其后注说："倒杖之法，入手处先立一标竿，复于明堂合水处立一标竿，将绳牵定，然后将杖头指定，对其标准以立向首，以分浅深，并察脉路来情之顺逆，以定后接前迎之趋舍。"

具体说来，倒杖法的基本方法步骤是：持杖指定来脉入路，以定其

"内气"；再转身看杖所指，以察其外气。然后将杖后对峦头的圆顶，前对朝案砂的交会点，倒放在地上，沿其走向标出一条纵线；接着根据左右护砂山的形势，再标出垂直于纵线的横线。纵横线组成的十字形，即为"天心十道"。将杖竖在天心十道上，察其来脉以定穴。

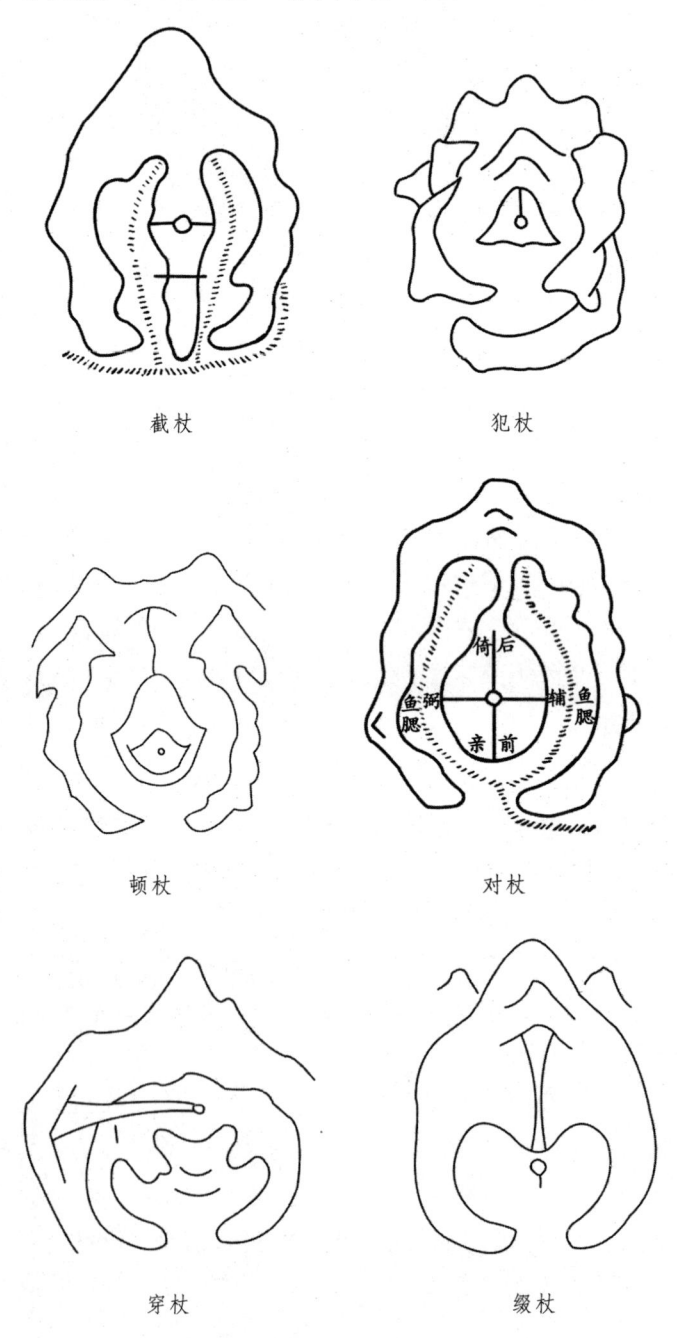

截杖

犯杖

顿杖

对杖

穿杖

缀杖

缩杖　　　　　　　顺杖

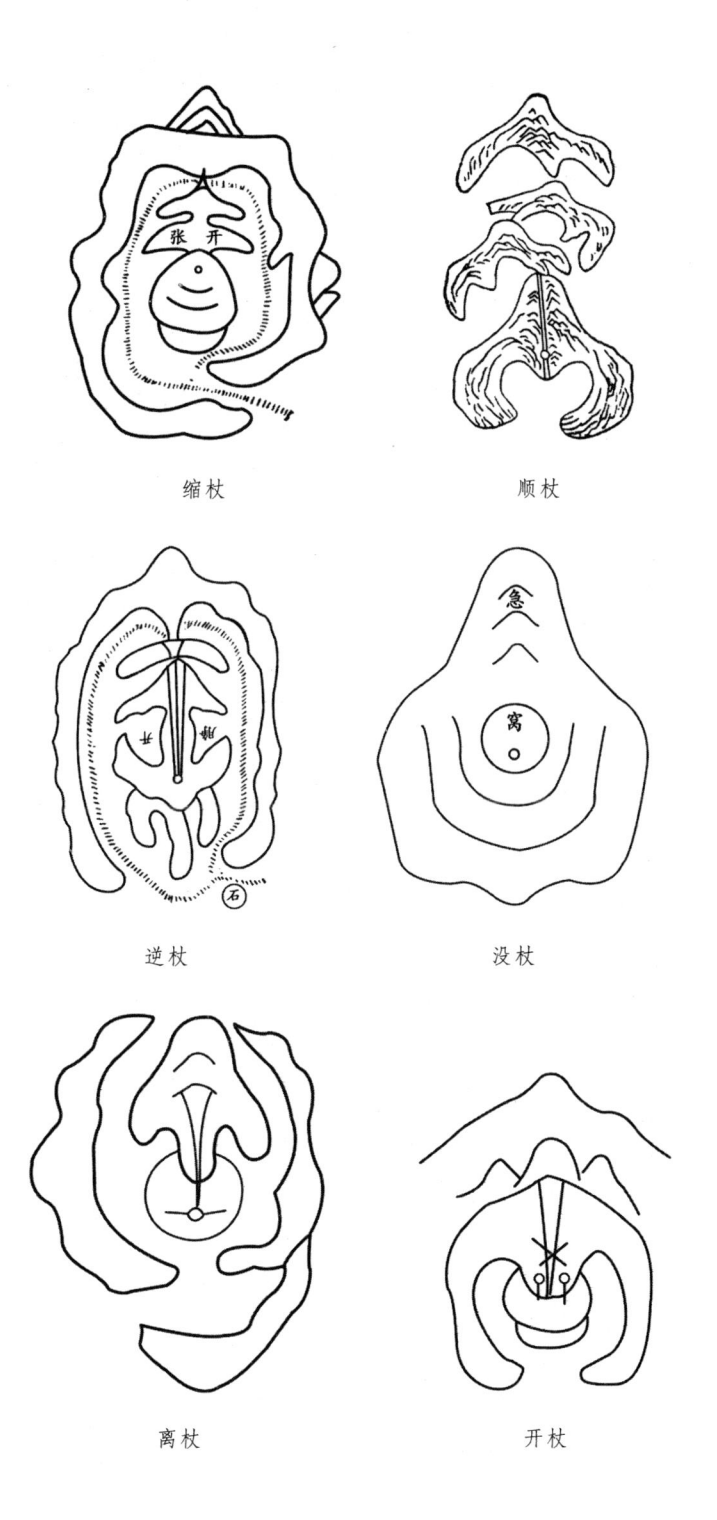

逆杖　　　　　　　没杖

离杖　　　　　　　开杖

三、察砂

1. 砂的概念

砂，是"沙"的俗字，指细碎的石头。风水中的砂是指穴前后左右环抱的群山。徐善继《地理人子须知·砂法》曰："夫砂者，穴之前后左右山也"。察砂，就是考察穴场周围的山体状况。

砂是隶属于龙脉的山体。在成因上，砂是由龙的变化而成的。在风水术中，砂与峰常常同时提到，为便于区别，凡是在龙脉上孤独突起的山头（顶）就称为峰。风水学认为，仅有龙还不能成为吉祥之地，龙的周围还需要各种砂来拱卫和屏障，如果没有砂，宅地就很难聚纳生气。砂的另一个作用是保卫穴场和水口。因此，在考察宅地风水的时候，四周的山砂也很重要，它们的位置和形态也是风水好坏的标志。

在风水术中，龙是山，砂也是山。二者的区别在于，龙是指大范围的山脉，而砂则是组成龙脉的个体单元。龙大，则砂多；龙贵，则砂美；龙强，则砂远。龙行于地上，砂随龙四周相护，如同奴仆侍候主人。因此俗语称"来龙去脉"，而不称"来砂"。

砂依其位置、形状之不同，又分侍砂（两边鹄立，能遮恶风，最为有力）、卫砂（从龙拥抱，外御凹风，内增气势）、朝砂（面前侍立，不论远近，特来为贵）、迎砂（绕抱穴后，平底似揖，参拜之职），根据风向，又以挡风者为上砂，反之为下砂。但不管其名目如何，砂与穴的从主关系是不变的。砂要朝迎揖逊，如群臣拜君；要拱卫环抱，如侍卫护君；要簇拥相从，如臣下随君，因此，风水中的穴与砂也同样被赋予了封建礼法等级的内涵，体现了浓厚的主尊臣卑的等级观念。

砂法全图

判断砂的外观形态的基本准则，以尖圆方正、秀丽光彩之砂为吉，倾斜臃肿、破碎丑恶之砂为凶。黄妙应《博山篇》将砂归为三大类，"肥圆正为富局，秀尖利为贵局，斜臃肿为贱局……破碎的，直强的，狭逼的，低陷的，斜乱的，粗大的，瘦弱的，短缩的，昂头的，背面的，断腰的，皆砂中祸也"。

一般就砂的形状、位置、向背、远近、大小来说，砂以向、内、远、大为吉；以背、外、近、小为凶。砂如果近在眼前，以高不过仞、大不过寻为吉。吉砂高则吉，凶砂高则凶。

如果将砂作为一个整体来看，风水学认为，砂的层次越多越好，如果能够重重叠叠，排列得前后有序，并微微内倾，就是"有情护卫"，再加上潺潺流水环抱，就能"发富发贵"，是极佳的风水宝地。

2. 四神砂

所谓四神，又称四灵、四象，即朱雀、玄武、青龙、白虎。风水中引入"四神"的概念以命名穴四周的砂，这就是有名的"四神砂"。《礼记·曲礼上》的解释是："行前朱雀而后玄武，左青龙而右有白虎。"但是这个方位与我们今天看地图时面向北方的朝向是正好相反的，风水是面朝南方，因此相应的方位是前南后北，左东右西。

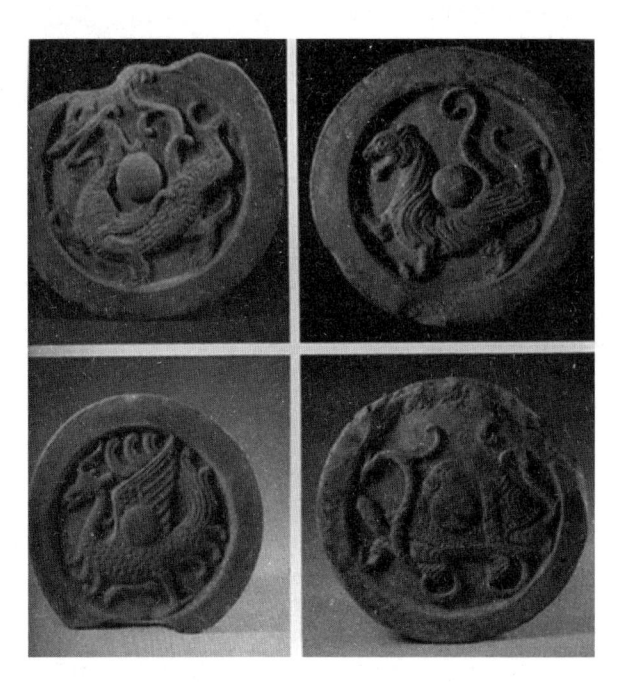

西汉长安城四神瓦当

风水中的青龙指穴场左边的山，又称龙山、左辅、左肩、左臂等。阳宅左边的流水也可称青龙。青龙之山，应该明净舒展，蜿蜒柔顺，拥卧明堂。《葬经》注曰："左山（即青龙）恬软、宽净、展掌，而情意婉顺也。若敲反倔强，突冗僵硬，则非所谓蜿蜒也。"

白虎是穴场右边的山，又称虎山、右弼、右肩、右臂等。也指阳宅右边的大道。白虎之山，应该低缓俯伏，较青龙更加柔顺，与青龙互相呼应，左拥右抱，拱护穴场。白虎如侍卫护主，贵在驯服，不可露峥嵘凶形，亦不可残缺破损。

朱雀，指穴前方的山，亦指阳宅居室前方的地形。朱雀若为山，应端庄挺拔，秀丽活泼，向穴含情朝揖翔舞，即《葬经》所称"朱雀翔舞"。

玄武，指穴后方的山，也指阳宅后方的小山。玄武之山，应该低头俯伏，山势逐渐向穴场低垂，谓之"玄武垂头"。《葬经》注曰："垂头言自主峰渐渐而下，如受人之葬也，受穴之处，浇水不流，置坐可安，始合垂头格也。若注水则倾泻，立足不住，即为斛泻之地。"玄武若是昂首，头不垂伏，是龙脉未尽，非结穴之地，是"玄武拒尸"之象，《葬经》注曰："如不肯受人之葬而据之也。"大凶。

风水中公认"玄武垂头、朱雀翔舞、青龙蜿蜒、白虎低头"为吉祥宅地理想模式。即以玄武砂为靠山，象征稳如泰山；左有青龙砂向内弯曲蜿蜒相护；右有白虎砂低头向外踞蹲；前方朱雀砂秀丽且占吉位，朝应水曲屈弯环，充满生气。

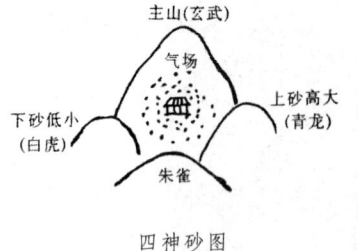

3. 察砂基本方法

察砂，就是对穴周围群山的考察，属于峦头风水学的范畴，这里略提一下。

砂涉及的山非常广泛，凡朝迎护卫之山，都是砂。砂依其位置、形状之不同，分侍砂（两边鹄立，能遮恶风，最为有力）、卫砂（从龙拥抱，外御凹风，内增气势）、朝砂（面前侍立，不论远近，特来为贵）、迎砂（绕抱穴后，平底似揖，参拜之职）；根据风向，又以挡风者为上砂，反之为下砂。但不管其名目如何，砂与穴的从主关系是不变的。砂要朝迎揖逊，如群臣拜君；要拱卫环抱，如侍卫护君；要簇拥相从，如臣下随君，遵循主尊臣卑的等级秩序。

判断砂的外观形态的基本准则，以尖圆方正、秀丽光彩之砂为吉，倾斜臃肿、破碎丑恶之砂为凶。黄妙应《博山篇》将砂归为三大类，"肥圆正为富局，秀尖利为贵局，斜臃肿为贱局……破碎的、直强的、狭逼的、低陷的、斜乱的、粗大的、瘦弱的、短缩的、昂头的、背面的、断腰的，皆砂中祸也"。

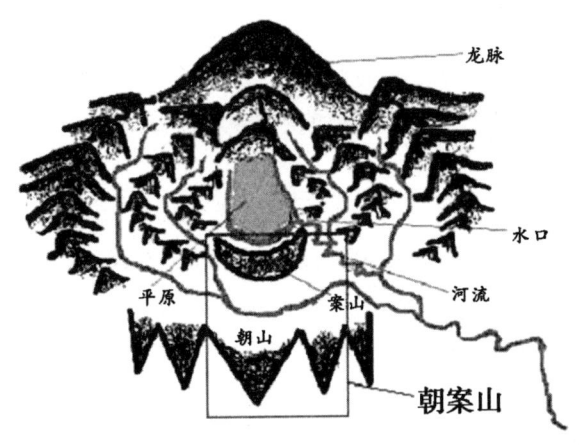

朝案有情

一般就砂的形状、位置、向背、远近、大小来说，砂以向、内、远、大为吉；以背、外、近、小为凶。砂如果近在眼前，以高不过仞、大不过寻为吉。吉砂高则吉，凶砂高则凶。

如果将砂作为一个整体来看，风水学认为，砂的层次越多越好，如果能够重重叠叠，排列得前后有序，并微微内倾，就是"有情护卫"，再加上潺潺流水环抱，就能"发富发贵"，是极佳的风水宝地。

4. 消砂要点

理气风水认为，察砂取象，并不足以论吉凶，还应该进行消砂。

消砂，也称为收砂，简单来说，就是把葬在穴中棺材（或阳宅）的坐山之五行属性，与周边山头（砂）的五行属性对应，看二者之间产生的关系是吉是凶。吉砂就收进来，凶砂则避开。风水学认为，"小砂"搬得动，"大砂"如同山峦拨不动，也消不了，因此所谓"消砂"是相对位置的方位概念，即"砂（山）不动而我动"，就是我移动位置或方向，让这些砂也就是山峰置于生旺及有利于我的方位，这就叫作"消砂"。

人常说："砂主人丁，水主财。"消砂出问题往往和人的贵贱祸福，甚至和性命有关，所以对于消砂应十分慎重。

消砂要看罗盘的最外层二十八宿。有消砂歌云："子午卯酉太阳火，甲庚丙壬太阴火，乾坤艮巽本属木，寅申巳亥原为水，乙辛丁癸本是土，辰戌丑未为真金。"消砂时，首先要把所立山向之"山"方，看其落在罗盘最外层二十八宿的哪个宿星位置上，再用该宿星的五行属性，来确定该山之收砂属性。如乾山巽向兼戌辰，分金坐奎木狼六度，则此乾山属木。不过要注意：如乾山巽向，分金如坐在壁水星上，此乾山则属水。所以上述消砂歌诀中的二十四山的属性不是一定的，要看地盘之"山"具体分金坐度在哪个宿星上。

其次，将穴场外围可见之砂，依其在罗盘上的位置所对应的宿星属性，与地盘"山"之属性，进行生克关系分析：生我者为生砂，也叫食神砂；我生者为子孙砂；我克者为奴砂，也叫财砂（如木山见土砂）；与我比肩者为泄砂（如木山见火砂）；克我者为煞砂（如木山见金砂）。如乾山坐水度，则原之土砂如乙砂，则由财砂变为煞砂了。最常用的学说之一"赖公拨沙法"，就是以砂在宅厝的相对位置，以五行生克来判断吉凶。

由此就确定了砂的吉凶。生、旺、奴为吉砂，宜端秀高起，照穴有情，而不逼迫、破损、形恶；泄、煞为凶砂，凶方宜低平，不可有高大之山峰、电塔等来克。生砂，发科甲，人丁旺，司财禄，多子孙；财砂，居官得禄而和平；旺砂，与生砂同，发科及丁财；泄砂，退财败丁，虽子孙俊秀，但穷困潦倒；煞砂，为七煞，最凶，绝命，出盗贼，绝嗣，损丁破财。

四、观水

1. 水能聚气

风水学认为，龙脉之所以起伏转折，是因为有地气在运行。地气时而停止，一定是有水为界。大至江湖河海，小至沟渠支流，都可以作为龙脉的佐证。《玉尺经》有云："五行实无系于龙家，祸福须取明于水路。"也就是说，风水学中讲五行，其实与龙脉并没有多大的关系，真正的福祸吉凶是取决于水路的，由此可见水的重要性。所以，风水学中向来有"风水之法，得水为上"，"未看山时先看水，有山无水休寻地"等说法。

风水学认为，山不能无水，无水则气散，无水则地不养万物。山若无水，等于没有生气，也就不成龙。水流所止之处，就是生气凝聚之所。众水会聚之处，形成池泽湖泊，是真龙的休憩之地。

这一点，蒋平阶《水龙经》有明确记载："气者，水之母；水者，气之止。气行则不随，而水止则气止，子母同情，水气相逐世。夫益于地外而有迹者为水，行于地中而无形者为气。表里同用，此造化之妙用。故察地中之气由东趋西，即其水之或去或来知之矣。行龙必水辅，气止必有水界。"《玉弹子》中也说："水者气之子，有气斯有水。水聚气聚，水散气散。"

总之，山环能"聚气藏气"，水能"载气纳气"。中国风水学在长期的实践中，也形成了"山主富贵水主财"的共识。自古以来，风水术中的明师哲匠，都对水法小心翼翼。有的人将水法的图画了出来，并且分为金、木、水、火等形态；有的人将水的性情一一讲明，并分别按向、背、迎、送等态势进行归类。

2. 水城和水口

风水学认为，"气生水，水又聚注以养气，则气必旺"。（《博山篇》）水具有养气、护气、关气的作用，有似于城墙，所以围绕穴山的水流在风水中就叫"水城"。

乘风界水图

水城可界限龙脉，使穴气蓄聚。《葬经翼》有云："求穴大势所在，在乎水城堂局。……看水城弯环所在，即为有情。"《地理人子须知》说："夫水城者，所以界限龙气，不使荡然散逸者也。"

按形状区分，水城有金、木、水、火、土五种基本类型。其中金城弯环，水城（指水形水城）屈曲，土城平正，火城尖斜，木城直撞。《玉髓经》说："抱坟婉转是金城，木似牵牛鼻上绳。火类倒书人字样，水星屈曲之玄形。土星平正多沉汪，更分清浊论音声。"

五种水城中，金形、水形圆曲环抱，盘桓有情，所以为吉；木形、火形直冲斜折，所以为凶；土城则有吉有凶。

《水龙经》五星水城图

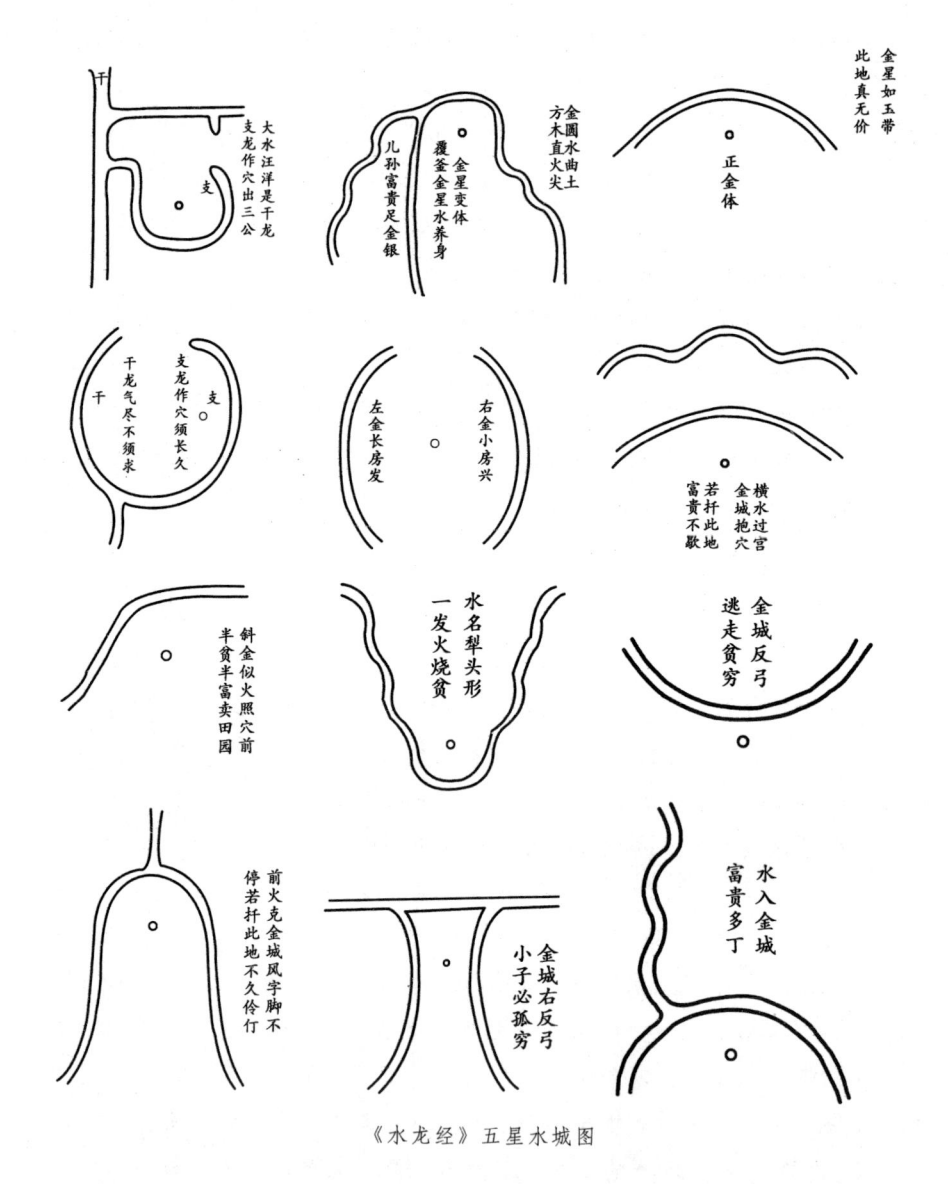

水口在风水学中指穴山前的水流进口处。古人一方面认识到水流会影响气:"气之阳者,从风而行,气之阴者,从水而行。""顺阴阳之气以尊民居。"另一方面又认为水主财,所以特别重视水口。

风水家谓水口形势宜迂回收束,有重山关拦;如果旷阔直去,则生气外泄,不利穴气融结。在水口处,凡水来之处谓之天门,若一来不见源流谓之天门开。水去处谓之地户,不见水去谓之地户闭。源宜朝抱有情,不宜直射关闭。去口宜关闭紧密,最怕直去无收。

水口的范围有大有小。从水流进到水流出，水所经的地区就是水口的范围。《人地眼图说》卷七《水口》云："自一里至六、七十里或二、三十余里，而山和水有情，朝拱在内，必结大地；若收十余里者，亦为大地；收五、六里、七、八里者，为中地；若收一、二里地者，不过一山一水人财地耳。"这就是说水口范围与富贵成正比例。水口包容的地面越大，所能承受的容积越大，造福的涵盖面越大。

有水口，即有关截。截什么呢？一截气，二截形，三截势。关截可遣敛真气，蓄聚于内而不外泄。但是，关截处应当察其形势，应当格水库。

一般来说，仔细观察水口截势，穴的顺、逆、向、背在此就可以预向卜知了。具体地说，如果形势昂头则知结盖穴，形势截垂则知结撞穴，形势伏则知结粘穴，形势斜则知结倚穴，这些通过察势就可预知。

3. 观水要点

风水学中很讲究观水。观水就是对来水的审察。风水学认为，穴地周围的水应该与龙和砂一起对该地点构成关拦、聚气的围合态势。水口处要有罗星、华表、杠门关拦，忌倾泻直奔而去。朝水要徐徐流淌，忌直射湍怒；去水要有砂关拦锁抱，忌奔流直去；聚水要清洁，没有污浊之味。

怎样的水为好呢？水源深长则龙气旺而发福悠久，水源短浅则发福不远。水要入堂，又要有下关收水，或者水龙暗拱，都是好水。凡水之来，欲其屈曲，横者欲其绕抱，去者欲其盘亘，回顾者欲其澄凝。如果是海水，以其潮头高、水色白为吉。如果是江河，以其流抱屈曲为吉。如果是溪涧，以其悠洋平缓为吉。如果是湖泊，以其一平如镜为吉。如果是池塘，以其生成原有为吉。如果是是天池，以其深注不涸为吉。

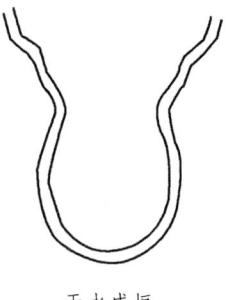

干水成垣

怎样的水不好呢？凡水之来，若直大冲射、急溜有声、反跳翻弓都不好。水若无情而不到堂，虽有若无。如果水视之不见，践之鞋履尽湿，或掘坑则盈满，冬秋则枯涸，这是山衰脉散所致，不吉。至于腐臭之水，如牛猪涔，最为不吉。如果是泥浆水，得雨则盈，天晴则涸，这是地脉疏漏之象，也不吉。

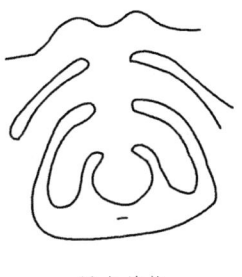

界水前抱

4. 内外明堂

明堂本是天子理政，接受诸侯、百官朝拜之所，朝会、祭祀、庆典、选士等国家重要活动都在此举行。《礼记·明堂位》曰："昔者周公朝诸侯于明堂之位：天子负斧依南乡而立……明堂也者，明诸侯之尊卑也。"

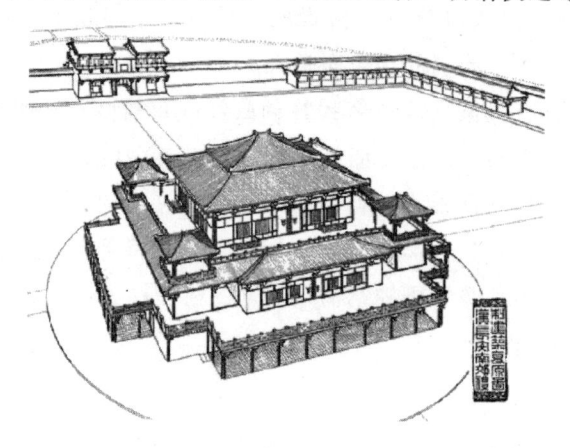

西汉长安南郊明堂复原图

风水中的明堂之说采纳了其中所蕴含的礼法内涵，与中国古代礼法模式一脉相承。风水术中的明堂，即穴前平坦开阔、群山环绕、众水相会、生气聚合之所。这与其本义有相通之处。《泄天机》有云："明堂气聚始为奇，不聚即非宜。凡是穴前坦夷处，便是明堂位。"所以一般认为，明堂应以平正开阔、团聚朝抱为佳。如果明堂不正不聚，倾泻倒侧，就是真气不融，纵有美穴，也应该将其弃置。

明堂按距离穴场的近远，可分为内明堂和外明堂，又称小明堂、大明堂，另有中明堂。穴前是小明堂，龙虎山（穴左右侧邻近的山）里是中明堂，案山（穴正前方的山）内是大明堂。

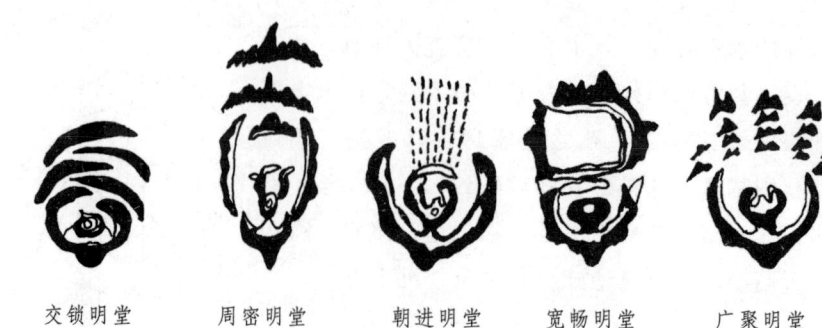

交锁明堂　　周密明堂　　朝进明堂　　宽畅明堂　　广聚明堂

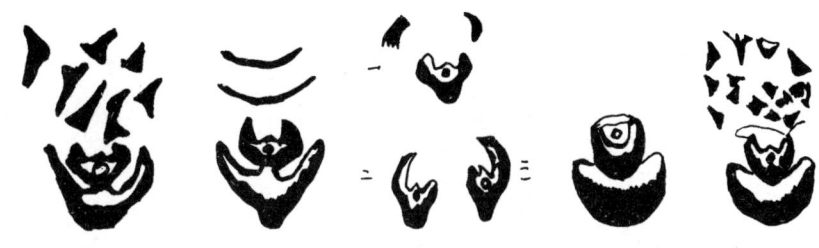

| 劫杀明堂 | 反背明堂 | 颠倒明堂 | 旷野明堂 | 破碎明堂 |

凡山势缓和，平平结穴，龙虎环抱、近案当前的，是内明堂。内明堂不可太阔，阔则不能藏风；又不可太狭，狭则气机局促，穴不显贵。好的内明堂的标准是宽窄适中，方圆合格，不敧侧、不卑湿、无圆峰内抱、无流泉冲破、不生恶石。

外明堂在内明堂之外，山势急迫，垂下结穴，龙虎与穴相登，前案较远。好的外明堂不可狭窄，还需四山环绕而无空缺，外水曲折，远远朝来。

5. 理气纳水

在风水立向中，与消砂相应，纳水也是非常重要的一个环节。

纳水，也叫收水，用的是罗经天盘，来水和去水都要收。如水在穴之左右汇聚形成小池塘，也要收纳。总之，以在穴场眼能看见的为准。

"砂主人丁，水主财。"消砂的好坏和人的贵贱福祸有关。纳水的好坏和人的贫富有关。故曰："水主财"。

纳水之法，历来有三元水法和三合水法之别。两种水法运用方法各有不同，都有各处的特点和独到之处，但其学理都不外乎河洛理数和五行八卦。

三元水法，原名"先后天八卦水法"，江湖上称之为龙门八局，相传是唐朝国师丘延瀚所传，其理是从先后天八卦方位演变而来的，风水界一致认为是古今正统学派。

三元水法是根据二十四山先后天水的来去决定吉凶的，以先天八卦决定人丁旺衰，用后天八卦推测财运成败，其他方面如工作前程、事业兴衰，以及富贵贫贱、穷通寿夭等等，都以各方位的水法来决定吉凶。

三元水法的操作方法比较简单，只要将先天八卦与后天八卦的位置搞清楚，一切难题都迎刃而解。在实地操作时以二十四山向的坐山为主，先看其坐山属于后天八卦的哪一卦，其卦又辅卦、库池、三曜煞等星名称，再以先后天八卦位置与这些方位星名的性质来详细进行分析，依此即可判断出吉凶。

相传元朝国师刘秉忠著《玉尺经》留传于世，其中归纳二十四山与六凶六吉水法，谓之三合水法。该法以长生十二宫为标准尺（长生十二宫在后文有详述），以生、养、衰、旺、冠、临方来水为六吉水，以沐、病、死、墓、绝、胎六字来水为之六凶水。清朝彻莹和尚著《地理原真》以四大水口立向定局，水法顺布十二长生，龙法逆布十二长生。叶九升所著的《地理大成》，以向定局，仅有旺阳与衰向，立阳向则顺布十二长生，立阴向则逆布十二长生。赵九峰所著的《地理五诀》，以三合中的生、旺、墓为向，以向上顺布十二长生定水局。上述几部著作，虽同为三合派，其中理论稍有差异，但总的来说离不开三合四大水局与四大水口立向和十二长生。对此后文在讲罗盘层面及运用时会有详细介绍。

五、立向

1. 千里江山一向间

当一个建筑物（住宅）落成后，都必然会有一个向，这个向如一个张开的口，把所面对的方向的五行性质大口的吸入，从而使住宅也带有这种五行属性。

风水学是选择人的居住场所，而居住场所的吉或凶，在于能否乘生气（阴阳气即天地气）；而乘生气的关键，在于立向。立向是对一个建筑物的定性，是展开风水工作的第一步。对一个风水师而言，只有定了向才可以立局和进行之后的一系列计算和内部设计。如果立向错误，无论花多少心思去研究室内风水，冰箱电视水晶灯这样那样摆放，还是会满盘皆输。

向在风水中具有重要的地位。按《地理五诀》的说法，所谓的向，是龙、穴、砂、水的大相会之地。为什么称为龙、穴、砂、水的大相会之地？这是因为：龙只有一龙，而向能使龙生、旺、死、绝；穴只有一穴，而向能使穴有气、无气；砂只有一砂，而向能使砂或者得位，或者不得位；水只有一水，而向能使水杀人救贫。龙、穴、砂、水这四者有形无名，首先要向定了，然后才会有名。如果龙、穴、砂、水这四者顽钝，没有用处，那么也必须要向定了，然后才有用处。所以说，所谓的向是龙、穴、砂、水的大交会之地。

确定坐与向，通常简称叫立向。立向就是根据龙穴砂水堂局的实际情况合理确定阴阳二宅的坐度，使龙穴、砂水为我所用的功夫。

大地不可能处处都生，好的向却可以即地而立穴。立向是理气风水学的精华，是看阳宅或阴宅最重要的一环，犹如画龙之点睛。风水术的格龙乘气、消砂纳水是为了定向，排放水、布局也是为了定向，坐穴分金坐度也是属于定向。得诸砂水之利，避诸砂水之煞，全在一"向"字。不管床位、办公桌位、书桌位、神位、祖先牌位，丝毫马虎不得。正所谓"千里江山一向间"，否则选再好的龙、穴、砂、水，都将功亏一篑。

立向的方法，将在后文讲罗盘应用时会有详细介绍，这里只介绍一下风水立向里的一些基本概念。

2. 坐山朝向

山，就是背后的靠山。所谓坐山朝向，就如同一个人一样，有前胸就有后背，都有前后，前面是朝向，后面就是坐山。如我们常说一个屋子是坐北朝南的，这里北方就是坐山，南方就是朝向。

山与向是风水学的两个关键概念。不管是看阴宅、阳宅，还是私宅、商铺，首先要分清什么是坐山，什么是朝向，然后再根据坐山与朝向，运用风水之法来定其吉凶。《地理辨正疏》中的《天玉经》说："阴阳二字看零正，坐向须知病。"无论是阴宅还是阳宅，只有知道了坐山与朝向后，才能判断周围环境的吉凶如何，可见坐山与朝向是非常重要的。

在坐向之中，东、南、西、北四正方位，以及东南、西南、东北、西北四隅方位，是最基本的八方位，这八个方位与八卦配合，就是风水中有名的"八宅"。其中，坐北朝南的房子称为坎宅，坐南朝北的房子种为离宅，坐西北朝东南的房子称为乾宅，坐东南朝西北的房子称为巽宅，坐东北朝西南的房子称为艮宅，坐东朝西的房子为震宅，坐西朝东的房子称为兑宅，坐西南朝东北的房子称为坤宅。

3. 确定建筑物的坐向

一般来说，山向与大门的方向是一样的，可又不完全是这样。以带院子的屋宅为例，虽然大多数大门都开在主房的正前方，家院的大门也都开在与堂屋相对的正前方，但也有的人家大门不是开在正前方，而开在左右，或左前方，或右前方。在这种情况下，决定屋的坐山朝向必须以高大的主屋为准，不能以门为准。

在现代，高楼大厦或楼房已经很普遍了。高楼大厦或楼房都有总门，而每一层每一家的单个住户或公司办公室，又都有不同方位的室门，这就给勘察山向带来了复杂的问题。一般来说，应该是：以屋宅前面所临出入的马路或挂门牌前街道的地方为之向，其背后即坐山；公寓或大楼应以总门为向，因为全场是从总门进入楼内的，但进了总门后还有各家各户之门，且各家住户的门向都不相同，所以有吉有凶，在论断上要以各家各户自己的门向来论屋宅的坐山与朝向。

现代的建筑物与古代大不相同，各式各样都有。由于形式的不同，其用途也不同。新建的楼房判向比较容易，因为有图纸作参考，要是陈旧的房子就比较麻烦，因为没有图纸参考，又不能爬上楼顶去观看，坐向搞不清楚，一切都无法下手了。这种情况下，判向必须要分为以下步骤：

首先，认定楼形。楼形有多种多样，基本上分为两大类，一类是方形、长方形、正方形、一字形、工字形等，另一类不是方形，包括有三角形、圆形、菱形、井字形等。

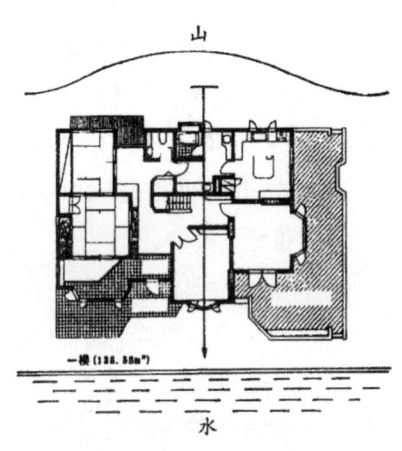

第二步，确定楼房的朝向。在实践中楼房的朝向是比较容易确定的。因为它的形状有四边或接近四边的，在确定朝向时可选长边两面作大向，若长边是弯曲的，可以用根绳子将头拉成直线；可以选择朝阳的一面为朝向，也可确定在开门的一边为朝向。如果该宅靠近大路，可选择人车最多的一边为朝向，也可选择光线强的一边，最低的一边，有流水的一边为朝向。

背山面水的建筑坐向

关于判向可总结为以下几种方法：以大楼总门定向，即这座大楼内所有单位或住户都以大门总入口为坐向；以阳面为朝向，即以阳动为向，阴静为山；如屋宅背山面海，背高面低，则以高处或大山为坐山，面海和低处为向；以空旷、路边、河边、湖边来确定朝向；以形象确定山向，形者乃屋的整体形象，以正门定向。

4. 二十四山

看一座屋宅，或寻找一处吉穴，其中能有多少坐山朝向呢？通常人们会说"四面八方"，这"八方"指的就是东、西、南、北，再加上东南、东北、西南、西北，像上面说的"八宅"，坐向就是这八方。这八方与八卦配合，称八宫方位。将周围360度划分开来看，八个方向各占45度。

除了八宫方位之外，风水学对方向和方位还有更详细的分法，即把上述八方中的每一方划分为三个方面，共有二十四个方向，俗称二十四山，每一山各占15度，又合称二十四山向。二十四山极为重要，因为它是风水罗盘分度的基本单位。

在古代风水中，二十四山向是用八天干、十二地支和四维卦来表示的，从正北的子山开始，依次是子、癸、丑、艮、寅、甲、卯、乙、辰、巽、巳、丙、午、丁、未、坤、申、庚、酉、辛、戌、乾、亥、壬。二十四山配上后天八卦方位，每个卦包括三山，即"一卦管三山"。分别是：

坎卦包括壬、子、癸三个山（正北）；

艮卦包括丑、艮、寅三个山（东北）；

震卦包括甲、卯、乙三个山（正东）；

巽卦包括辰、巽、巳三个山（东南）；

离卦包括丙、午、丁三个山（正南）；

坤卦包括未、坤、申三个山（西南）；

兑卦包括庚、酉、辛三个山（正西）；

乾卦包括戌、乾、亥三个山（西北）。

一卦管三山

在罗盘上，以"卯"代表东方，以"午"代表南方，以"酉"代表西方，以"子"代表北方，以"巽"代表正东南，以"坤"代表正西南，以"乾"代表正西北，以"艮"代表正东北。

这是每卦的主山，而它的两旁便是偏向另一方位，例如辰、巽、巳属东南，巽为正东南，而辰属东南内之偏向东方，称为东南偏东，而巳属东南内之偏向南方，称为东南偏南，其余二十四山都是这样的。

二十四字的用法由来已久。早在风水罗盘还没有出现以前，在古代风水典籍《黄帝宅经》中，有以阴阳八卦配干支，分为二十四路，作为建宅的指导原则，这是将六壬式盘应用到相宅中。书中载有阴阳二宅图并有较详细的说明。书中说："二十四路者，随宅大小中院分四面，作二十四路，十干（应为八干，戊己不用）、十二支、乾、艮、坤、巽，共为二十四路是也。"这里所说的"二十四路"用来表示住宅四面的二十四个方位，就是后来的二十四山。

风水中把二十四山中的辰、戌、丑、未四个地支称为"四墓"，子、午、卯、酉四支称为"四旺"。子、午、卯、酉、辰、戌、丑、未这八个地支加上乙、辛、丁、癸四个天干共十二个字，都属阴。

又以寅、申、巳、亥四支为"四生"，乾、巽、艮、坤四卦为"四隅"。四生四隅加上甲、庚、丙、壬四个天干共十二个字，都属阳。

对于二十四山在罗盘上的应用，后文将有介绍，此不赘。

第四章　罗盘基本层面详解

　　由于风水派别和传承的不同，罗盘也有不同的种类，且同一种类罗盘因尺寸大小的不同，所容纳的层数与内容则又有所增减。此外，罗盘各层之中的繁简不一，有一层一义，或一层而两义，或多层而一义，林林总总，不一而足。因此，本章中所详解的层面，并不专以某一种罗盘为模式而逐层讲解，也不将视线限定在某一种流派的罗盘上，而是峦头与理气并取，综合所有罗盘的层次，挑选其中最主要的和较有代表性的基本层面进行讲解。

一、天池

　　罗盘的中央，有一个圆形的空白处，用来安置指南针，这一空间就是"天池"。一般直径为1.2寸，以象征一年中有12月；深3分，以象征一月有30日。由于罗盘面各层次的作用完全要依赖磁针的定方位，犹如上天是世界万物的主宰，所以用"天"来象征磁针在罗盘作用的重要性。又由于早期的罗盘是水罗盘，要注水浮针，所以取名为"池"。水罗盘大约在明代被旱罗盘所代替，后来风水师用的几乎都是以细铜针垂直支撑水平磁铁针方式构制的旱罗盘，但"天池"这一名称仍沿用至今。

　　天池代表着一种无垠无涯的宇宙意义，也就是所谓的"太极"。《周易·系辞传》中有云："易有太极。"在古人看来，太极是阴阳未分，无象无形的世界，是天地的一种最原始状态。《系辞传》中又有云："是生两仪。"宋代易学大师邵雍解释说是"一分为二"。朱熹《周易本义》中有易卦次序图，以两仪为阴阳，也就是太极生阴阳。罗盘指南针在太极一层指定南北，也就分出了阴阳。

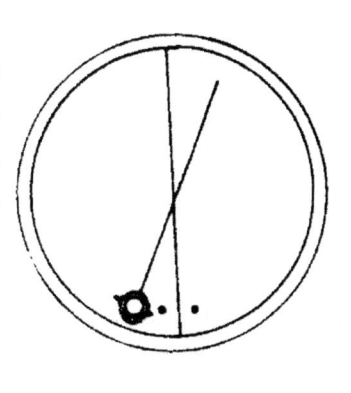

天池构造图示

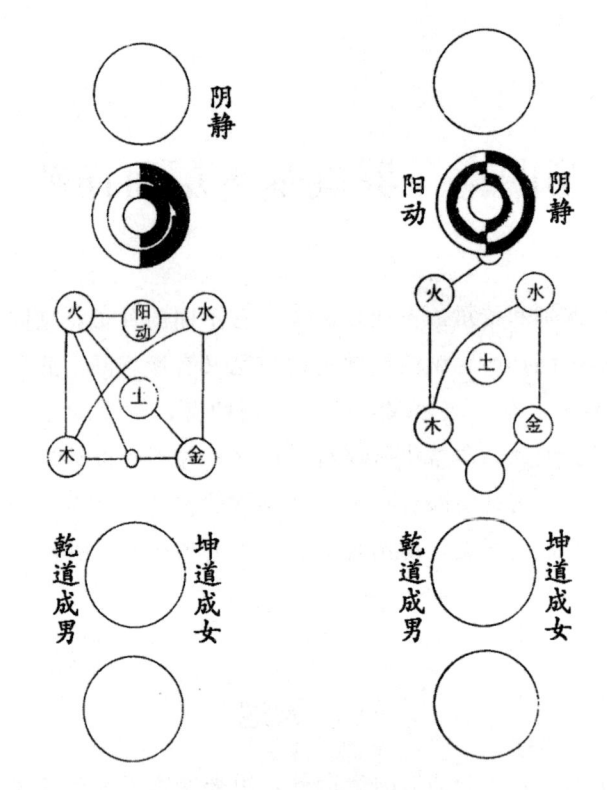

周敦颐太极图

风水学认为，天池与指南针（古人称为"金针"）非常重要。金针定子午（正南、正北），天池中藏金水，立规矩、权轻重、成方圆，都是由金针与天池始定。如果罗盘没有天池，则子午无定，阴阳不分，八卦、九宫不能别，龙向气脉无由而寻。金针动而为阳，静而为阴。子午中分为两象，两仪合卯、酉（东、西向）为四象，四象合四维（西北、西南、东北、东南）为八卦，八卦定方位，于是天道成、地道平、人道立。

根据这样的观念，古人在天池的中央画上一条红色的直线（称"海底线"），再将磁针固定于红直线上的中央点处，使磁针与红直线完全重合。如此将红直线的两端点定名为"南"与"北"，这就是所谓的"天地定位"，也称为"子午线"。子为北、为阴，午为南、为阳。阴阳从浮针一层便开始有了分别。

古人测日影取寒暖阴阳，择居在山南称阳方，山北称阴方，这就是指南针南北指向的阴阳本义。而所谓太极生阴阳，不仅仅指南北，而且指事物的两种对立统一的属性。在风水术中，它又演化为消长生克的关系和属性。在先天八卦方位中，正北方的坤为阴，正南方的乾为阳，这是与指南阴阳相对应的。还有一些是与指南阴阳不相对应的，如后天八卦方位中的阴阳，但这对"太极"阴阳来说是无关紧要的。

先天太极图

《罗经解定》认为，磁针之所以总是指向南北，是因为"子不离母"、"子不背母"的缘故，还解释为由于中央属土，故土生金。这些当然都是没有任何道理的附会。现代人都知道，磁针之所以指南北是由于地球磁场的引力，跟伦理的概念无关。

指南针是中国古代的四大发明之一，是中国人对世界文明的重要贡献。指南针的发明与应用，与中国古代精确的"辨方正位"的活动有关。中国古代不仅发明了指南针，也发现了磁偏角（地磁子午线与地理子午线之间的夹角）和磁倾角（地磁体与地平面之间的倾斜角），这是非常了不起的成就。

罗盘盘面有三个方位，除磁针方位（地盘正针）外，在罗盘中间的二十四山向是极星方位，称为中针，也叫人盘。在罗盘外圈的二十四山向是日景方位，称为缝针，也叫天盘。

中针（人盘）必须依靠晴朗天气能望见极星才可以定位，缝针（天盘）必须依靠阳光照射才可以定位，正针（地盘）是依靠磁针指向定位的，因而不受气候的影响。正针定位以后，中针、缝针及各圈层的附盘都相应定位了。

浮针方气之图

正针依靠天池内的磁针指示定位的南北方位，在罗盘盘面注记的其北方正位是指向缝针二十八宿的虚宿和危宿的界缝，南方正位是指向二十八宿张宿三度，所以校正罗盘要把天池内底面海底线北方必须对中虚危二宿界缝，南方对正张宿三度。关于这一点，古人有《南针诗》云："虚危之间针路明，南方张宿上三乘，坎离正位人难识，差却毫厘断不灵。"

二、先天八卦

天池向外的第一层，一般是先天八卦。有关八卦的来历，前文已有介绍，这里不再重复。

从本质上说，八卦是人类在与自然的共生中，总结出来的一套系统知识，用来说明和指导事物现象和发展。前文介绍，据《易经·说卦传》的说法，后人将八卦分为先天八卦和后天八卦。传说先天八卦是伏羲创造，所以先天八卦又称伏羲八卦；后天八卦是周文王创造，所以又称文王八卦。于是也就有了两种不同的八卦图式，八卦图式是古人依据八卦的象、数、理和空间方位与时间顺序配合而成的，其使八卦体系进一步得到了形象的阐释。

先天八卦与二十四山

这里再深入解释一下：先后天的说法，最早是由邵雍提出来的，他以伏羲的八卦为先天，以文王的八卦为后天，强调先天讲自然、天道、本体；后天讲人为、人道、作用，他在著名的《皇极经世》中说："先天所以立体，而明法象自然之妙；后天所以致用，而着随时变易之道。"意思是说，先天的重点是在了解宇宙的本体以及奥妙之后，才能发挥后天的功用与随顺后天的变化。所谓先天、后天，是以天地之生成为分界点。在有形天地之前就存在的东西，就是先天。有形天地形成之后才产生的万物，就是后天。

古人认为，先天八卦为体，后天八卦为用。所谓"体"，包含有根本、基础、本原等意义，即先天八卦代表宇宙原来的自然现象。先天八卦是以八卦的形式说明宇宙的先天，即宇宙的起源是由含有阴阳因子的太极化生为两仪，即天地，或阴阳二气。再由阴阳二气化生为四象（太阳、少阳、太阴、少阴；东、西、南、北；春、夏、秋、冬），由四象的阴阳化生为八卦，由八卦阴阳化生为世界的万物。

八卦的观念，就是阴阳这对相反相成的因素此消彼长的结果，所以对八卦生成，《易经·系辞传》还有这样的解释：

是故，易有太极，是生两仪，两仪生四象，四象生八卦，八卦定吉凶，吉凶生大业。

这里进一步阐明了八卦的由来和运用。太极指元气，两仪即天地阴阳，四象则表四季四方，八卦则是乾（☰）为天，坤（☷）为地，震（☳）为雷，巽（☴）为风，坎（☵）为水，离（☲）为火，艮（☶）为山，兑（☱）为泽。宇宙就是由这八种物质构成的，世界上的一切事物都可由八卦来象征和概括。

宇宙事物的八卦属性

卦名	乾	坤	震	巽	坎	离	艮	兑
卦象	☰	☷	☳	☴	☵	☲	☶	☱
自然	天	地	雷	风	水	火	山	泽
家庭	父	母	长男	长女	中男	中女	少男	少女
道德	忠	孝	仁	和	义	信	智	礼
人体	头	腹	足	股	耳	目	手	口
动物	马	牛	龙	鸡	猪	雉	狗	羊

《易经·说卦传》说："天地定位，山泽通气，雷风相薄，水火不相射，八卦相错。"意思是太极化生上天下地互相配合定位，山（岭）和泽（水中重聚）互通气息，雷雨风云相互出入而迫逼，水与火不相射而是互相资助，八卦天地山泽雷风水火是互相交错的，这就是各卦内在的阴阳关系从斗争到统一再到斗争的永恒化生过程。

在风水学中，根据八卦与罗盘二十四山的对应，以及八卦的阴阳爻原理，对以上几句话的意义又有如下的解释：

乾卦在丙午丁，坤卦在壬子癸。一上一下为定位。乾卦三阳爻配相对的坤卦三阴爻，是适当的配合，这就是"天地定位"；

艮卦在戌乾亥，兑卦在辰巽巳，两者相对，艮卦上爻阳配兑卦上爻阴，艮卦初中爻阴配兑卦的中爻阳，是适当的配合，为"山泽通气"；

坎卦在庚酉辛，离卦在甲卯乙，两者相对，坎卦中爻阳配离卦中爻阴，坎卦初上爻配离卦初上爻阳，即初中三爻阴阳相配，这是十分恰当的，所以叫"水火不相射"；

震卦在丑艮寅，巽卦在未坤申，两者相对，震卦初爻阳配巽卦初爻阴，而震卦中上爻阴配巽卦中上爻阳，是适当的配合，为"雷风相薄"；

八卦相错，意指相对的卦，永不会出现上爻与上爻、中爻与中爻、初爻与初爻的相同的象，不相同者便为错。

宋代的学者据其画出了先天八卦图：乾南坤北，离东坎西，震东北，巽西南，兑东南，艮西北。图式中相对的各卦卦象组成的阴阳爻恰好相反，表明了八卦中天与地、雷与风、水与火、山与泽四对物体的对立统一，同时还反映出阴阳爻由多变少的规律，以及八卦与太极图的内在逻辑关系。

在罗盘上，先天八卦层主要有三个方面的用途：一是表明先天八卦是世界的本源。二是表示先天八卦的方位，即四正四维八方。因二十四山中已有后天八卦的四维卦，其卦位已明朗，不用再标明。三是与后天八卦配合来论断水的吉凶，以及明确与后天八卦方位的相互关系。所以有的罗盘将先天和后天八卦全列上。

将先天八卦记录在罗盘内，多属水法所用，这是先后天卦的配合。在未讲解之前，我们先了解先天卦位与后天卦位、二十四山在罗盘上的对应。

先天乾卦在丙午丁，即后天的离宫；

先天兑卦在辰巽巳，即后天的巽宫；

先天离卦在甲卯乙，即后天的震宫；

先天震卦在丑艮寅，即后天的艮宫；

先天巽卦在未坤申，即后天的坤宫；

先天坎卦在庚酉辛，即后天的兑宫；

先天艮卦在戌乾亥，即后天的乾宫；

先天坤卦在壬子癸，即后天的坎宫。

八卦层在罗盘上的具体作用，是以消亡水的方法来判断水的吉凶，对此《罗经解定》中有解释云：

先天八卦，堪舆家于此取用殊多，略举其要，如正南水流西北，正北水流西南，正东水流正南，正西水流正北，东南水流正南，东北水流正东，西南水流东南，西北水流东北，皆为先天破后天，名曰：消。

正北水流正西，东北水流西北，正东水流东北，东南水流西南，正南水流正东，西南水流正北，正西水流东南，西北水流正南，皆为后天破先天，名曰：亡。

消、亡之水，若兼龙穴不佳，皆主败绝。又如东北，山秀、砂奇、水吉，则知长房出人聪明富贵，盖震为长男故也。如东南，山秀、砂奇、水吉，则知其家生女聪明贤能，或有贤婿贵甥，盖兑为少女故也，余可类推。

所谓的"消"，就是消水，意思是指先天来水，后天去水，风水术语称为先天破后天，主要用在阴宅吉凶的判断。先天来水后天去水之消水关系如下：

乾水流艮　坤水流巽　离水流乾　坎水流坤　兑水流坎　震水流离
巽水流兑　艮水流震

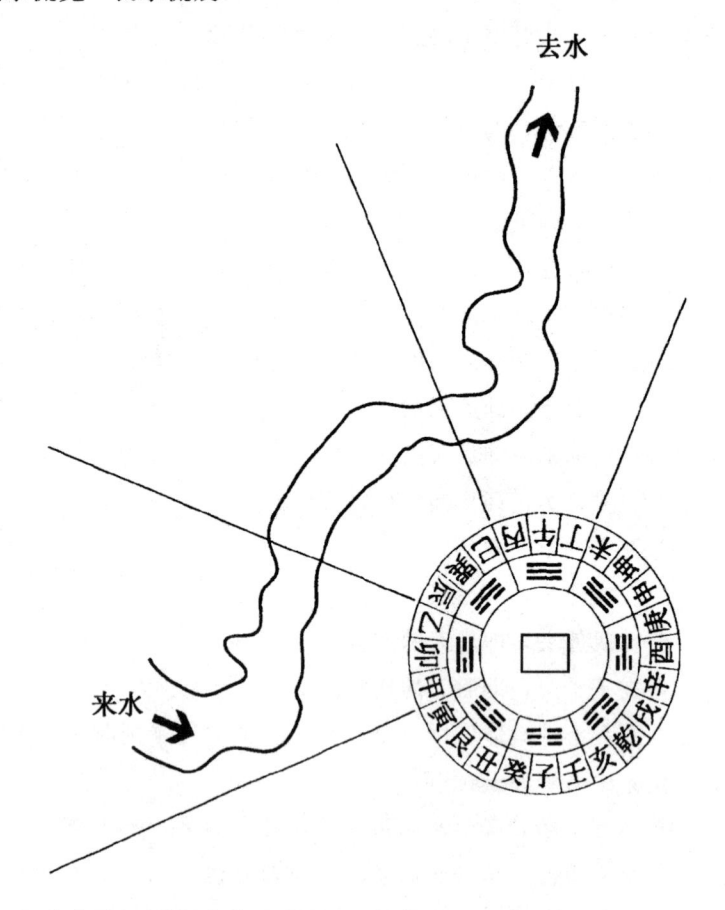

此为震水流离，来水口在后天的震宫，去水口在后天的离宫，而从先天和后天八卦的方位对应来看，后天的震宫即先天的离宫，这就是先天破后天犯消水，风水家认为主丁财两败。

所谓的"亡"，就是亡水，是指后天来水，先天去水，风水学中称为后天破先天，主要用在阳宅吉凶的判断。

后天来水先天去水之亡水关系恰好与消水关系相反：

乾水流离　坤水流坎　离水流震　坎水流兑　兑水流巽　震水流艮
巽水流坤　艮水流乾

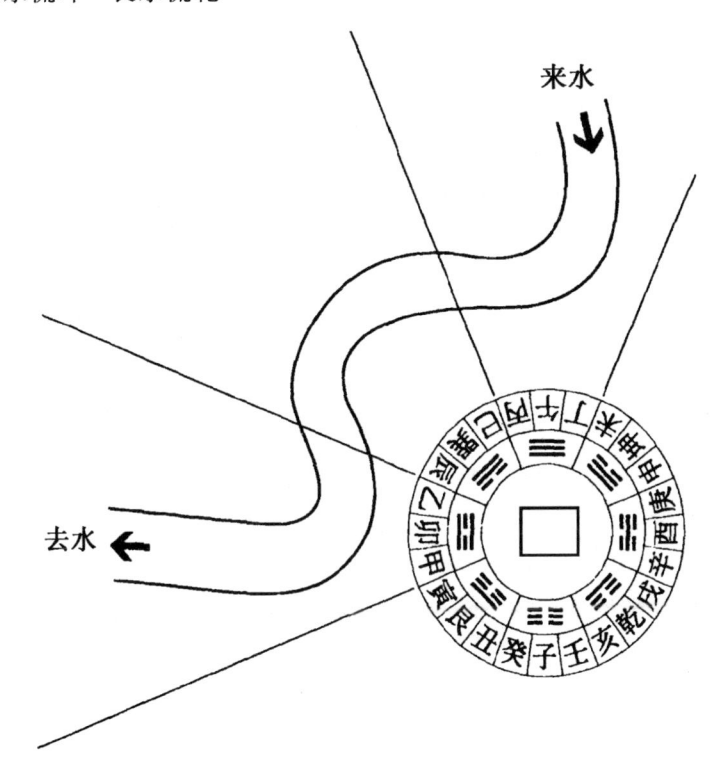

此为离水流震，来水口在后天的离宫，去水口在后天的震宫，而从先天和后天八卦的方位对应来看，后天的震宫即先天的离宫，这就是后天破先天犯亡水，风水家认为主丁财两败。

消水与亡水，合称"消亡水"。风水学认为，如果建筑周围的来去水犯消亡水，主丁财两败。

三、后天八卦

风水学认为，先天八卦有卦象而没有五行，后天八卦则阴阳五行俱备，所以罗经盘是以先天为体，后天为用；先天是理论架构，而后天多用于操作过程。

后天八卦这一层，在有的风水书里也称为"洛书方位"。这是因为，后天八卦方位是与洛书的九宫方位相合的。

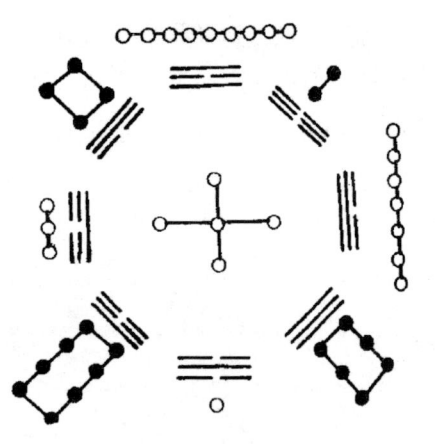

后天八卦配洛书

前文介绍过，所谓洛书，是指由四十五个黑白点组成的图式，以白点表示奇数，以黑点表示偶数。如果把这些黑白点转换成数字，实际上就是一至九的九个数字的排列，成为一个"魔方阵"。它以五为中心，其中的数字无论从纵、横、斜任何一个方向相加，总和必定是十五。后来，洛书在相术家手中逐渐演变，成为"九宫图"。

按中国传统说法，东、西、南、北为四正位，在它们之间的东南、西南、东北、西北称为四隅。在这四正四隅中加上中央，便成了九方位。在洛书的基础上，按一定的排列规律把八卦分配于九方位中，便成了九宫图。

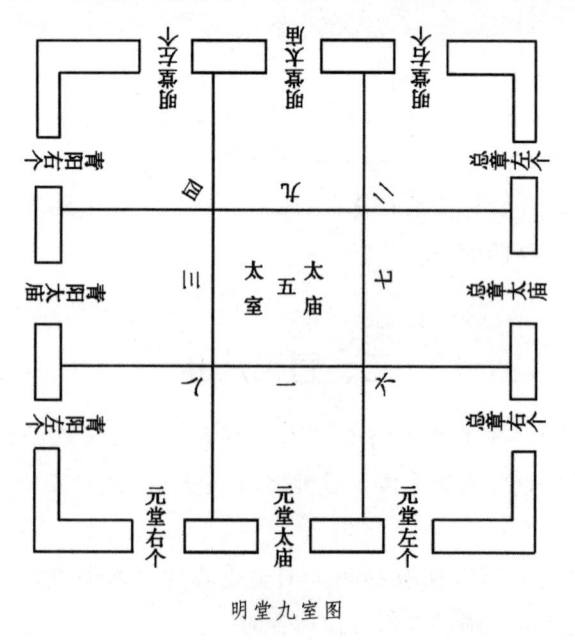

明堂九室图

九宫，本来是指皇帝按季节祭祀的神宫。历来又有历中九宫、九宫贵神、曲中九宫等说法。如《大戴礼记》中，以九宫和明堂九殿并称。这里所说的九宫，是能与后天八卦对应排列组合的九宫，即"二四为肩，六八为足，左三右七，戴九履一，五居中央"。这九个数中，一代表坎水，二代表坤土，三代表震木，四代表巽木，五代表中宫，六代表乾金，七代表兑金，八代表艮土，九代表离火，即：

正北为坎为水，其数为一；正南为离为火，其数为九；
正东为震为木，其数为三；正西为兑为金，其数为七；
东北为艮为土，其数为八；西南为坤为土，其数为二；
西北为乾为金，其数为六；东南为巽为木，其数为四。

把九宫置于罗经，由方变圆，即如下图所示。这九个数字的排列很有序，所以相术家以不同形式的乘法和加法，得出六十甲子、六十龙、一百二十分金、二百四十分金等新的概念。

九宫八卦图

风水学认为，后天八卦方位即洛书九宫方位表明了大地气场的分布。将人的出生时辰与八卦九宫一一对应，就可以实现时间和空间的相互转换，因此，在关于时间的选择上，后天八卦方位具有特别重要的作用。

后天八卦之气的最大特性在于运动，这是一种方位的运动，从震开始，周流八方，最后到艮，完成一个圆周周期。对此，《易经·说卦传》有详细的说明：

帝出乎震，齐乎巽，相见乎离，致役乎坤，说言乎兑，战乎乾，劳乎坎，成言乎艮。万物出乎震，震东方也。齐乎巽，巽东南也，齐也者，言万物之洁齐也。离也者，明也，万物皆相见，南方之卦也，圣人南面而听天下，向明而治，概取诸此也。坤也者，地也，万物皆致养焉，故曰"致役乎坤"。兑，正秋也，万物之所说也，故曰"说言乎兑"。战乎乾，乾西北之卦也，言阴阳相薄也。坎者，水也，正北方之卦也。劳卦也，万物之所归也，故曰"劳乎坎"。艮，东北之卦也。万物之所成终，而所成始也，故曰"成言乎艮"。上言帝，此言万物之随帝以出入也。

这是说主宰大自然生机的元气使万物萌生于震，齐生并长于巽，纷相呈现于离，致于用事于坤。成熟愉悦于兑，交配结合于乾，倦怠止息于坎，最终完成生长过程而又重新萌生于艮。万物萌生于震，是因为震卦象征太阳出升而普照万物的东方。齐生并长于巽，是因为巽卦象征顺畅生长的东北方。并生并长，是说万物的生长状态，清新整齐。离卦是光明的象征，光明使万物生长旺盛而纷相呈现；这是代表南方的卦，圣人坐北朝南而听政于天下，面向光明而治理政事，就是取法于这一卦。坤卦，是地的象征，万物都竭力从大地中获得滋养，所以上文才说致力用事于坤。兑卦，象征正秋时节，在这个时节，万物成熟愉悦，所以上文才说成万物成熟愉悦于兑。上文说万物交配结合于乾，是因为乾卦为象征阴方即西北方的卦，阴阳在这里交相迫击并结合。

也就是说，后天八卦方位的特点，是以节令的春夏秋冬和方位的东南西北顺时而行，与五行学说图式相同。

《周易本义》曰："神也者，妙万物而为言者也。动万物者，莫疾乎雷。挠万物者，莫疾乎风。燥万物者，莫熯乎火。说万物者，莫说乎泽。润万物者，莫润乎水。终万物始万物者，莫盛乎艮。故水火相逮，雷风不相悖，山泽通气，然后能变化，既成万物也。"这也是说明后天八卦的位序。

后天八卦用于有形后天世间，不论是四季推移、人体器官还是万物生长的流行周期等，都能适用。整个风水学就是以八卦五行为基础，再推演出复杂的生克制化原理，以断阴阳宅的旺衰与吉凶。十二时辰、二十四山向、七十二候、演禽、推三奇、排八门……都是依据后天八卦而推演，这就是以后天八卦为用的道理。

在罗盘上，以后天八卦为基础的推演，要涉及一个飞宫的问题，这里先简单介绍一下，稍后在论九星时再说得详细一些。

所谓飞宫，又称"飞九宫"，就是指将九宫的数字依不同的规则相乘相加。据《易卦乾凿度》说：九宫的一、六、八为白，二为黑，三为碧，四为绿，五为黄，七为赤，九为紫。这是根据它们五行所属的基本色调而定的。相术家把它们与十二双山（二十四山，图中外圈每一字表示一山，相邻的二字合而为一，称为"双山"，如乾亥、壬子、癸丑、艮寅等）对应起来，相乘或相加，从而又衍生出四向：一加九为十，二十四山中分别与子、午相对，则子、午便立为一向。二加八为十，二十四山中分别与艮、坤相对，则艮、坤便立为一向。三加七为十，则卯、酉立一向。四加六为十，则乾、巽立一向。

九宫的任何一行相加均为十五，四周共出现四个十五，相乘为六十，地理家称之为六十龙。这里有"纵横十六个十五数"的说法，是指横、竖、斜每行正、逆相加的结果，如：四加九加二，二加九加四，便是两个十五数，以此类推，确有十六个十五数在九宫之中。

总的来说，先天八卦强调阴阳五行相生相克，援引圣典，追本溯源，有尊崇圣教之意。后天则将圣人所立之说用于风水术中，可谓另辟蹊径，并为下面若干层介入龙、向、山水奠定基础。

四、八煞黄泉

八煞黄泉，又称八路黄泉煞、向上天干黄泉、天干反覆黄泉等，是指八天干（甲、乙、丙、丁、庚、辛、壬、癸）中的墓杀位置。其要点是：八干向，忌四维水来；四维向，忌八干水来；去则吉，来则凶，犯之主损财伤丁。

八煞黄泉的原理来自三合水法，在风水术中应用较为广泛。三合水法以长生十二位分布在二十四山当中，以长生十二宫"黄泉煞水"而论吉凶。所谓长生十二位，包括长生、沐浴、冠带、临官、帝旺、衰、病、死、墓、绝、胎、养。这十二位中主要看临官和帝旺这两个最旺的位。所谓"黄泉煞水"，就是指这两个旺位见到去水，则旺气有去无回，弃穴而不顾，不但财帛难积聚，且破耗连连。除此之外，人的健康都会出现问题。所以风水家认为凡立旺向，忌水流出临官位；凡立衰向，忌水流出帝旺位。此方如来水称为救贫黄泉，如去水叫做杀人黄泉。

这一层的原理告诉我们，向与水的关系非常密切，来水、去水都有自身的朝向，如果冲破生、旺、墓、养，或直冲穴前朝堂，形成死、绝之势，便是凶穴。根据这样的理论，如果水与向配合不佳，那就一定要采取补救的办法，或是更改立向，或是引水归库，化凶为吉。

古代流传下来一首歌诀，对八煞黄泉的要点进行解说：

　　庚丁坤上是黄泉，
　　乙丙须防巽水先。
　　甲癸向上忧见艮，
　　辛壬乾路最宜忌。
　　坤向庚丁切莫言，
　　巽向忌行乙丙上。
　　艮逢甲癸祸连连，
　　乾向辛壬祸亦然。

这个口诀的意思是说，二十四山中的八天干和四维卦作为建筑立向时，周围的水流出水口在哪些方向是不吉利的。如"甲癸向上忧见艮"，即是说当建筑立甲或癸向时，艮方出水是不吉利的。而反过来，"艮逢甲癸祸连连"是说当建筑立艮向时，甲和癸两个方向出水都是不吉利的，所以八煞黄泉也称为天干反复黄泉。

八煞黄泉

八干四维	甲癸	乙丙	庚丁	辛壬	坤	巽	艮	乾
黄泉煞水	艮	巽	坤	乾	庚丁	乙丙	甲癸	辛壬

在罗盘上，八煞黄泉这一层的形式是有二十四格，即八卦每格再分出三格，其中十二格标有字样。在四隅四卦对应的一格内标有其所不宜的两干，如：坤格位置内标有丁庚，乾格位置内标有辛壬，巽格上标有乙丙，艮格上标有甲癸；在八干对应的格内标其所不宜的卦名，如：丁庚两格位置内标有坤字，乙丙上标有巽字，甲癸上标有艮字，辛壬上标有乾字。这一层是二十四格，与二十四向相配合使用，是罗盘用正针占二十四向的部分。

二十四向之中，四正是子、午、卯、酉四支，四支左右分别是天干；四隅是乾、坤、艮、巽四卦，属后天八卦方位，四卦左右分别是地支。八煞黄泉的占法，本质上是四卦与它相邻的两天干之间的关系。其中，庚丁与坤相邻，每两干与其所夹的卦属相克关系。四隅在风水术语中也称为"四墓"。《青囊奥旨》中有云："辰戌丑未为亢牛娄鬼之宿应焉，故古人以四墓为金龙。"亢牛娄鬼之宿正是四隅所在，所以，这一层也称"八干墓杀"。

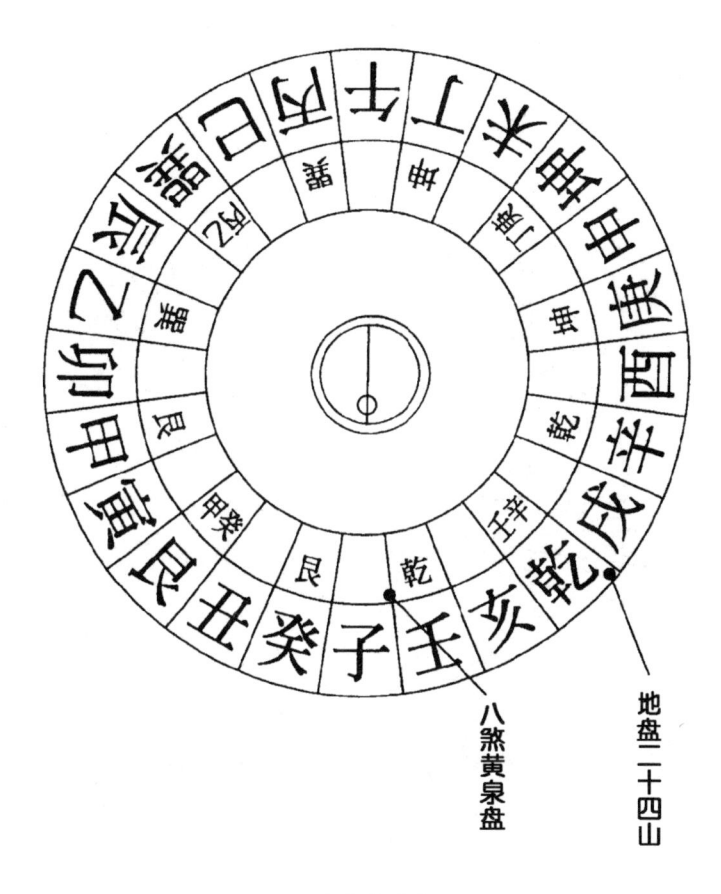

八煞黄泉盘

四隅要求一定的方位配合，但并不是任何方位都能与四隅配合得吉的，八干墓杀就是规定。四隅有八干宜忌，故称八煞。这八个方位的地下有黄泉，是恶方所在，所以称八煞黄泉，这是"八干墓杀"意思的引伸。

风水学中还将八大黄泉水法区分为八杀黄泉、救贫黄泉两种。顾名思义，前者为凶，就是上边说的八煞黄泉；后者为吉。具体来说，如果立于甲、庚、丙、壬四个方向时，有乾、坤、艮、巽这四个方位的临官水来，就是救贫黄泉；如果从向左的乾、坤、艮、巽这几个临官位上放水去，就是杀人大黄泉。如果立乙、辛、丁、癸墓向，水从左倒向右，从乾、坤、艮、巽这四个绝位出去，就是救贫黄泉；如果水从右倒左，从乾、坤、艮、巽这四个方位来水，向上当面出去，为绝水倒冲墓库，是杀人大黄泉。

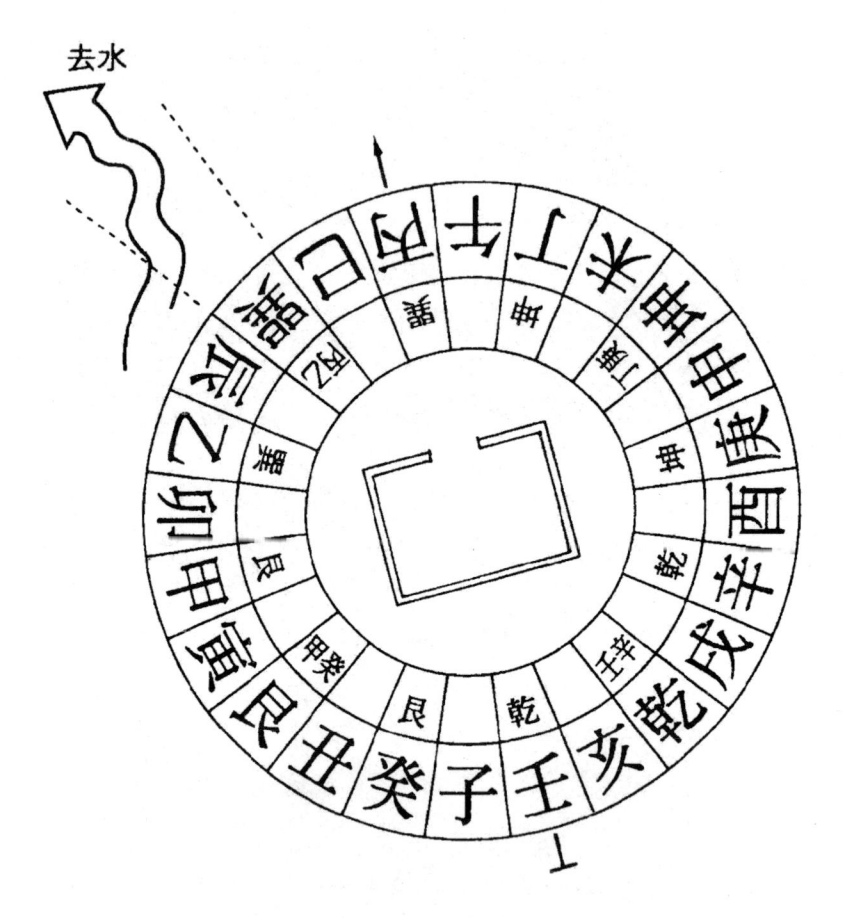

此宅坐壬向丙，水由左向右流去为左水倒右顺局，罗盘丙向以巽宫为黄泉位，故巽宫见去水为犯黄泉煞

五、曜煞黄泉

曜煞黄泉，也叫八宫黄泉、坐山八煞、龙上八煞。虽然都是名为"黄泉"，曜煞黄泉与八煞黄泉却是不一样的，八煞黄泉属于水法，以向与水的关系来论吉凶，分救人黄泉与杀人黄泉两类，而曜煞黄泉属于龙砂之法，以坐山与水的关系来论吉凶，所以也称"坐山八煞"。它实属地龙，与八煞黄泉的洋龙是"土"与"水"的分别。

关于曜煞黄泉，古代流传下来有四句歌诀：

  坎龙坤兔震山猴，

  巽鸡乾马兑蛇头，

艮虎离猪为曜煞，
　　宅墓逢之一齐休。

在罗盘上，曜煞黄泉盘的形式是分圆周八格，每格上标有一支。它是以后天八卦与二十四向中的八支的关系来占断的，因此在徽盘中很少直接载上后天八卦。

曜煞黄泉的理论，来源于汉代易学家京房的纳甲筮法。纳甲筮法的原理较复杂，这里限于篇幅，不作全面介绍，只讲与曜煞黄泉有关的方面。纳甲筮法是我国古代较为完备的占筮理论体系，其卦例主要包括五个方面的内容，其中之一就是安六亲。六亲，是指父母、兄弟、子孙、妻财、官鬼。确定六亲的方法是：以该卦所在宫的五行为"我"，以地支所属五行与"我"的生克关系来定关系。具体说来，是：

　　生我者为父母，
　　我生者为子孙，
　　克我者为官鬼，
　　我克者为妻财，
　　同我者为兄弟。

这里涉及到八卦、地支、五行三者的配合。前面说过，六十四卦每卦有六爻，按纳甲之说的胎育原理，六爻分别与六支相配。如乾初爻交于坤得震，是父母生长男，所以震卦初爻与地支子相配。以子为首顺数六支，因震为阳为奇，所以要从子顺数六个奇数位地支。

这样得到震的六爻与六支相配：初九配子、六二配寅、六三配辰、九四配午、六五配申、上六配戌。震五行属木，而六支之中只有申属金，金可克木，所以申克震。二十四向中四正用支不用卦，震正东，即卯位，卯也属木。于是，卯向与申方建立了对应的相克的关系。在罗盘上的这一层内，与震相邻的一格就标申字。

乾初爻与坤相交得艮，乾九三纳地支是寅顺数奇数位的第一位，即辰，艮六爻所纳地支也从辰顺数。乾、震、坎、艮为四阳卦。它们所纳都是按奇数位地支顺数，这样就得到了四阳卦各相配的六个地支，再按八卦所属五行与地支所属五行，就可得每卦与相克一位地支。同理，四阴卦纳支都是逆数位而得。

这样推演得到的结果是：乾午、坤卯、震申、巽酉、坎辰、离亥、艮寅、兑巳等八组支与卦有相克关系。

风水术中有口诀："乾山壬午不堪当，乙卯坤山均须防。"乾与午、坤与卯的关系上面已说了，乾与壬、坤与乙的关系也是按八卦胎育原理所建立的。乾是父、坤是母，两者纳天干是上下两头。乾纳甲壬，坤纳乙癸，其余六卦由乾坤所生，它们分别依次纳其余六干，即震庚、巽辛、坎戊、离己、艮丙、兑丁。八卦所纳天干分别与其所纳六支组合得到六甲。乾坤因各纳二干，它们所配的六甲中前三对用甲与乙，后三对用壬与癸。由于乾与午相克，故午所在的甲子壬午也就与乾相克。也就是说，由地支相克扩展为干支相克，所生相克关系仍然建立在八支与八卦之间。

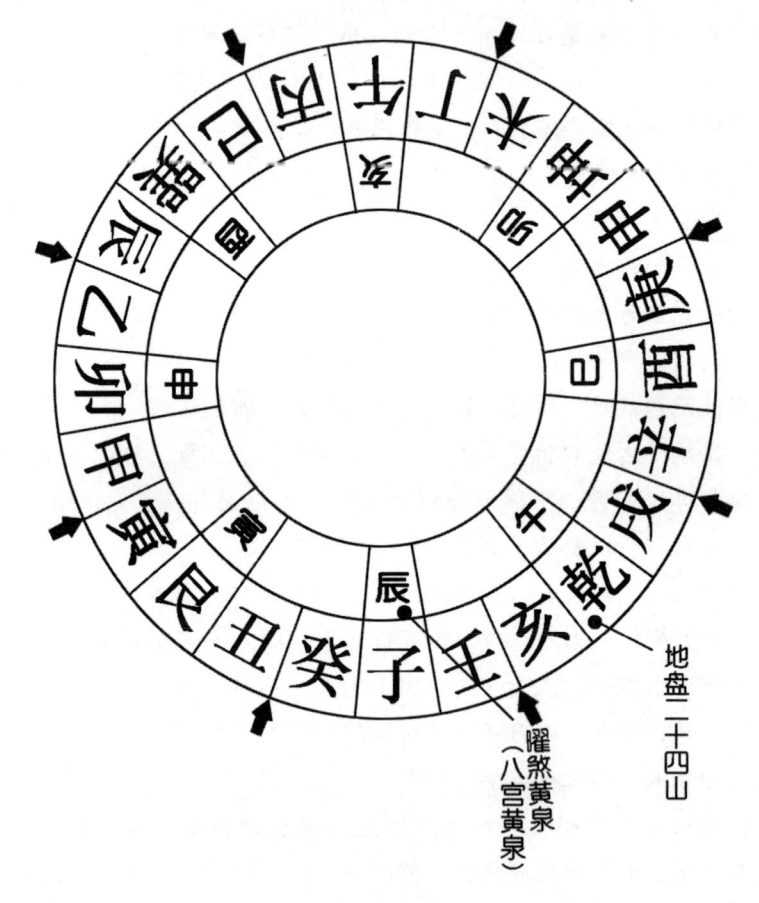

曜煞黄泉盘

这样就可得到八卦与八对干支的相克关系，即乾与壬午、坤与乙卯、震与庚申、巽与辛酉、坎与戊辰、离与己亥、艮与丙寅、兑与丁巳。

不难看出，曜煞黄泉的原理是"本位"被克制，这便是臣夺君、客克主的情况，也就是六十四卦地支中克我的官鬼爻。凡遇官鬼爻则不宜立向，如坎方来龙不可立辰戌二向，因坎卦属水，辰戌二字属土，土来克水，辰戌二字都是坎卦的官鬼爻。又如坤方来龙不可立卯向，因卯木克坤土，卯乃是坤卦的官鬼爻。震方来龙不立申向，申乃是震卦的官鬼爻，也就是在用罗盘立向时注意坎龙不立辰向，立辰向亦忌坎方来水。坤龙不立卯向，立卯向又忌坤方来水；震龙不立申向，立申向又忌震方来水；巽龙不立酉向，立酉向又忌巽方来水；乾龙不立午向，立午向也忌乾方来水；兑方来龙不立巳向，立巳向又忌兑方来水；艮方来龙不立寅向，立寅向又忌艮方来水；离方来龙不立亥向，立亥向要忌离方来水。这是所谓的"先天八卦浑天五行之官鬼爻"。

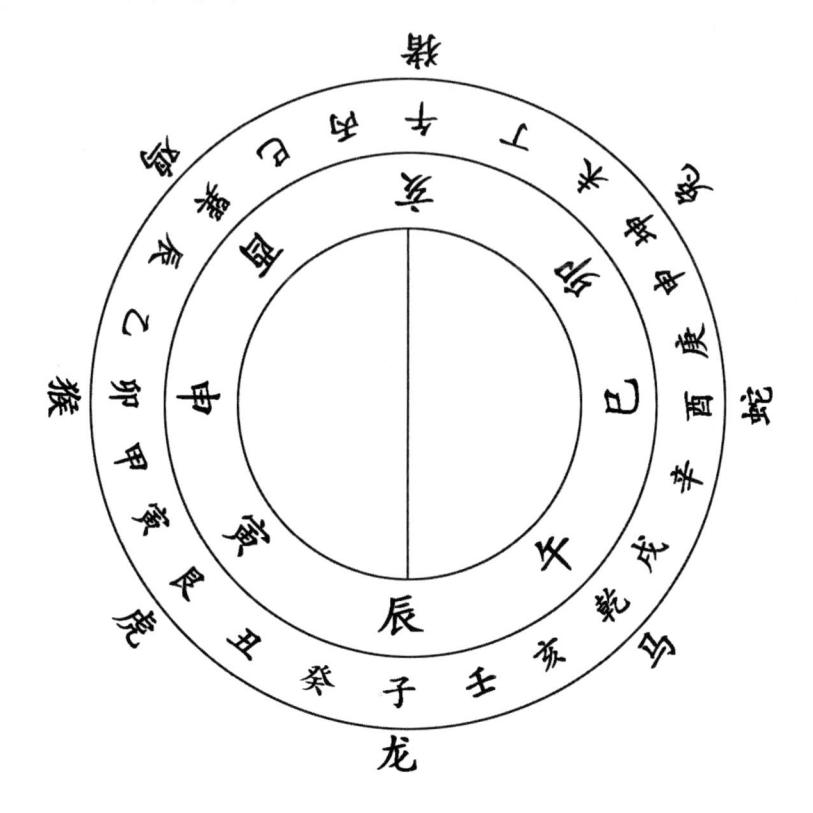

曜煞黄泉图式

古人认为，曜煞黄泉是卦气最凶之煞，不可立向，误犯之，必遭横祸。换言之，坎龙不立戌辰向，坤龙不立卯向，震龙不立申向，巽龙不立酉向，乾龙不立午向，兑龙不立巳向，艮龙不立寅向，离龙不立亥向。

以下是对曜煞黄泉应用的详细说明：

111

(1) 坎龙

坎卦五行为子水，人伦是中男，所以为阳水。阳水最忌阳土来克，辰是阳土，生肖属龙，所以称坎龙。其实戌土也是阳土，共有九煞才对。

坎纳甲包含申、子、辰、癸，不可兼辰或申、子、癸的向或纳辰或申、子、癸的气。但两者同属坎卦，为自煞，比较不严重。

申、子、辰、癸也不可纳戌的气或兼戌的向，包含和戌同卦的寅、午、壬。但坎卦和戌的离卦，又是天生绝配的水火既济，所以又是善性之煞。因此坎卦只需避开辰、戌即可。

(2) 坤兔

坤卦五行为土，人伦是母，所以是阴土。阴土最忌阴木来克，十二地支的阴木为卯木，生肖属兔，故称坤兔。

坤包括坤、乙，不可兼卯或亥、未、庚的向，或纳卯、亥、未、庚的气。择日也要避免。

(3) 震山猴

震卦五行为木，人伦是长男，所以是阳木。阳木最忌阳金来克，十二地支的阳金是申金，生肖属猴，故称震山猴。

震纳甲包括亥、卯、未、庚，在兼向、纳气、择日上要避免申、子、辰、癸。

(4) 巽鸡

巽卦五行为木，人伦是长女，所以是阴木。阴木最忌阴的金来克，十二地支的阴金为酉，生肖属鸡，故称巽鸡。

巽纳甲包括巽、辛，在兼向、纳气、择日上要避免酉或巳、丑、丁。

(5) 乾马

乾卦五行为金，人伦是父，所以是阳金。阳金最忌阳火来克，十二地支的阳火为午火，生肖属马，故称乾马。

乾纳甲包括乾、甲，在兼向、纳气、择日上要避免午或寅、戌、壬。

(6) 兑蛇头

兑卦五行为金，人伦是少女，所以是阴金。阴的金最忌阴的火来克，十二地支的阴火为巳火，生肖属蛇，故称兑蛇头。

兑纳甲包括巳、酉、丑、丁，在兼向、纳气、择日上要避免巳、酉、丑、丁。但两者同属兑卦，为自煞，比较不严重，如立酉向，尽量避开巳字即可。

（7）艮虎

艮卦五行为土，人伦是少男，所以是阳土。阳的土最忌阳木来克，十二地支的阳木为寅木，生肖属虎，故称艮虎。

艮纳甲包括艮、丙，在兼向、纳气、择日上要避免寅或午、戌、壬。

（8）离猪

离卦五行为火，人伦是中女，所以是阴火。阴的火最忌阴的水来克，十二地支的阴水为亥水，生肖属猪，故称离猪。

离纳甲包括寅、午、戌、壬，在兼向、纳气、择日上要避免亥或卯、未、庚。

八煞与立向、兼向、纳气、择日之关系

八煞	立向	兼向、纳气、择日
坎龙	申子辰癸	辰戌
坤兔	坤乙	亥卯未庚
震山猴	亥卯未庚	申子辰癸
巽鸡	巽辛	巳酉丑丁
乾马	乾甲	寅午戌壬
兑蛇头	巳酉丑丁	巳
艮虎	艮丙	寅午戌壬
离猪	寅午戌壬	亥卯未庚

罗盘用这一层来占断坐穴定向的吉凶，说明龙、水的关系。风水中所说的龙指的是山脉走向变化和气势，即所谓"来龙"，龙脉生动，则在龙脉结穴之处卜葬。然而来龙还要与来水相得益彰，如果龙脉与水口位向不合，便称为"煞"，即凶险破败之意。遇煞一定要避开，否则便成了凶穴。

六、坐山劫煞

坐山劫煞盘是以坐山论吉凶为主，与向首无关，因而得名。该盘与地盘正针配合使用，至于怎样将劫煞盘安在二十四山当中，有以下歌诀可作参考：

> 巽未申山癸劫藏，
> 辛戌居丑庚马乡，
> 震艮逢丁甲见丙，
> 壬猴乾兔丙辛方，
> 坎癸逢蛇巳午鸡，
> 丁酉逢寅坤亥乙，
> 龙虎遇羊乙猴劫，
> 犁牛龙位永不立。

歌诀中的各种动物即指生肖地支。歌诀指出，如果地盘正针二十四山上某建筑坐山所对应的坐山劫煞盘上的某宫即为劫煞宫，那么对应于二十四山上的某山方位是不利的，如果在此方位有不良景观，风水学认为这就是犯劫煞，是不吉利的。"巽未申山癸劫藏"，就是说巽、未、申三山便是以癸宫为劫煞宫；"辛戌居丑"，是说辛、戌山以丑为劫煞宫；"庚马乡"，是指庚山以午宫为劫煞宫；"震艮逢丁"，震卦所藏地支为卯，因此卯、艮两山以丁为劫煞宫；"甲见丙"，便是甲山以丙为劫煞宫。

"壬猴"者，猴即是申宫，所以可知壬山以申宫为劫煞宫；"乾兔"者，兔即是卯宫，所以可知乾山以卯宫为劫煞宫；"丙辛方"者，是指酉山以辛宫为劫煞宫；"坎癸逢蛇"，坎卦所藏地支为子，而蛇即是巳，因此可知子、癸两山以巳宫为劫煞宫；"巳午鸡"者，鸡即是酉，可知巳、午两山以酉宫为劫煞宫；"丁酉逢寅"，丁山及酉山以寅宫为劫煞宫；"坤亥乙"，指坤山与亥山以乙为劫煞宫；"龙虎遇羊"，龙为辰，虎为寅，羊为未，指辰山及寅山以未宫为劫煞宫；"乙猴劫"者，猴即申，即乙山以申宫为劫煞宫；"犁牛龙位"，牛即丑，龙即辰，即丑山以辰宫为劫煞宫。

坐山劫煞列表

二十四山	子	癸	丑	艮	寅	甲	卯	乙	辰	巽	巳	丙
坐山劫煞	巳	巳	辰	丁	未	丙	丁	申	未	癸	酉	辛
二十四山	午	丁	未	坤	申	庚	酉	辛	戌	乾	亥	壬
坐山劫煞	酉	寅	癸	乙	癸	午	寅	丑	丑	卯	乙	申

将劫煞排在二十四山内，便如下图：

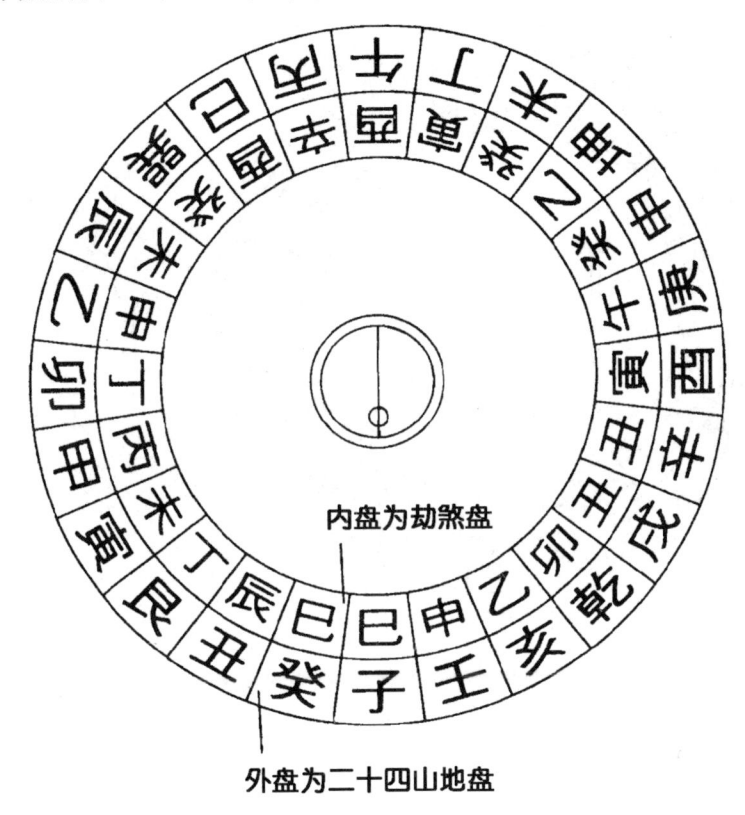

坐山劫煞盘

就图来看，所谓坐山，指外圈所列山名。所谓对山，仍指外圈与本山相对的某山名。内圈所列，即在说明：如果外圈某山的名字与内圈对应的山名相对，便有劫煞，卜穴时应谨慎防之。从这个角度来讲，此层是个避劫速识图。

这一层是为卜穴时避煞用的。卜穴求吉，理当避开劫煞。当阴阳二宅定了向之后，便可以从罗盘的劫煞盘中，知道本宅的劫煞宫在那一方位，然后利用立极中的"八宫放射线"之法或站在穴场中心以"飞线定中宫"之法，将罗盘前方的线端指向这方位，看有没有不良景观。如果出现恶石嶙峋，破碎欹斜等情况，风水学认为就是犯了劫煞，很不吉利，主家人犯血光之灾或容易染奇难杂症。

风水家认为，只要熟记上述歌诀，并记清这一歌诀的依据是坐山而不是向山，便可以躲避凶煞了。

115

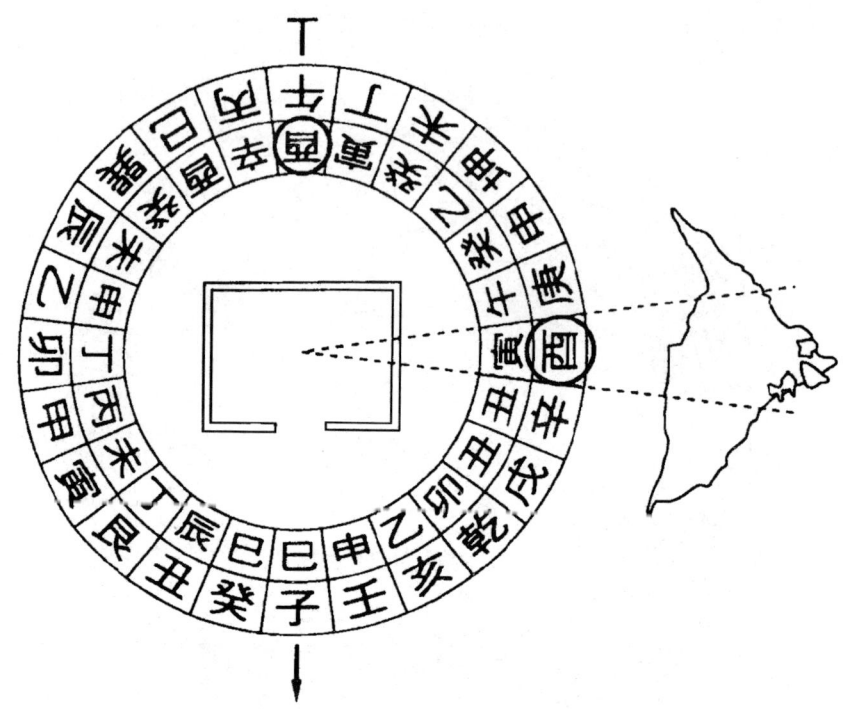

图中住宅坐午向子，午山以酉宫为劫煞宫，因此风水家认为，如酉宫出现恶石嶙峋的山峰，为不吉。

七、紫白九星

1. 九星之名

紫白九星，也叫洛书九星，源于后天八卦与洛书九宫方位。

后天八卦图由两部分构成，一部分是卦象，正北方为坎卦，正南方为离卦，正东方为震卦，正西方为兑卦，东北方为艮卦，西南方为坤卦，西北方为乾卦，东南方为巽卦。另一部分是卦数，即坎为一，坤为二，震为三，巽为四，中为五，乾为六，兑为七，艮为八，离为九，此九数因为代表不同卦象或卦气，所以又称为"九星"。

一的全称为一白水，二的全称为二黑土，三的全称为三碧木，四的全称为四绿木，五的全称为五黄土，六的全称为六白金，七的全称为七赤金，八的全称为八白土，九的全称为九紫火，所以"九星"又称为"紫白九星"。紫白九星与方位结合即为"九宫"，与时间结合即为"三元九运"，与形物结合即为"物象"。

在洛书九宫图上，九星以圆圈或圆点来代表，圆圈主阳，圆点至阴，它们的排列次序是这样的：

一个圆圈——壬子癸北方

二个圆点——未坤申西南

三个圆圈——甲卯乙东方

四个圆点——辰巽巳东南

五个圆圈——中央（即中宫位），而罗盘的天池位即中宫，为了放磁针，所以没有刻录。

六个圆点——戌乾亥西北

七个圆圈——庚酉辛西方

八个圆点——丑艮寅东北

九个圆圈——丙午丁南方

洛书九星与二十四山

2. 九星吉凶

风水学认为，紫白九星各有其象征及吉凶意义：

（1）一白水星

一白水星又名为贪狼星，五行属水，为九星中第一吉星。为中男，五行属水，掌管官贵、男丁、文书之事。紫白诀云："一白为官星之应，主宰文章。"于身为血，为精，为肾，为耳。一白星在一运时生旺为吉，六运双星加会为凶。

所代表的颜色是白、蓝、灰黑。套入家居生活之中，与家中厨房、洗手间的水位结下不解之缘。又与鱼缸、泳池、河边有关。一白飞星在运用的时候，影响家居所有与水有关的问题。

风水中认为，一白水星值中宫会旺丁旺财，利文利武，早年文章震世，名扬四海，多生聪明漂亮智慧超人的男丁；仕人遇之，主升官得禄；常人见此，进财见喜。

一白星衰退时，主败男丁，会有桃花劫，容易惹起有酒色带来的祸害，或因酒色而导致家破人亡；身体方面，易患后天性耳聋，或泌尿系统疾病，如肾脏衰弱、妇科等疾病，严重的会出现克妻或眼目出毛病，甚至主夭亡早逝。

（2）二黑土星

二黑土星又名为巨门星、病符星，五行属土，是凶星。为老母，为掌病符、疾病之神。在日常生活摆设中，与陶瓷、杂物、砖头有关。二黑星也代表垃圾桶、阴暗的地方、发霉发臭的东西。在1—2运生旺，用之旺财，其余大运用之为凶。

风水中认为，二黑巨门星值中宫会兴家立业，旺男丁，主妇女当家，勤劳俭朴，人丁兴旺，发财，但易出愚蠢之人，不利文贵。

二黑巨门星衰退时为一极大的凶星，会破财损家，主招惹官非、各种疾病，寡妇传家，又会招小人暗算。

（3）三碧木星

三碧木星又名争斗星、蚩尤星，为长男，五行属木，掌管是非口舌、刑狱之神，所以称为之凶星。紫白诀云："蚩尤碧色，好勇斗狠之神。"这粒星代表所有不漂亮、枯谢的花草树木，破烂、闲置的旧鞋，过期变黄的书籍，以及裂开的木地板、木门等东西。在2—3运生旺时，用之为吉，其余大运用之不宜。

三碧木星当令时，主大发财源，旺人丁，出文人秀士，兴家立业，功名显达。

三碧木星衰退时，主见官刑狱灾，是非口舌，遭官讼，惹盗贼，又主出现四肢疾病。

（4）四绿木星

四绿木星又名文昌星，五行属木，为长女，也代表图书、生长旺盛的花草树木、木造家具如木床、地板、木刻等。在3—4运生旺之时，用之大吉。紫白诀云："盖四绿为文昌之神，职司禄位。"其它元运要谨慎运用。

风水中认为，四绿木星当令时主文章显达，金榜题名，君子加官，平民进财，可得贤妻良夫。有利于考试和文学创作，学术研究。

四绿木星失令时，容易出官非讼事，男子酒色败家，妇女淫乱，易出伤亡、意外事故。

（5）五黄土星

五黄土为廉贞星，又名戊己大煞，又叫都天大煞。五行属土，失令时代表绝症、死亡，是九星最大的凶星。风水学认为，五黄这个煞是隐形的，没有一种东西代表五黄，因为五黄是一项因果数，是一种最难平复的灾难。五黄与二黑有共通点，凡污秽、埋积、潮湿、阴寒的地方都指五黄。

五黄星除非在五行生旺时可用，其他元运时要注意避开。五黄廉贞星所在的方位宜静不宜动，静则荣华极致，多子多孙；动则有祸，轻则灾病，重则损丁破财，凶祸连连，官讼不停。

（6）六白金星

六白金星又名武曲星，又称为官星，五行属金。代表老父，所有金器、铜器、铜床等。在5—6运生旺，用之大吉，其它运双星加会主凶。

风水中认为，六白金星是偏财星，与一白、八白星合称三大财星，生旺时主人丁兴旺，权威显达，升官掌权，富贵荣华。

六白金星衰败时主官非连连，刑妻伤子，孤苦伶仃，而且要提防官讼车祸及金属物所伤。

（7）七赤金星

七赤金星为破军星，又名盗贼星。代表少女，在6—7运时生旺，用之大吉，余运不宜。

风水中认为，七赤金星值中宫时旺丁发财，官运亨通，小房富贵，而且有意外之财。而且大利以口才工作的人，包括歌星、演说家、占卜家等，大利通讯传播。

七赤金星衰死时有口舌官非，盗贼牵连，牢狱横祸，火灾损丁，并且容易有呼吸道、肺部方面的病。

（8）八白土星

八白土星为左辅星，又名财帛星。代表少男，其色杏白，其性本慈祥，能化凶神为吉曜，故与一白六白星皆归吉论。并称为三白。在7—8运时生旺，余运不宜。

八白土星当令时事业有成，功名显达，财源兴旺，置业买产，小房得福。衰败时失财失义，且易伤小儿，疾病腹痛，易患腰腿脚病。家中放陶瓷可以增旺八白星，但这是指靓的土，例如工艺陶瓷、紫砂茶壶等。

（9）九紫火星

九紫火星为右弼星，又叫名誉星。代表中女，为喜庆及爱情星，在8—9运时生旺，其余元运根据住宅的具体情况来定吉凶。

九紫火星当令时，发福最快，富贵荣华，丁财两旺，文才盖世，四海扬名。

衰败时，为桃花灾星，为官罢职，损丁破财，身败名裂，易得心血管病、目疾失明等。

3. 三元紫白

洛书九星很多时都会配用在三元九运之中。什么叫三元九运呢？古人用十天干、十二地支组合成六十甲子纪年，每60年为一元，分为上、中、下三元，合起来是180年，为一个正元；又每20年为一运，上中下三元一共包括九运。这就是三元九运。

上中下元各元有60年，而每元有三运，上元有一运（一白管运）、二运（二黑管运）、三运（三碧管运）；中元有四运（四绿管运）、五运（五黄管运）、六运（六白管运）；下元有七运（七赤管运）、八运（八白管运）、九运（九紫管运）。每一颗星可掌管20年的大运，当九运即180年结束的时候，又再由一白星掌管"一运"，如此循环不息。

三元紫白的理论来源，据《四库全书·钦定协记辩方书》载：

《黄帝遁甲经》曰："三元者，起于九宫也。以休门为一白，死门为二黑，伤门为三碧，杜门为四绿，中宫为五黄，开门为六白，惊门为七赤，生门为八白，景门为九紫。"《通书》云九宫者，神龟负文于背，禹因以陈九畴，即洛书戴九履一，左三，右七，二四为肩，六八为足，五数居中，纵横斜皆成十五者是也。河图则天一地二，天三地四，天五地六，天七地八，天九地十。而先儒有除十用九之说，所谓河图洛书相为经纬，八卦九章相为表里者也。东汉张衡变九章为九宫。从一白，二黑，三碧，四绿，五黄，六白，七赤，八白，九紫，分三元六甲，以数作方，而一白居坎，二黑居坤，三碧居震，四绿居巽，五黄居中，六白居乾，七赤居兑，八白居艮，九紫居离，是为九宫，静则随方而定，动则依数而行。

由此可知，九宫是由东汉的张衡由九章变为九宫。三元紫白，即是以三元的八门配九宫而定吉凶的一种术数。

4. 洛书轨迹

通常，我们在九宫图上只写上九个数字，不画卦象，也不写九星全名，数字就代表了卦象、星名、方位三种意义。紫白九星各归本宫，所形成的星盘为"紫白九宫盘"，又称为"元旦盘"。但是，如果紫白九星，各离开本宫飞入各宫，就会出现九种星盘。九星飞行的线路，称为"飞星轨迹"，或叫"洛书轨迹"。

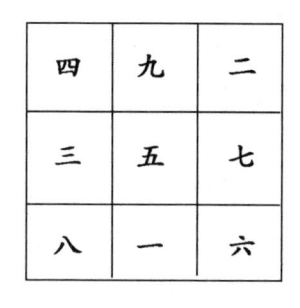

紫白九星元旦盘

"洛书轨迹"就是按照洛书数次序，由中宫（五）→乾宫（六）→兑宫（七）→艮宫（八）→离宫（九）→坎宫（一）→坤宫（二）→震宫（三）→巽宫（四）→再进入中宫。即从中宫之星数开始，按照九星的序数由小数到大数排布在后天八卦九宫位上，如此完成一个过程。

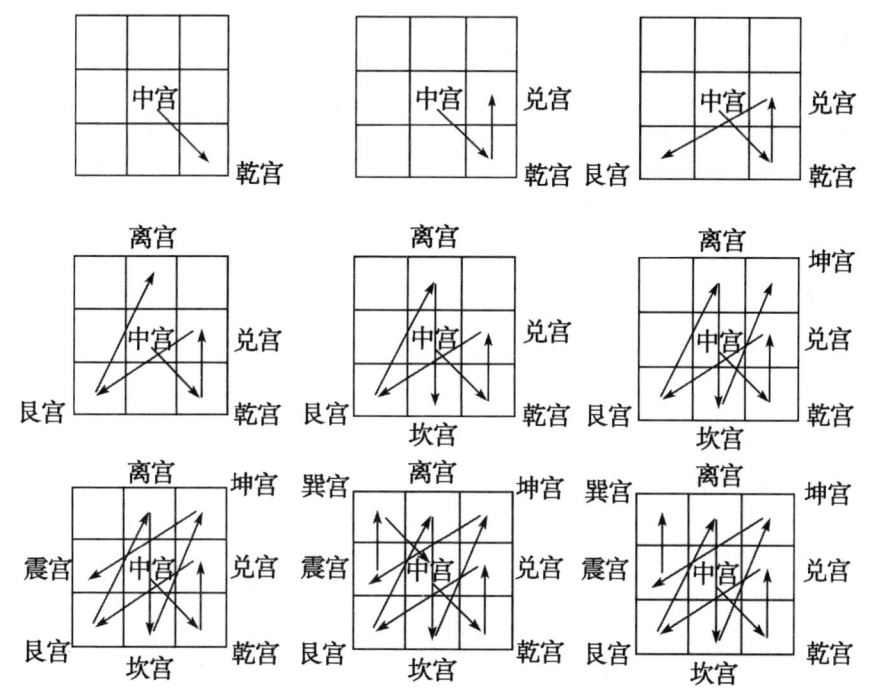

如六白星入中宫，顺数七赤到乾，八白到兑宫，九紫到艮，就这样一直按顺序向下排，继续将一白到离，二黑到坎，三碧到坤，四绿到震，五黄到巽，六白又回到中宫。再以九宫飞星之五行，与中宫五行的生克得出五种不同之气，以定祸福。

以上九个星各飞九步，合计八十一步。理气风水师称这种步法为"八十一步量天尺"，又称"罡步"。

紫白九星根据三元九运时间入中，按照特定的轨迹飞行，每飞一步，必有一星进入九宫的中心，把其余八星分别布置于震、巽、离、坤、兑、乾、坎、艮八个方位。不管哪一个星进入中宫，其余八星必定按"八十一步量天尺"所规定的轨迹进入特定的方位，形成特定的星盘。

地盘的中心称为"月窟"，进入地盘中心之星称为"天根"。"月窟"和"天根"又合称为"天心"。通常，经过九星运行所形成的星盘，其中心位置就是天心。在罗盘上，天心就是"天池"。

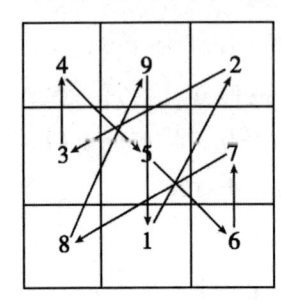

5. 九星五气

风水学家认为，九由紫白九星运行所形成的星盘，表示了天地运行在地面所造成的气场。不同方位的气，就以不同的星来表示，九星的分布，就是统一气场在不同方位的表现。地面上自然的气场，人们是看不见，摸不着的，但有路线可循，有时节可依，有定数可稽，又有成败生灭的事实为证。紫白九星以各宅的坐山为主，用后天八卦方位来分布九星。先以当运之星入中宫，然后飞布九宫，将中宫卦之五行与其它八宫卦之五行相互生克来决定吉凶，而得出生气、旺气、煞气、泄气、死气等五气。

生气方：飞到八方之星来生中宫之星的，谓之生气。也就是说，生气为生我之星，五行相生则吉，万物生长，得生得助，主孝义良善，福寿康宁。

旺气方：同我谓之旺气，即飞到各方之星与中宫之星相同比合。旺气是助我之星，木见木，土见土，金见金，火见火，水见水，主兄友弟恭，子孙昌盛，富贵荣华。

泄气方：我生谓之泄气，也就是中宫之星去生各方之星。泄气又名退气，犯之主人口多病，破财生灾，如果房门在退气方，容易堕胎流产，如果有一白、六白、八白、九紫等吉星同宫，可逢凶化吉。

煞气方：克我谓之煞气，也就是八方飞星克中宫之星。煞气方宜静不宜动，动则有祸。而且该方也不宜有高的物体，如屋角、高塔、电杆、烟囱之类，有的话都是不吉利的。煞气方如果有障碍物，再有响动之声，那更是大凶。

死气方：我克谓之死气，也就是中宫之星去克八方之星。死气方不宜开门，如大门设在死气方容易破财；房门设在死气方，主生女不生男。死气方是我克之妻财之位，如果遇上中宫土去克一白水，中宫震巽木去克八白土，中宫离火克六白金，中宫坎水克九紫火，如遇生旺之运，再没有其它障碍之物，虽然为凶，但主得贤妻而旺财生官，富贵显达。

以下为五气吉凶方位图：

坎宅：坐北朝南

坤宅：坐西南朝东北

震宅：坐东朝西

巽宅：坐东南朝西北

乾宅：坐西北朝东南

兑宅：坐西朝东

艮宅：坐东北朝西南

离宅：坐南朝北

6. 掌运九星推算法

（1）年紫白星推求

要推算每年进入中宫掌运的紫白飞星，我们可以依据以下的歌诀："上元一白起甲子，中元四绿中宫始。下元七赤居中位，年顺星逆皆由此。"

上元从一白开始起甲子，逆数。也就是说，上元甲子年是一白入中宫，乙丑年是九紫入中宫，丙寅年是八白入中宫……逆数到二黑再循环。

中元从四绿开始起甲子，逆数。也就是说，中元甲子年是四绿入中宫，乙丑年是三碧入中宫，丙寅年是二黑入中宫……逆数到五黄再循环。

下元从七赤开始起甲子，也是逆数。也就是说，下元甲子年是七赤入中宫，乙丑年是六白入中宫，丙寅年是五黄入中宫……逆数到八白再循环。

以1998年为例。1984年到2043是下元甲子，1998年戊寅年是属于下元甲子中间的一年。"下元七赤居中位"，于是从1984年甲子年开始，将七赤加入中宫，年顺星逆，乙丑年到六白，丙寅年到五黄……戊寅年到二黑，则知1998年戊寅年是二黑入中宫掌运。

也可用现代数学公式来推算，非常方便。

2000年之前的推算公式：（100－所求年份的最后两个数字）÷9＝取所得的余数。

如要知道1998年是九星中哪一星入中宫，可列算式：100－98＝2（由于2小于9，故直取2），2代表"二黑"，可以知道1998年是二黑星入中宫。

2000年以后的推算公式：（99－所求年份的最后两个数字）÷9＝取所得的余数。

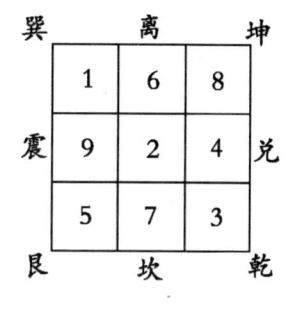

巽	离	坤
1	6	8
9	2	4
5	7	3
艮	坎	乾

震　　　　　　　　兑

二黑入中宫图

比如想知道2010年是九星中哪一星入宫，可列算式：（99－10）÷9，得出余数为8，可知2010年是八白星入中宫。

（2）月紫白星推求

要推算每个月进入中宫掌运的紫白飞星，以年干支为主，我们可以依据以下的歌诀："子午卯酉八白宫，辰戌丑未五黄中。寅申巳亥何方法？正月二黑是真宗。"

"子午卯酉八白宫"，是说凡是遇到子午卯酉年的，都从八白艮宫起正月逆飞，月顺数星逆数。如求1996（丙子）年的各月紫白星，则从正月在艮宫起八白，二月在兑宫七赤，三月在乾宫六白，四月在中宫五黄，五月在巽宫四绿，六月在震宫三碧，七月在坤宫二黑，八月在坎宫一白，九月在离宫九紫，十月在艮宫八白，十一月在兑宫七赤，十二月在乾宫六白。周而复始。

子午卯酉年月九星图

"辰戌丑未五黄中"，是说凡是遇到辰戌丑未年，就从五黄中宫开始起正月逆飞，二月到四绿巽宫，三月到三碧震宫，四月到二黑坤宫，五月到一白坎宫，六月到九紫离宫，七月到八白艮宫，八月到七赤兑宫，九月到六白乾宫，十月又到五黄中宫，十一月到四绿巽宫，十二月到三碧震宫。

辰戌丑未年月九星图

"寅申巳亥何方法？正月二黑是真宗。"是说凡是逢到寅申巳亥之年的，则从二黑起正月，月顺星逆，二月到一白，三月到九紫，四月到八白，五月到七赤，六月到六白，七月到五黄，八月到四绿，九月到三碧，十月到二黑，十一月到一白，十二月到九紫。

如 2010 年为庚寅年，就是正月二黑入中逆数，二月一白入中，三月九紫入中，四月八白入中，五月七赤入中，六月六白入中，七月五黄入中，八月四绿入中，九月三碧入中，十月二黑入中，十一月一白入中，十二月九紫入中。

寅申巳亥年月九星图

月紫白九星的推算大多用于开山立向，动土修方，最忌五黄一星，切不可犯，犯之诸事不利。有关紫白星本身是吉是凶，于开山修方立向关系很大，定其旺衰生死之后才能论其五行生克，方能显示吉凶。

（3）日紫白星推求

要推算每一天当值的紫白九星，也有歌诀可依据："日家紫白不难求，二十四气六宫周。冬至雨水及谷雨，阳顺一七四中游。夏至处暑霜降后，九三六星逆行求。"

推算日紫白星，可把一年的二十四个节气分成两组，以冬顺夏逆为原则，也就是冬至后求值日星入中宫一律顺行，夏至后求值日星入中宫一律逆数。

"冬至雨水及谷雨，阳顺一七四中游"中，所谓三时，即冬至、雨水、谷雨三时，这三个时都是甲子日入中宫，逐日顺数，则可知其余的星数；

而甲子日入中宫的，就分别是一白星、七赤星、四绿星，这就是所谓的一、七、四。也就是说，冬至后到雨水前的甲子日是一白星入中宫顺飞，乙丑日是二黑星入中宫，丙寅日是三碧星入中宫……雨水后到谷雨前的甲子日是七赤星入中宫顺飞，乙丑起八白，丙寅起九紫……谷雨后到夏至前的甲子日是四绿入中宫顺飞，乙丑起五黄，丙寅起六白……依此类推。

"夏至处暑霜降后，九三六星逆行求"，是说夏至后到处暑前的甲子日是九紫入中宫逆飞，乙丑起八白，丙寅起七赤……处暑后到霜降前的甲子日是三碧入中宫逆飞，乙丑起二黑，丙寅起一白……霜降后到冬至前的甲子日是六白入中宫逆飞，乙丑起五黄，丙寅起四绿……依此类推。

日紫白九星值日表

顺逆	中气	紫白星
阳局顺飞	冬至——公历 12 月 21 日至 23 日	一二三四五六七八九
	雨水——公历 2 月 18 日至 20 日	七八九一二三四五六
	谷雨——公历 4 月 19 日至 21 日	四五六七八九一二三
阴局逆飞	夏至——公历 6 月 21 日至 23 日	九八七六五四三二一
	处暑——公历 8 月 23 日至 25 日	三二一九八七六五四
	霜降——公历 10 月 23 日至 25 日	六五四三二一九八七

（4）时紫白星推求

推算时紫白星是最难的，不过也有歌诀可以依据："时家紫白最妙玄，需知二至与三元。冬至三时一七四，四孟宫中顺而全。夏至九三六星逆，九星挨巽震排之。顺逆两般如日起，戌丑亥寅一般施。"

最关键的是，要把一年二十四节气的冬至与夏至阴阳划分开来，以冬至以后，夏至以前这段时间为阳，顺数；以夏至以后冬至以前这段时间为阴，逆数。

冬至后，一直到夏至前这段时间，凡见子午卯酉日（也叫"四孟"之日）的子时，都以一白星入中宫，丑时为二黑星入中宫，寅时为三碧星入中宫……一律顺数。夏至后，一直到冬至前的子时，都以九紫星入中宫，丑时八白星入中宫，寅时七赤星入中宫……一律逆数。

冬至后，一直到夏至前这段时间，凡见辰戌丑未日（也叫"四季"之日）的子时，都以四绿星入中宫，丑时五黄星入中宫，寅时六白星入中宫……一律顺数。夏至后，一直到冬至前的子时，都以六白星入中宫，丑时五黄星入中宫，寅时四绿星入中宫……一律逆数。

冬至后，一直到夏至前这段时间，凡见寅申巳亥日（也叫"四仲"之日）的子时，都以七赤星入中宫，丑时八白星入中宫，寅时九紫星入中宫……一律顺数。夏至后，一直到冬至前的子时，都以三碧星入中宫，丑时二黑星入中宫，寅时一白星入中宫……一律逆数。

时紫白飞星速查表

时辰	子午卯酉日		辰戌丑未日		寅申巳亥日	
	冬至后	夏至后	冬至后	夏至后	冬至后	夏至后
子时	一白	九紫	四绿	六白	七赤	三碧
丑时	二黑	八白	五黄	五黄	八白	二黑
寅时	三碧	七赤	六白	四绿	九紫	一白
卯时	四绿	六白	七赤	三碧	一白	九紫
辰时	五黄	五黄	八白	二黑	二黑	八白
巳时	六白	四绿	九紫	一白	三碧	七赤
午时	七赤	三碧	一白	九紫	四绿	六白
未时	八白	二黑	二黑	八白	五黄	五黄
申时	九紫	一白	三碧	七赤	六白	四绿
酉时	一白	九紫	四绿	六白	七赤	三碧
戌时	二黑	八白	五黄	五黄	八白	二黑
亥时	三碧	七赤	六白	四绿	九紫	一白

八、地母翻卦九星

1. 坐山九星

在罗盘中，除了上面提到的洛书九星盘，还有一个九星盘，即地母翻卦九星盘。两种"九星"属于两个系统，名称和用法都不相同。

地母翻卦九星又叫坐山九星，来源于北斗星，即现代天文学所说的大熊星座。北斗本来是七星，即第一星天枢，第二星天璇，第三星天玑，第四星天权，第五星玉衡，第六星开阳，第七星摇光。第一星至第四星为魁，第五星至第七星为杓，合起来就称为斗。北斗七星加上洞明、隐光二星，共为九星。风水学家依据其演变出坐山九星，名为贪狼星、巨门星、禄存星、文曲星、武曲星、廉贞星、破军星、左辅星、右弼星，刻在罗盘上时，分别简写为贪、巨、禄、文、武、廉、破、辅、弼。

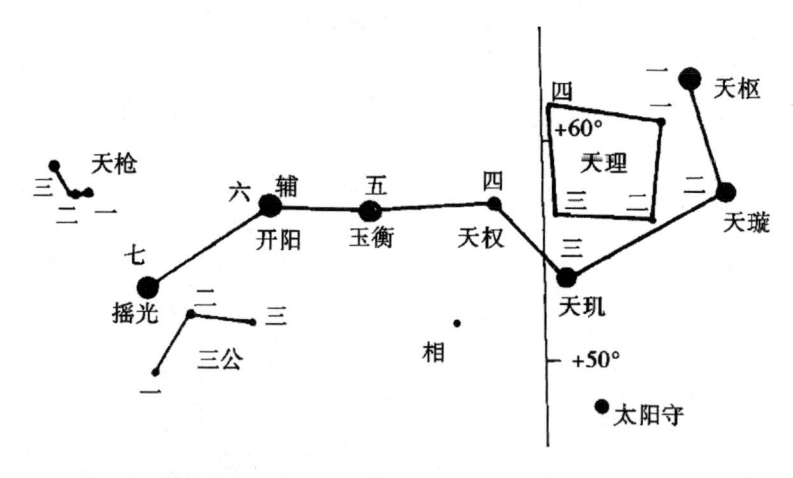

北斗七星图

风水理论认为，气清上升而成星辰，气浊下沉而成山川，因此在天成像，在地成形。九星运行于天上，与它们统属的地方相互感应。在风水术里，九星的应用配合五行、二十四向，其口诀是："艮丙贪狼木，巽辛巨门土，乾甲禄存土，离壬寅戌文曲水，震庚亥未廉贞火，兑丁巳丑武曲金，坎癸申辰破军金，坤乙辅弼土木。"

2. 翻卦爻变推九星

九星的使用，要与八卦配合。坐山九星取数为九，本是与洛书之数相配。但这样一来，九星与八卦相配就成问题了。在这种情况下，风水家只能将辅弼两星合起来与坤卦相配，称为伏位。伏者，有蛰伏不动之义。在八卦中，守着原卦位不动的就叫伏位。在数字方面，辅弼可用"8"来表示。

以下就是九星与八卦的对应关系表：

九星与八卦之关系

代数	1	2	3	4	5	6	7	8（9）
北斗	天枢	天璇	天玑	天权	玉衡	开阳	摇光	左辅	右弼
九星	贪狼	巨门	禄存	文曲	廉贞	武曲	破军	左辅	右弼
表意	生气	天医	祸害	六煞	五鬼	延年	绝命	伏位
八卦	艮	巽	乾	离	震	兑	坎	坤

九星是以小游年变卦法推排而来的。《协记辨方》上说："小游年变卦，《青囊经》谓之九曜，亦名翻卦。从乾卦翻者为天父卦，从坤卦翻者为地母卦，皆由天定卦翻变而出。地理家之净阴净阳、三吉六秀、八贵十二吉龙，皆本于此。"按风水术中的天定卦即排山掌，以翻卦爻变法将八卦配九星，将乾卦定为天父卦，将坤卦定为地母卦，是为"坤为地母，诸山所依"。

罗盘上的九星推排之所以用地母卦，是因为二十四山属于"地"的范畴，而在八卦之中，坤卦代表地，所以，地母卦即是天定卦的坤卦为首。所谓"地母翻卦"，就是以地母坤卦为主卦变各卦爻。如：艮为变坤卦一爻之象，巽为变坤卦两爻之象，乾为变坤卦三爻之象等。按这种从上到下的变爻方法，得到的八卦变爻次序为：艮一、巽二、乾三、离四、震五、兑六、坎七，坤为变卦终归。

再将九星按次序与八卦相配，则有：艮配贪狼、巽配巨门、乾配禄存、离配文曲、震配廉贞、兑配武曲、坎配破军、坤配辅弼。这就是罗盘上坐山九星一层制定的原理。但是，画爻是由下至上为次序的，而抽爻却由上至下。由下至上的次序是顺，所以最下一爻称为初爻。由上至下就是逆了。

坤卦翻卦次序

卦	象	数	九星	表意
坤	☷	8	辅弼	伏位
艮	☶	1	贪狼	生气
巽	☴	2	巨门	天医
乾	☰	3	禄存	祸害
离	☲	4	文曲	六煞
震	☳	5	廉贞	五鬼
兑	☱	6	武曲	延年
坎	☵	7	破军	绝命

3. 九星与二十四山

在弄清地母翻卦爻变的原理后，接下来需要了解九星在二十四山的分布。在罗盘上，八卦必须与干支发生关系才能与二十四方位关联起来，这种关联的方法就是前文介绍过的"纳甲"。按照纳甲之说，八卦与干支相配如下：

乾纳甲（乾）

坤纳乙（坤）

巽纳辛（巽）

艮纳丙（艮）

坎纳申、子、辰、癸

离纳寅、午、戌、壬

震纳亥、卯、未、庚

兑纳巳、酉、丑、丁

由纳甲配合地母翻卦，地母卦九星盘的分布便是这样：

坤卦翻出辅弼，坤纳乙，故坤、乙两山为辅弼星所到，罗盘上以

"辅"字来代表。

艮卦翻出贪狼，艮纳丙，故艮、丙两山为贪狼星所到，罗盘上以"贪"字代表之。

巽卦翻出巨门，巽纳辛，故巽、辛两山为巨门星所到，罗盘上以"巨"字代表。

乾卦翻出禄存，乾纳甲，故乾、甲两山为禄存星所到，罗盘上以"禄"字代表。

离卦翻出文曲，离纳寅、午、戌、壬，故这四山为文曲星所到，罗盘上以"文"字代表。

震卦翻出廉贞，震纳亥、卯、未、庚，故这四山为廉贞星所到，罗盘上以"贞"字代表。

兑卦翻出武曲，兑纳巳、酉、丑、丁，故这四山为武曲星所到，罗盘上以"武"字代表。

坎卦翻出破军，坎纳申、子、辰、癸，故这四山为破军星所到，罗盘上以"破"星代表。

坤宫翻卦表

卦	象	数	纳甲	九星
坤	☷	8	坤乙	辅弼
艮	☶	1	艮丙	贪狼
巽	☴	2	巽辛	巨门
乾	☰	3	乾甲	禄存
离	☲	4	戌寅壬午	文曲
震	☳	5	未亥庚卯	廉贞
兑	☱	6	丑巳丁酉	武曲
坎	☵	7	辰申癸子	破军

地母翻卦九星盘

4. 其他翻卦九星

前面介绍的九星与八卦的对应，是以坤卦为主卦来翻卦所得。现实中的建筑坐向当然不可能都以坤卦为伏位，不同的卦为伏位，就有不同的九星盘。罗盘上只列出地母坤卦的翻卦九星，这是因为罗盘的空间有限，不可能将其余的翻卦九星列出。如果遇到其他卦，按上述翻卦原理推算即可。为了方便读者，现将其余翻卦九星列出：

（1）乾宫（天父卦）翻卦

破	廉	禄	贪
离 ☲	巽 ☴	坤 ☷	兑 ☱
起乾 ☰	艮 ☶	坎 ☵	震 ☳
辅	武	文	巨

天父卦从乾卦翻起，即以乾卦为本宫，乾的对宫兑卦起贪狼，则乾上爻变兑为贪狼，兑中爻变为震，为巨门。震下爻变为坤，为禄存。坤中爻变为坎，为文曲。坎上爻变为巽，为廉贞。巽中爻变为艮，为武曲。艮下爻变为离，为破军。离中爻复变为乾，为辅弼。

乾宫翻卦表

卦	象	数	纳甲	九星
乾	☰	8	乾甲	辅弼
兑	☱	1	丑巳丁酉	贪狼
震	☳	2	未亥庚卯	巨门
坤	☷	3	坤乙	禄存
坎	☵	4	辰申癸子	文曲
巽	☴	5	巽辛	廉贞
艮	☶	6	艮丙	武曲
离	☲	7	戌寅壬午	破军

（2）坎宫翻卦

禄	贪	破	廉
离 ☲	巽 ☴	坤 ☷	兑 ☱
乾 ☰	艮 ☶	坎 ☵	震 ☳
文	巨	辅	武

坎卦上爻变为巽，为贪狼。巽中爻变艮，为巨门。艮下爻变为离，为禄存。离中爻变为乾，为文曲。乾上爻变为兑，为廉贞。兑中爻变为震，为武曲。震下爻变为坤，为破军。坤中爻复变为坎，为辅弼。

坎宫翻卦表

卦	象	数	纳甲	九星
坎	☵	8	辰申癸子	辅弼
巽	☴	1	巽辛	贪狼
艮	☶	2	艮丙	巨门
离	☲	3	戌寅壬午	禄存
乾	☰	4	乾甲	文曲
兑	☱	5	丑巳丁酉	廉贞
震	☳	6	未亥庚卯	武曲
坤	☷	7	坤乙	破军

(3) 艮宫翻卦

廉	破	贪	禄
离 ☲	巽 ☴	坤 ☷	兑 ☱
乾 ☰	艮 ☶	坎 ☵	震 ☳
武	辅	巨	文

艮卦上爻变坤，为贪狼。坤中爻变为坎，为巨门。坎下爻变兑，为禄存。兑中爻变为震，为文曲。震上爻变为离，为廉贞。离中爻变为乾，为武曲。乾下爻变为巽，为破军。巽中爻复变为艮，为辅弼。

艮宫翻卦表

卦	象	数	纳甲	九星
艮	☶	8	艮丙	辅弼
坤	☷	1	坤乙	贪狼
坎	☵	2	辰申癸子	巨门
兑	☱	3	丑巳丁酉	禄存
震	☳	4	未亥庚卯	文曲
离	☲	5	戌寅壬午	廉贞
乾	☰	6	乾甲	武曲
巽	☴	7	巽辛	破军

(4) 震宫翻卦

贪	禄	廉	破
离 ☲	巽 ☴	坤 ☷	兑 ☱
乾 ☰	艮 ☶	坎 ☵	震 ☳
巨	文	武	辅

震卦上爻变为离，为贪狼。离中爻变为乾，为巨门。乾下爻变为巽，为禄存。巽中爻变为艮，为文曲。艮上爻变为坤，为廉贞。坤中爻变为坎，为武曲。坎下爻变为兑，为破军。兑中爻复变为震，为辅弼。震宫吉砂吉水是：贪狼，离壬寅戌。巨门，乾甲。武曲，坎癸申辰。

震宫翻卦表

卦	象	数	纳甲	九星
震	☳	8	未亥庚卯	辅弼
离	☲	1	戌寅壬午	贪狼
乾	☰	2	乾甲	巨门
巽	☴	3	巽辛	禄存
艮	☶	4	艮丙	文曲
坤	☷	5	坤乙	廉贞
坎	☵	6	辰申癸子	武曲
兑	☱	7	丑巳丁酉	破军

（5）巽宫翻卦

武	辅	巨	文
离☲	巽☴	坤☷	兑☱
乾☰	艮☶	坎☵	震☳
廉	破	贪	禄

巽卦上爻变为坎，为贪狼。坎卦中爻变为坤，为巨门。坤卦下爻变为震，为禄存。震卦中爻变为兑，为文曲。兑卦上爻变为乾，为廉贞。乾卦中爻变为离，为武曲。离卦下爻变为艮，为破军。艮卦中爻复变为巽，为辅弼。

巽宫翻卦表

卦	象	数	纳甲	九星
巽	☴	8	巽辛	辅弼
坎	☵	1	辰申癸子	贪狼
坤	☷	2	坤乙	巨门
震	☳	3	未亥庚卯	禄存
兑	☱	4	丑巳丁酉	文曲
乾	☰	5	乾甲	廉贞
离	☲	6	戌寅壬午	武曲
艮	☶	7	艮丙	破军

(6) 离宫翻卦

辅	武	文	巨
离	巽	坤	兑
乾	艮	坎	震
破	廉	禄	贪

离卦上爻变为震,为贪狼。震中爻变为兑,为巨门。兑下爻变为坎,为禄存。坎中爻变为坤,为文曲。坤上爻变为艮,为廉贞。艮中爻变为巽,为武曲。巽下爻变为乾,为破军。乾中爻复变为离,为辅弼。

离宫翻卦表

卦	象	数	纳甲	九星
离	☲	8	戌寅壬午	辅弼
震	☳	1	未亥庚卯	贪狼
兑	☱	2	丑巳丁酉	巨门
坎	☵	3	辰申癸子	禄存
坤	☷	4	坤乙	文曲
艮	☶	5	艮丙	廉贞
巽	☴	6	巽辛	武曲
乾	☰	7	乾甲	破军

(7) 兑宫翻卦

巨	文	武	辅
离	巽	坤	兑
乾	艮	坎	震
贪	禄	廉	破

兑卦上爻变为乾,为贪狼。乾中爻变为离,为巨门。离下爻变为艮,为禄存。艮中爻变为巽,为文曲。巽上爻变为坎,为廉贞。坎中爻变为坤,为武曲。坤下爻变为震,为破军。震中爻复变为兑,为辅弼。

兑宫翻卦表

卦	象	数	纳甲	九星
兑	☱	8	丑巳丁酉	辅弼
乾	☰	1	乾甲	贪狼
离	☲	2	戌寅壬午	巨门
艮	☶	3	艮丙	禄存
巽	☴	4	巽辛	文曲
坎	☵	5	辰申癸子	廉贞
坤	☷	6	坤乙	武曲
震	☳	7	未亥庚卯	破军

5. 九星吉凶应用

当二十四山与九星相配后，就可以用罗盘来测出方位吉凶了。九星有吉凶，它所配的二十四向占断也就有了一种依据。风水学认为，九星中以贪、巨、武、辅为吉星，宜见秀丽明山，则子孙家人大利；如果在禄、文、廉、破位见破岩残石，则主家人体弱多病，飞来横祸。术诀有云："破禄廉文是恶龙，世上坟宅莫相逢。"这就是说，与破、禄、廉、文四星相配的方向可能对居处有危害。

（1）四吉星

生气贪狼木：又名紫气或生气，主人丁聪明，出人聪明孝顺。

天医巨门土：又名天财或天医，主家人忠厚长寿，常近官贵。

延年武曲金：又名金水或延年。主家人富贵双全，益年高寿。

伏位辅弼木：又名太阳、太阴星或伏位，主得官贵，出子女温纯慈祥。

（2）四凶星

祸害禄存土：又名孤曜或祸害，主家人心性愚钝。

六煞文曲水：又名扫荡或六煞，主家人赌博淫乱，虚伪多诈。

五鬼廉贞火：又名燥火或五鬼，主家人凶祸血光，无礼叛逆。

绝命破军金：又名天罡或绝命，主家人易招官灾是非。

此为坐坤向艮，亥方为廉贞临位，如果这个方位山形带煞，为不吉

也有风水家认为贪狼、巨门与武曲三星为吉，辅弼无吉凶，其余四星为凶。三吉星所纳天干合称为六秀。《玄女经》中说："三吉六秀，势定于此。"

在古代风水术中，又以九星对应四垣来预测地上宅、墓吉凶。四垣是：紫微垣、太微垣、天市垣、少微垣。因古代天文学中，紫微、太微、天市三垣内各有帝座星一颗，为贵极之星，故三垣又称三尊；又丙、辛、丁、艮、巽、兑合为六秀。制为罗盘，依次排列，再由罗盘正针测度，可以找出吉、秀的方向，这是卜穴择地立向的基本依据，所谓上应天星之意。而九星、四垣等都要与五行相配，这样，根据罗盘上九星所标方位定下的穴地，其上便有青、黄、白、赤、黑五色，红、黄为吉，黑、青为凶；厚润为吉，干硬为凶。在此基础上，若掘穴得石英、碧玉等石，或得龟、鱼等动物，则为奇妙之穴，因为它们预示着天地精气凝结。

九、二十四天星

1. 天星盘的由来

罗盘上将二十四山与天星相配，是为二十四天星。

二十四天星的创设，源于中国古代哲学中的天人感应观。《周易·系辞传》说："天垂象，示吉凶"，"在天成象，在地成形"。古人认为，天与人同类相通，相感相应，天能干预人事，人也能感应上天。由此进一步引伸，自然界的现象，都是天神意志的表现；灾异怪变以及吉利瑞祥，也都是天受感应后而施加于人的奖惩。凡星下照地穴，金木水火土合局则吉，不合局则不吉。

不仅如此，天象也被视为人间社会的一种反映。司马迁的《史记》曾专列"天官书"以论日月星辰之象，以中宫天极星为中枢，辅以三公、子属、正妃、后宫，旁及内宫、外职及士农工商，形成一个秩序严整的天上王国，并与地上的人间社会形成对应关系，这就是所谓的"众星列布，体生于地，精成于天，列居错峙，各有所属。在野象物，在朝象官，在人象事"。

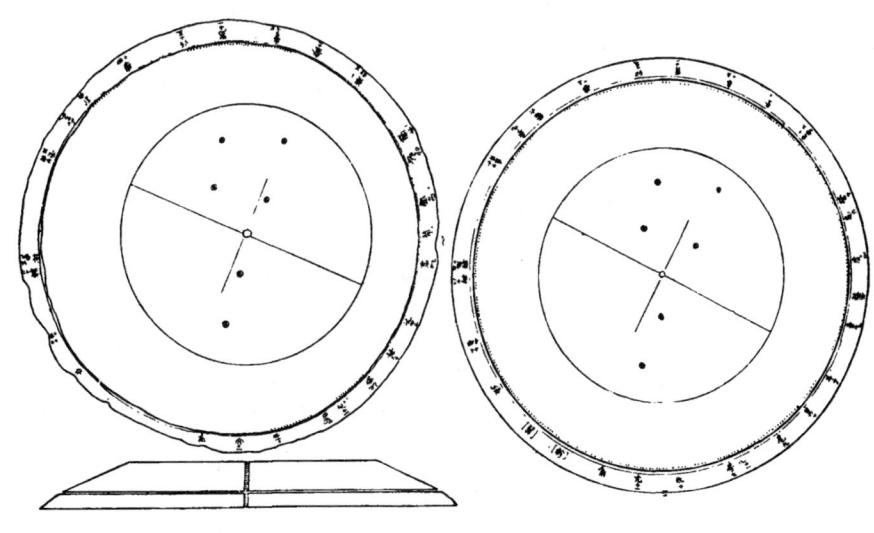

西汉汝阴侯墓出土的天文仪器示意图

在隋唐时出现的《步天歌》中，天象被划分为三垣二十八宿。从此以后，这种划法便成为中国古代星空划分的标准方法。

三垣分别是紫微垣、太微垣和天市垣，是古人对黄道以北的恒星群所划分出的三个大区。紫微垣是中垣，位于北斗之北，大体上包括现在的小熊、大熊、天龙、猎犬、牧夫、武仙、仙王、仙后、英仙、鹿豹等西方星座。紫微垣共有三十七星官，即北极、四辅、天乙、太乙、左垣、右垣、阴德、尚书、女史、柱史、御女、天柱、大理、勾陈、六甲、天皇大帝、五帝内座、华盖、传舍、内阶、天厨、八谷、天棓、天床、内厨、文昌、三师、太尊、天牢、太守、相、三公、玄戈、天理、北斗、天枪。太微垣是三垣的上垣，天市垣是二垣的下垣，各有数十个星官。

风水学认为，星有美恶，故有吉凶；三垣中各有帝座一星，外为辅相、辅将，形同朝廷，将、相分列屏护，故为大贵之象，其中紫微垣最贵。二十四天星中，天皇星在亥，映紫微垣；艮应天市垣；丙映太微垣；西映少微垣，这四垣在天星中是最贵的，因此合称"天星四贵"。但少微垣虽贵而无帝王之气，其他三贵则均有立国建都之验。二十四山中又有"三吉六秀"之说。"三吉"是指艮、丙、酉；加上巽、辛、丁，合为"六秀"。"六秀"加上巳、亥，合为"八贵"。

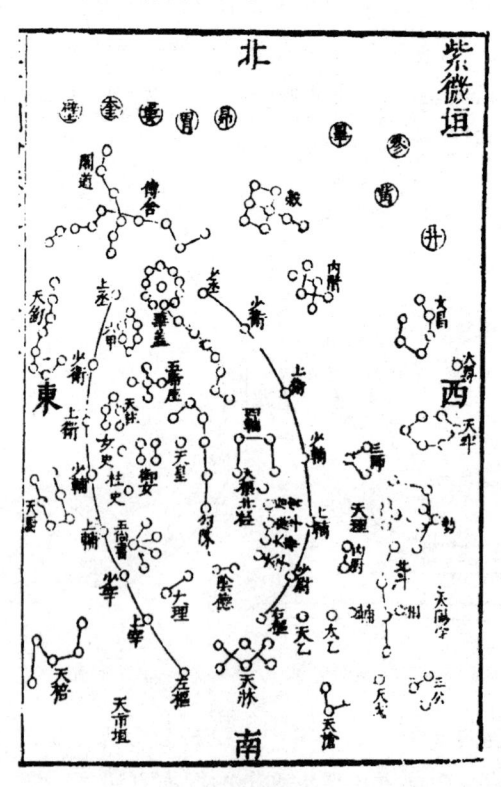

紫微垣

太微垣

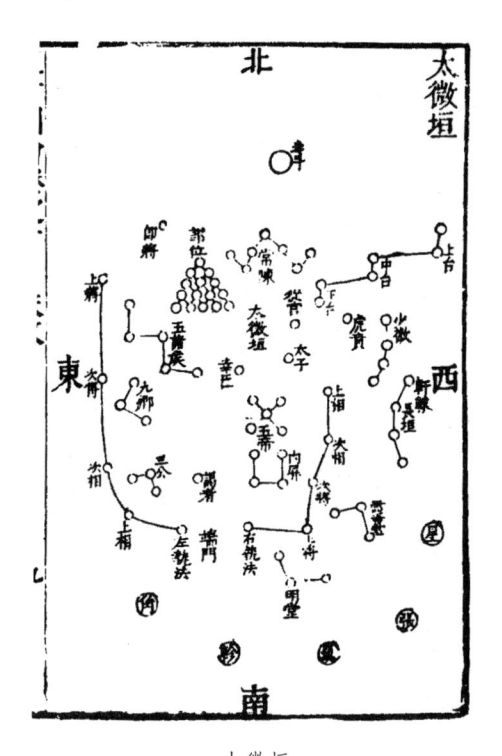

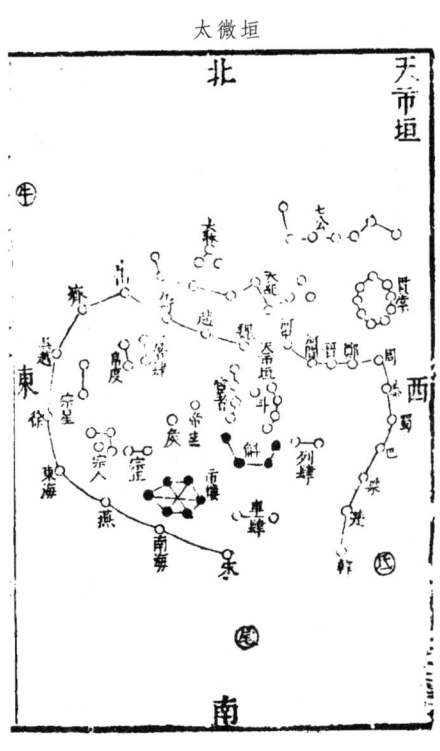

天市垣

相传二十四天星盘是由宋代江西风水家赖文俊创立的。赖文俊人称赖布衣，主要活动于广东一带，至今民间仍流传着许多关于他的传说。据说风水学名著《催官篇》以二十四天星论龙穴砂水吉凶，正是由赖布衣所撰。他从天象中的某些星官选出了二十四个星官，与二十四山相配合，于是就有了二十四天星盘；天星有吉凶之象，于是二十四山也就有了吉凶之向。二十四天星以方位论，各与八卦八方相应，由此附会其吉凶。

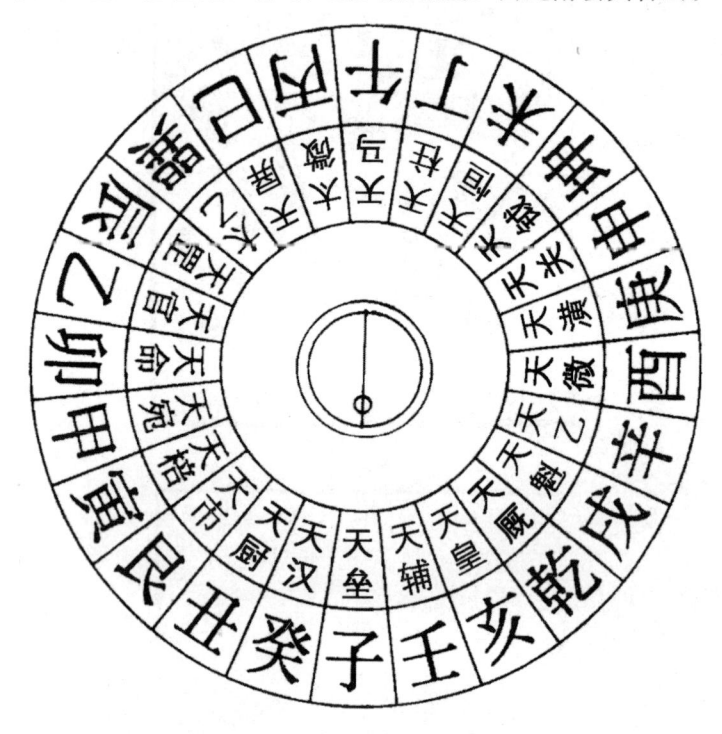

二十四天星盘之一

2. 二十四天星异名

在古代风水术中，天星的名称一向是很紊乱的。比如上文介绍的九星，第一星称为天枢星，又称贪狼星，也有称生气的。由于流传的不同，二十四天星有多种不同的名称。以下列出二十四天星的异名和吉凶：

壬山——八武、天辅、阴权、天帝，一般以这些星曜为吉利之星

子山——帝座、天垒、阳光、太阴，一般以这些星曜为吉利之星。

癸山——北道、阴光、瑶光、天汉、銮架、天道，一般认为属于吉凶不显之星，要视乎脉势才可断其吉凶祸福。

丑山——天吊、天厨、牵牛、金牛，一般以这些星曜为凶星。

艮山——金阁、天市、凤阁、阳枢、天权，一般以这些星曜为大吉之星。

寅山——金箱、天棓、功曹，一般以这些星曜为吉利之星。

甲山——鬼劫、天苑、天统、阴玑，一般以这些星曜为凶星。

卯山——将军、天理、阳衡、廉贞、阿香、天命，一般以这些星曜为平和之星，吉凶不显。

乙山——天官、骑官、天堂，一般以这些星曜为平和之星，吉凶不显，要视乎峦头而定。

辰山——天罡、亢金，一般以这些星曜为凶星。

巽山——宝殿、太乙、太微、阳璇，一般以这些星曜为吉利之星。

巳山——金支、天屏、天堂、明堂、赤蛇、青砂，一般以这些星曜为吉星。

丙山——太微、炎烈、天贵、阴枢、帝释，一般以这些星曜为吉利之星。

午山——帝辇、天马、天广、阳极、炎精、太阳、游魂、日星，一般以这些星曜为平和之星。

丁山——龙墀、天柱、南极、寿星、天极、阴闾，一般以这些星曜为吉星。

未山——天杀、太常、天常、鬼金、天恒、元阴，一般以这些星曜为凶星。

坤山——宝盖、天钺、阴玄、玄戈、老阴、玄峰，一般以这些星曜为平和之星。

申山——天关、玉印、天磁、传送、阴玑，一般以这些星曜为平和之星。

庚山——劫杀、天潢、阴衡，一般以这些星曜为凶星。

酉山——天微、华盖、少微、阳闾、金鸡，一般以这些星曜为大吉之星。

辛山——直符、天乙、阴璇、英才，一般以这些星曜为吉利之星。

戌山——地杀、天魁、鼓盆、娄金，一般以这些星曜为凶星。

乾山——龙楼、天厩、阳玑、节钺、北极、亢阳、肃杀，一般以这些星曜为吉利之星。

亥山——玉叶、天皇、紫微、天门，一般以这些星曜为大吉之星。

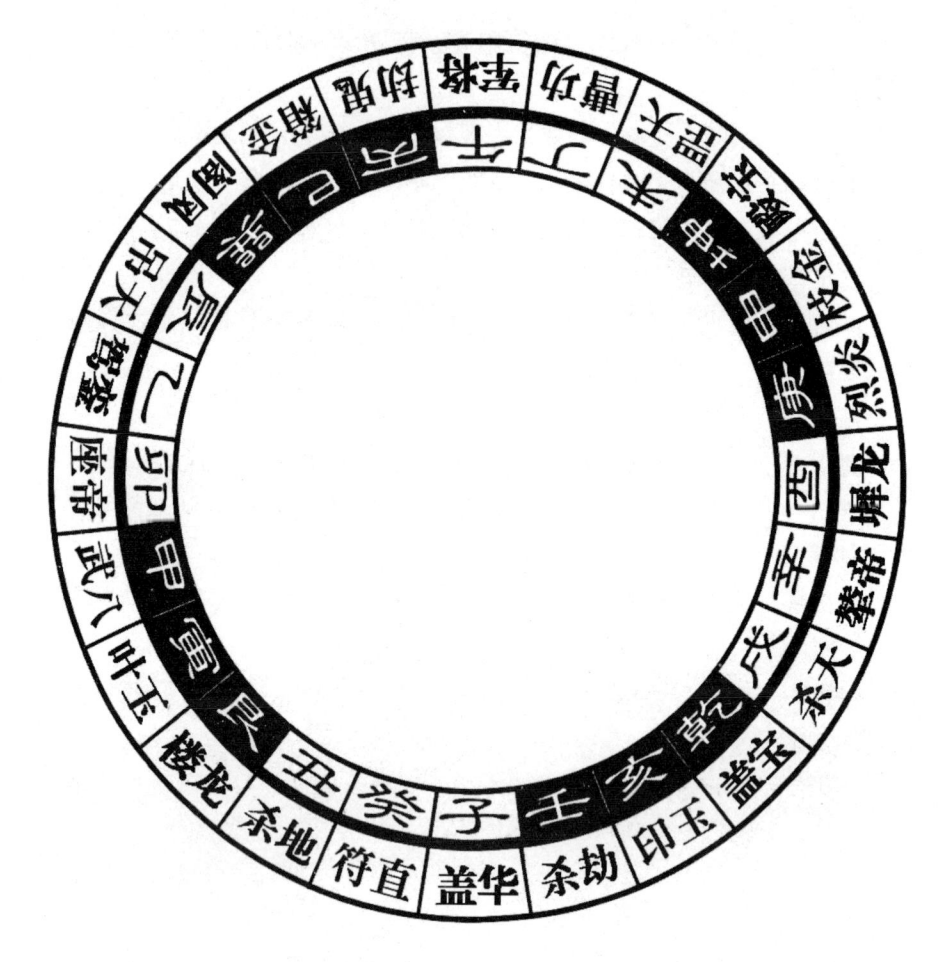

二十四天星盘之二

3. 二十四天星的不同盘式

由于二十四天星的名称存在不同"版本",罗盘也有不同的二十四天星盘式。程建军先生的《中国风水罗盘》一书中以表格的形式列出几个不同的二十四天星盘式,现转引如下:

赖文俊《催官篇》所列二十四天星

序号	1	2	3	4	5	6	7	8	9	10	11	12
二十四山	壬	子	癸	丑	艮	寅	甲	卯	乙	辰	巽	巳
阴阳	阳	阳	阳	阴	阴	阳	阳	阴	阳	阳	阴	阴
天星	天帝	阳光	天道	天厨	天市	天棓	天苑	天命	天官	天罡	太乙	天屏
《催官篇》	午	午	午	丙	丁	坤	乾	庚	坤	乾	辛	亥
定向	坤乙	坤	坤	丁	丙庚辛酉巽	坤		辛		亥艮		

序号	13	14	15	16	17	18	19	20	21	22	23	24
二十四山	丙	午	丁	未	坤	申	庚	酉	辛	戌	乾	亥
阴阳	阴	阳	阴	阴	阳	阳	阴	阴	阴	阳	阳	阴
天星	天微	天马	天柱	天常	天钺	天关	天汉	少微	天乙	天魁	天厩	天皇
《催官篇》	亥	壬	艮	艮	癸	甲	卯	艮	艮	甲	甲	丙
定向	艮	癸	亥			癸	艮	巽卯丁	卯巽	乙		巽丁

徽盘二十四天星

序号	1	2	3	4	5	6	7	8	9	10	11	12
二十四山	壬	子	癸	丑	艮	寅	甲	卯	乙	辰	巽	巳
阴阳	阳	阳	阳	阴	阴	阳	阳	阴	阳	阳	阴	阴
天星	天辅	天垒	天汉	天厨	天市	天棓	天苑	天衡	天官	天罡	太乙	天屏
吉凶	吉	吉	平	凶	平	吉	凶	平	平	凶	吉	吉

序号	13	14	15	16	17	18	19	20	21	22	23	24
二十四山	丙	午	丁	未	坤	申	庚	酉	辛	戌	乾	亥
阴阳	阴	阳	阴	阴	阳	阳	阴	阴	阴	阳	阳	阴
天星	太微	天马	南极	天常	天钺	天关	天潢	少微	天乙	天魁	天厩	天皇
吉凶	吉	平	吉	凶	平	平	凶	吉	吉	凶	吉	吉

台湾、香港产罗盘二十四天星

二十四山	壬	子	癸	丑	艮	寅	甲	卯	乙	辰	巽	巳
天星	八武	帝座	銮架	天吊	凤阁	金箱	鬼劫	将军	功曹	天罡	宝殿	金枝
二十四山	丙	午	丁	未	坤	申	庚	酉	辛	戌	乾	亥
天星	炎烈	帝辇	龙墀	天杀	宝盖	玉印	劫杀	华盖	直符	地杀	龙楼	玉叶

4. 天星八贵

风水学认为，天星中的天星四贵、帝都明堂、三吉、六秀都属于贵星。

（1）天星四贵：亥、艮、巽、兑。亥为紫微垣，艮为天市垣，巽为太微垣，兑为少微垣。

（2）帝都明堂：亥为天皇星，巳为天屏星。

（3）三吉：震、庚、亥。

（4）六秀：艮为天市垣，巽为太微垣，兑为少微垣，丙为天贵星，辛为天乙星，丁为南极星。

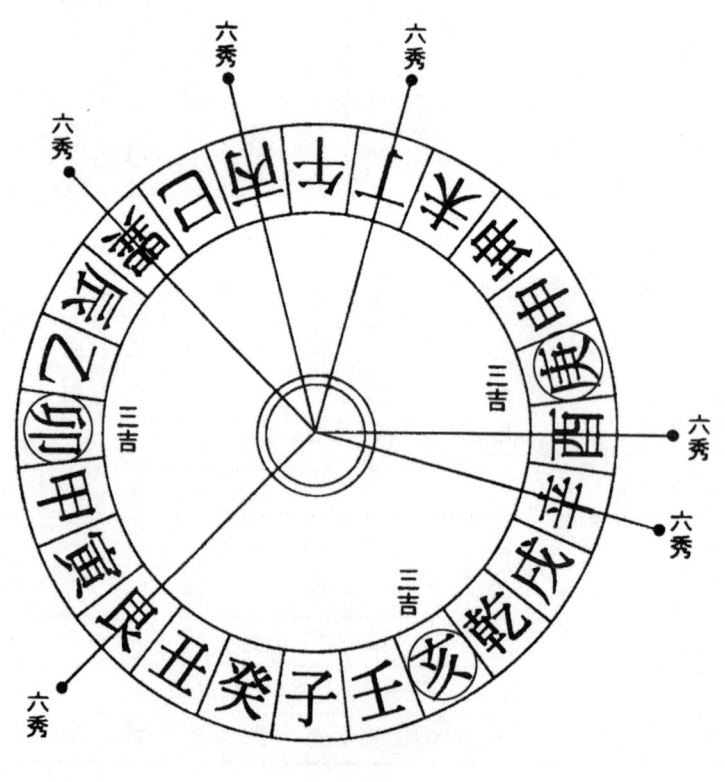

三吉六秀

把以上所列的贵星加起来、只占八山，因此，以上诸星总称为"天星八贵"。其中三吉六秀为风水中的大吉星。风水家认为，在天星二十四位内，有砂峰高起，体正峰圆，即为贵砂，阳宅逢之大旺，人丁富贵；阴地逢之无水蚁之患，发福悠久。如能再拨入生、旺、奴砂之内，即大贵。

5. 二十四天星的应用

二十四天星，配合罗经正针二十四山之下，有固定的也有配合元运而变，许多罗盘将龙楼固定在"乾"，是属于六运盘。详细来说，一运龙楼在子、二运龙楼在坤、三运在龙楼在卯，四运龙楼在巽，六运龙楼在乾，七运龙楼在酉，八运龙楼在艮，九运龙楼在午。

各天星依龙楼宫位不同，位置也跟着改变，风水中以二十四山天星以应垣局，分三吉六秀九星砂水催官发福，如果得一贵山，主大贵。天星方位峦头一定要秀丽，如见形煞、崩损主大凶。

《天玉经》有云："坎离水火中天过，龙墀移帝座。宝盖凤阙四维朝，宝殿登龙楼。罡劫吊杀休犯着，四墓多销铄。金枝玉叶四孟装，金厢玉印藏。帝释一神定县府，紫微同八武。倒排父母养龙神，富贵万年春。"

以八运为例：龙楼在艮，子山之下起华盖、癸山直符、丑山地杀、艮山龙楼、寅山玉叶、甲山八武、卯山帝座、乙山銮驾、辰山天吊、巽山凤阁、巳山金箱、丙山鬼劫、午山将军、丁山功曹、未山天罡、坤山宝殿、申山金枝、庚山炎烈、酉山龙墀、辛山帝辇、戌山天杀、乾山宝盖、亥山玉印、壬山劫杀。

二十四天星定来龙、山峰吉凶：

吉：华盖、直符、龙楼、玉叶、八武、帝座、銮驾、凤阁、金箱、将军、功曹、宝殿、金枝、龙墀、帝辇、宝盖、玉印。

凶：地杀、天吊、鬼劫、天罡、炎烈、天杀、劫杀。

在理论上，三吉六秀之吉，非无可取，如果以巧翻八卦配九星而定三吉六秀，取阴用阳朝，阳用阴应之义，其理亦通。

例如坎山以巽为贪，艮为巨，震为武，则巽纳辛，艮纳丙，震纳庚，并三吉而为六秀。又如亥山，纳卦于震，以离为贪，乾为巨，坎为武，就是三吉，则离纳壬，乾纳甲，坎纳癸，并三吉而为六秀。

《雪心赋》："三吉六秀，何用强求，正穴真形，自然默合。"因此用法上，以峦头美恶为主，不必拘泥于三吉六秀之说，正穴真形自然契合。

二十四天星行龙过峡宜忌表

二十四龙	阴阳	天星	行龙过峡（用地盘正针）
壬	阳	天辅	不可与亥同行，可与子同行，或单清过脉。
子	阳	阳光	可与壬癸同行，或单清过脉。
癸	阳	阴光	不可与丑同行，可与子同行，或单清过脉。
丑	阴	天厨	不可与癸同行，可与艮同行，或单清过脉。
艮	阴	天市	不可与寅同行，可与丑同行，或单清过脉。
寅	阳	功曹	不可与艮同行，可与甲同行，或单清过脉。
甲	阳	阴机	不可与卯同行，可与寅同行，或单清过脉。
卯	阴	阳衡	不可与甲乙同行，只可单清过脉。
乙	阳	天官	不可与卯同行，可与辰同行，或单清过脉。
辰	阳	亢金	不可与巽同行，可与乙同行，或单清过脉。
巽	阴	阳璇	不可与辰巳同行，只可单清过脉。
巳	阴	赤蛇	不可与巽同行，可与丙同行，或单清过脉。
丙	阴	太微	不可与午同行，可与巳同行，或单清过脉。
午	阳	阳权	不可与丙丁同行，只可单清过脉。
丁	阴	南极	不可与午同行，可与未同行，或单清过脉。
未	阴	天常	不可与坤同行，可与丁同行，或单清过脉。
坤	阳	玄戈	不可与未同行，可与申同行，或单清过脉。
申	阳	天关	不可与庚同行，可与坤同行，或单清过脉。
庚	阴	天潢	不可与申同行，可与酉同行，或单清过脉。
酉	阴	少微	不可与辛同行，可与庚同行，或单清过脉。
辛	阴	阴璇	不可与酉戌同行，只可单清过脉。
戌	阳	鼓盆	不可与辛同行，可与乾同行，或单清过脉。
乾	阳	阳玑	不可与亥同行，可与戌同行，或单清过脉。
亥	阴	天皇	不可与乾壬同行，只可单清过脉。

十、地盘正针二十四山

1. 二十四山方位

地盘二十四山是罗盘上最重要的一层,又名为"地盘正针"。正针的方位是磁针的方位,即磁极的南北与罗盘二十四山的午中和子中一致,准确地说是磁针北极指向纬度 0 度,磁针的南极指向纬度 180 度。王伋《针路诗》说:"虚危之间针路明,南方张宿上三乘。坎离正位人难识,差却毫厘断不灵。""正针"之名正是由此而来。

关于二十四山,前文已经有介绍,它包括十二地支和八干四维,八干即甲、乙、丙、丁、庚、辛、壬、癸,十二地支即子、丑、寅、卯、辰、巳、午、未、申、酉、戌、亥,四维即乾、坤、艮、巽,共二十四山。用文王八卦,每卦统管三山,叫"一卦管三山",即乾卦统管戌、乾、亥,坎卦统管壬、子、癸,艮卦统管丑、艮、寅,震卦统管甲、卯、乙,巽卦统管辰、巽、巳,离卦统丙、午、丁,坤卦统管未、坤、申。

在罗盘上,二十四山向分圆周二十四格,上列十二支、四维卦与八干,每格占十五度。它的干支与卦的排列是这样的:四正方位上是子、午、卯、酉四支,四隅上是乾、坤、艮、巽四卦;子、午、卯、酉左右各有两干,其余八格为八支。

为什么要取二十四这个数字呢?风水学认为,二十四是天地之成数,天数二十有五去一,地数三十去六,都是二十四。此数上应天时二十四节气,下行地中二十四山方位。

地盘正针是罗经上最重要的一盘,别的盘均是依此而设立的,地盘为缝针、中针之根,穿山道地之本。先天地支只有十二位,又叫十二雷门。子午卯酉列于四正之位,寅申巳亥居于四隅之位,辰戌丑未处于四维之位。这十二支得天地的正气,合四时的节度,风水学由此格山川是纯是驳,察坐向是吉是凶。

现将二十四山的具体方位详列如下:

(1) 正东方木震卦位

甲:东偏东北;

卯:正东方;

乙：东偏东南。

(2) 东南方木巽卦位

辰：东南偏东；

巽：正东南；

巳：东南偏南。

(3) 正南方火离卦位

丙：南偏东南。

午：正南方。

丁：南偏西南。

(4) 西南方土坤卦位

未：西南偏南。

坤：正西南。

申：西南偏西。

(5) 正西方金兑卦位

庚：西偏西南。

酉：正西方。

辛：西偏西北。

(6) 西北方金乾卦位

戌：西北偏西；

乾：正西北；

亥：西北偏北。

(7) 正北方水坎卦位

壬：北偏西北；

子：正北方；

癸：北偏东北。

(8) 东北方土艮卦位

丑：东北偏北。

艮：正东北。

寅：东北偏东。

二十四山中，四正卦又与金、木、水、火配为四局，称为金局、木局、水局、火局，这就把五行的概念引入到地盘中。风水术中的玄关通窍，便用上了四局五行的规律，又以龙、水喻夫妻相配，言立向之后，水口定在二十四山的某字上为吉，定在某字上为凶，凶就需要进行补救。而水口应某山，全由五行生克规律而定。

2. 二十四山与二十四节气

二十四山还与二十四节气相配，依次为：

甲——惊蛰，卯——春分，乙——清明，辰——谷雨，巽——立夏，巳——小满，丙——芒种，午——夏至，丁——小暑，未——大暑，坤——立秋，申——处暑，庚——白露，酉——秋分，辛——寒露，戌——霜降，乾——立冬，亥——小雪，壬——大雪，子——冬至，癸——小寒，丑——大寒，艮——立春，寅——雨水。

当盘中指数指向某节气，则生气临在对应的一方。

3. 正针二十四山阴阳

正针二十四山是分阴阳的，阴阳的分法三合盘与三元盘不同。三元盘的二十四山阴阳是依据天地人三元龙来确定的，而三合盘的二十四山的阴阳则是依据先天八卦与洛书的关系，以及纳甲之说和后天八卦四正卦的三合而制定的。

在早期的部分徽盘和建盘中，在二十四山向一层之内往往单独列有"阴阳十二龙"一层，以红圈黑点标记以示分二十四山向阴阳两部分。当然更多的是只在二十四山向上用红色字体表示阳龙，用黑色表示阴龙，这是两层并作一层的改进做法，实际上，还是有阴阳龙图式存在的。

（1）三合盘二十四山阴阳

《催宫篇》中说："奇要配奇，偶要配偶，洛书位上排先天。"一、三、七、九为奇数，按先天八卦方位，由乾、坤、离、坎四卦居之，其中乾卦居南得九宫之数为九，坤卦居北得九宫之数为一，离卦居东得九宫之数为三，坎卦居西得九宫之数为七。这四卦之数为奇数，因此这四卦为阳，而它们所纳的干支也随之为阳。

乾纳甲、坤纳乙、离纳壬，又离即午，其三合局即是寅午戌。坎纳癸，又坎即子，其三合局即是申子辰。

综合以上所得：甲、乙、壬、癸、寅、午、戌、申、子、辰、乾、坤十二山均为阳山，罗经上一般均以红字表示。

二、四、六、八为偶数，在洛书九宫中由震、巽、艮、兑四卦居之，其中艮卦居西北得九宫之数为六,震卦居东北得九宫之数为八,兑卦居东南得九宫之数为四,巽卦居西南得九宫之数为二。这四卦之数为偶数,因此这四卦为阴,而它们所纳的干支也随之为阴。

艮纳丙、巽纳辛、兑纳丁,又兑即酉,其三合局即是巳酉丑;震纳庚,又震即卯,其三合局即是亥卯未。

综合以上所得:丙、丁、庚、辛、亥、卯、未、巳、酉、丑、艮、巽十二山均为阴山。罗经上一般均以黑字表示。此十二龙当立此十二向,为净阴不杂。

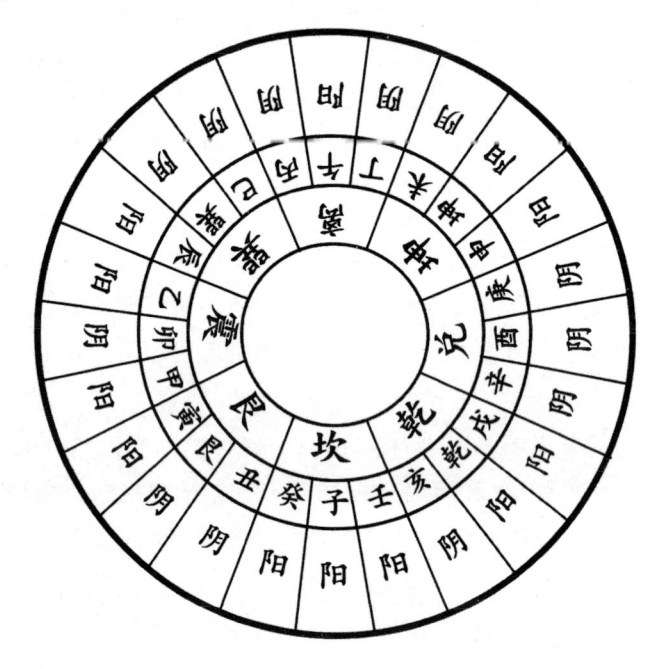

三合派二十四山之阴阳图

《九天玄女青囊海角经·太元始易图说》说:"河洛出而八卦分,象数明而五行定,乾坤主上下之位,坎离居日月之门,震巽艮兑各处其隅,以先天八卦定阴与阳也。故地理之阴阳从兹始。"这是罗盘太极分阴阳在先天八卦方位上的反映。这种阴阳,术家称为先天八卦气。

净阴净阳,为先天八卦的卦气,而方位则要用后天八卦。因为先天八卦为本体,后天八卦为作用。古人以阴龙为贵,这是因为:四阳卦居于南北东西四正之位,其气正而刚,刚则多凶,并且上下二爻纯阴纯阳,为九六不相冲和。四阴卦居于西北、东北、东南、西南四隅之位,其气偏而柔，柔则吉，并且上下二爻一阴一阳，为九六冲和，并且四阴卦合之坐山的九星和下照的天星，都是阴卦得吉，这就是地理家贵阴而贱阳的根本原因。

净阴净阳之说，是用来净化来龙、坐山与消纳水之位。净阴净阳之说论龙，以阴阳纯净，不宜间杂为好；用来立向，应该是阴龙立阴向，阳龙立阳向；大忌阴阳相乘，即是阴龙立阳向，阳龙立阴向；用来论水，则是阴龙立阴向水来，宜阴水往来，阳龙立阳向水来，宜阳水往来。但是，其中用度龙不能不驳，水不能不杂，只有龙向必须不能驳杂，乘阴气应该阴向，乘阳气应该阳向。或者是阴龙多而入首阳，应舍阳而立阴向以收阴；阳龙多而入首阴，应舍阴而立阳向以收阳。或者是局中只有阴向，又应乘阴气以配阴向；局中只有阳向，又应乘阳气以配阳向。

风水术中有云："阴阳相见，福禄永祯"，"阴阳相乘，祸咎灭门"。其意思是相临两山的坐向相兼，阳兼阳，阴兼阴，同类相见则吉；如阳兼阴或阴兼阳，异类相乘则凶。在风水学中，前者谓之"纯净"，后者谓之"驳杂"。

二十四山净阴净阳表

二十四山	子	癸	丑	艮/寅	甲	卯	乙	辰	巽	巳	丙
阴阳	阳	阳	阴	阴/阳	阳	阴	阳	阴	阴	阴	阴
二十四山	午	丁	未	坤/申	庚	酉	辛	戌	乾	亥	壬
阴阳	阳	阴	阴	阳/阳	阳	阴	阳	阴	阳	阴	阳

净阴净阳之说反映在罗盘上，正针二十四山中红字表示奇阳，共12个；余12个表示偶阴。古代罗盘画二十四个黑白圈，分别表示阴、阳龙。风水学认为阴者黑圈实而暗，阳者白圈虚而明，阴阳既分，取用有别。《罗经透解》上说：

二十四山阴、阳各半，阳龙用白圈，阳虚而明也。阴龙黑点，阴实而暗也。白圈十二，黑点十二，阴阳已分，取用自然。以之审龙，凡阴龙转换，节节由阴。阴龙立阴向、收阴水则吉，杂阳则凶。阳龙转换，节节由阳。到头立阳向、收阳水则吉，杂阴则凶。审龙则贵贱自分，阳龙不贵，阴龙最贵。阴龙取三吉、六秀映在天星四垣之中，有九六冲和之义。审龙纳水，所以三吉、六秀尽在阴龙之内。震、庚、亥为三吉，艮、丙、巽、辛、兑、丁为六秀。

这一层主要是分辨二十四山来龙的阴阳。反映在图式上，子、癸、寅、甲、乙、辰、午、坤、申、戌、乾、壬，应为白圈，表示阳龙；丑、艮、卯、巽、巳、丙、丁、未、庚、酉、辛、亥应为黑点，表示阴龙。

综上所述，三合盘二十四山阴阳强调三个问题：一，辨认来龙，阳龙的走向应节节为阳，并最终立阳为向；阴龙的走向应节节为阴，并最终立阴为向，阳中不杂阴，阴中不杂阳。二，阴、阳二色来龙中，以阴龙为尊贵、阳龙为平贱，但同时又不可拘泥于此，如果阳龙确实气脉生动真切，结穴处砂水丰满秀美，也可以认为是佳穴之处。三，阴龙、阳龙的辨识，除依照罗经上的表示确定外，还要看穴地的实际情状是否符合其阴阳属性。

(2) 三元盘二十四山阴阳

在三元（玄空）派风水中，二十四山根据阴阳的不同，可分为三元龙，即天元龙、人元龙、地元龙。

每个宫位顺旋开始的第一卦山或逆旋第三卦山为地元龙，四正卦的地元龙为阳，四隅卦的地元龙为阴；

每个宫位顺旋或逆旋的第二卦山为天元龙，四正卦的天元龙属阴，四隅卦的天元龙属阳；

每个宫位顺旋的第三卦山，逆旋第一卦山为人元龙，四正卦的人元龙为阴，四隅卦的人元龙为阴。

这样就推出二十四山三元龙的阴阳。

地元龙：阳——甲、庚、壬、丙，阴——辰、戌、丑、未。

天元龙：阳——乾、坤、艮、巽，阴——子、午、卯、酉。

人元龙：阳——寅、申、巳、亥，阴——癸、丁、乙、辛。

在玄空风水中，因三元龙用于辨别二十四山阴阳，在推算飞星顺逆中起主导作用，所以非常重要。这里简单介绍一下以三元龙法推算飞星顺逆的过程。

以七运坐酉向卯的屋宅为例，以七入中宫排好运盘。坐山的山星为酉，酉山为兑卦天元龙，在运盘的卦数为九，所以酉以"9"入中宫。八卦中，九数为离卦，离卦包括丙午丁三山，其中丙山为地元龙，午山为天元龙，丁山为人元龙。用天元龙午山，对应天元龙酉山，午山属阴，所以逆飞。

又知向星卯向属震卦，为天元龙，在运盘的卦数为五，所以卯向以"5"入中宫。由于五数代表中宫，无山无向，所以仍以"卯"向来确定三元龙，卯山属阴，则逆飞。

又如八运坐庚山甲向的屋宅，先把八安在中宫顺飞，排好运盘。山星为庚，为兑卦地元龙，兑宫运盘卦数为一，所以以"1"入中宫排好。数一为坎宫，坎宫包括壬、子、癸三山，壬为地元龙，子为天元龙，癸为人元龙。则以壬山地元龙与庚山相对应，壬山为阳，所以山星顺飞。

又知向星甲属震卦，为地元龙。运盘数为六，所以向星以"6"入中宫。六数为乾卦，乾卦包括戌、乾、亥三山，戌为地元龙，乾为天元龙，亥为人元龙。则以戌向地元龙对应甲向地元龙，戌山为阴，所以向星应该逆飞。

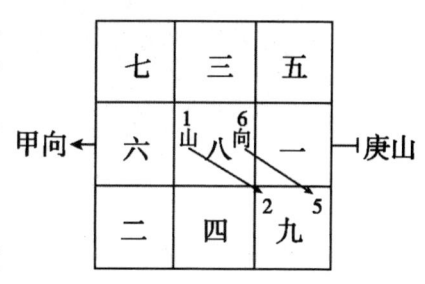

三元龙的阴阳有一定规律，古人总结了一首歌诀："四墓四旺与癸丁，加上乙辛皆属阴。四生四偶与甲庚，加之丙壬阳中行。"只要将这首歌诀背熟，对于三元龙的阴阳，即可一目了然。

风水中把二十四山中的辰、戌、丑、未四个地支称为"四墓"，子、午、卯、酉四支称为"四旺"。子、午、卯、酉、辰、戌、丑、未这八个地支加上乙、辛、丁、癸四个天干共十二个字，都属阴。

又以寅、申、巳、亥四支为"四生"，乾、巽、艮、坤四卦为"四偶"。四生四偶加上甲、庚、丙、壬四个天干共十二个字，都属阳。

一般的三元盘，如果内盘的底色是金色的，会将二十四山中属阳的山底色涂红色，而字用金色；二十四山中属阴的山底色用金色，而字用黑色。而如果内盘的底色为黑色，会将二十四的阳山用金色作底色，而字则用红色（红色属阳）；阴山用黑色（黑色属阴）作色，则字用金色。

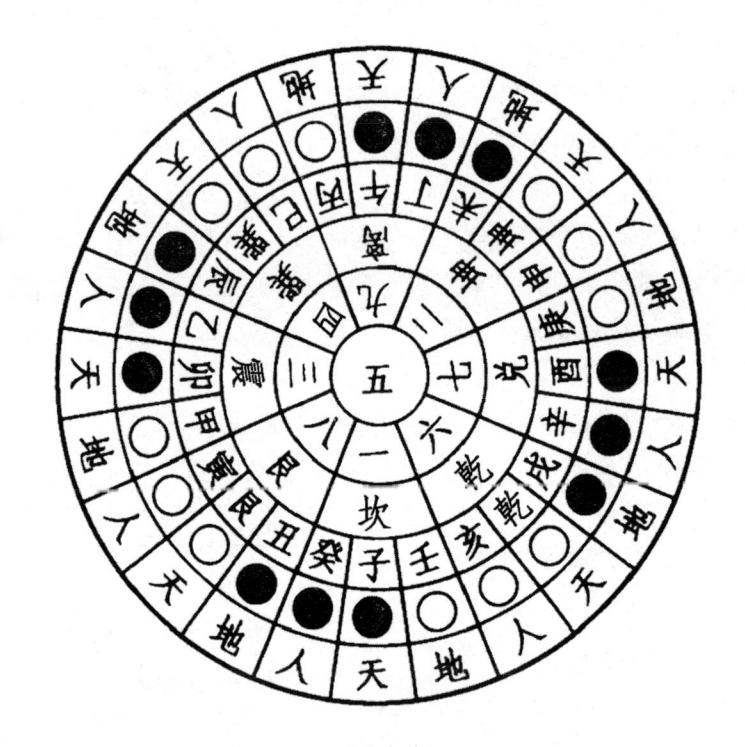

三元龙盘

知道了二十四山三元龙的阴阳后,我们还要进一步弄清它在风水上究竟有何用途。先看《天玉经》中的诗句:

甲庚丙壬俱属阳,顺推五行详。
乙辛丁癸俱属阴,逆推论五行。
阴阳顺逆不同途,须向此中求。
九星双起雌雄异,玄关真妙处。

这段文字将二十四山属天干的阴阳列出。阳干是宫位顺旋第一卦山,阴支是宫位逆旋第一卦山,这是阴阳顺逆不同途,即言阳阴顺逆不同途,便不可以兼了。所谓兼,就是偏向的意思,一般本卦山倾向顺或逆的宫位达到第六爻,大约达到六度左右,便叫做兼了。

例如,坐壬向丙为阳元龙,不宜兼坐子向午,因为子午坐向为阴元龙。壬与子虽为一白星,丙与午虽为九紫星,但雌雄、阴阳各异,所以不能兼。又如坐卯向酉为阴龙,不宜兼坐甲向庚,因为甲庚为阳龙。

4. 以先天十二地支乘气

按风水术的说法，择地吉凶的关键在于能否乘生气，而乘生气的关键又在于立向，譬如格龙乘气、分金坐度、消砂纳水、放水布局等均由向而定。在风水术中，凡属格龙乘气、消砂纳水、布局、排（放）水以及立向坐穴、分金坐度，都以正针为主，中针和缝针是为正针而服务的。

在汉代六壬式盘中，有天盘和地盘的区别与用法，天盘的八干、四维是天气，地盘十二支是地气。而在风水罗盘中，没有类似汉代式盘的天地盘，八干、四维与十二地支合为二十四山。在立向乘气中更把八干四维的天气归纳入正针十二地支之中。

对此，风水家指出，正针立向是以地支为主，而八干、四维立向需要兼地支。因为，所谓生气、天地气、阴阳气，以正针而论仅由十二地支司管，其余八干、四维是辅地支来司天地气，因而八干四维的坐向中是没有生气的，即它们本身是不司天地气的。在罗盘上，凡一干维辅二地支，干维正中不司天地气，名为"大空亡"。如果立八干、四维的向，就必须兼地支，否则就是大空亡，是无生气可乘的。所以《天玉经》说："先天罗盘十二支，后天加上干和维。八干四维辅支位，子母公孙同此推。"

十一、二十四节气

罗盘上的二十四节气一层，一般依照顺时针方向排列，与地盘正针二十四山中的十二地支（代表一年的十二月）相互对应，立以明阴阳消长之理、顺逆进退之数，推明五运六气。

1. 二十四节气由来

二十四节气是中国古代订立的一种用来指导农事的补充历法。中国历法计时有太阳历和太阴历的区别。太阳历是以太阳、星体运行为依据所制历，一年有365天。太阴历是以月亮的运行为依据所制历，一年仅有354天，即一太阴年与一太阳年相差11天。太阴历并不能完全反映太阳运行周期，但中国又是一个农业社会，农业需要严格了解太阳运行情况，农事完全根据太阳进行，所以在历法中又加入了单独反映太阳运行周期的"二十四节气"，用作确定闰月的标准。

可见，节气就实质来说是属于阳历的范畴。二十四节气是根据太阳在黄道（即地球绕太阳公转的轨道）上的位置来划分的。视太阳从春分点（黄经零度，此刻太阳垂直照射赤道）出发，每前进15度为一个节气；运行一周又回到春分点，为一回归年，合360度，因此分为24个节气。

　　节气的概念起源很早。春秋战国时代，古人就有了日南至、日北至的概念。随后人们根据月初、月中的日月运行位置和天气及动植物生长等自然现象，利用它们之间的关系，把一年平分为二十四等份。并且给每等份取了个专有名称，这就是二十四节气。到战国后期成书的《吕氏春秋》"十二纪"中，就有了立春、春分、立夏、夏至、立秋、秋分、立冬、冬至等八个最重要的节气名称。后来到了《淮南子》一书的时候，就出现了和现代完全一样的二十四节气的名称。公元前104年，由邓平等制定的《太初历》，正式把二十四节气订于历法，明确了二十四节气的天文位置。

　　什么叫"节气"呢？在古代，一年分为十二个月纪，每个月纪有两个节气。在前的为节历，在后的为中气，如立春为正月节，雨水为正月中，后人就把节历和中气统称为节气。上半年节气总在每月的6日左右，中气总在21日左右；下半年的节气总在每月8日左右，中气总是在23日左右。一般最多相差一两天，所以很容易记忆。

　　节气与节气之间，或中气与中气之间，平均相隔30.4368日，而一个朔望月是29.5306日，所以节气或中气在阴历的月份中的日期逐渐推移，到了一定时候，中气就不在月中了，而移到了月末，那么下一个月很可能就没有中气，而只剩下一个节气了。这个没有中气的月份，就被作为该农历年的闰月。

2. 二十四节气简述

　　二十四节气包括立春、雨水、惊蛰、春分、清明、谷雨、立夏、小满、芒种、夏至、小暑、大暑、立秋、处暑、白露、秋分、寒露、霜降、立冬、小雪、大雪、冬至、小寒、大寒。为方便记忆，人们将二十四节气编成口诀：

　　　　春雨惊春清谷天，夏满芒夏暑相连。
　　　　秋处露秋寒霜降，冬雪雪冬小大寒。

　　从二十四节气的命名可以看出，节气的划分充分考虑了季节、气候、物候等自然现象的变化。其中，立春、立夏、立秋、立冬、春分、秋分、夏至、冬至是用来反映季节的，将一年划分为春、夏、秋、冬四个季节。春分、秋分、夏至、冬至是从天文角度来划分的，反映了太阳高度变化的转折点。而立春、立夏、立秋、立冬则反映了四季的开始。由于中国地域辽阔，具有非常明显的季风性和大陆性气候，各地天气气候差异巨大，因此不同地区的四季变化也有很大差异。

这里简单介绍一下二十四个节气。

立春：在每年公历2月4日前后。中国习惯把它作为春季开始的节气。

雨水：在每年公历2月19日前后。此时农村开始备耕生产。

惊蛰：每年公历3月6日前后为惊蛰。"过了惊蛰节，春耕不停歇"。北方进入惊蛰，春耕大忙便开始了。

春分：每年公历3月21日前后太阳到达黄径0度时为春分。这时阳光直照赤道，南北半球得阳光平均，所以昼夜几乎等长。

清明：每年公历4月5日前后为清明。此时中国黄河流域及大部地区的气温开始升高，雨量增多，春暖花开，天空清澈明朗，正是春游踏青的好时节。

谷雨：在每年公历4月20日前后。"雨生百谷"道出了谷雨节气的由来。谷雨是北方春作物播种、出苗的季节。

立夏：中国习惯把立夏作为夏季的开始，一般在每年公历5月6日前后。

小满：每年公历5月21日前后为小满。顾名思义，小满是指夏收作物子粒将要饱满成熟的意思。小满后，北方各地的小麦就要熟了，而黄淮流域的冬小麦将开镰收割。

芒种：芒种表示麦类等有芒作物成熟的季节，一般在每年公历6月6日前后。

夏至：每年6月21日前后为夏至。夏至表示炎热的夏天已经到来，同时也是一年中白天最长的一天。

小暑：在每年公历7月7日左右。一般小暑后就要数伏，所以小暑标志着一年最炎热的季节就要到来了。

大暑：每年在公历7月23日前后。顾名思义，大暑是一年中天气最热的时候。

立秋：在每年公历8月8日前后。中国习惯上把这一天作为秋季开始。

处暑：在每年公历8月23日前后。处暑是反映气温由热向冷变化的节气。

白露：在每年9月8日前后，白露指气温降低，并出现露水。

秋分：在每年公历9月23日前后。"秋分秋分，日夜平分"。此时阳光直照赤道，昼夜几乎等长。

寒露：在每年公历10月8日前后。寒露一到，华北地区便开始进入深秋，而东北地区则呈初冬景象，长江流域及以南地区却仍郁郁葱葱。

霜降：每年公历10月23日或24日。霜降表示气候渐渐寒冷，北方地区开始有霜。

立冬：每年公历11月7日前后为立冬。立冬是表示冬季开始的节气。这时，黄河中下游地区即将结冰。

小雪：在每年公历11月22日前后。它表示已经到了开始下雪的季节。此时，东北、内蒙古、华北北部地区气候寒冷。

大雪：每年公历12月7日前后。一交大雪，黄河流域的冬小麦进入了休眠期。

冬至：每年12月22日前后为冬至。冬至为北半球冬季的开始。这天昼最短，夜最长。冬至过后便是"数九"了。

小寒：在每年公历1月6日前后。这时正值"三九"前后，中国大部分地区进入严寒时期。

大寒：在每年公历1月20日前后。大寒为中国大部分地区一年中最冷的时期。

在二十四个节气中，小暑、大暑、处暑、小寒、大寒等五个节气反映气温的变化，用来表示一年中不同时期寒热程度；雨水、谷雨、小雪、大雪四个节气反映了降水现象，表明降雨、降雪的时间和强度。白露、寒露、霜降三个节气表面上反映的是水汽凝结、凝华现象，但实质上反映了气温逐渐下降的过程和程度：气温下降到一定程度，水汽出现凝露现象；气温继续下降，不仅凝露增多，而且越来越凉；当温度降至摄氏零度以下，水汽凝华为霜。

小满、芒种则反映有关作物的成熟和收成情况；惊蛰、清明反映的是自然物候现象，尤其是惊蛰，它用天上初雷和地下蛰虫的复苏，来预示春天的回归。

二十四节气图

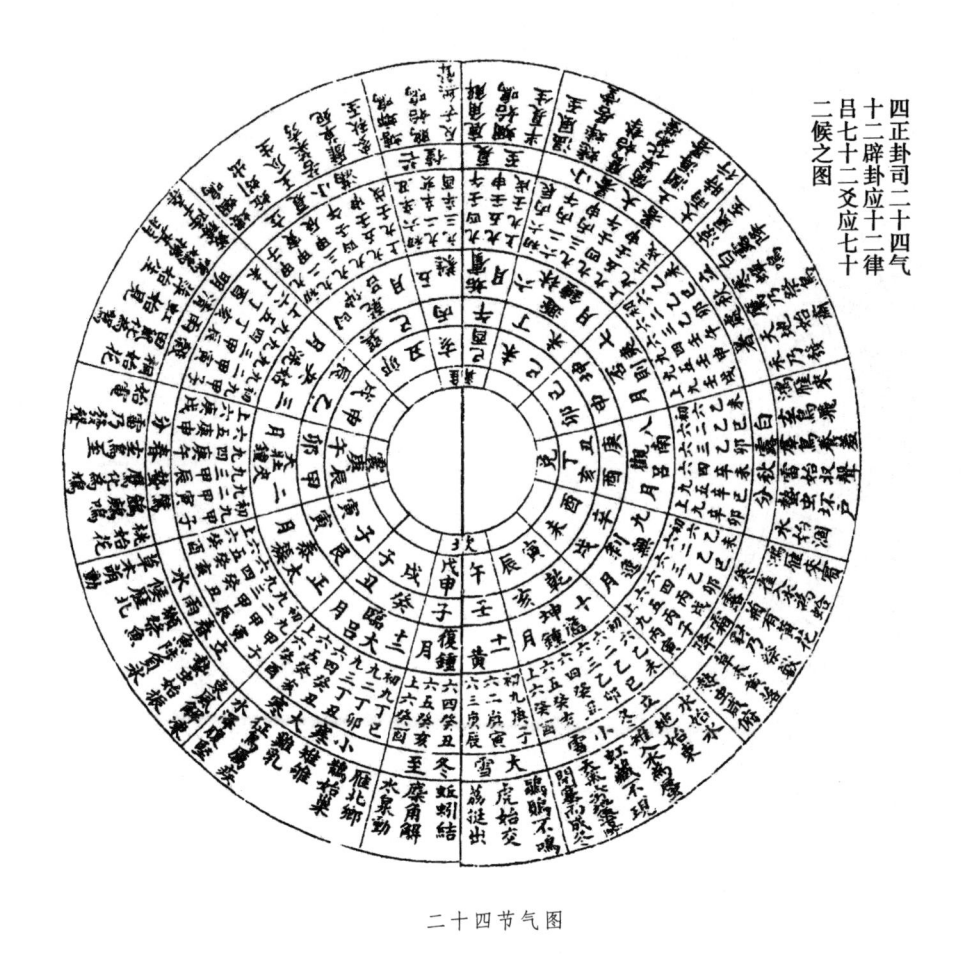

3. 太阳到山盘

二十四气节是人们比较熟悉的概念，而罗盘上恰好是二十四山，因此与二十四节气形成有规律的对应。风水术中，二十四节气与二十四山的配合使用，目的在于择日，即寻找吉日、吉时，它需要根据罗盘测定太阳或太阴（即月亮）到某山、某节气、某日，从而进一步确定是否吉日吉时。

这里有两种方式：一种是立春自壬始，雨水、惊蛰等节气循时序即顺时针而排列，在罗盘中称为"太阴到山盘"；另一种是立春自壬始，雨水、惊蛰等节气逆时针而排列，在罗盘中称为"太阳到山盘"。所谓"到山"，是指太阳或太阴运行到二十四山中的某山的方位。

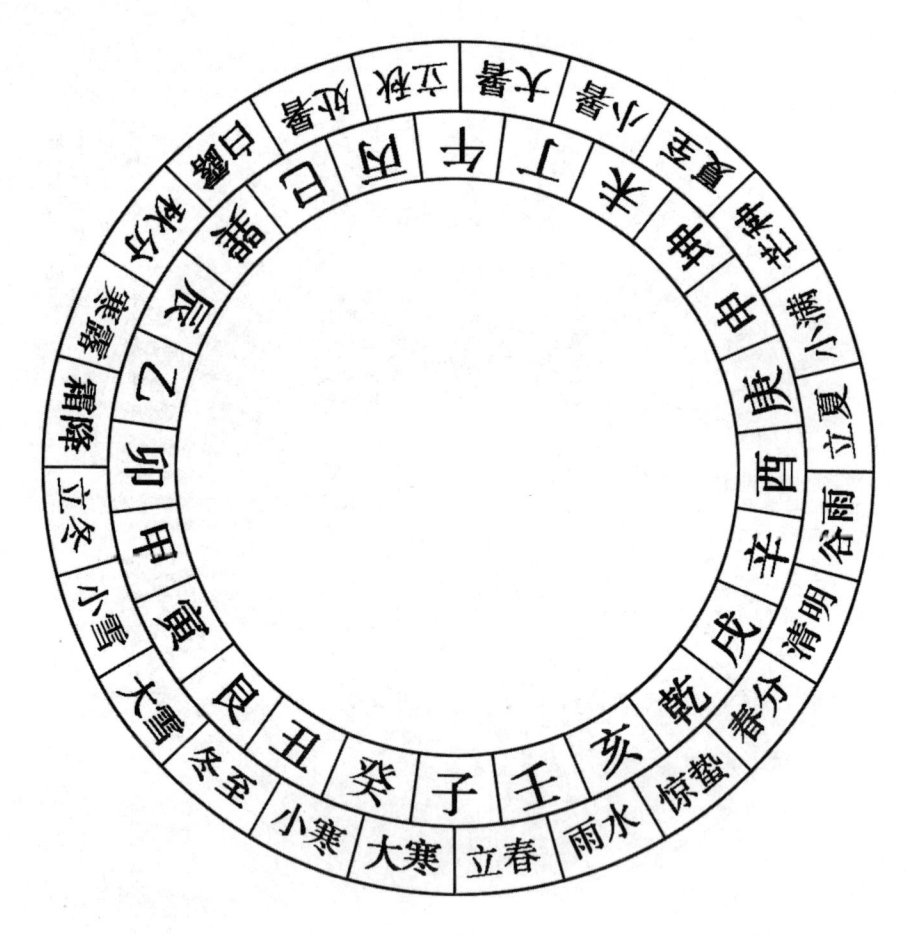

太阳到山盘

上图便是罗经中的太阳到山盘。如图所示，在立春令内，太阳在二十四山中的壬山；在大寒中气内，太阳在子山；小寒节令内，太阳在癸山……余类推。以下为太阳到山盘表：

太阳到山盘表

月	二十四山	节	气	太阳到山
一月	壬	立春		太阳立春到壬山
	亥		雨水	太阳雨水到亥山
二月	乾	惊蛰		太阳惊蛰到乾山
	戌		春分	太阳春分到戌山
三月	辛	清明		太阳清明到辛山
	酉		谷雨	太阳谷雨到酉山

续表

月	二十四山	节	气	太阳到山
四月	庚	立夏		太阳立夏到庚山
	申		小满	太阳小满到申山
五月	坤	芒种		太阳芒种到坤山
	未		夏至	太阳夏至到未山
六月	丁	小暑		太阳小暑到丁山
	午		大暑	太阳大暑到午山
七月	丙	立秋		太阳立秋到丙山
	巳		处暑	太阳处暑到巳山
八月	巽	白露		太阳白露到巽山
	辰		秋分	太阳秋分到辰山
九月	乙	寒露		太阳寒露到乙山
	卯		霜降	太阳霜降到卯山
十月	甲	立冬		太阳立冬到甲山
	寅		小雪	太阳小雪到寅山
十一月	艮	大雪		太阳大雪到艮山
	丑		冬至	太阳冬至到丑山
十二月	癸	小寒		太阳小寒到癸山
	子		大寒	太阳大寒到子山

太阳到山盘的使用，涉及了到山、到向和三合照的问题。根据山向概念，到向就是到山的相对位置；三合照是依据五行三合原理而来的，指太阳或太阴运行到某山的三合方位。

所谓三合，是根据自然界事物发展规律，将自然界事物的开始、壮大、消亡这三个基本次序简化称做生、旺、墓三个字，或三个阶段。金、木、水、火、土这五种元素的成长也要经过这三个阶段，这就是五行三合。五行三合早在《淮南子》中便有记载和定义：

水申生，子旺，辰死，三辰皆水；

火寅生，午旺，戌死，三辰皆火；

木亥生，卯旺，未死，三辰皆木；

金巳生，酉旺，丑死，三辰皆金；

土午生，戌旺，寅死，三辰皆土。

例如水，从季节上说，是冬季，属于十月、十一月、十二月，即亥、子、丑三个月，此时的生、墓、旺便对应为：亥的十月为生，子的十一月为旺，丑的十二月为墓。但是，水的萌芽实际早已出现于申月（阴历七月），在仲冬的子月（十一月）得以壮盛，而到了辰月（阴历三月）才逐渐走向结束，于是申、子、辰三支，便应是水的生、旺、墓，也就是水的三合。

太阳到山、到向、三合照

二十四山	太阳到山	太阳到向	太阳三合照	
壬	立春到山	立秋到向	芒种到坤	寒露到乙
子	大寒到山	大暑到向	小满到申	秋分到辰
癸	小寒到山	小暑到向	立夏到庚	白露到巽
丑	冬至到山	夏至到向	谷雨到酉	处暑到巳
艮	大雪到山	芒种到向	清明到辛	立秋到丙
寅	小雪到山	小满到向	春分到戌	大暑到午
甲	立冬到山	立夏到向	惊蛰到乾	小暑到丁
卯	寒露到山	清明到向	雨水到亥	夏至到未
乙	霜降到山	谷雨到向	立春到壬	芒种到坤
辰	秋分到山	春分到向	大寒到子	小满到申
巽	白露到山	惊蛰到向	小寒到癸	立夏到庚
巳	处暑到山	雨水到向	冬至到丑	谷雨到酉
丙	立秋到山	立春到向	大雪到艮	清明到辛
午	大暑到山	大寒到向	小雪到寅	春分到戌
丁	小暑到山	小寒到向	立冬到甲	惊蛰到乾
未	夏至到山	冬至到向	霜降到卯	雨水到亥
坤	芒种到山	大雪到向	寒露到乙	立春到壬
申	小满到山	小雪到向	秋分到辰	大寒到子
庚	立夏到山	立冬到向	白露到巽	小寒到癸
酉	谷雨到山	霜降到向	处暑到巳	冬至到丑
辛	清明到山	寒露到向	立秋到丙	大雪到艮
戌	春分到山	秋分到向	大暑到午	小雪到寅
乾	惊蛰到山	白露到向	小暑到丁	立冬到甲
亥	雨水到山	处暑到向	夏至至未	霜降到卯

《疑龙经》云："请君专用三合照，三合对宫福禄坚。"太阳到山或到向，可化一般的煞气。在风水术中，以太阳到山或到向的时期来选择下

葬、立碑，或于三合方立碑或下葬，前后 15 天之内立碑或下葬。但遇岁破、三煞、五黄、临山则不宜用事。

到向、到山、到三合方的吉凶是有分别的：到向为上吉，因为到向则照我（这里"我"即是山），阳光充足，有向荣之意；到三合方为次吉，到方则形成三方拱卫之势；到山又次吉，到山只有帝王修造宫殿时才合宜，而平民百姓恐难当其尊，所以反而不吉利。

4. 太阴到山盘

风水学认为，太阴到山盘催吉虽然没有太阳到山盘力度那么大，但能配合其他吉神，也不失为一个上等的吉课。太阴到山盘的排列与太阳到山盘有区别，但道理大同小异，如立春的节令内太阴到艮，雨水的中气内的太阴到寅……余可类推。

太阴到山盘表

月份	二十四山	节	气	太阴到山
十一月	壬	大雪		太阴大雪到壬山
	子		冬至	太阴冬至到子山
十二月	癸	小寒		太阴小寒到癸山
	丑		大寒	太阴大寒到丑山
正月	艮	立春		太阴立春到艮山
	寅		雨水	太阴雨水到寅山
二月	甲	惊蛰		太阴惊蛰到甲山
	卯		春分	太阴春分到卯山
三月	乙	清明		太阴清明到乙山
	辰		谷雨	太阴谷雨到辰山
四月	巽	立夏		太阴立夏到巽山
	巳		小满	太阴小满到巳山
五月	丙	芒种		太阴芒种到丙山
	午		夏至	太阴夏至到午山
六月	丁	小暑		太阴小暑到丁山
	未		大暑	太阴大暑到未山
七月	坤	立秋		太阴立秋到坤山
	申		处暑	太阴处暑到申山
八月	庚	白露		太阴白露到庚山
	酉		秋分	太阴秋分到酉山

续表

月份	二十四山	节气		太阴到山
九月	辛	寒露		太阴寒露到辛山
	戌		霜降	太阴霜降到戌山
十月	乾	立冬		太阴立冬到乾山
	亥		小雪	太阴小雪到亥山

太阴到山、到向、三合照

二十四山	太阴到山	太阴到向	太阴三合照
壬	大雪到山	芒种到向	立秋到坤、清明到乙
子	冬至到山	夏至到向	处暑到申、谷雨到辰
癸	小寒到山	小暑到向	立夏到巽、白露到庚
丑	大寒到山	大暑到向	小满到巳、秋分到酉
艮	立春到山	立秋到向	大暑到未、小雪到亥
寅	雨水到山	处暑到向	夏至到午、霜降到戌
甲	惊蛰到山	白露到向	小暑到丁、立冬到乾
卯	春分到山	秋分到向	大暑到未、小雪到亥
乙	清明到山	寒露到向	大雪到壬、立秋到坤
辰	谷雨到山	霜降到向	冬至到子、处暑到申
巽	立夏到山	立冬到向	小寒到癸、白露到庚
巳	小满到山	小雪到向	大寒到丑、秋分到酉
丙	芒种到山	大雪到向	立春到艮、寒露到辛
午	夏至到山	冬至到向	雨水到寅、霜降到戌
丁	小暑到山	小寒到向	惊蛰到甲、立冬到乾
未	大暑到山	大寒到向	春分到卯、小雪到亥
坤	立秋到山	立春到向	清明到乙、大雪到壬
申	处暑到山	雨水到向	冬至到子、谷雨到辰
庚	白露到山	惊蛰到向	小寒到癸、立夏到巽
酉	秋分到山	春分到向	小满到巳、大寒到丑
辛	寒露到山	清明到向	立春到艮、芒种到丙
戌	霜降到山	谷雨到向	夏至到午、雨水到寅
乾	立冬到山	立夏到向	小暑到丁、惊蛰到甲
亥	小雪到山	小满到向	大暑到未、春分到卯

太阴的使用方法与太阳相似，以到山到向为上吉，有三合照为次吉。要特别注意的是，对于三合照，阴宅以坐为主，阳宅以向为主。

十二、穿山七十二龙

穿山七十二龙是罗盘上极为常见的一层。前面在介绍罗盘发展源流的时候讲过，这一层是唐代风水家杨筠松在实践中发现正针阴阳龙过于粗糙，格龙乘气的准确性太差而创造的，七十二龙和正针合称为杨盘。

所谓穿山，又名"地纪"，是指穿定来龙属于哪个干支，而以其纳音定吉凶论断。

穿山专论来龙吉凶，在过峡中定盘针，看过峡穿在何干支中，如果近无过峡，即在入首主星之后定之，从来龙起伏束咽处来穿定是什么干支，或从分水脊上定盘针，看何字来龙。当知道来龙穿在哪个干支，便要推其吉凶。

1. 七十二龙分金盘式

穿山七十二龙也叫七十二龙分金。分金，是风水术确定坐向时的一个专门术语，是指对方向的分位，正如将珍贵的金子分开，有分量非常精密、严谨的意思。七十二龙分金，是在二十四山的每一山下排三龙，所以二十四山有七十二分金。其具体盘式是：

自地盘正针的壬位末与子位交界处排甲子、丙子、戊子、庚子、壬子。癸位下空白一格。

在癸位末，与丑位交界处排乙丑、丁丑、己丑、辛丑、癸丑。艮位下空白一格。

在艮位末，与寅位交界处排丙寅、戊寅、庚寅、壬寅、甲寅。甲位下空白一格。

在甲位末，与卯位交界处排丁卯、己卯、辛卯、癸卯、乙卯。乙位下空白一格。

在乙位末，与辰位交界处排戊辰、庚辰、壬辰、甲辰、丙辰。在巽位下空白一格。

在巽位末，与巳位交界处排己巳、辛巳、癸巳、乙巳、丁巳，丙位下空白一格。

在丙位末，与午位交界处排庚午、壬午、甲午、丙午、戊午。在丁位下空白一格。

在丁位末，与未位交界处排辛未、癸未、乙未、丁未、己未。在坤位下空白一格。

在坤位末，与申位交界处排壬申、甲申、丙申、戊申、庚申。在庚位下空白一格。

在庚位末，与酉方交界处排癸酉、乙酉、丁酉、己酉、辛酉。在辛位下空白一格。

在辛位末，与戌位交界处排甲戌、丙戌、戊戌、庚戌、壬戌。在乾方下空白一格。

在乾位末，与亥位交界处排乙亥、丁亥、己亥、辛亥、癸亥。在壬位下空白一格。

如此，七十二龙分金盘便排好了。见图。

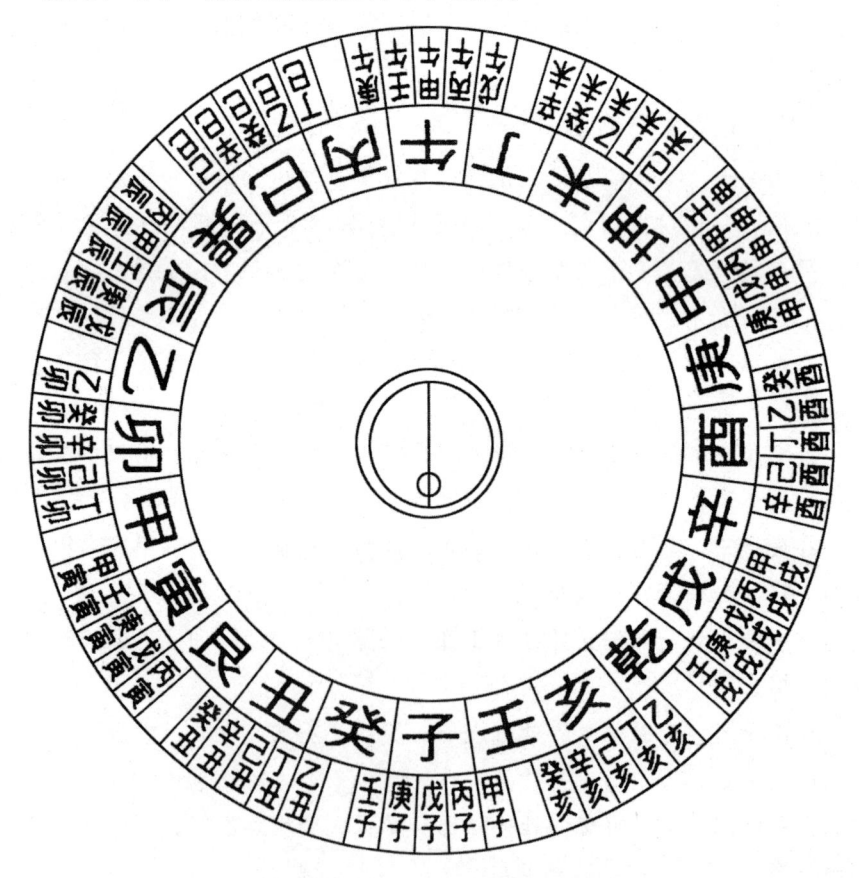

穿山七十二龙盘

2. 穿山七十二龙吉凶

穿山七十二龙的吉凶，是根据孤阳阴虚原理和杨公五气来判断的，有大空亡、龟甲空亡、阴阳差错等说法。

（1）大空亡

从以上七十二龙分金的排法可以看出，这一层是在二十四山每一地支位下按六十甲子次序各列五位天干，组成五对甲子。二十四山中，十二地支是间隔一位布列的，所以，每位地支分三格纳三位天干，其余两位天干就是要标在左右天干或四卦所分出的格内。换句话说，二十四山中的八干四卦虽然每位分出三格，但左右两格均被六十甲子所占用，只留下居中的一格是空格。六十甲子占七十二格，有十二格是空的，这些空格被术家认为是不吉利的方位。如占龙坐向恰好对准空格，就称为"空亡"，也叫"大空亡"。因为是空，所以必定要亡，亡了也就是空了。

风水家认为这些空格不吉，是因为空格恰好是乾、坤、艮、巽四卦及八干甲、乙、丙、丁、庚、辛、壬、癸的位置，无以配天干，没有干支所管。在有的罗盘上，这里会标以一个"正"字。

如果所占方位恰好在七十二龙的缝中，术称"小空亡"，以区别空格处的大空亡，因为坐向没有内容相配，所以也是凶向。

（2）龟甲空亡

七十二龙配二十四山，每山分得三龙，除犯大空亡的部分外，有戊子、己丑、庚寅、辛卯、壬辰、癸巳、甲午、乙未、丙申、丁酉、戊戌、己亥，适逢先天十二支之正位，风水家认为其气直冲每山之中心，气欠融和，犹如龟甲坚硬之气所不能贯通，所以称为"龟甲空亡"。也属于不吉，不能用。

（3）阴阳差错

风水学有云："先天罗经十二支，后天再用干与维。"罗盘的二十四山，是由先天十二支位加入八干四维而成的，干维十二位适逢先天十二支位正中的交界（干维的大空亡更位于交界线中）。所以八干四维所得三龙中，如遇有先天十二支，必取正中方位，否则就是阴阳差错。如艮中癸丑之丑为阴；而艮中的丙寅之寅为阳。又如巽中丙辰之辰为阳；而巽中的己巳之巳为阴。

所以阴差阳错有二十四干支，包括壬子、癸丑、甲寅、乙卯、丙辰、丁巳、戊午、己未、庚申、辛酉、壬戌、癸亥、甲子、乙丑、丙寅、丁卯、戊辰、己巳、庚午、辛未、壬申、癸酉、甲戌、乙亥。这些都是不能用的干支。加上十二大空亡，八干四维所属的分金是全然不能用的。

除大空亡、龟甲空亡、阴阳差错外，余下的属旺相，是可用的吉利干支。即七十二分金仅有二十四分金可用，包括丙子、丁丑、戊寅、己卯、庚辰、辛巳、壬午、癸未、甲申、乙酉、丙戌、丁亥、庚子、辛丑、壬寅、癸卯、甲辰、乙巳、丙午、丁未、戊申、己酉、庚戌、辛亥。

3. 阴阳孤虚旺相

龟甲空亡的分金吉凶，依据的是风水学中的阴阳孤虚旺相之说。其原理来自《雪心赋》中的"孤阳不生，独阴不长"，意思是在八卦的阴阳爻的组合中，三卦爻都是纯阳爻的卦和上下爻均为阳爻的卦，没有与阴爻配合，没有生育之气，称为"孤阳"；相反，三卦爻都是纯阴爻的卦和上下爻均为阴爻的卦，没有与阳爻结合，也没有生育之气，称为"阴虚"。孤阳和阴虚，都是不吉的征兆。

以此说来看八卦，乾卦三爻全阳，乾纳甲、壬。坤卦三爻全阴，坤纳乙、癸。离卦上下爻皆阳，离纳己。坎卦上下爻皆阴，坎纳戊。这四卦就属于孤虚之相，无生育之气，因此这四卦所纳天干，也都不取用。所以，甲、壬为阳为"孤"；乙、癸为阴为"虚"；戊己为空亡。

其余四卦，震卦卦爻上阴下阳，震纳庚。巽卦卦爻上阳下阴，巽纳辛。兑卦卦爻上阴下阳，兑纳丁。艮卦卦爻上阳下阴，艮纳丙。这四卦皆有生育之气，因此这四卦所纳天干都可以取用。所以丙、庚为阳为"旺"；丁、辛为阴为"相"。总的来说，"旺相"为阴阳冲和之相，孤虚、龟甲空亡为阴阳不冲和之象，主人财耗散败绝。上面所列的二十四个吉利干支皆属旺相。

4. 纳音五行断吉凶

除了孤虚旺相之说，另一种判定七十二龙吉凶的方法是依据纳音五行，将七十二龙与五行相配，再纳入先天十二支宫中，看其与所属支宫的生克关系，由此分为休、旺、相、囚、死五种向位推知吉凶。

首先要了解六十甲子纳音五行的原理，以下是六十甲子纳音五行歌诀：

甲子乙丑海中金，丙寅丁卯炉中火，

戊辰己巳大林木，庚午辛未路旁土，

壬申癸酉剑锋金，甲戌乙亥山头火，
丙子丁丑涧下水，戊寅己卯城头土，
庚辰辛巳白镴金，壬午癸未杨柳木，
甲申乙酉井泉水，丙戌丁亥屋上土，
戊子己丑霹雳火，庚寅辛卯松柏木，
壬辰癸巳长流水，甲午乙未沙石金，
丙申丁酉山下火，戊戌己亥平地木，
庚子辛丑壁上土，壬寅癸卯金箔金，
甲辰乙巳覆灯火，丙午丁未天河水，
戊申己酉大驿土，庚戌辛亥钗钏金，
壬子癸丑桑柘木，甲寅乙卯大溪水，
丙辰丁巳沙中土，戊午己未天上火，
庚申辛酉石榴木，壬戌癸亥大海水。

这歌诀将六十甲子分出五行。例如甲子乙丑属金，丙寅丁卯属火，戊辰己巳属木等。

知道了六十甲子五行所属后，再将十二支与五行相配，然后考察二者的五行生克关系，由此得出吉凶论断如下：

（1）子宫属水

甲子龙属金，金生水为休龙。

丙子龙属水，水比水为旺龙。

戊子龙属火，水克火为死龙。

庚子龙属土，土克水为囚龙。

壬子龙属木，水生木为相龙。

（2）丑宫属土

乙丑龙属金，土生金为相龙。

丁丑龙属水，土克水为死龙。

己丑龙属火，火生土为休龙。

辛丑龙属土，土与土为旺龙。

癸丑龙属木，木克土为囚龙。

（3）寅宫属木

丙寅龙属火，木生火为相龙。

戊寅龙属土，木克土为死龙。

庚寅龙属木，木比木为旺龙。
壬寅龙属金，金克木为囚龙。
甲寅龙属水，水生木为休龙。

（4）卯宫属木

丁卯龙属火，木生火为相龙。
己卯龙属土，木克土为死龙。
辛卯龙属木，木比木为旺龙。
癸卯龙属金，金克木为囚龙。
乙卯龙属水，水生木为休龙。

（5）辰宫属土

戊辰龙属木，木克土为囚龙。
庚辰龙属金，土生金为相龙。
壬辰龙属水，土克水为死龙。
甲辰龙属火，火生土为休龙。
丙辰龙属土，土比土为旺龙。

（6）巳宫属火

己巳龙属木，木生火为休龙。
辛巳龙属金，火克金为死龙。
癸巳龙属水，水克火为囚龙。
乙巳龙属火，火比火为旺龙。
丁巳龙属土，火生土为相龙。

（7）午宫属火

庚午龙属土，火生土为相龙。
壬午龙属木，木生火为休龙。
甲午龙属金，火克金为死龙。
丙午龙属水，水克火为囚龙。
戊午龙属火，火比火为旺龙。

（8）未宫属土

辛未龙属土，土比土为旺龙。
癸未龙属木，木克土为囚龙。
乙未龙属金，土生金为相龙。
丁未龙属水，土克水为死龙。

己未龙属火，火生土为休龙。

（9）申宫属金

壬申龙属金，金比金为旺龙。
甲申龙属水，金生水为相龙。
丙申龙属火，火克金为囚龙。
戊申龙属土，土生金为休龙。
庚申龙属木，金克木为死龙。

（10）酉宫属金

癸酉龙属金，金比金为旺龙。
乙酉龙属水，金生水为相龙。
丁酉龙属火，火克金为囚龙。
己酉龙属土，土生金为休龙。
辛酉龙属木，金克木为死龙。

（11）戌宫属土

甲戌龙属火，火生土为休龙。
丙戌龙属土，土比土为旺龙。
戊戌龙属木，木克土为囚龙。
庚戌龙属金，土生金为相龙。
壬戌龙属水，土克水为死龙。

（12）亥宫属水

乙亥龙属火，水克火为死龙。
丁亥龙属土，土克水为囚龙。
己亥龙属木，水生木为相龙。
辛亥龙属金，金生水为休龙。
癸亥龙属水，水比水为旺龙。

二十四山	所属七十二龙
壬山	癸亥水龙、空亡龙、甲子金龙。
子山	丙子水龙，戊子火龙，庚子土龙。
癸山	壬子木龙，空亡龙、乙丑金龙。
丑山	丁丑水龙，己丑火龙，辛丑土龙。
艮山	癸丑木龙，空亡龙，丙寅火龙。

二十四山	所属七十二龙
寅山	戊寅土龙，庚寅木龙，壬寅金龙。
甲山	甲寅水龙，空亡龙，丁卯火龙。
卯山	己卯土龙，辛卯木龙，癸卯金龙。
乙山	乙卯水龙，空亡龙，戊辰木龙。
辰山	庚辰金龙，壬辰水龙，甲辰火龙。
巽山	丙辰土龙，空亡龙，己巳木龙。
巳山	辛巳金龙，癸巳水龙，乙巳火龙。
丙山	丁巳土龙，空亡龙，庚午土龙。
午山	壬午木龙，甲午金龙，丙午水龙。
丁山	戊午火龙，空亡龙，辛未土龙。
未山	癸未木龙，乙未金龙，丁未水龙。
坤山	己未火龙，空亡龙，壬申金龙。
申山	甲申水龙，丙申火龙，戊申土龙。
庚山	庚申木龙，空亡龙，癸酉金龙。
酉山	乙酉水龙，丁酉火龙，己酉土龙。
辛山	辛酉木龙，空亡龙，甲戌火龙。
戌山	丙戌土龙，戊戌木龙，庚戌金龙。
乾山	壬戌水龙，空亡龙，乙亥火龙。
亥山	丁亥土龙，己亥木龙，辛亥金龙。

5. 杨公五气

为了更好地说明七十二龙分金的原理，这里介绍一下杨公五气之说。

甲子旬（孤虚）（冷气脉）：甲子、乙丑、丙寅、丁卯、戊辰、己巳、庚午、辛未、壬申、癸酉、甲戌、乙亥。

丙子旬（旺相）（正气脉）：丙子、丁丑、戊寅、己卯、庚辰、辛巳、壬午、癸未、甲申、乙酉、丙戌、丁亥。

戊子旬（煞曜）（败气脉）：戊子、己丑、庚寅、辛卯、壬辰、癸巳、甲午、乙未、丙申、丁酉、戊戌、己亥。

庚子旬（旺相）（旺气脉）：庚子、辛丑、壬寅、癸卯、甲辰、乙巳、丙午、丁未、戊申、己酉、庚戌、辛亥。

壬子旬（孤虚）（退气脉）：壬子、癸丑、甲寅、乙卯、丙辰、丁巳、戊午、己未、庚申、辛酉、壬戌、癸亥。

风水家认为，凡坐度系甲子、戊子、壬子中的一旬者，其家大多破耗，败财，有不吉利的事情发生。凡坐度合于丙子、庚子中的一旬者，其家平安富裕。所以有口诀云："甲子孤虚丙子正，戊子龟甲庚子旺，壬子差错是空亡，穿山七二一路详。"

为方便读者更好地理解穿山七十二龙吉凶，以下附上《二十四山火坑神断诀》和"穿山七十二龙吉凶断诀便览表"。

二十四山火坑神断诀

（一）

戊子甲午气难当，阴差阳错是空亡。
忽听师人真口诀，立宅安坟见损伤。
申子辰年寅午戌，疾病官灾损二房。
军贼牵连房房苦，泥水入坟祸非常。

（二）

己丑乙未气凶强，其中火坑最不良。
巳酉丑年亥卯未，疾病官灾退田庄。
白蚁先从底下入，损妻克子在三房。
此坟若还不改移，儿孙宛如瓦上霜。

（三）

庚寅丙申气不良，立宅安坟损长房。
申子辰年寅午戌，损妻克子最难当。
疾病官灾房房占，水火牵连损幼房。
白蚁先后底下入，田地退败守空房。

（四）

辛卯丁酉不为强，立宅安坟损二房。
亥卯未年巳酉丑，疾病官灾损三房。
水火牵连多横事，因亲连累房房当。

（五）

壬辰癸巳气如枪，立宅安坟损三房。
申子辰年寅午戌，疾病官灾损小房。
后代儿孙多僧道，损妻克子不安康。

（六）

戊戌己亥是空亡，立宅安坟损长房。
巳酉丑年亥卯未，疾病官灾损小房。
水火牵连出外死，田地人财如雪霜。
白蚁先从底下入，儿孙忤逆走他乡。

穿山七十二龙吉凶断诀便览表

地盘	穿山	断诀	
壬山	癸亥	癸亥气入是福龙，出官享丰亨，人丁昌炽多美境，申子辰年应，又见辰方水，棺内不洁净。	吉
	正		
	甲子	甲子气入是小错，甲子冲棺出黄肿疯跛瘫癫女哑男痨，若见丙上水，棺内有泥浆，巳酉丑年应。	大凶
子山	丙子	丙子龙来大吉昌，添人进财置田庄，富贵双全定有应，诸事尤吉祥，申子辰巳酉丑年应。	半吉
	戊子	戊子原来是火坑，风流浪子败人伦，不惟木根穿棺木，白蚁从此生，若见巽方水，棺内泥水二三分，寅午戌申子辰年应。	大凶
	庚子	庚子亦名是吉龙，富贵双全福自隆，人财六畜盛，申子辰年丰。	大吉
癸山	壬子	壬子出人少亡招贼侵，损妻克子事多凶，申子辰年应，又见庚辛水，棺内可撑船。	吉
	正		
	乙丑	乙丑龙必旺人丁，食足衣丰富贵亨，倘见午丁水，棺木泥中五尺深，巳酉丑年应。	半吉
丑山	丁丑	丁丑亦列为吉龙，出人聪明又玲珑，富贵悠长久，诸事乐融融，若见未方水，棺内如水塘，申子辰年应。	大吉
	己丑	己丑龙来是黑风，女妖男痨百事凶，疯疾最可怕，败绝实可痛，寅午戌年应。	大凶
	辛丑	辛丑原来是吉龙，三十富贵大兴隆，人财六畜诸事吉，慈恭孝友异凡庸。	半吉

续表

地盘	穿山	断诀	
艮山	癸丑	癸丑龙入犯孤虚，葬后官灾必不休，诸事不称意，众房皆不遂，若见乾方水，树根穿棺入定不疑，亥卯未年应。	大凶
	正		
	丙寅	丙寅气入穴平常，纵使发福不久长，寅午戌年中，诸事皆吉祥。	次吉
寅山	戊寅	戊寅原来是富龙，富贵荣华世代隆，申子辰年登科应。	大吉
	庚寅	庚寅气入是孤虚，火坑黑风空亡宫，葬后三六九年疯疾见，人伦败绝最堪怜。	大凶
	壬寅	壬寅是吉龙，富贵人财丰，田产广置多福泽，巳酉丑年逢，倘逢午方水，棺在泥水中。	吉
甲山	甲寅	甲寅原本是凶龙，一代兴发好，后世多眼病，若见坤方水，棺中白蚁生。	凶
	正		
	丁卯	丁卯气入龙平常，酒气飘流懒惰扬，寅午戌年应，亥水多泥浆。	半吉
卯山	己卯	己卯气正吉龙，人财两发衣食丰，若见巽方水，老鼠穿棺中，申子辰年应不爽。	大吉
	辛卯	辛卯原来是绝龙，火坑败绝出盗翁，三房先绝后及众，官灾叠见事多凶。若连申方水滥泥一尺入棺中，此坟若还不移改，人财败绝永无踪。	大凶
	癸卯	癸卯原来是吉龙，富贵双全出人聪，田庄广进多美境，人安物阜百事通，若见巳方水，木根穿棺中，巳酉丑年应。	半吉
乙山	乙卯	乙卯龙非吉，孤寡败绝多寿夭，后代腰驼并曲脚，纵然有人都难保，又见戌方水，井内水养鱼。	大凶
	正		
	戊辰	戊辰气入必然好，富贵寿长把名标，倘见申酉水，井内有蚁虫，巳酉丑年应。	半吉

续表

地盘	穿山	断诀	
辰山	庚辰	庚辰原来是吉龙，出人发福永不穷，七代富贵，子孙秀超群，冠世英雄，亥卯未年见，丁方水有火灾。	吉
	壬辰	壬辰气是绝龙，火坑败绝最足痛，口舌官灾少亡惨，离乡和尚永别踪，若见戌方水，棺井泥水兼蚁虫。	大凶
	甲辰	甲辰气入是吉龙，七十五年富贵丰，若见子方水，井内泥水深。	大吉
巽山	丙辰	丙辰气入亦发福，衣食平平过，招赘过房，后代人败绝，若见寅申水，木根穿棺，亡人不安。	大凶
	正		
	己巳	己巳气乃半吉龙，富贵均平，亥卯未年应，若见乾上水，尸骨入泥坑。	大凶
巳山	辛巳	辛巳也算是吉龙，富贵荣华定光宗，巳酉丑年应不爽，丁水火灾有蚁虫。	大吉
	癸巳	癸巳原来是绝龙，火坑败绝百事凶，葬后五年并七载，老丁六畜败若风，若见丑方水，老鼠穿棺作窠攻。	大凶
	乙巳	乙巳气是吉龙，荣华富贵福最隆，寅午戌年应有验，癸水来冲棺泥封。	半吉
丙山	丁巳	丁巳原来是凶龙，三年七载口舌并，若见卯水来，棺木泥中有蚁虫。	半吉
	正		
	庚午	庚午气入亦有益，人兴财旺有其日，世代兴业多吉庆，申子辰寅午戌年中，若见甲寅水，泥水损人丁。	
午山	壬午	壬午气入是福龙，富贵双全出英雄，三十七代人丁旺，景星庆云受诰封，忌见甲方水，井内泥浆攻。	大吉
	甲午	甲午气入是火坑，财败人亡最堪惨，此坟若还不改移，房房必定少后裔，又见午丁水，棺底烂崩有火灾，巳酉丑年见。	大凶
	丙午	丙午气是吉龙，家业平平发人聪，谋事稳妥诸般吉，巳酉丑年应，若见丑艮水，泥水兼蚁虫。	大吉

续表

地盘	穿山	断诀	
丁山	戊午	戊午是吉龙，房房发人丁，代代多豪富，岁岁吉事临，若见子癸水，井内有白蚁，寅午戊年应。	大吉
	正		
	辛未	辛未气入亦吉龙，出人俊秀性不鲁，户发如雷响，粟陈贯朽库。	大吉
未山	癸未	癸未亦属于吉龙，出人富贵寿不穷，亥卯未年应，若见庚上水，阴魂不安阳人凶。	半吉
	乙未	乙未气入犯孤虚，火坑败绝最堪啼，绝龙又见巳水来，尸骨已成泥，巳酉丑年应。	大凶
	丁未	丁未气是吉龙，双全富贵长久逢，申子辰年应不爽，寅午戊年足财丰，倘见丑艮水，骨在泥水中。	
坤山	己未	己未龙来太不宜，灾祸退败必不移，寅午戊年出疯迷，己恶人见疑，若见亥壬水，儿孙横事骨生蚁。	大凶
	正		
	壬申	壬申龙来是福基，葬后儿孙著绯衣，若见午方水，阴阳受灾逼。	大吉
申山	甲申	甲申气入是吉龙，子孙聪明富贵丰，申子辰年必有兆，世代乐无穷，若见艮流水，骨骸定不净。	大吉
	丙申	丙申气入是黑风，火坑败绝家业穷，若见子癸水，骨入泥水中。	大凶
	戊申	戊申气入是福龙，出人聪明寿长久，双全富贵发不休，若见甲方水，骨在泥水中。	大吉
庚山	庚申	庚申气入犯孤虚，孀寡事出奇，又见乾方水，阴魂受灾逼。	大凶
	正		
	癸酉	癸酉龙来富贵扬，人财两发福寿长，若见丁方水，井内若小塘。	吉

续表

地盘	穿山	断诀	
酉山	乙酉	乙酉龙入福无比，出人富贵最聪慧。若见辰方水，井内泥水坑。	吉
	丁酉	丁酉气入是火坑，百事不遂绝人丁。若见癸方水，树根泥水坑。	凶
	己酉	己酉龙是福，文武出三公。申子辰年应，世代富贵丰。若见卯方水，白蚁必入侵。	大吉
辛山	辛酉	辛酉气入龙平常，富贵不久长。亥卯未年应，乾水冲堪忧。	半吉
	正		
戌山	甲戌	甲戌气入是恶龙，一代富贵发不久。后出僧庙道，寅午戌年有。孤寡又败绝，诸事多见忧。若见壬方水，墓生奇怪丑。	大凶
	丙戌	丙戌气入是福龙，人丁发达乐长春，登科及第早，申子辰年应，若见甲卯水，木根穿棺中。	半吉
	戊戌	戊戌龙入犯孤虚，火坑败绝人多疾。和尚少亡孤寡惨，损妻克子定无疑。午未年中见，方知受灾奇。若见申方水，骨骸不清洁。	大凶
	庚戌	庚戌气入亦吉龙，富贵荣华衣食丰。巳酉丑年多见喜，三十六年出人聪。若见午丁水，棺骨入泥中。	大吉
乾山	壬戌	壬戌气入非吉龙，出人无才损少年，离乡僧与道，损妻克子二房占。申子辰年应，败退其无算。若见辰方水，泥水半金罐。	凶
	正		
	乙亥	乙亥气入是凶龙，出人孀寡少年孤。疯疾哑聋实足惨，寅午戌年叠见哭。倘见坤宫水，棺作白蚁屋。	凶

184

续表

地盘	穿山	断诀	
亥山	丁亥	丁亥气入是福龙，富贵大发衣食丰。申子辰年多吉庆。只怕巽水冲，棺中泥水凶。	大吉
	己亥	己亥气入是黑风，火坑败绝人无踪，申子辰年寅午戌，人走他乡多奇怪。若见庚酉水，木根穿指害。	凶
	辛亥	辛亥气入是吉龙，人财两发福悠隆。若见午丁水，棺板不全凶。	大吉

十三、一百二十分金

在地盘正针二十四山之下，每山各设五位，共一百二十位，称正针一百二十分金，也叫一百二十龙。它是将罗盘360度分为120分位，每分位有3度，排列方式类似于七十二龙，是将六十甲子按照地支属性的不同，分别排入正针二十四山所对应的十二个地支，再把六十甲子分别纳入正针二十四山中十二地支的顺行方向的相邻之山名下。

1. 一百二十分金排列

在有的罗盘属于一百二十分金的圈层上，我们一般看到有如下的排列：

甲山——丙寅、庚寅

卯山——丁卯、辛卯

乙山——丁卯、辛卯

辰山——丙辰、庚辰

巽山——丙辰、庚辰

巳山——丁巳、辛巳

丙山——丁巳、辛巳

午山——丙午、庚午

丁山——丙午、庚午

未山——丁未、辛未

坤山——丁未、辛未

申山——丙申、庚申

庚山——丙申、庚申
酉山——丁酉、辛酉
辛山——丁酉、辛酉
戌山——丙子、庚戌
乾山——丙子、庚戌
亥山——丁亥、辛亥
壬山——丁亥、辛亥
子山——丙子、庚子
癸山——丙子、庚子
丑山——丁丑、辛丑
艮山——丁丑、辛丑
寅山——丙寅、庚寅

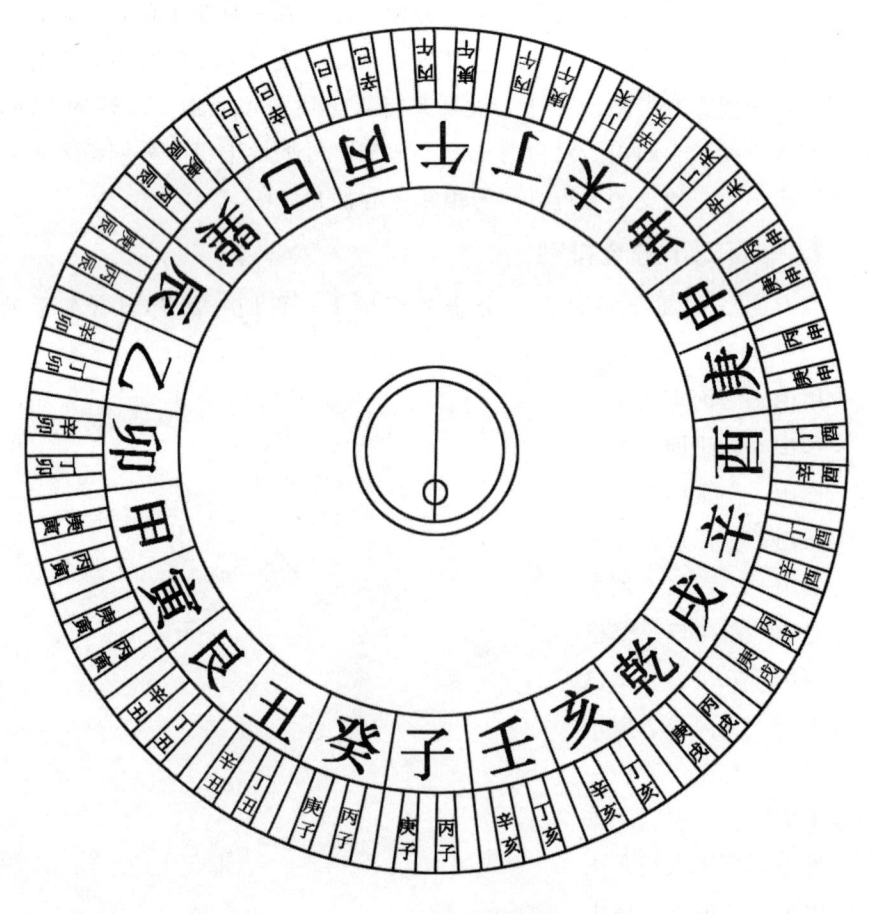

一百二十分金旺相线盘

不难算出，以上只有四十八个干支，其他的都只有空白，那为什么不称四十八龙而称一百二十龙呢？原来那些空白位也有干支所藏，只是其干支属于凶类，故不列出。确切地说，原盘其实共有一百二十龙分金，只是和七十二龙一样，根据空亡、孤虚等说法，能用的只有这四十八干支。依据杨公五气之说，它们正是与丙子旬和庚子旬所关联的四十八个方位，即：

丙子旬（旺相）——正气脉：

丙子　丁丑　戊寅　己卯　庚辰　辛巳

壬午　癸未　甲申　乙酉　丙戌　丁亥

庚子旬（旺相）——旺气脉：

庚子　辛丑　壬寅　癸卯　甲辰　乙巳

丙午　丁未　戊申　己酉　庚戌　辛亥

二十四山与一百二十分金分布表

二十四山	每山各有五个分金
子山	甲子、丙子、戊子、庚子、壬子
癸山	甲子、丙子、戊子、庚子、壬子
丑山	乙丑、丁丑、己丑、辛丑、癸丑
艮山	乙丑、丁丑、己丑、辛丑、癸丑
寅山	甲寅、丙寅、戊寅、庚寅、壬寅
甲山	甲寅、丙寅、戊寅、庚寅、壬寅
卯山	乙卯、丁卯、己卯、辛卯、癸卯
乙山	乙卯、丁卯、己卯、辛卯、癸卯
辰山	甲辰、丙辰、戊辰、庚辰、壬辰
巽山	甲辰、丙辰、戊辰、庚辰、壬辰
巳山	乙巳、丁巳、己巳、辛巳、癸巳
丙山	乙巳、丁巳、己巳、辛巳、癸巳
午山	甲午、丙午、戊午、庚午、壬午
丁山	甲午、丙午、戊午、庚午、壬午
未山	乙未、丁未、己未、辛未、癸未

续表

二十四山	每山各有五个分金
坤山	乙未、丁未、己未、辛未、癸未
申山	甲申、丙申、戊申、庚申、壬申
庚山	甲申、丙申、戊申、庚申、壬申
酉山	乙酉、丁酉、己酉、辛酉、癸酉
辛山	乙酉、丁酉、己酉、辛酉、癸酉
戌山	甲戌、丙戌、戊戌、庚戌、壬戌
乾山	甲戌、丙戌、戊戌、庚戌、壬戌
亥山	乙亥、丁亥、己亥、辛亥、癸亥
壬山	乙亥、丁亥、己亥、辛亥、癸亥

2. 分金吉凶论断

怎样去判断哪些分金是吉利，哪些分金属凶类呢？古代流传下来一首歌诀：

　　甲壬阳孤乙癸虚

　　龟甲空亡戊己推

　　丙丁庚辛虽旺相

　　刑冲两害亦莫为

在二十四山的先天十二支中，阳数支顺排甲丙戊庚壬，阴数支顺排乙丁己辛癸，如此配支，例如子山有甲子、丙子、戊子、庚子、壬子。不过，甲壬为阴孤、乙癸为阴虚，统称为孤虚，戊己为龟甲空亡，这些都是凶线，所以在实际应用中不采用。而以丙丁庚辛为旺相，即阴阳调和，属于得气之格，所以可以采用。

例如坐壬向丙，坐得乙亥、丁亥、己亥、辛亥、癸亥五线分金，其中的乙亥、己亥属孤虚，己亥属甲空亡，不可以立屋向；而丁亥及辛亥属旺相，所以在立坐壬向丙之线时，宜择丁亥及辛亥分金。

至于孤虚、旺相的吉凶论断原理，和七十二龙分金一样，也来自"孤阳不生，独阴不长"和八卦纳甲的学说。

在八卦当中，三爻属阳为孤阳，为"孤阳不生"，所以乾卦为孤阳；而乾纳壬甲，所以壬甲为孤阳。

又三爻属阴为独阴,为"独阴不长",所以坤卦为阴虚卦;而坤纳乙癸,所以乙癸为阴虚卦。

坎卦上下二爻俱阴,离卦上下二爻俱阳,也属于"孤阳不生、独阴不长"格局,称为龟甲空亡。而坎纳戊、离纳己,故戊己为龟甲空亡。

震卦及兑卦为上爻阴而下爻阳,此即阴阳相配,而巽卦及艮卦为上爻阳而下爻阴。此即阴阳相配,配则有情,故称旺相。故庚、辛、丙、丁为旺相卦。

立坐定向得旺相,主家人或后人丁财两旺,若定得孤虚之分金,则丁财退耗。

除此之外,风水中还有一派是依据纳音五行原理,以一百二十龙分金配合阳宅主命或阴宅仙命来论吉凶。如果坐山的线位分金克主命或仙命,则作凶论,主破财及家人健康衰退;相反,坐山分金如生旺主命或仙命,可旺子孙家人。

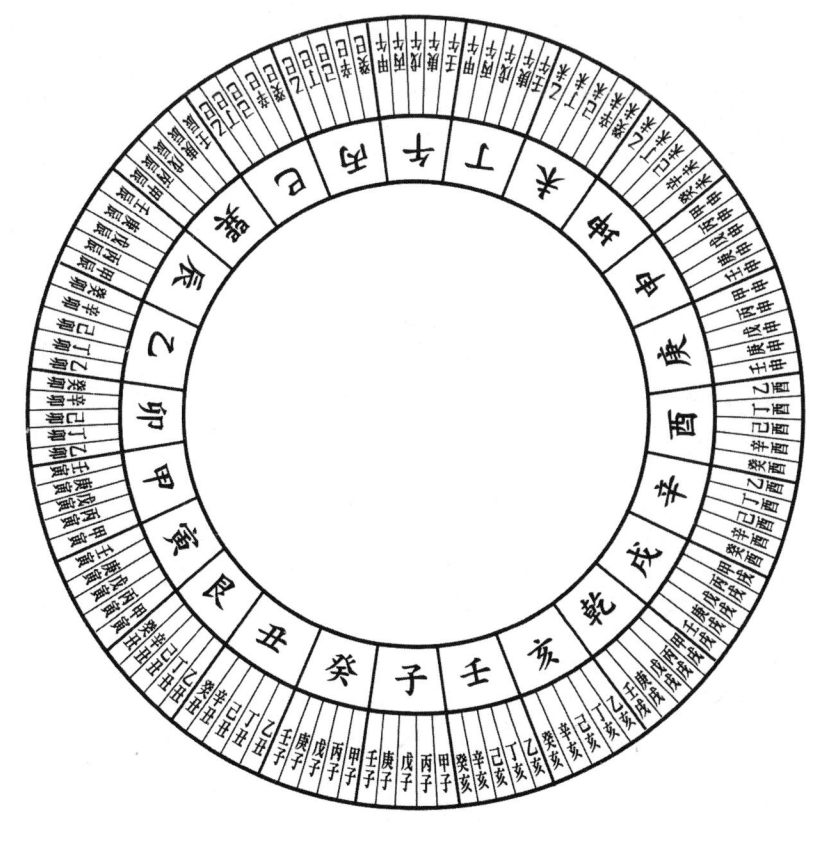

完整的一百二十分金盘

这种应用方法，首先要知道（阴宅）死者仙命的五行。例如有一人的仙命为甲戌，查六十甲子纳音歌，知其五行属火，火最忌水来克及土来损耗，最喜木来生之、火来旺之，所以在选择之分金线位要以木火为主。

一百二十龙分金很少单独运用，配上七十二龙分金会更准确。

罗盘上除了正针一百二十分金外，尚有人盘中针一百二十分金、天盘缝针一百二十分金（又称"外分金"）。它们的排列规律与正针一百二十分金相同，其方位吉凶的判断均同孤虚旺相、龟甲空亡之说。一百二十个方位中，也仅有丙子旬、庚子旬所关联的48个方位可用。而且与正针一百二十分金一样，也是为了立向之用。

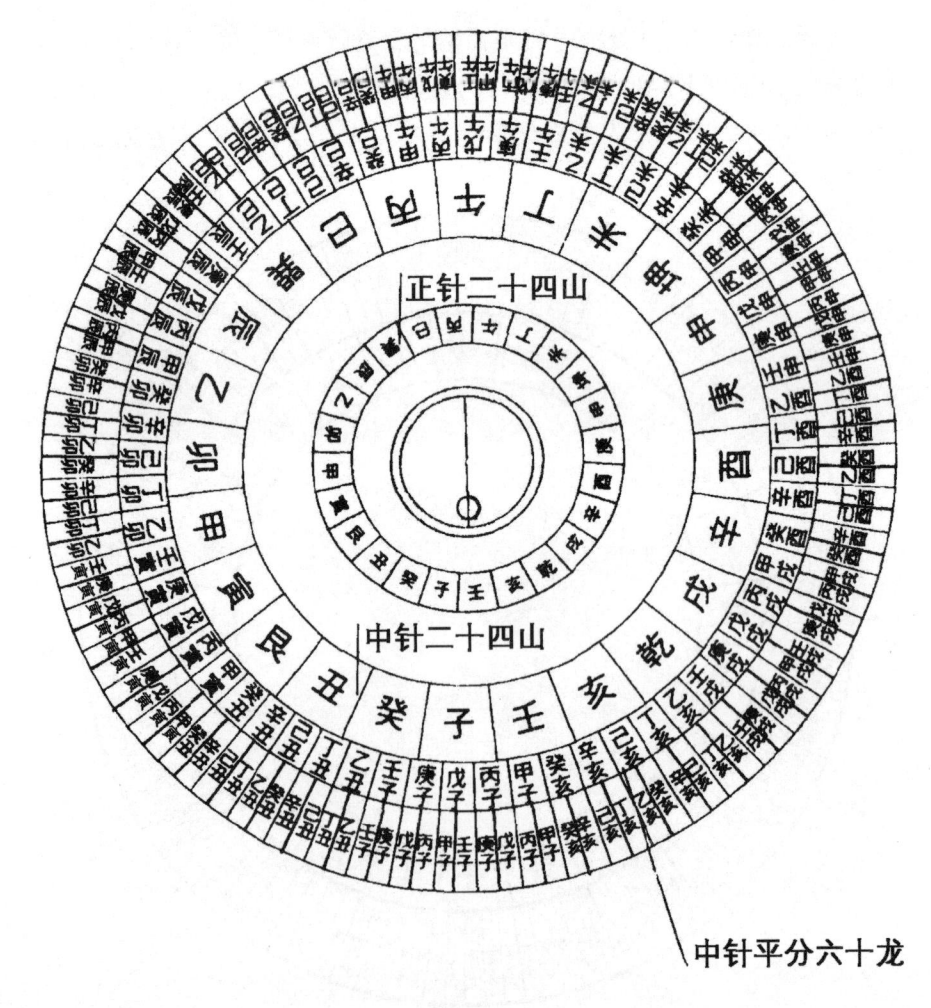

人盘中针一百二十分金

缝针一百二十分金又名"外分金"，为三七加减。正针一百二十龙分金主要是与龙穴坐向线之局取得旺相线，如果如此，属于吉地，但当不得此线局之时，便要参考缝针了。只要缝针收到吉线，也作吉论。如果正针分金已得旺相，便不用理会缝针分金。

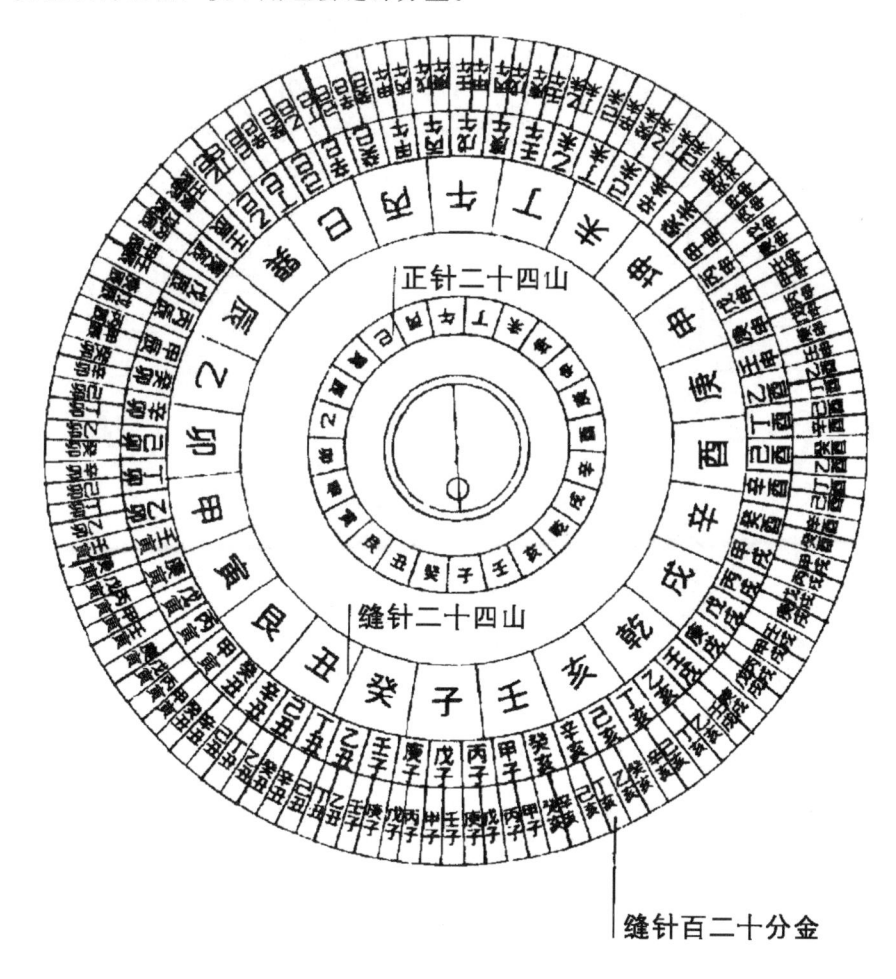

天盘缝针一百二十分金

十四、人盘中针二十四山

人盘中针处于地盘正针与天盘缝针之间。与地盘正针二十四山相比，人盘中针二十四山沿逆时针方向旋转半格，即 7.5 度。这样，中针的子午线就对着正针的壬子、丙午之间，属北极子午，是地球形状的北极中心线。相传人盘中针由宋代风水家赖文俊（赖布衣）所创，所以又名"赖公中针"。

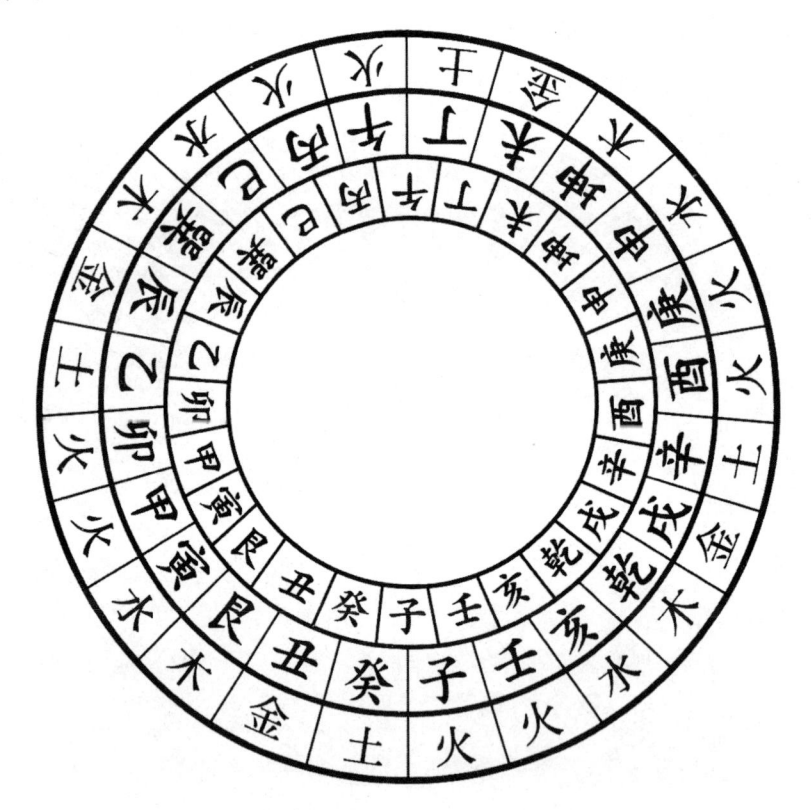

地盘正针与人盘中针五行图

《罗经透解》："中针二十四山，即人盘也，较之地盘，少有参差，为天道健，地道顺，人道平之理。先有天、地，后有人，故人盘居天、地盘之中。此以子、午进一位，子午居天盘壬子、丙子之缝，故为缝针。子、午居地盘之正，故为正针。人盘居子癸、午丁之中，故曰中针。昔先圣造此三才，用之广也。"

中针和缝针是中国罗盘的附盘，在风水术中是为正针服务的。中针的子宫偏于正针子宫的右边，古人称为"先至之气"。所谓先至，是指方位而言，就是说在正针子气尚未到来的时候，就已经有中针的子气了。总而言之，以罗盘二十四山向顺时钟方向左旋的顺序去读，中针的正北是先于正针的正北。也就是说，北极星的位置在指南针所指正北的位置的右边。这样正针方位与中针方位就成了一个夹角，这个夹角就是"磁偏角"。

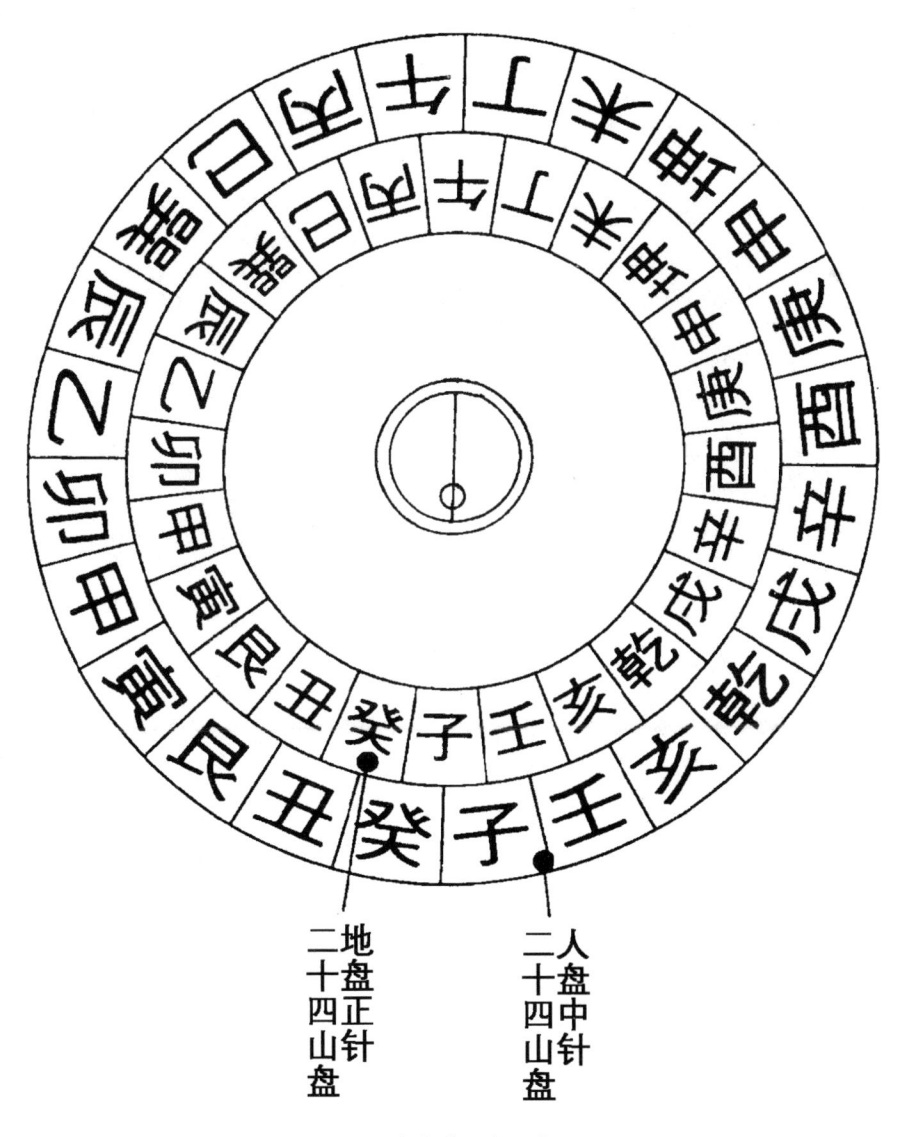

人盘中针二十四山

风水学认为，先有天地，后有人，中针用来上测天星气运进退，下测山川分野地脉。中针二十四山的主要作用是格龙、消砂和辨别天星贵贱，了解二十四山的每山五行属性最为重要，为此风水家总结出口诀云：

子午卯酉太阳火，
甲庚丙壬太阴火，
乾坤艮巽本属木，

乙辛丁癸便属土，
辰戌丑未即是金，
寅申巳亥皆属水，
此是拨砂真妙法，
见砂分金配度坐，
山峰须看人盘位，
吉凶祸福有分明。

也就是说，属金的山有戌、丑、辰、未；属木的山有乾、艮、巽、坤；属水的山有亥、寅、巳、申；属火的山有壬、甲、丙、庚、子、卯、午、酉；属土的山有癸、乙、丁、辛。

人盘中针的使用方法十分简单，它是以坐线为主体，以山峰为客体，互相配合，以向的五行生克论吉凶，共分出生砂、旺砂、奴砂、煞砂和泄砂五类（以下以主代表坐方，以客代表山峰）：

客体五行生主体五行——食神砂，主利科甲。

客体五行同主体五行——旺气砂（比和砂），主旺丁财。

客体五行克主体五行——煞气砂，主丁财两败。

主体五行生客体五行——泄气砂，主飘荡离乡。

主体五行克客体五行——奴仆砂，主旺财帛。

就砂和形状、位置、向背、远近、高低来说，砂以向、内、远、大、先为吉；以背、外、近、小、后为凶。砂如近前，以高不过仞、大不过寻为吉，颜开清切为美，尖方圆的砂为吉，歪斜碎砂为凶，吉砂高则吉，凶砂高则凶。风水家认为，以上五类砂中，前三者为吉，后两者为凶。这种主客的生克吉凶原理，实际是从赖布衣的拨砂口诀而来。其云：

克我煞见则祸绝，
我生泄气渐飘零，
我克奴砂为财帛，
比和为旺丁财足，
生我之星号食神，
食神毓秀诞科甲。

在实际应用中，人盘中针操作有如下步骤：

首先，以人盘中针定宅的坐向，以坐的五行为主体，也就是歌诀中的"我"字。

接着，以罗盘格四方八面的山峰，而山峰所占之山，便是山峰五行气，属于客，如果生体助体则吉，克体泄体则凶。

例如，甲山庚向的阴宅或阳宅。甲山属火，庚、丙、壬、子、午、卯、酉朝应峰属火，火与火为比助峰，旺，主吉。寅、申、巳、亥朝应峰属水，水克火为煞峰，主凶。辰、戌、丑、未朝应峰属金，火克金为财峰，主吉。乾、坤、艮、巽朝应峰属木，木生火为印授，相与旺同看，主吉。乙、辛、丁、癸朝应峰属土，火生土为泄峰，主次凶。

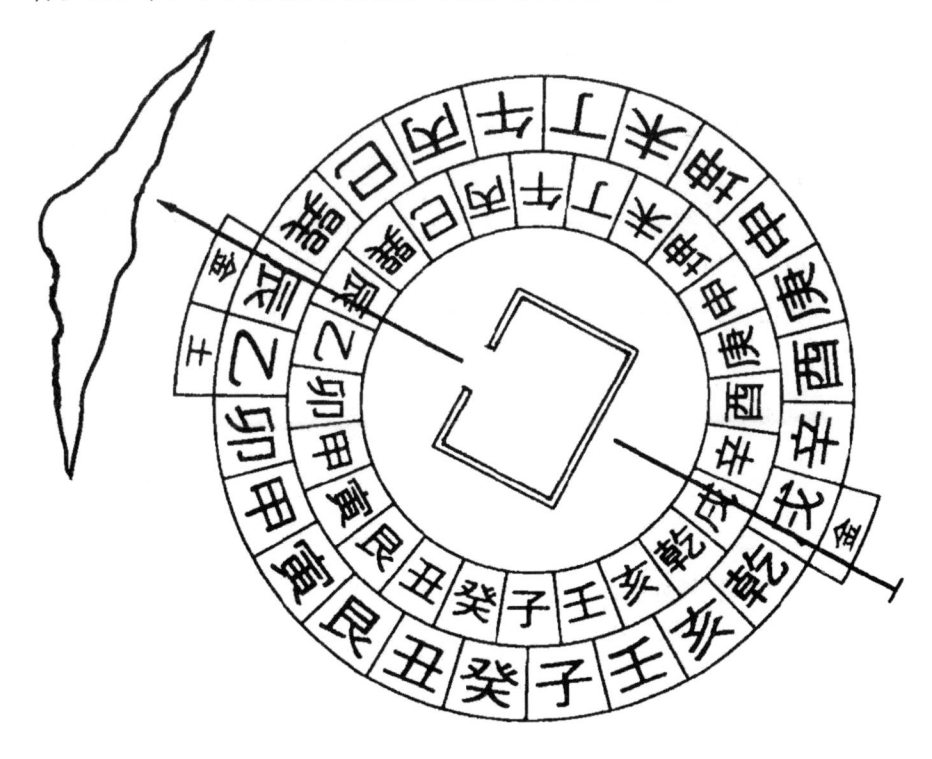

此宅坐戌向辰，戌属金，辰也属金，金助金为旺气砂，主吉。

为了更好地理解人盘中针的应用，现附《赖公拨砂歌》于后：

消砂别来有五种，奴旺煞分泄与生。
彼来克我为七煞，我生彼也是泄名。
旺神即是我见我，彼来生我号食神。
食发科甲人丁诞，旺司财禄多子孙。
生不正向只及旺，两旺高明过一生。
煞克着见则祸绝，泄气相伴渐消零。

我克奴砂为财帛，居官得禄又和平。
大地由来多带煞，两间公位从不匀。
龙气生旺煞无力，闪脉脱脉煞最灵。
龙弱砂强泄旺秀，女嫁豪门坦腹英。
为生为旺贵在内，旺秀兼泄在外门。
此为赖公真口诀，惟有挨星法最灵。

十五、透地六十龙

　　透地六十龙盘据说是杨筠松的徒弟所创。其排法，是以十二支为主，分二十四山为十二组，每组两山，壬子、癸丑、艮寅、甲卯、乙辰、巽巳、丙午、丁未、坤申、庚酉、辛戌、乾亥，每两山排五位。六十龙分金依二十四山排列如下：

壬子两山顺旋排列次序：

甲子

丙子

戊子

庚子

壬子

癸丑两山顺旋排列次序：

乙丑

丁丑

己丑

辛丑

癸丑

艮寅两山顺旋排列次序：

丙寅

戊寅

庚寅

壬寅

甲寅

甲卯两山顺旋排列次序：

丁卯

己卯

辛卯

癸卯

乙卯

乙辰两山顺旋排列次序：

戊辰

庚辰

壬辰

甲辰

丙辰

巽巳两山顺旋排列次序：

己巳

辛巳

癸巳

乙巳

丁巳

丙午两山顺旋排列次序：

庚午

壬午

甲午

丙午

戊午

丁未两山顺旋排列次序：

辛未

癸未

乙未

丁未

己未

坤申两山顺旋排列次序：

壬申

甲申

丙申

戊申

庚申

庚酉两山顺旋排列次序：

癸酉

乙酉

丁酉

己酉

辛酉

辛戌两山顺旋排列次序：

甲戌

丙戌

戊戌

庚戌

壬戌

乾亥两山顺旋排列次序：

乙亥

丁亥

己亥

辛亥

癸亥

透地甲子正针起于壬初，壬属坎，是后天之用数坎，也是先天之坤位，坤为地，因此名叫"透地"。所谓"透地"，也是与"穿山"相呼应的。穿山是穿定来龙看其属于哪一干支，是为"地纪"，专论来龙过峡，在这些来气位定盘针；透地是导龙气入穴中棺木的干支，是为"天纪"，专论穴星降脉后的束咽处定盘针，在穴后八尺峦头即入首处下盘针，定来脉入首，看束咽近一节属何干支。

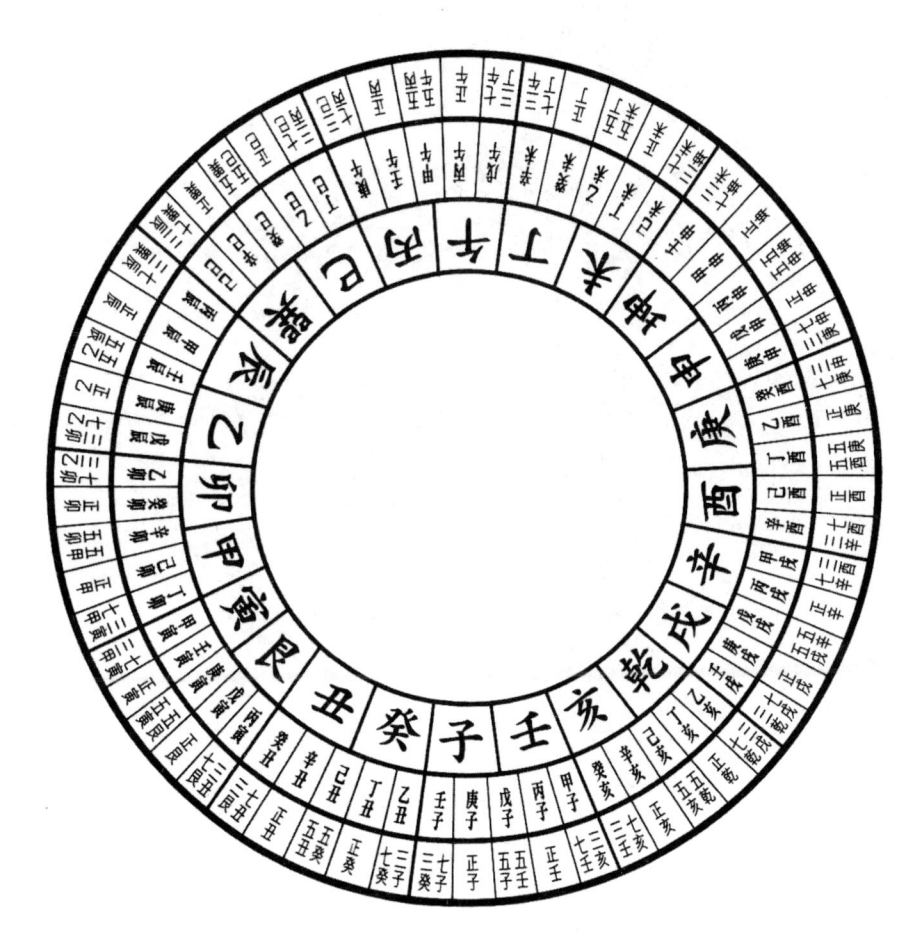

透地六十龙盘

　　透地六十龙的推断吉凶方法也类同穿山七十二龙分金，以杨公五气为依据，仍是取正气脉（丙子旬）和旺气脉（庚子旬）为吉，冷气脉（甲子旬）、败气脉（戊子旬）及退气脉（壬子旬）为凶。区别在于透地六十龙推断的是近脉，穿山七十二龙所推断的是远脉，穿山与透地是互为表里，互相呼应的。有关气脉的吉凶及干支，可参考穿山七十二龙分金一节。

　　风水学认为，透地六十龙即是审龙气，须内避孤虚、煞曜、差错空亡，不得相侵为妙，必须趋旺生气，有"珠宝线"一脉贯注至穴中棺内为佳。

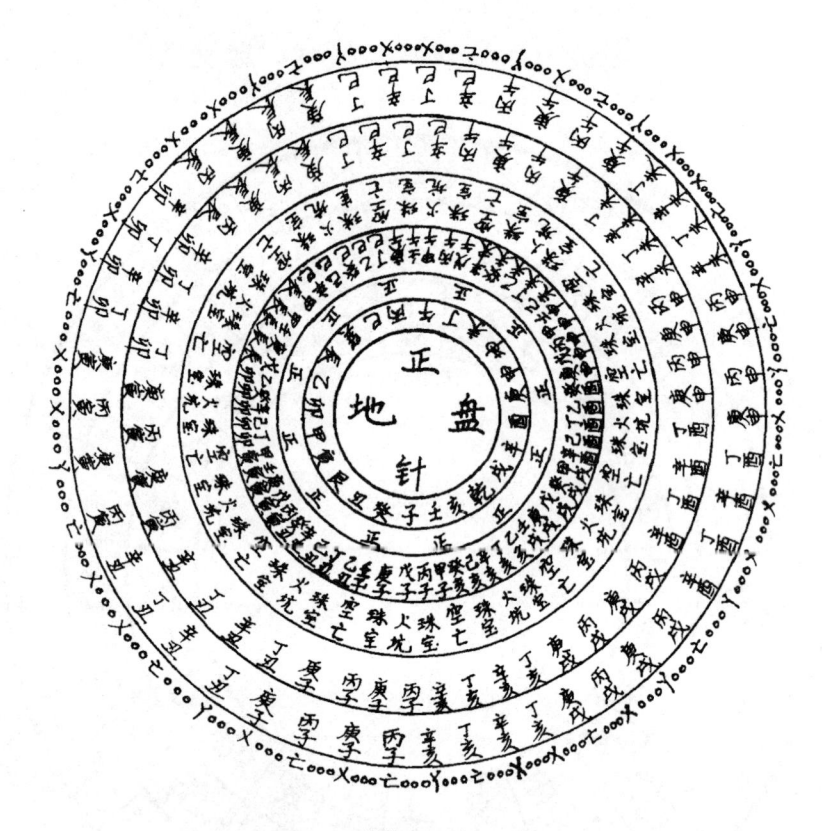

差错空亡式

双山与所属六十龙表

双山	六十龙
壬子	甲子、丙子、戊子、庚子、壬子
癸丑	乙丑、丁丑、己丑、辛丑、癸丑
艮寅	丙寅、戊寅、庚寅、壬寅、甲寅
甲卯	丁卯、己卯、辛卯、癸卯、乙卯
乙辰	戊辰、庚辰、壬辰、甲辰、丙辰
巽巳	己巳、辛巳、癸巳、乙巳、丁巳
丙午	庚午、壬午、甲午、丙午、戊午
丁未	辛未、癸未、乙未、丁未、己未
坤申	壬申、甲申、丙申、戊申、庚申
庚酉	癸酉、乙酉、丁酉、己酉、辛酉
辛戌	甲戌、丙戌、戊戌、庚戌、壬戌
乾亥	乙亥、丁亥、己亥、辛亥、癸亥

透地六十龙可与六十卦相配。其用法是将先天六十四卦圆图去掉乾、坤、坎、离四卦，用余卦配入透地六十龙，其配卦的规则是甲子配"比"，丙子配"剥"，戊子配"复"，复卦正当子山正中；然后根据卦象是否冲和来判断吉凶。得震、艮、巽、兑者为冲和，主吉；乾、坤、坎、离为不冲和，主凶。

要更好地理解和掌握透地六十龙吉凶，可参看《玄机赋》、《新旧坟断诀》及透地六十龙吉凶断诀便览表。

玄机赋

八尺峦头要识真，中间脊水两边分。
看他生意归何处，十字当中正立身。
更看两边无强弱，定心方可下罗经。
珠宝火坑安排定，富贵贫贱验如神。
二十四山颠颠倒，二十四山有珠宝。
有人坐了此一穴，荣华富贵此中讨。
二十四山倒倒颠，二十四山有火坑。
有人坐了此一穴，家业退败绝人丁。
只因不识峦头气，火坑将来作珠宝。
有人知道其中妙，能救世间贫穷人。
立在峦头寻正气，金牛坐穴起紫藤。

新旧坟断诀

一个山头葬十坟，一坟富贵九坟贫。
同山同向同朝水，更有同堆共井茔。
一边光华生富贵，一棺泥水绝人丁。
穴坐火坑招泥水，金牛坐穴起紫藤。
时师若能知此理，打破阴阳玄妙精。

透地六十龙吉凶断诀便览表

缝针	中针	正针	六十透地	断　诀	
亥	壬	壬	甲子	甲子气：七壬三亥为小错，甲子冲棺出黄肿，疯跛瘫癫女哑男痨。若见丙上水，棺内有泥浆，口舌官非。巳酉丑年应。	差错空亡
			丙子	丙子气：正壬龙。大吉昌，添人进口置田庄，富贵双全定有应，诸事尤吉祥。若见未坤水，棺椁内外是小塘。申子辰巳酉丑年应。	珠宝
壬	子	子	戊子	戊子气：五子五壬是火坑。出人风流败人伦，下惟木根穿棺内，白蚁从此生。若见巽方水共内，泥水二三分。寅午戌申子辰年应。	火坑
			庚子	庚子气：正子龙。富贵双全福悠隆，人财六畜盛，申子辰年丰。若见巽方水，棺内泥难容。	珠宝
子	癸		壬子	壬子气：七子三癸是羊刃。出人少亡招贼侵，损妻克子多祸事。申子辰年应。又见庚辛水，棺内作船撑。	差错空亡

续表

缝针	中针	正针	六十透地	断诀	
子	癸	癸	乙丑	乙丑气：七癸三子旺人丁，食足衣丰富贵亨。倘见午丁水，棺内滥泥五寸深。巳酉丑年应。	差错空亡
			丁丑	丁丑气：正癸龙。出人聪明又玲珑，富贵悠长久。诸事乐悠悠。若见未方水，棺内若塘中。申子辰年应。	珠宝
癸	丑	丑	己丑	己丑气：五丑五癸是黑风，女妖男瘠百事凶，疯疾最可惨，败绝实可痛。又见亥方水，井有水蚁虫。寅午戌年应。水困火坑中。	火坑
			辛丑	辛丑气：正丑龙。三十富贵大兴隆，人丁大旺诸事吉，慈恭孝友异凡庸。若见寅上水，棺入泥浆中。	珠宝
丑	艮		癸丑	癸丑气：七丑三艮犯孤虚。葬后官灾实可必，诸事不称意，众房皆不遂，口舌退财多败绝。亥卯未年期。又见乾方水，树根穿棺定不疑。	差错空亡

续表

缝针	中针	正针	六十透地	断诀	
丑	艮	艮	丙寅	丙寅气：七艮三丑穴平常。纵然发福不久长。寅午戌年应。诸事皆吉祥。若见亥方水，棺烂入泥浆。	差错空亡
			戊寅	戊寅气：正艮龙。富贵荣华世代隆，申子辰年登科应。只怕卯水冲棺定有凶。	珠宝
艮	寅	寅	庚寅	庚寅气：五艮五寅是孤虚。火坑黑风空亡穴，葬后三六九年疯疾见，人伦败绝最堪啼。又见申方水，井内有水泥。	火坑
			壬寅	壬寅气：正寅龙。富贵人财丰，田业广置多福泽，巳酉丑年逢。倘见午方水，棺在水泥中。	珠宝
寅	甲		甲寅	甲寅气：七寅三甲主平稳。一代兴发好，后世多眼病。若见坤方水，棺中白蚁烹。	差错空亡

续表

缝针	中针	正针	六十透地	断诀	
寅	甲	甲	丁卯	丁卯气：七甲三寅人平常。酒色飘流懒惰扬，寅午戌年应。亥方忌水，多泥浆。	差错空亡
			己卯	己卯气：正甲龙。人财两发衣食丰。若见巽方水，老鼠穿棺中。申子辰年应不爽，人子哀亲莫糊胸。	珠宝
甲	卯	卯	辛卯	辛卯气：五甲五卯是黑风。火坑败绝出盗翁，三房先绝后及众，官灾迭见事多凶。若见庚申水来现，滥泥一尺入棺中，此坟若还不移改，人财败绝永无踪。	火坑
			癸卯	癸卯气：正卯龙。富贵双全出人聪，田庄广进多美境，人安物阜百事通。若见巳方水，木根穿棺定不容。巳酉丑年应。	珠宝
卯	乙		乙卯	乙卯气：三乙七卯。孤寡败绝多寿夭，后代腰驼并曲脚，纵然有人亦难保。又见戌方水，井内泥水养鱼好。	差错空亡

续表

缝针	中针	正针	六十透地	断 诀	
卯	乙	乙	戊辰	戊辰气：七乙三卯。富贵寿长把名标。倘见申酉水，棺内有蚁虫。巳酉丑年应。	差错空亡
卯	乙	乙	庚辰	庚辰气：正乙龙。出人发福永不穷，七代富贵出人秀，超群冠世雄。亥卯未年见。只怕丁水主火凶。	珠宝
乙	辰	辰	壬辰	壬辰气：五辰五乙是黑风。火坑败绝最足痛，口舌是非少亡惨，离乡和尚永别踪。若见戌方水，棺内泥若脓。	火坑
乙	辰	辰	甲辰	甲辰气：正辰龙。七十五年富贵丰。若见子癸水，井内泥水攻。	珠宝
辰	巽	辰	丙辰	丙辰气：七辰三巽，主外发福，衣食平稳，招赘入房，后代人败绝。申子辰年应。若见寅申水，木根穿棺，亡人不安。	差错空亡

续表

缝针	中针	正针	六十透地	断诀	
辰	巽	巽	己巳	己巳气：七巽三辰。富贵均平，亥卯未年应。若见乾上水，尸骨入泥坑。	差错空亡
			辛巳	辛巳气：正巽龙。荣华富贵定光宗，巳酉丑年应不爽。只怕午丁水来冲。	珠宝
巽	巳		癸巳	癸巳气：五巳五巽是黑风。火坑败绝百事凶，葬后五年并七载，老丁六畜散若风。又见丑方水，老鼠棺木作窠攻。	火坑
		巳	乙巳	乙巳气：正巳龙。荣华富贵福最隆，寅午戌年应有验。癸水来冲棺泥封。	珠宝
巳	丙		丁巳	丁巳气：七巳三丙。三年七载口舌并。若见卯水来棺木，内外水泥侵。	差错空亡

续表

缝针	中针	正针	六十透地	断诀	
巳	丙	丙	庚午	庚午气：七丙三巳。人与财旺有其日，世代进田多吉庆。申子辰寅午戌年俟。忌见甲寅水，泥水损丁子。	差错空亡
			壬午	壬午气：正丙龙。富贵双全出英雄，三十七代人丁旺，景星庆云授诰封。忌见申方水，井内泥浆凶。	珠宝
丙	午	午	甲午	甲午气：五丙五午是火坑。巳酉丑年家败倾。又见午丁水，棺木底烂崩。	火坑
			丙午	丙午气：正午龙。家业平平发人聪，谋事稳妥诸般吉。申子辰年巳丑逢。若见丑艮水，泥水入棺中。	珠宝
午	丁		戊午	戊午气：七午三丁。官讼口舌纷，人丁平常过，岁招横事临。若见子癸水，寅午戌年应。	差错空亡

续表

缝针	中针	正针	六十透地	断　诀	
午	丁	丁	辛未	辛未气：七丁三午。出人俊秀性不鲁，户发如雷响，粟陈贯朽库。若见午方水，棺内木穿出。	差错空亡
			癸未	癸未气：正丁龙。出人富贵寿不穷。若见庚方水，亡人灾厄凶。亥卯未年应。	珠宝
丁	未	未	乙未	乙未气：五丁五未犯孤虚。火坑败绝最堪啼。又见巳水来，尸骨已成泥。巳酉丑年应。	火坑
			丁未	丁未气：正未龙。双全富贵长久逢，申子辰年应不爽。寅午戌岁定遭凶。倘见丑艮水，棺在水泥中。	珠宝
未	坤		己未	己未气：七未三坤犯孤虚。殃祸退财定不移，寅午戌年出疯迷，己恶人见疑。若见亥壬水，儿孙横事必。	差错空亡

续表

缝针	中针	正针	六十透地	断 诀	
未	坤	坤	壬申	壬申气：七坤三未破家财。疯涎萧索实可哀，巳酉丑年应，诸药难调灾。若见午方水，棺内水洋来。	差错空亡
			甲申	甲申气：正坤龙。出人聪俊富贵丰。申子辰年必有兆，世代乐无穷。若见艮流水，棺内两分凶。	珠宝
坤	申	申	丙申	丙申气：五申五坤是黑风。火坑败绝主贫穷。若见子癸水，井内泥水凶。	火坑
			戊申	戊申气：正申龙。出人聪明寿长，富贵双全。若见甲方水，棺内泥水侵。	珠宝
申	庚		庚申	庚申气：七申三庚犯孤虚。寡灾事出奇。又见乾方水，亡人受灾逼。	差错空亡

续表

缝针	中针	正针	六十透地	断　诀	
申	庚	庚	癸酉	癸酉气：七庚三申富贵扬。人财两发福寿长。若见丁方水，棺内是小塘。	差错空亡
			乙酉	乙酉气：正庚龙。出人富贵最聪明。若见辰宫水，棺内水泥坑。	珠宝
庚	酉	酉	丁酉	丁酉气：五庚五酉是火坑。百事不遂绝人丁。若见癸上水，棺内泥水永。	火坑
			己酉	己酉气：正酉龙。文武近三公，申子辰年应，世代富贵丰。若见卯方水，棺板下全空。	珠宝
酉	辛		辛酉	辛酉气：七酉三辛富贵悠。人丁田财旺无忧，亥卯未年应。乾水冲棺又堪愁。	差错空亡

续表

缝针	中针	正针	六十透地	断　诀	
酉	辛	辛	甲戌	甲戌气：七辛三酉。一代富贵发不久，后出当庙道，寅午戌年有。孤寡又败绝，诸事迭见忧。若见壬方水，墓生奇怪丑。	差错空亡
			丙戌	丙戌气：正辛龙。人丁发达乐悠悠，登科及第早，申子辰年逢。若见甲卯水，木根穿棺中。	珠宝
辛	戌	戌	戊戌	戊戌气：五戌五辛犯孤虚。火坑败绝人多疾，和尚少亡孤寡惨，损妻克子定无疑，午未年前见，方知受灾奇。若见申方水，棺木不全的。	火坑
			庚戌	庚戌气：正戌龙。富贵荣华衣食丰，巳酉丑年多见喜，三十六年出人聪。若见午丁水，棺骨入泥中。	珠宝
戌	乾		壬戌	壬戌气：七戌并三乾。出人无财损少年，离乡僧与道，损妻克子二房占，申子辰年应，败退无其算。若见辰戌水，棺内泥水灌。	差错空亡

续表

缝针	中针	正针	六十透地	断　诀	
戌	乾	乾	乙亥	乙亥气：七乾并三戌。出人孀寡少亡孤，疯疾痔哑实足惨，寅午戌年迭见哭。倘见坤宫水，棺内白蚁屋。	差错空亡
			丁亥	丁亥气：正乾龙。富贵大发衣食丰，申子辰年多吉庆。只怕巽水冲，棺木水泥凶。	珠宝
乾	亥	亥	己亥	己亥气：五乾五亥并黑风。火坑主败绝，申子辰年寅午戌，人走他乡多奇怪。若见庚酉水，木根穿棺害。	火坑
			辛亥	辛亥气：正亥龙。人财两发福悠隆。若见午丁水，棺板不全凶。	珠宝
亥	壬		癸亥	癸亥气：七亥并三壬。出官享丰亨，人丁昌炽多美境，申子辰年应。又见辰方水，棺内不洁净。	差错空亡

十六、透地奇门

这一层专为应用奇门遁甲而设，所以要理解这一层，必须先掌握奇门遁甲的有关知识。

1. 奇门遁甲

奇门遁甲又简称为"奇门"或者"遁甲"，相传此法起源于《易纬·乾凿度》的太乙行九宫法。在中国古代术数中，奇门遁甲与六壬、太乙合称"三式"。

在中国传统文化中，奇门遁甲以易经八卦为基础，结合星相历法、天文地理、八门九星、阴阳五行、三奇六仪等要素，是我国古代一门极为高深的预测术，自古被称为帝王学。奇门遁甲在我国古代主要用于国事、兵法方面，使用奇门遁甲之术的贤圣们大多是治国平天下的军师，如姜太公、范蠡、张良、诸葛亮、刘伯温等。

奇门遁甲把"天时""地利"、"人和"熔于一炉，通过复杂的排演推算，综合多种因素的相互作用关系，从而判断吉凶，用以作为决策的依据，在中国古代决策科学中有举足轻重的地位。其长处在于剖析事理透彻，运用适中的方法统筹一切。无论在生活上还是在工作中，奇门遁甲都有很高的实用价值，可以指导我们正确把握机遇、趋利避害。

奇门遁甲中包含着"奇"、"门"、"遁甲"三个核心概念。"奇"就是乙、丙、丁三奇；"门"就是休、生、伤、杜、景、死、惊、开八门，为八卦的变相；"遁"即隐藏，"甲"指六甲，即甲子、甲戌、甲申、甲午、甲辰、甲寅，甲是在十干中最为尊贵，它藏而不现，隐遁于六仪之下。"六仪"就是戊、己、庚、辛、壬、癸。隐遁原则是甲子同六戊，甲戌同六己，甲申同六庚，甲午同六辛，甲辰同六壬，甲寅同六癸。另外还配合蓬、任、冲、辅、英、芮、柱、心、禽九星。

奇门遁的占测主要分为天、门、地三盘，象征三才。天盘的九宫有九星，中盘的八宫（中宫寄二宫）布八门，地盘的八宫代表八个方位，静止不动。同时天盘地盘上，每宫都分配着特定的奇（乙，丙，丁）仪（戊，己，庚，辛，壬，癸六仪）。这样，根据具体时日，以六仪、三奇、八门、九星排局，以占测事物关系、性状、动向，选择吉时吉方。

也就是说，奇门遁甲的全部预测过程可以分为四个阶段：

第一，定时：确定用事时间的干支。

第二，布局：在地盘与天盘上准确无误地排布六仪与三奇。

第三，演局：让地盘上的三盘准确无误地逐个旋转。

第四，局象分析：对布局演局产生的后果进行综合性的分析判断。

在罗盘上，透地奇门圈内一四七等为奇门遁甲用事，但没有具体标出十二双山财官禄马方位，同时又必须和二十四节气结合起来，变得更加玄妙、神秘。因此，有志于掌握风水罗盘的读者，必须学习奇门遁甲，才能应用自如。这里只简单讲解一下二十四节气的起局和八门、三奇的排演之法。

2. 二十四节气起局

奇门遁甲术把一个时辰称为一个局。按照奇门历法，每年共 360 天，每天十二个时辰，全年局数为 $12 \times 360 = 4320$，即四千三百二十局。但由于这些局中的每一局都重复多次，所以后来几经简化，最后简化为十八局。世传所谓张良十八局，就是这十八局。

奇门排局时，又以五天为一个单元，简称元。一个节气十五天，正好三元。这三元各有一个名字，即上元、中元、下元。这是所谓"一气三元"。

确定了用事时间所属的节气与它在这个节气里所属的上、中、下三元，就可以着手寻找"起宫"的方式了。古代流传下来阴、阳二遁起宫（也叫"起局"）方式的两首歌诀，即"阳局诀"和"阴局诀"。

阳遁顺局起宫：

  冬至惊蛰一七四，小寒二八五为次。

  大寒春分三九六，立春八五二宫续。

  雨水九六三顺施，芒种六三九局殊。

  立夏清明四一七，谷雨小满五二八。

阴遁逆局起宫：

  夏至白露九三六，小暑八二五宫宿。

  大暑秋分七一四，立秋二五八宫是。

  处暑逆推一四七，大雪还拼四七一。

  立冬寒露六九三，霜降小雪五八二。

在前章谈到阴阳时说过，中国古人把自然界和人类社会的万事、万物、万象的对立双方概括为阴与阳，用阴与阳说明象征万事、万物、万象的刚柔和动静的性质和作用。奇门遁甲术也把其局分为阳局和阴局，十八局中，阳遁占九局，阴遁占九局。

以上两首歌诀大意是说：冬至后用阳遁顺局，即将甲子按顺时针方向布于九宫，即坎一宫、坤二宫、震三宫、巽四宫、中五宫、乾六宫、兑七宫、艮八宫、离九宫；自夏至后用阴遁逆局，即将甲子按逆时针方向布于九宫，即离九宫、艮八宫、兑七宫、乾六宫、中五宫、巽四宫、震三宫、坤二宫、坎一宫，如是周而复始。其中各个节气后的三个数字，代表着上、中、下三元所应起之宫位。

用事日期，如果属于上元，则从坎一宫起布；用事日期属于中元，则从兑七宫起布；用事时间属于下元，则从巽四宫起，开始布局。

例如，在冬至或者惊蛰节气内用事，合"冬至惊蛰一七四"，那么一是上元，七是中元，四是下元，即：冬至、惊蛰的上元为阳遁一局，中元为阳遁七局，下元为阳遁四局。

小寒的上元为阳遁二局，中元为阳遁八局，下元为阳遁五局。

大寒、春分的上元为阳遁三局，中元为阳遁九局，下元为阳遁六局。

立春的上元为阳遁八局，中元为阳遁五局，下元为阳遁二局。

雨水的上元为阳遁九局，中元为阳遁六局，下元为阳遁三局。

芒种的上元为阳遁六局．中元为阳遁三局，下元为阳遁九局。

立夏、清明的上元为阳遁四局，中元为阳遁一局，下元为阳遁七局。

谷雨、小满的上元为阳遁五局，中元为阳遁二局，下元为阳遁八局。

夏至、白露的上元为阴遁九局，中元为阴遁三局，下元为阴遁六局。

小暑的上元为阴遁八局，中元为阴遁二局，下元为阴遁五局。

大暑、秋分的上元为阴遁七局，中元为阴遁一局，下元为阴遁四局。

立秋的上元为阴遁二局，中元为阴遁五局，下元为阴遁八局。

处暑的上元为阴遁一局，中元为阴遁四局，下元为阴遁七局。

大雪的上元为阴遁四局，中元为阴遁七局，下元为阴遁一局。

立冬、寒露的上元为阴遁六局，中元为阴遁九局，下元为阴遁三局。

霜降、小雪的上元为阴遁五局，中元为阴遁八局，下元为阴遁二局。

3. 八门排演法

上文说过，八门即休门、生门、伤门、杜门、景门、死门、惊门、开门。古代术家认为，八门各有不同的意义：

休门代表休闲无事、休生养息、百事平安。

生门代表有生气、产生、生长、发达、胜利、有生路。

伤门代表伤害、损伤、失败或退步。

杜门代表杜绝、闭塞、不通顺。

景门代表虚构、假象、骗局。

死门代表死绝、没有生路。

惊门代表震惊、危险。

开门代表顺利、四通八达、百事顺利。

八门之中，开门大吉，生门次吉，休门又次吉，死门大凶，伤门次凶，惊门小凶，景门又小凶，杜门不吉不凶。

八门定局的排演法，将年月日时和透地龙的六十甲子，以三个甲子一组（旬），依照子午卯酉分为二十旬，各旬依后天八卦顺序分别从一定的宫位起宫，按休、生、伤、杜、景、死、惊、开、八门的次序，冬至后顺遁，夏至后对宫起休，就可以遁得各门所占八卦宫位。

六十甲子分二十旬，即：

甲子、乙丑、丙寅，

丁卯、戊辰、己巳，

庚午、辛未、壬申，

癸酉、甲戌、乙亥，

丙子、丁丑、戊寅，

己卯、庚辰、辛巳，

壬午、癸未、甲申，

乙酉、丙戌、丁亥，

戊子、己丑、庚寅，

辛卯、壬辰、癸巳，

甲午、乙未、丙申，

丁酉、戊戌、己亥，

庚子、辛丑、壬寅，

癸卯、甲辰、乙巳，

丙午、丁未、戊申，

己酉、庚戌、辛亥，

壬子、癸丑、甲寅，

乙卯、丙辰、丁巳，

戊午、己未、庚申，

辛酉、壬戌、癸亥。

将六十甲子的二十旬，依先天八卦八宫次序而分为八组，即：甲子、戊子、壬子为一组，乙卯、丁卯、辛卯为二组，甲午、戊午、庚午为三组，辛酉、丁酉、癸酉为四组，丙子、庚子为五组，己卯、癸卯为六组，壬午、丙午为七组，乙酉、己酉为八组。

第一组在坎一宫起休门，第二组在坤二宫起休门，第三组在震三宫起休门，第四组在巽四宫起休门，第五组在乾六宫起休门，第六组在兑七宫起休门，第七组在艮八宫起休门，第八组在离九宫起休门。

排演八门起休门的口诀是：

甲戊壬子一坎休，乙丁辛卯二坤求，

甲戊庚午三震上，辛丁癸酉四巽流，

丙子庚子六乾起，己卯癸卯七兑求，

壬午丙午八艮位，乙酉己酉九离周。

依照冬至以后阳遁，即依照顺时针方向顺排八门。夏至后是阴遁，按照上述口诀，对宫起休门，仍依时针方向顺排。冬至的日辰是什么干支，夏至的日辰是什么干支，就依照口诀规定的干支通演，不必用六甲旬头，也不需要置闰。

正针穿透六十甲子休生开三门定局

六十龙	休门	生门	开门
甲子龙	离九	巽四	坤二
丙子龙	巽四	震三	离九
戊子龙	离九	巽四	坤二
	坎一	艮八	乾六
庚子龙	乾六	坎一	兑七
壬子龙	坎一	艮八	乾六
乙丑龙	坎一	艮八	乾六
丁丑龙	乾六	坎一	兑七
己丑龙	坎一	艮八	乾六
辛丑龙	乾六	坎一	兑七

续表

六十龙	休门	生门	开门
癸丑龙	坎一	艮八	乾六
丙寅龙	坎一	艮八	乾六
戊寅龙	乾六	坎一	兑七
庚寅龙	坎一	艮八	乾六
壬寅龙	乾六	坎一	兑七
甲寅龙	坎一	艮八	乾六
丁卯龙	坤二	兑七	离九
己卯龙	兑七	乾六	坤二
辛卯龙	坤二	兑七	离九
癸卯龙	兑七	乾六	坤二
乙卯龙	坤二	兑七	离九
戊辰龙	坤二	兑七	离九
庚辰龙	兑七	乾六	坤二
壬辰龙	坤二	兑七	离九
甲辰龙	兑七	乾六	坤二
丙辰龙	坤二	兑七	离九
己巳龙	坤二	兑七	离九
辛巳龙	兑七	乾六	坤二
癸巳龙	坤二	兑七	离九
乙巳龙	兑七	乾六	坤二
丁巳龙	坤二	兑七	离九
庚午龙	震三	巽四	艮八
壬午龙	艮八	震三	坎一
甲午龙	震三	巽四	艮八
	兑七	坤二	乾六
丙午龙	坤二	离九	兑七
戊午龙	兑七	坤二	乾六

续表

六十龙	休门	生门	开门
辛未龙	兑七	坤二	乾六
癸未龙	坤二	离九	兑七
乙未龙	兑七	坤二	乾六
丁未龙	坤二	离九	兑七
己未龙	兑七	坤二	乾六
壬申龙	兑七	坤二	乾六
甲申龙	坤二	离九	兑七
丙申龙	兑七	坤二	乾六
戊申龙	坤二	离九	兑七
庚申龙	兑七	坤二	乾六
癸酉龙	乾六	兑七	坎一
乙酉龙	坎一	乾六	艮八
丁酉龙	乾六	兑七	坎一
己酉龙	坎一	乾六	艮八
辛酉龙	乾六	兑七	坎一
甲戌龙	乾六	兑七	坎一
丙戌龙	坎一	乾六	艮八
戊戌龙	乾六	兑七	坎一
庚戌龙	坎一	乾六	艮八
壬戌龙	乾六	兑七	坎一
乙亥龙	乾六	兑七	坎一
丁亥龙	坎一	乾六	艮八
己亥龙	乾六	兑七	坎一
辛亥龙	坎一	乾六	艮八
癸亥龙	乾六	兑七	坎一

4. 三奇的遁演法

以上说过，三奇即十天干中的乙、丙、丁。三奇的遁演，简略而言，如果坐山位于洛书一宫、三宫、七宫、九宫等四个阳宫，则从本宫起甲子六甲与六癸合占一宫，逆行九宫，所得乙、丙、丁三天干所在，即为三奇。如离卦从九宫起甲子顺行，则知丁奇在六宫，丙奇在七宫，乙奇在八宫。

具体来说，先将六十甲子按每月二气，每气三候，每候五日定为一局，三候分为上中下三局。即：

甲子，乙丑，丙寅，丁卯，戊辰为上局。

己巳，庚午，辛未，壬申，癸酉为中局。

甲戌，乙亥，丙子，丁丑，戊寅为下局。

己卯，庚辰，辛巳，壬午，癸未为上局。

甲申，乙酉，丙戌，丁亥，戊子为中局。

己丑，庚寅，辛卯，壬辰，癸巳为下局。

甲午，乙未，丙申，丁酉，戊戌为上局。

己亥，庚子，辛丑，壬寅，癸卯为中局。

甲辰，乙巳，丙午，丁未，戊申为下局。

己酉，庚戌，辛亥，壬子，癸丑为上局。

甲寅，乙卯，丙辰，丁巳，戊午为中局。

己未，庚申，辛酉，壬戌，癸亥为下局。

上述六甲和六己就是每气三候，即三局的旬头。六十龙的分局，查阅六甲和六己旬头就可以了。例如：丁卯龙，是甲子旬头，为上局。辛未龙，是己巳旬头，为中局。

知道了查旬头分局。再查看六十龙是属于二十四气的哪一气，就是哪一气的什么局。依照口诀起甲子，冬至以后是顺仪逆奇，夏至以后是逆仪顺奇的布局。乙丙丁三奇也就随甲子头而推遁出宫位了。

例如：甲子龙，是大雪上局。按照前文提到的起局口诀，可知大雪上局起甲子于巽四，中局兑七，下局坎一。大雪是夏至以后的节气，是逆布六仪顺布三奇的。即六仪是逆布九宫：甲子巽四，乙丑震三，丙寅坤二，丁卯坎一，戊辰离九，己巳艮八……而三奇是顺布九宫：甲子巽四，乙丑中五，丙寅乾六，丁卯兑七。于是甲子龙的乙丙丁三奇就随甲子头而遁布为五、六、七宫。

再如：辛丑龙，是冬至以后大寒己亥旬头中局。口诀是："大寒春分三九六。"即大寒中局起甲子于离九宫。依照冬至后顺仪逆奇的规定,则:甲子离九,乙丑艮八,丙寅兑七,丁卯乾六,因而辛丑龙三奇是八七六三宫。

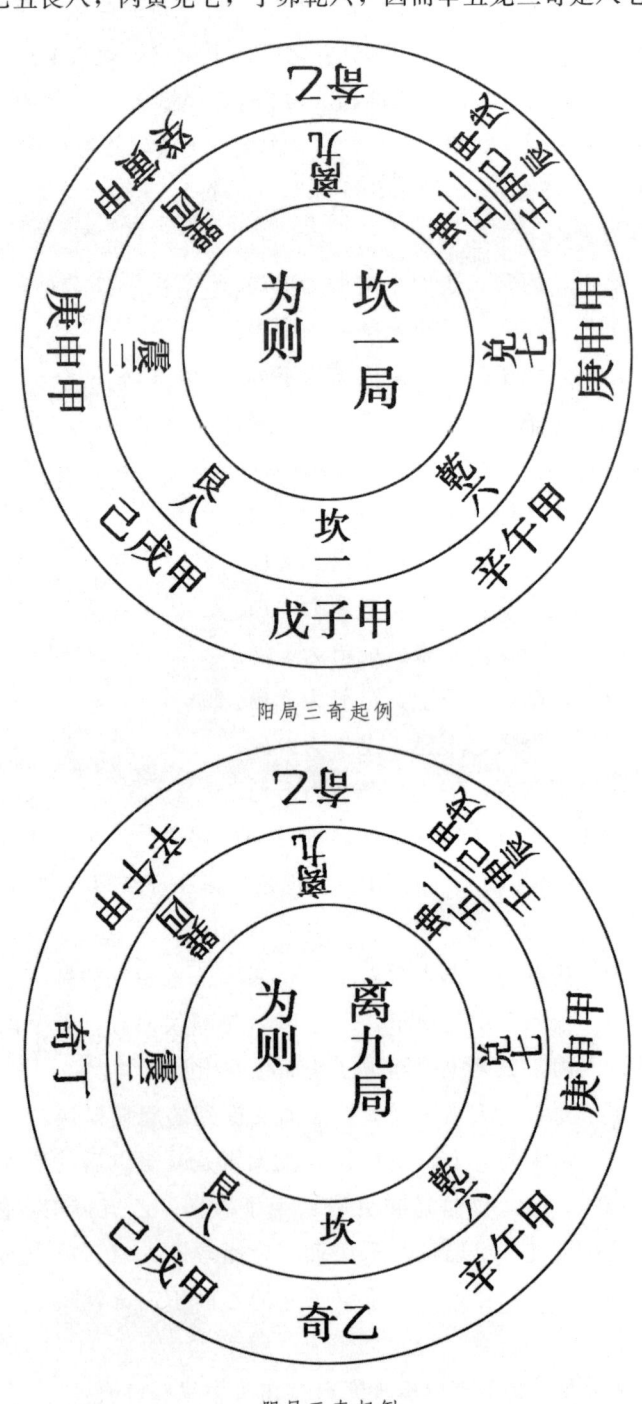

阳局三奇起例

阴局三奇起例

穿透六十龙乙丙丁三奇定局

甲子龙	大雪上局四	三奇五六七宫
丙子龙	大雪下局一	三奇二三四宫
戊子龙	大雪中局七	三奇八九一宫
	冬至中局七	三奇六五四宫
庚子龙	冬至中局七	三奇六五四宫
壬子龙	冬至上局一	三奇九八七宫
乙丑龙	小寒上局二	三奇一九八宫
丁丑龙	小寒下局五	三奇四三二宫
己丑龙	小寒下局五	三奇四三二宫
	大寒下局六	三奇五四三宫
辛丑龙	大寒中局九	三奇八七六宫
癸丑龙	大寒上局三	三奇二一九宫
丙寅龙	立春上局八	三奇七六五宫
戊寅龙	立春下局二	三奇一九八宫
庚寅龙	立春下局二	三奇一九八宫
	雨水下局三	三奇二一九宫
壬寅龙	雨水中局六	三奇五四三宫
甲寅龙	雨水中局六	三奇五四三宫
丁卯龙	惊蛰上局一	三奇九八七宫
己卯龙	惊蛰上局一	三奇九八七宫
辛卯龙	惊蛰下局四	三奇三二一宫
癸卯龙	春分中局九	三奇八七六宫
	春分下局六	三奇五四三宫
乙卯龙	春分中局九	三奇八七六宫
戊辰龙	清明上局四	三奇三二一宫

续表

庚辰龙	清明上局四	三奇三二一宫
壬辰龙	清明下局七	三奇六五四宫。
	谷雨下局八	三奇七六五宫
甲辰龙	谷雨下局八	三奇七六五宫
丙辰龙	谷雨中局二	三奇一九八宫
己巳龙	立夏中局一	三奇九八七宫
立巳龙	立夏上局四	三奇三二一宫
癸巳龙	立夏上局四	三奇六五四宫
	小满下局八	三奇七六五宫
乙巳龙	小满下局八	三奇七六五宫
丁巳龙	小满中局二	三奇一九八宫
庚午龙	芒种中局三	三奇二一九宫
壬午龙	芒种上局六	三奇五四三宫
甲午龙	芒种上局六	三奇五四三宫
	夏至上局九	三奇一二三宫
丙午龙	夏至下局六	三奇七八九宫
戊午龙	夏至中局三	三奇四五六宫
辛未龙	小暑中局二	三奇三四五宫
癸未龙	小暑上局八	三奇九一二宫
乙未龙	小暑上局八	三奇九一二宫
	大暑上局七	三奇八九一宫
丁未龙	大暑上局七	三奇八九一宫
己未龙	大暑下局四	三奇五六七宫
壬申龙	立秋中局五	三奇六七八宫
甲申龙	立秋中局五	三奇六七八宫

续表

丙申龙	立秋中局二	三奇三四五宫
	处暑上局一	三奇二三四宫
戊申龙	处暑下局七	三奇八九一宫
庚申龙	处暑下局七	三奇八九一宫
癸酉龙	白露中局三	三奇四五六宫
乙酉龙	白露中局三	三奇四五六宫
丁酉龙	白露上局九	三奇一二三宫
	秋分上局七	三奇八九一宫
己酉龙	秋分上局七	三奇八九一宫
辛酉龙	秋分下局七	三奇八九一宫
甲戌龙	寒露中局九	三奇一二三宫
丙戌龙	寒露中局九	三奇一二三宫
戊戌龙	寒露上局六	三奇七八九宫
	霜降上局五	三奇六七八宫
庚戌龙	霜降上局五	三奇六七八宫
壬戌龙	霜降下局二	三奇三四五宫
乙亥龙	立冬下局三	三奇四五六宫
丁亥龙	立冬中局九	三奇一二三宫
己亥龙	立冬中局八	三奇九一二宫
	小雪上局五	三奇六七八宫
辛亥龙	小雪下局二	三奇三四五宫
癸亥龙	小雪下局二	三奇三四五宫

十七、平分六十龙

在罗盘上，平分六十龙分金的排列，与透地六十龙是相近的，所以也有风水术家称之为平均六十透地龙盘或平分六十透龙盘。所谓平分，就是平分二十四山向，也是平均分配周天的意思，把二十四山向平分为六十等分，以六十甲子顺排，每一甲子为一等分，就称为平分六十龙。

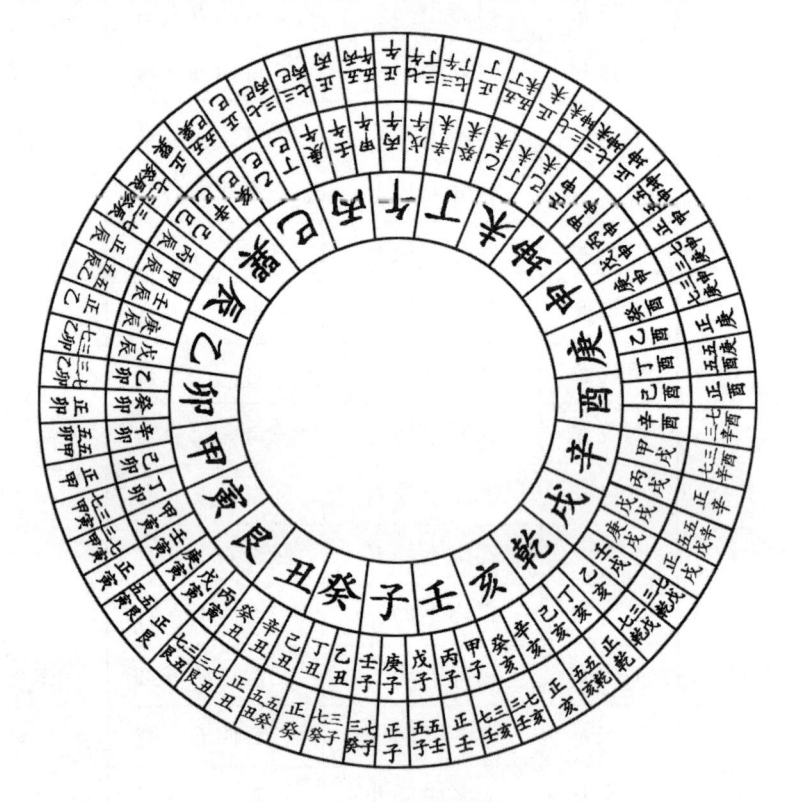

平分六十龙分金盘

平分六十龙比透地六十龙多出平分之分度一层，《罗经透解》中说："夫透地之格龙，惟在察三七、正、半分数，以辨地脉阴阳之纯驳真伪。"也就是说，分度有以下三类：

（1）正度：即正阳气、正阴气；包括丙子、庚子两旬干支。

（2）三七分度：其阴阳多少是根据三合正针盘的阴阳来确定的。主要有七阳三阴：甲子、丙辰、戊午、壬申、庚申、戊辰；七阴三阳：癸亥、乙卯、己未、癸酉、辛未、己巳；七三皆阳：壬戌、乙亥、壬子、乙丑、甲寅、丁卯；七三皆阴：辛酉、甲戌、癸丑、丙寅、丁巳、庚午。

（3）五五分度：甲午至己亥，戊子至癸巳十二位干支。

每龙之分度，可推算出阴阳之气的纯杂。所谓的"分金差一线，富贵不相见"，便是说分金不宜发生毫厘之差别。由行龙透至穴内，天然生成，难以变易，称为气线。龙之气线既定，然后以立时向线来配合之，这线由人所定，但人为之坐线不可与龙气驳杂，所以阴阳必要清楚。

1. 正度

逢每柱的阴阳纯正者，遇上阳龙属于恰当的配合，称为真落；而遇上阴龙为不配的组合，便称为伪落。下列的干支柱便是正全阳气，属于正度。

正阳气：

丙子——正壬气

庚子——正子气

丁丑——正癸气

壬寅——正寅气

己卯——正甲气

庚辰——正乙气

甲辰——正辰气

丙午——正午气

甲申——正坤气

戊申——正申气

庚戌——正戌气

丁亥——正乾气

逢每柱的阴气纯正者，遇上阴龙属于恰当的配合，称为真落；而遇上阳龙则为不配的组合，便称为伪落。下列的干支柱便是正全阴气，也属于正度。

正阴气：

辛亥——正亥气

辛丑——正丑气

戊寅——正艮气

癸卯——正卯气

辛巳——正巽气

乙巳——正巳气

壬午——正丙气

癸未——正丁气

丁未——正未气

乙酉——正庚气

己酉——正酉气

丙戌——正辛气

2. 三七分度

逢每柱的阳气有十分之七，而阴气有十分之三。上柱以阴气为真气，以阳气为伪气，当遇上阴龙的节数较多时则吉利，如遇上阴龙的节数多则为不利。至于阴阳的分别，是依据三合正针盘的阴阳来定，可参考前文的相关介绍。下列的干支柱就是七分阳带三分阴。

七阳三阴：

甲子——七分壬带三分亥

丙辰——七分辰带三分巽

戊午——七分午带三分丁

壬申——七分申带工分未

庚申——七分申带三分庚

戊辰——七分乙带三分卯

逢每柱的阴气有十分之七，而阳气有十分之三，此柱以阴气为真气，以阳气为伪气，当遇上阴龙的节数较多时则吉利。如遇阴龙的节数多则为不利。下列的干支柱就是七分阴带三分阳。

七阴三阳：

癸亥——七分亥带三分壬

乙卯——七分卯带三分乙

己未——七分未带三分坤

癸酉——七分庚带三分申

辛未——七分丁带三分午

己巳——七分巽带三分辰

又每柱的七三分出的阴阳是相同的，其气类同正度。每柱的七分及三分都是阳，其运作与正阳气相同，如下列的柱。

七分三分都是阳：

壬戌——七分戌带三分乾

乙亥——七分乾带三分戌

壬子——七分子带三分癸

乙丑——七分癸带三分子

甲寅——七分寅带三分甲

丁卯——七分甲带三分寅

每柱的七分及三分都是阴，其运作与正阴气相同，如下列的柱。

七分三分都是阴：

辛酉——七分酉带三分辛

甲戌——七分辛带三分酉

癸丑——七分丑带三分艮

丙寅——七分艮带三分丑

丁巳——七分巳带三分丙

庚午——七分丙带三分巳

3. 五五分度

五五分度，就是每柱所藏的二十四山的两山各占一半，这便是各占五分，加起来为十分。有些风水家对于五五分度的取线感到十分困难，所以都避而不取，实际上其中有可取外也有不可取处。下列的干支柱便是五五分度。

甲午——五分午兼五分丙

癸巳——五分巳兼五分巽

壬辰——五分辰兼五分乙

辛卯——五分卯兼五分甲

庚寅——五分寅兼五分艮

戊子——五分子兼五分壬

己亥——五分亥兼支分乾

戊戌——五分戌兼五分辛

丁酉——五分酉兼五分庚

丙申——五分申兼五分坤

乙未——五分未兼五分丁

以上将六十龙的分度全部列出，其实际应用于格龙。当格出来龙属何分金后，便利用阴阳二宅的坐向线位来配合。例如：来龙在丙午，得正午金度，午为阳，来龙属阳，现此宅坐丙午，也就是坐阳，主丁财两旺。

十八、二百四十分金

二百四十分金，就是将罗盘分为二百四十分度，是指坐山在二百四十分度中的线位，也称二百四十分数。它的基本原理是根据九宫图，罗盘二十四山分对二百四十数，每山得十个数。

分金的目的，仍是为了论龙透地而用。例如甲子透地，本龙得四分之数，居中为主，左右添够三分。两个三兼四，凑成十分之数，即得七分在壬、三分在亥，因此，甲子透地为七壬三亥。用此法坐穴，如子山午向，丙子分金，那么本位分金得二分之数为主，左右各添足四分，两个四兼二，凑成十分之数，即得八分在子、二分在壬，其余仿此类推。

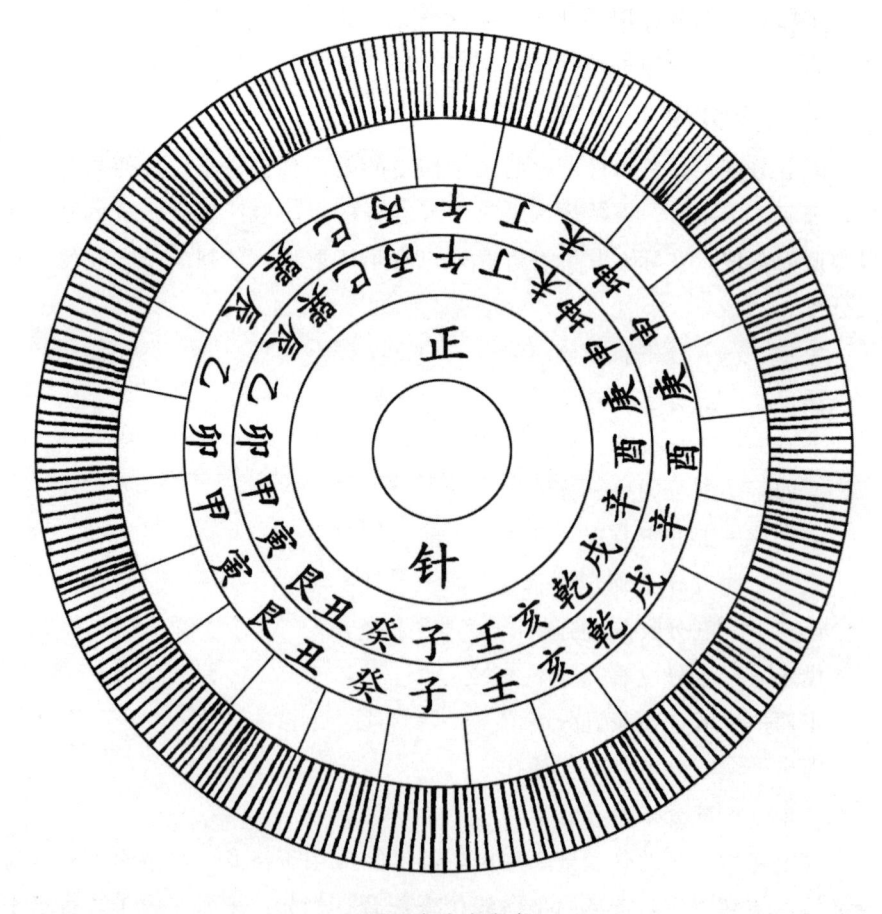

二百四十分金盘式

三七、二八分金的问题，也是近代风水术中解释比较混乱的问题之一。二百四十分金之数，其原理出于《洛书》之数理。《洛书》戴九履一，左三右七，二四为肩，六八为足，五居其中，化为四象，太阳居一而连九，四九三十六数；太阴居四而连六，四六得二十四数；少阳居三而连七，四七得二十八数；少阴居二而连八，四八得三十二数，合计一百二十数。左右两边共合二百四十之数。这是二百四十分金的数理之源。

《罗经解定》上说："二十四位之下，每位划以十分，共成二百四十分。凡本位之正中一线为十分，左右依次递减至一分而止。如子位右壬左癸，子之中线为十分；若偏右一分，则为九子一壬；偏右二分，则为八子二壬，以次至九壬而子一分始尽；最右则为十壬，而全无子气矣。偏左同推二十四山，位位如之。穿山透地之三七正半，以及百二十分金之取正针三七、缝针二八为坐向者，皆取于此。"

根据李定信先生的研究，二百四十分金盘是用来描述天地之气的浓淡、厚薄、旺衰状况的，反映的是天地之气的交感状态。不同的线度上，天地之气的厚薄、浓淡、旺衰状况是各不相同的，呈现出有规律的此起彼伏的变化，但是天地之气在任何线度上的总和都是十分。

二十四山的正中为十分，气最旺，往左往右依次递减为九分、八分、七分、六分、五分、四分、三分、二分、一分。相邻的两宫两边各重复了五分，以每个宫位的气分为二十分。

例如，子宫正中十分，右偏九分八分七分……五分便是与壬宫的界缝，余五分与壬宫重复；偏左九分八分七分……五分便是与癸宫的界缝，余五分与癸宫重复，所以在实用方面就是二十分。

关于三七、二八的应用问题，厉伯韶《分金诗》有云：

先将子午定山岗，再把中针来较量，

更加三七与二八，莫与时师说短长。

这里的"三七"和"二八"讲的是二百四十分金的使用。其实正针的三七，就是中针和缝针的二八；中针和缝针的三七，也是正针的二八。三七与二八实际上是同一线位的分金。正针的三七和中针缝针的二八为吉度，其余皆为凶度不可用。

清代《红囊经》有"三针四线"的提法，也说明了正针二百四十分的应用。三针，是指正针，中针和缝针；四线，即一九、二八、三七、四六四线分金。其中以正针三七，中缝针二八为吉度，余为凶度。

李定信先生认为，二百四十分金反映的是天地二气的分布规律，是从另一个侧面表达杨公风水术注重地支气的观点。八干四维正针一度内没有地支之气，往地支方向兼得越多，地支之气就越厚。两山之交界处，天地之气各半，是上不着天，下不着地的线位，所以叫做"小空亡"线度。

杨公风水术特别注重龙水向三者，要在父母三大卦的同一个局内，能保证龙、水、坐度不出卦的分金就应该看成是吉度。比较而言，三七分金和二八分金是比较吉利的分金线度。

十九、天盘缝针二十四山

1. 设缝针以纳水

关于天盘缝针二十四山，《罗经解定》中有云：

是层名缝针，以针之所指在壬子、丙午界缝之中故名。盖本诸《管氏指蒙篇》，惟壬与丙阴始终而阳始穷，惟子与午阳始肇而阴始生，故以神针中判其界阴阳之位，定消长之机，剖克时家以初刻属干卦，以正刻属支辰，即此义也。

天盘缝针二十四山盘，也称杨公缝针二十四龙，相传是由杨筠松创设的。一般来说，这一层只会在三合派的罗盘中出现，纯三元派的罗盘是没有这一层的。天盘缝针依二十四山盘，按顺时针旋半卦山（7.5度），其子午向恰好指在正针子癸、午丁中缝，因此称缝针。以顺时钟方向去读二十四山向，是缝针子宫后于正针子宫，所以古人称为"后至之气"。

前面说过，人盘中针二十四山与缝针二十四山相反，是依地盘二十四山逆旋半卦山（7.5度），为什么三合派的二十四山盘有顺与逆之分呢？关于这一点，《青囊经》中有解释说：

二十四山分顺逆，

共成四十有八局。

五行即在此中分，

祖宗却从阴阳出。

阳从左边围团转，

阴从右路转相通。

有人识得阴阳者，

何愁大地不相逢。

三合派风水家讲求格龙定向、消砂、纳水三项。风水学认为，山属阴，水属阳，故山以"阴从右路转相通"之盘为配合，水以"阳从左边围团转"之盘为配合。也就是说，除正针盘用以立向外，按阴阳顺逆之别，中针盘是用作消砂、拨砂，而缝针盘是用来纳水。究其原理，主要是运用双山三合五行、长生十二宫判断吉凶。用于水流格局的判断，认为旺气位来水吉，去水凶，而衰气位去水反吉。

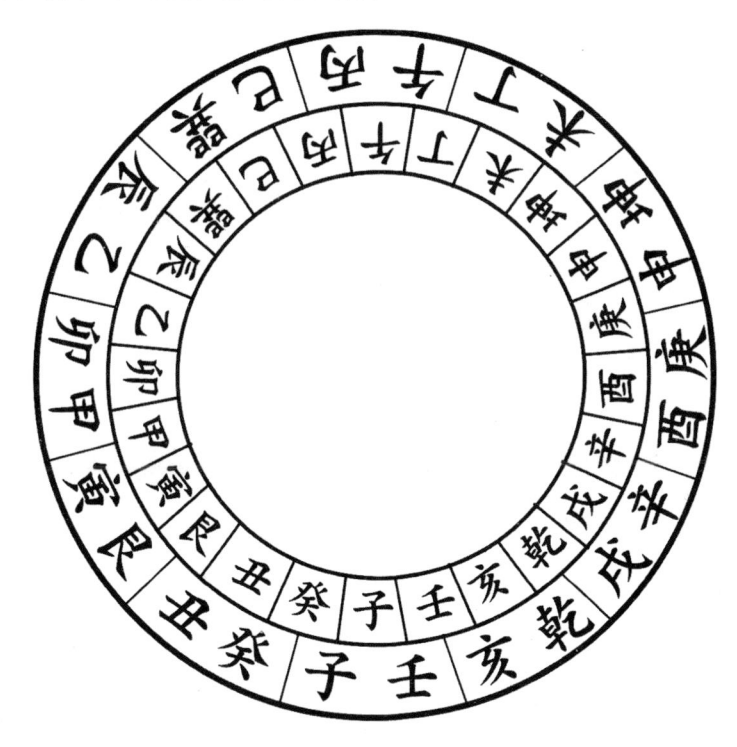

地盘正针二十四山与天盘缝针双山图

2. 双山三合五行

缝针和正针一样，以先天十二支为主体，正针的八干四维是一干维辅二支，如正针壬宫，右半宫辅亥，左半宫辅子，正中无气为大空亡。而缝针是一干维辅一支，如缝针壬辅子，癸辅丑，艮辅寅，甲辅卯，乙辅辰，巽辅巳，丙辅午，丁辅未，坤辅申，庚辅酉，辛辅戌，乾辅亥。因此，壬子同宫，癸丑同宫，艮寅同宫，甲卯同宫……

什么是同宫呢？我们在罗盘上看到，缝针的壬初正对正针的壬中，缝针的子终正对正针的癸中；正针的子气是从正针壬中至正针癸中，正对缝针的壬初至缝针子终，所以可以说缝针壬子同正针子宫，是为壬子同宫。所以在纳水时，水从缝针丙午两山而来去和从正针午山来去是一样的。

那么，什么是双山呢？从图中不难看出，缝针二十四山两山之间的缝恰对正针二十四山的"山"中，如缝针丙午间缝正对正针午中，这样缝针丙午两山就称为"双山"，即一个天干和地支同宫，这就是"双山"一名的由来。

三合风水是古代较为权威的一种水法，其理论总的来说离不开三合四大水局和十二长生。所谓三合，是指在东、西、南、北即坎、离、震、兑四个方向中，按水、火、金、木四局的生、旺、墓，以十二地支分别合成局，如水局长生在申，帝旺在子，墓库在辰，因此申、子、辰就合成水局。以此原理，寅、午、戌合成火局，巳、酉、丑合成金局，亥、卯、未合成木局。也就是说，每一局都需要生、旺、墓象三方组合才行，所以称为三合。三合中就包含着五行属性。

这是以地支而言四局三合。就天干来说，按缝针双山原理，坤申同宫，壬子同宫，乙辰同宫……所以在《地理五诀》中以干维言四局，即："申、子、辰，坤、壬、乙，文曲从头出；寅、午、戌，艮、丙、辛，位位是廉贞；巳、酉、丑，巽、庚、癸，俱是武曲位；亥、卯、未，乾、甲、丁，贪狼一路行。"也就是以九星中的文曲命名水局，以廉贞命名火局，以武曲命名金局，以贪狼命名木局。

综合以上概念，所谓的双山三合五行，也就是指缝针的双山组合的生旺墓三合，每组三合在水火金木四局五行的属性。如坤申、壬子、乙辰三组双山中，坤不属土，申不属金，乙不属木，辰也不属土，而申子辰、坤壬乙都是同属水，就称为双山三合五行，而这种五行必须是双山，也必须是三合，才可以称为五行的水局。

双山再配合十二长生，依十二长生的次序，十二地支取生、旺、墓三合，分别为来水、立向、去水。以天干配长生诀，则为阳顺阴逆。，初学者可自制转盘使用，较为清楚。以下详细介绍。

申子辰水局

寅午戌火局

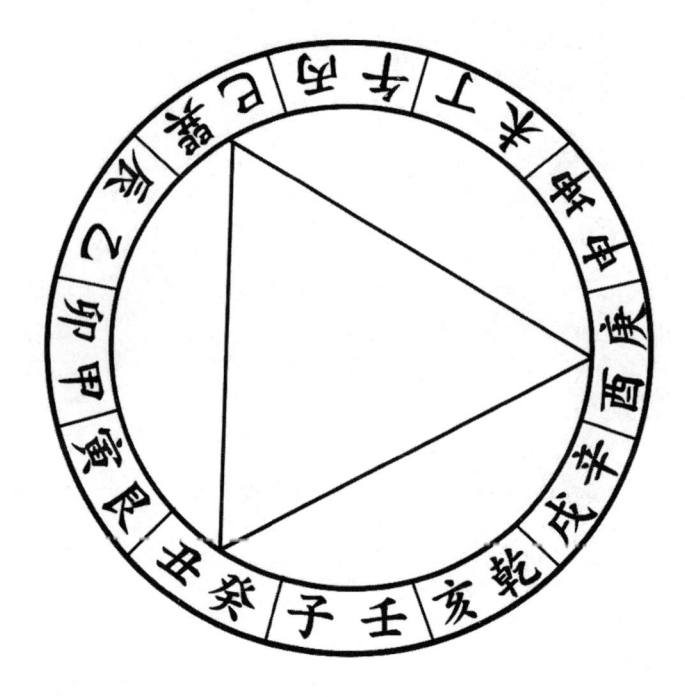

巳酉丑金局

亥卯未木局

3. 长生十二宫

长生十二宫，也叫长生十二神，原来是指一年十二个月中的不同生态，也寓意万物从初生到极旺以至衰老、死亡的过程，后风水家借用名称来指代方位的吉凶。长生十二宫在三合派风水中占有极重要的地位。罗盘中将二十四山分为十二部分，以配长生十二宫，是为长生、沐浴、冠带、临官、帝旺、衰、病、死、墓、绝、胎、养。

在长生十二宫中，胎宫指天地气交，万物萌芽；养宫指地中生长成形；长生指万物生发；沐浴指万物始生，柔脆易损；冠带指万物渐荣；临官指万物生长壮大；帝旺指万物成熟；衰宫指万物始衰；病宫指万物病败；死宫指万物灭亡；墓宫指万物废弃或收藏；绝宫指绝处逢生，物极必反。其中，以胎、养、生、冠、临、旺为六秀，生、旺、临为三吉，衰、病、死、绝为黄泉。以迎生接旺为吉，破旺冲生为凶。

长生十二宫所指代的方位，是二十四山所属的五行的旺衰，依五行方位流水来去而决定是衰是旺、是吉是凶。

长生十二宫的应用，是将八天干分为四阳干和四阴干，甲、丙、庚、壬谓之四阳干，乙、丁、辛、癸谓之四阴干。四阳干按十二长生顺布，甲木长生在亥，丙火长生在寅，庚金长生在巳，壬水长生在申。四阴干按十二长生逆布，乙木长生在午，丁火长生在酉，辛金长生在子，癸水长生在卯。局中左水倒右（顺旋）用阳干气，右水倒左（逆旋）则用阴干气。明堂纳水是以墓库为水口开始，由此可知十二宫的生旺方。

(1) 阳干气

亥卯未、乾甲丁。（甲木气）

寅午戌、艮丙辛。（丙火气）

巳酉丑、巽庚癸。（庚金气）

申子辰、坤壬乙。（壬水气）

风水罗盘全解

甲阳木局

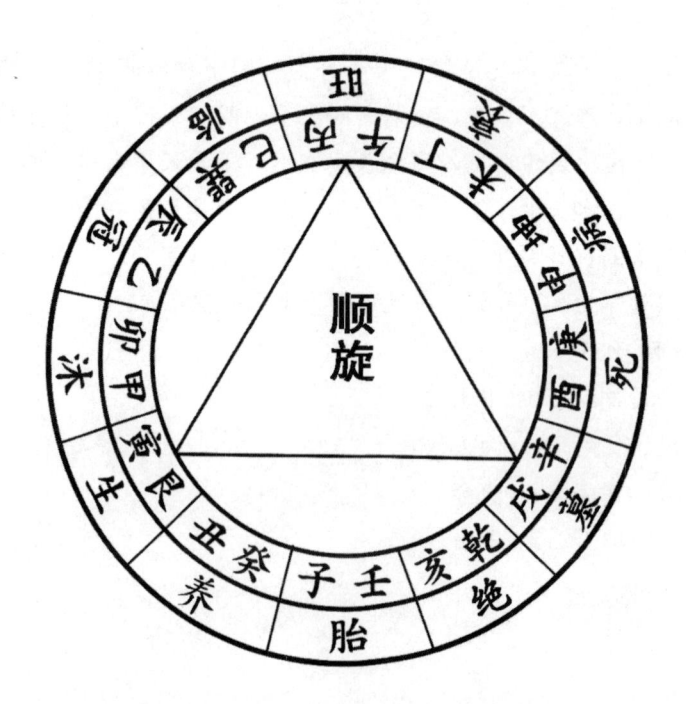

丙阳火局

庚阳金局

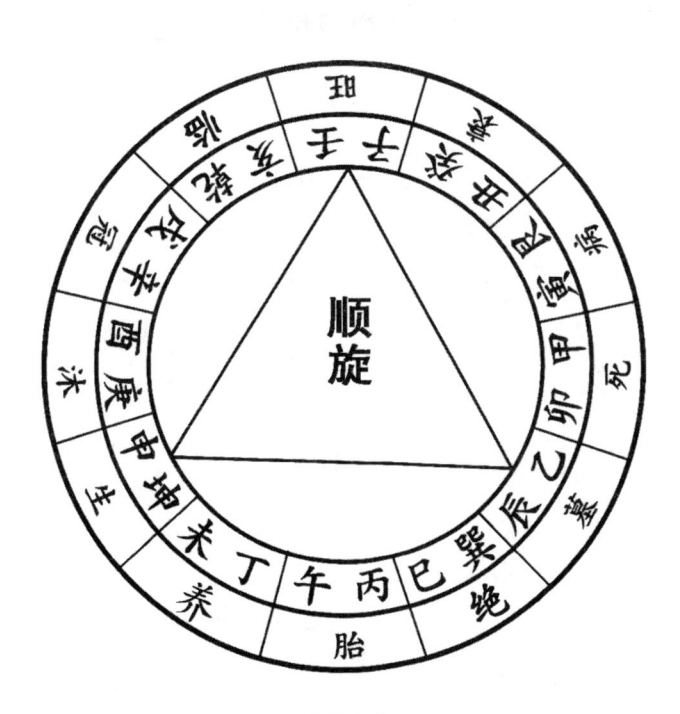

壬阳水局

(2) 阴干气

午寅戌、丙艮辛。（乙木气）

酉巳丑、庚巽癸。（丁火气）

子申辰、壬坤乙。（辛金气）

卯亥未、甲乾丁。（癸水气）

乙阴木局

丁阴火局

辛阴金局

癸阴水局

现将长生十二宫阴阳顺逆列表如下：

天干＼长生	长生	沐浴	冠带	临官	帝旺	衰	病	死	墓	绝	胎	养
甲木	亥	子	丑	寅	卯	辰	巳	午	未	申	酉	戌
乙木	午	巳	辰	卯	寅	丑	子	亥	戌	酉	申	未
丙火	寅	卯	辰	巳	午	未	申	酉	戌	亥	子	丑
丁火	酉	申	未	午	巳	辰	卯	寅	丑	子	亥	戌
庚金	巳	午	未	申	酉	戌	亥	子	丑	寅	卯	辰
辛金	子	亥	戌	酉	申	未	午	巳	辰	卯	寅	丑
壬水	申	酉	戌	亥	子	丑	寅	卯	辰	巳	午	未
癸水	卯	寅	丑	子	亥	戌	酉	申	未	午	巳	辰

排完长生十二神后，某方有来水或去水，吉凶可参考《十二长生水法歌》：

养生水（贪狼星）：第一养生水到堂，贪狼星照显文章。长位儿孙多富贵，人丁昌炽性忠良。小曲大潮官职重，水小湾环福寿长。养生流破终须绝，少年寡妇守空房。

沐浴水（文曲星）：沐浴水来犯桃花，女子淫乱不由她。投河自缢随人走，血病官灾破主家。子午方来田业尽，卯酉流来奸赌奢。若还流破生神位，堕产淫声带锁枷。

冠带水（文昌）：冠带水来人聪慧，也主风流好赌奢。七岁儿童能作诗，文章博士万人夸。水神流去三房苦，髫发儿童死不差。更损深闺娇态女，此方停蓄乃为佳。

临官水（武曲）：临官方位水趋莹，禄马朝元吉气新。少年早入青云路，贤相筹谋助圣君。最忌此方山水去，成才之子早归阴。家中少妇常哭泣，财杀空虚彻骨贫。

帝旺（武曲）：帝旺朝来聚面前，一堂旺气发庄田。官高爵重威名显，金谷丰盈有剩钱。最怕休囚来击散，石崇富贵不多年。旺方水去根基薄，乏食贫寒怨上天。

衰水（巨门）：衰方管局巨门星，学堂水到发聪明。少年及第文章富，长寿星高金谷盈。出入威仪乘驷马，宴游歌舞玉壶倾。旺极总宜来去吉，也须湾曲更留情。

病死水（廉贞）：病死二方水莫来，天门地户不为乖。更有科名官爵重，水若斜飞起大灾。换妻毒药刀兵祸，软脚疯瘫女堕胎。必主其家遭此害，疾痨蒸损瘦形骸。

墓水（破军）：墓库之方怕临水，破军流去反为祯。阵上扬名女武贵，池湖停蓄富春生。荡然直去家资薄，欠债终年不了人。水来充军千里外，三男二女总凋零。

绝胎水（禄存）：绝胎水到不生儿，孕死休囚绝后嗣。纵使有生难抱养，父子乖张夫妇离。水大女人淫乱走，水小私情暗会期。此处只宜为水口，禄存流尽佩金鱼。

4. 三合水法的立向知识

风水师无论看阴宅还是阳宅，在定向之前，首先要摆好罗盘，察看水口，视其水从何方而来，向何方而去，将其审辨清楚，然后再定向。

例如一块地，从艮寅方来水，左水到右，经过乙辰、巽巳、丙午、丁未、坤申、庚酉，最后向辛戌方流去。正如前面已讲过的四大水口，戌是四大水口之一，乃是火库。那么初步可以确定戌为"火局"。然后再用罗盘拨向，即可将调拨为"壬山丙向或子山午向"，因午向和丙向皆属火局。午火长生在寅，从寅位上起长生，顺数沐浴在卯，冠带在辰，临官在巳，帝旺在午……收局内冠带、临官和帝旺水流"戌"库，为正旺向。

三合水法立向首要的一点，是要知道水的来去，以水的形势配向。在三合水法中，水的形势可分为横水局、朝水局、斜水局以及顺水局。

（1）横水局

水从左右横来叫横水局，其中可分为"左水到右"和"右水到左"。

"左水到右"是指左边的水经过堂前向右边流出。凡是左水到右宜立丙午、甲卯、壬子、庚酉四阳旺向，或立辰、戌、丑、未四阳衰向。这样可收长生、冠带、临官、帝旺方的吉方来水，出衰、病、死、墓的凶方。

"右水到左"，是指右边的水经过堂前向左边的方流出。凡是右水到左的宜立乾亥、坤申、艮寅、巽巳四阴旺向，或乙、辛、丁、癸四阴衰向。这样可收长生、冠带、临官、帝旺的吉方来水，由衰、病、死、墓之凶出水。

（2）朝水局

水从前面朝来，是为朝水局。

无论是宅是坟，水如果前面朝来，然后再由右后方流去的，叫做穴前水朝堂，遇此水者可立甲卯、丙午、庚酉、壬子四阳旺向。门向适合向东开的，可立甲卯门向；适合向南的，可立丙午向；门向适合西开的，可立庚酉向；门向适合北开的，可立壬子向。四阳旺向水法宜顺布长生，可收临官、帝旺方来水，从死、墓、绝方出水。

如水从墓宅前面朝来，然后向左后方出水，可立乾亥、坤申、艮寅、巽巳四阴旺向。门向适合朝西北开的可立乾亥向，门向适合向西南开的可立坤申向，门向适合向东北方开的，可立艮寅四阴旺向。凡是乾亥、坤申、艮寅、巽巳八个向皆属阴，水法宜逆布十二长生，收临官、帝旺方来水，向死、墓、绝方出水。

但凡当面朝来之水，在立向时需要注意，必须符合左前方与右前方之水来朝，无论是宅是墓其位置务必要高一些，切不可在比水低的地方或与水平行的地方立宅安坟，否则就成了"穿心水"。

（3）斜水局

水从左右后方，向左右前方斜出，叫斜水局。

如果水从左后方来，再由右前方流去，可立甲卯、丙午、庚酉、壬子四阳旺向。因地制宜，适合大门向东者可立甲卯向，大门向南者可立丙午向，向西者可立庚酉向，向北者可立壬子向。但凡甲卯、丙午、庚酉、壬子四阳旺向，水法宜顺布长生，则可收长生、冠带、临官、帝旺来水向衰方出水，叫做"借库消水"。

水从右后方来水，向左前方流去，宜立乾亥、坤申、艮寅、巽巳四阴旺向。可因地制宜，如适合向西南方开门可立坤申向，适合向东北开门的可立艮寅向，适合向东南方开门的可立巽巳向，适合向西北方开门的可立乾亥、巽巳、艮寅、坤申四阴旺向，水法宜逆布长生，可收长生、冠带、临官、帝旺水出衰方，叫做"借库之水"。

值得注意的是，凡是斜来到堂之水，都称之为"斜飞水"。虽可成局，只宜弯曲缓慢流去为吉，切不可急流而去。

（4）顺水局

水从前方直去，是顺水局。

如果水从右后方来，再由前方直去，可立辰、戌、丑、未四阳衰向。因地制宜，适合东南向的可立辰向，适合西北向的可立戌向，适合东北向的可立丑向，适合西南向的可立未向。辰、戌、丑、未，凡立四阳向者，水法宜顺布长生，可收长生、冠带、临官、帝旺方来水，流出衰位。

如果水从左后方来，再由前方直流而去，可立乙、辛、丁、癸向，因乙、辛、丁、癸属四阴衰向，水法宜逆布十二长生，可收长生、冠带、临官、帝旺方来水，流出衰位。

无论水从左后方或右后来，由明堂对面直流而去者，宜弯曲缓慢而流为吉，倾急直流者，谓之元神外泄，是主凶。

5. 辅星水法

辅星水法也叫九星水法，以向首为准挨排，各有四吉、四凶，看水之来去论吉凶。水若来吉去凶便吉，反之来凶去吉便以凶断。其中：

贪狼、巨门、武曲、辅弼为四吉星。

破军、廉贞、文曲、禄存为四凶星。

水之来去以合纯阴纯阳与来吉去凶最佳；以戌山辰向为阳向，丙方来水是禄存水又为阴水属凶，主丁财两败，损丁绝嗣。午方来水是巨门阳水为吉，主发富贵。乾山巽向属阴向，午方来水破军水且为阳水属凶，主出人凶暴，少人丁。若丙方来水为武曲水又属阴水，收到吉水又合阴向阴水主大吉，武曲也称学堂水吉，主发科甲出官贵。

九星水法诀：以依向山起翻卦，从向上起辅弼以卦爻翻卦变化，配以武曲、破军、廉贞、贪狼、巨门、禄存、文曲、辅弼。

卦爻变化次序为：中、下、中、上、中、下、中、上

九星变化次序为：武、破、廉、贪、巨、禄、文、辅

例如：以庚山甲向为例，内圈为地盘正针，外圈为天盘缝针。

甲向纳甲属乾卦，以乾卦起翻卦变爻。

以下为九星水法的吉凶断诀：

（1）辅弼水

辅弼水来最高强，房房富贵福寿长；

辅弼水去退田庄，男妖女亡为孤孀。

此水朝来房房发达，唯三房最盛。亡人尸骨洁净。

（2）武曲水

武曲水来发众房，世代为官近帝王；

武曲水去血光死，男女离乡走外邦。

此水朝来，长晚房人口兴旺，子孙聪明。寅午戌、亥卯未年，中房大旺，百子千孙绵远。亡人筋骨干净，紫藤盖棺之兆。

辅星水法示例

(3) 破军水

破军水来是凶神,先杀长子后杀孙;

破军水去大吉昌,为官英堆近帝王。

此水朝来,先败长房,田地人财,官事牵连。出人凶暴,投军作贼,女妖男亡,子孙聋哑疾病。巳酉丑、寅午戌年应。残疾颠狂少亡,淫乱酒色。亡人骨骸黑色,木根绕棺,白蚁咬棺。

(4) 廉贞水

廉贞水来最难当,连年瘟疫起祸殃;

廉贞水去最为良，富贵荣华定一房。

此水朝来，大败长房。亡人筋骨入泥。口开头侧，左边棺郭木根穿，有底无盖，蛇鼠蚁虫作窠。子孙眼疾脚残，女产男亡，少年孤寡吐血。巳酉丑、亥卯未年，中房退败，长房最凶且远。改之则吉。

（5）贪狼水

贪狼水来照穴场，人口千丁发众房；

贪狼水去好贪花，卖尽田地绝了家。

此水朝来，先发长房，后发众房。百子千孙见官星，即早发科甲。若见田塘溪坑毛流小水，富贵迟来。亡人筋骨干净，巳酉丑、寅午戌年应。

（6）巨门水

巨门水来朝曲塘，儿孙世代主荣昌；

巨门水去主离乡，卖了田地走外邦。

此水朝来，房房发达，多生贵子。亥卯未年应，百事兴旺。水去子孙九流术人僧道，蝼锣乌牛生白子。若是溪坑毛流细水，子孙享福无疆。

（7）禄存水

禄存水来败长房，长房人口定遭殃；

禄存水去大吉昌，富贵荣华归长房。

此水朝来，先败长房，瘟火牛灾退败，女夭男亡，子孙聋哑。亥卯未、寅午戌年应。若见田塘溪沟毛流小水，亡人尸骨入泥，十五年白蚁蛇虫咬棺，木根穿棺。

（8）文曲水

文曲水来起高峰，出人少亡主贫穷；

文曲水去生双子，田地家财次第隆。

此水朝来，小五中房家先败，家业冷退，女产男亡，子孙聋哑，惰懒癫狂，投河自缢，赌博淫乱。亥卯未、巳酉丑年中应退败。若见田塘溪坑毛流小水，亡人尸骸入泥，十二年白蚁食棺，二十年蛇鼠入棺，木根缠筋骨。

以下为九星水法纳甲翻卦表：

九星水法图（一）

九星＼向变爻		乾甲	坤乙	癸申子辰	壬寅午戌
武曲星	变中爻	壬寅午戌	癸申子辰	坤乙	乾甲
破军星	下	艮丙	丁巳酉丑	庚亥卯未	巽辛
廉贞星	中	巽辛	庚亥卯未	丁巳酉丑	艮丙
贪狼星	上	癸申子辰	壬寅午戌	乾甲	坤乙
巨门星	中	坤乙	乾甲	壬寅午戌	癸申子辰
禄存星	下	庚亥卯未	巽辛	艮丙	丁巳酉丑
文曲星	中	丁巳酉丑	艮丙	巽辛	庚亥卯未
辅弼星	上	乾甲	坤乙	癸申子辰	壬寅午戌

九星水法图（二）

九星＼变爻＼向	变	䷀ 庚亥卯未	䷀ 巽辛	䷀ 艮丙	䷀ 丁巳酉丑
武曲星	变中爻	䷀ 丁巳酉丑	䷀ 艮丙	䷀ 巽辛	䷀ 庚亥卯未
破军星	下	䷀ 癸申子辰	䷀ 壬寅午戌	䷀ 乾甲	䷀ 坤乙
廉贞星	中	䷀ 坤乙	䷀ 乾甲	䷀ 壬寅午戌	䷀ 癸申子辰
贪狼星	上	䷀ 艮丙	䷀ 丁巳酉丑	䷀ 庚亥卯未	䷀ 巽辛
巨门星	中	䷀ 巽辛	䷀ 庚亥卯未	䷀ 丁巳酉丑	䷀ 艮丙
禄存星	下	䷀ 乾甲	䷀ 坤乙	䷀ 癸申子辰	䷀ 壬寅午戌
文曲星	中	䷀ 壬寅午戌	䷀ 癸申子辰	䷀ 坤乙	䷀ 乾甲
辅弼星	上	䷀ 庚亥卯未	䷀ 巽辛	䷀ 艮丙	䷀ 丁巳酉丑

二十、盈缩六十龙

在风水罗盘上，六十透地龙的理论又可分为平分六十龙与盈缩六十龙两种。盈缩六十龙也是由天干与地支排列而成，其分布次序也与透地六十龙相同，唯一区别在于，每龙的格并不是均等划一的，而是阔狭不等，有些稍阔，有些稍窄，最宽的辛卯龙与辛未龙各占10度空间，而最窄的己卯龙则只占3度空间。这种有宽有窄、有盈有缩的分格设置，正是这一层名称的由来。

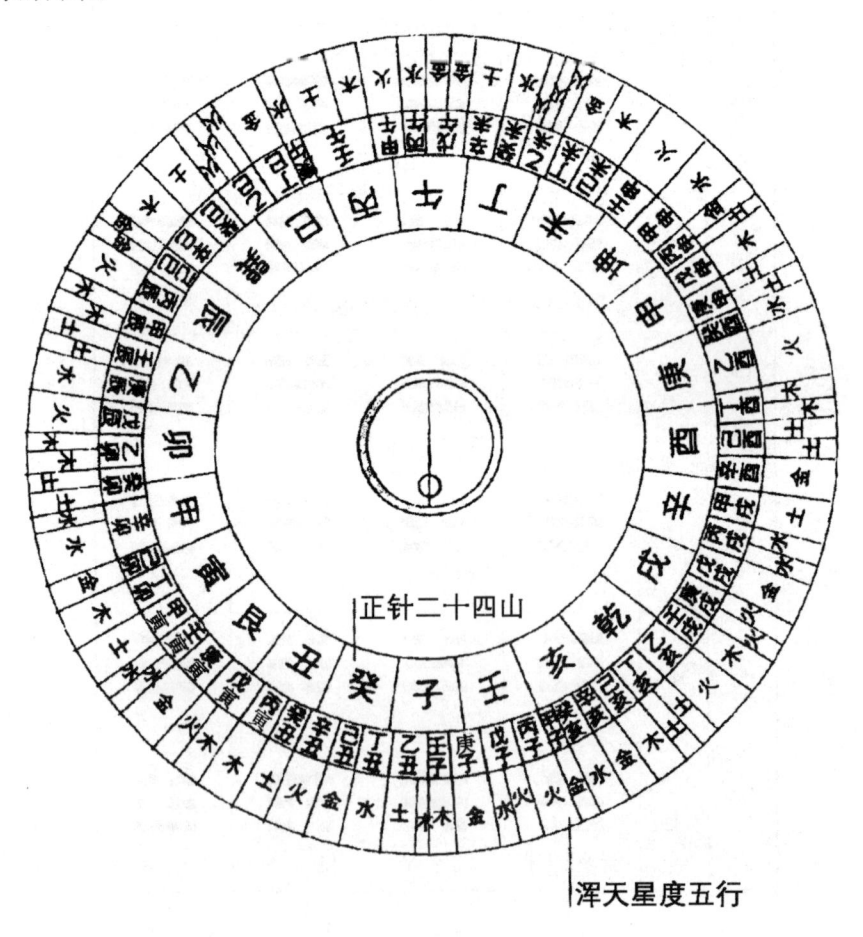

盈缩六十龙

这一层涉及了一个盈缩问题。如果是平分六十龙，那么二十四山每山分得两度半，正好分均。但与周天365.25度又无法相吻合，如果是每龙管6度，那么周天只有360度，还余5.25度没有归属。因此，所谓盈缩的由来，就是将周天365.25度尽可能地均入二十四山，使每度都有所归属。

这又涉及到历法中的闰月问题，只有闰月才能解决太阳年（365天多）和太阴年（354天多）的误差。因此，六十甲子（即六十龙）一仍其旧，但每一甲子不能平均管五度，有些甲子跨7、8度以至10度，也有的跨5、6度或者3度，形成大月、小月，大月30日，小月29日，以应七十二候，所余度数由闰月补齐，这就是《罗经解定》中所说"星度五行则六十有一"的道理。

有风水家认为，盈缩六十龙的分位不均，是由二十八宿浑天五行的度数有多寡而产生的。现实的星座并不像罗盘上的二十四天星那样分布均匀，二十八宿分度的五行度数多，则对应盈缩六十龙的该龙就阔；二十八宿分度五行的度数少，对应盈缩六十龙该龙就狭。这样就更接近于实际的星象分布了。

盈缩六十龙的起甲子问题，一直以来聚讼纷纭，没有得到解决，致使各个罗盘排列甲子的起始有所不同。有的罗盘起甲子于缝针亥中，如广东兴宁罗盘，盈缩六十龙的甲子起于缝针亥中，正对正针七十二龙辛亥龙，为亥兼壬的七亥三壬；也有论者认为应该起于缝针壬中，因为盈缩六十龙是缝针的附盘，而罗盘的顺序是从子宫开始，其他的七十二龙和六十龙等，都应该起甲子于各盘该针的壬中，盈缩六十龙也不例外，应该起于缝针壬中，因为只有这样才能反映与缝针的方位关系。以上说法究竟哪一个正确，至今也没有统一的定论。从现有罗盘来看，以起甲子于缝针亥中的居多。

对于盈缩六十龙的应用，清朝风水家叶九升在《罗经指南拨雾集》中说：

> 徐试（明朝风水学家）以盈缩起甲子于正针亥未，先之太早，以平分起壬初者为妥，不知盈缩是天气，非方位。若论方位，应起壬初，而气则不起于壬初也。盖气之来也，未至此方位，而此方位之气，已先萌彼方位之下，非至此方位聚有此气也。故盈缩之甲子，但取其气之动萌，不取其万位之所属。古云"兆一气于黄泉未发之初"是也。盈缩专为乘气而设，古人于穴

中作用，不曰乘龙，而曰乘气，良有以也。盖龙系后天之形，气乃先天之气也。其起于甲子先壬初三度者，何也？三度者，三日也，三日有三十六时，积三十分而起冬至之义也。盈缩之妙于平分，正在于此，试可止识平分整齐板死，不知盈缩之奇零分数，乌可与语天机之妙哉！

《罗经解定》也有云：

穿山七十二龙，透地六十龙，平分六十龙，百二十分金，皆取纳音与本宫互论生死克泄，独此盈缩龙纳音五行与浑天星度五行相合取用，宜生和忌克泄，以察关煞之方，审空亡差错之位，而验吉凶之应。

简单而论，古代风水师认为，盈缩六十龙是论天气为主，不以论地气为要，所以格龙乘气应以透地六十龙为主，用这一层来作为乘气之依据则未免出现问题。风水家用盈缩六十龙透地，以考星度之生克及砂水的喜忌，是属于配合运用，而不可作透地六十龙般运作，否则顾此失彼，就不能催吉了。

在实际应用时，应考察这一层所配的纳音五行与浑天星度五行的生克关系，以此来定吉凶。以纳音五行为主，以浑天星度五行为宾。如庚子龙纳音五行为土，浑天星度五行属金，土生金，即主生宾，为泄龙，不吉；又如己丑龙纳音五行为火，浑天星度五行属金，火克金，即主克宾，为吉龙。

盈缩六十龙所属浑天五行，据《罗经透解》载，其天度在十二支中，每宫五位，即：

子宫，金火水金木。

丑宫，土水金木土。

寅宫，火木火金水。

卯宫，木金水土木。

辰宫，火水土木火。

巳宫，金木土火金。

午宫，水土木火水。

未宫，金土水火金。

申宫，木火水金木。

酉宫，土水火木土。

戌宫，金土水金火。

亥宫，木火土水木。

广东兴宁罗盘所载的甲子金，丙子火，戊子水，庚子金，壬子木，乙丑土，丁丑水，己丑金，辛丑木，癸丑土……也符合上述十二支宫所属浑天五行。

盈缩六十龙所属浑天星度五行

金	火	水	木	土
甲子	丙子	戊子	壬子	乙丑
庚子	丙寅	丁丑	辛丑	癸丑
己丑	戊寅	壬寅	丁卯	甲寅
庚寅	戊辰	辛卯	乙卯	癸卯
己卯	丙辰	庚辰	甲辰	壬辰
己巳	乙巳	庚午	辛巳	癸巳
辛未	丙午	戊午	甲午	壬午
己未	丁未	乙未	壬申	癸未
戊申	甲申	丙申	庚申	癸酉
甲戌	丁酉	乙酉	己酉	辛酉
庚戌	壬戌	戊戌	乙亥	丙戌
丁巳	丁亥	辛亥	癸亥	己亥

风水家还为盈缩六十龙中的每一龙都配上名字，名字中本身并寓有五行属性和吉凶意义，并就此编了一首《六十龙名》歌诀：

甲子金名天魁龙，丙子水名进气龙，

戊子火名退禄龙，庚子土名五福龙，

壬子木名广相龙，乙丑金名金福龙，

丁丑水名金库龙，己丑火名游煞龙，

辛丑土名金印龙，癸丑木名天授龙，

丙寅火名天仙龙，戊寅土名天贵龙，

庚寅木名天瑞龙，壬寅金名天煞龙，

甲寅水名天庆龙，丁卯火名六秀龙，

己卯土名天宝龙，辛卯木名大震龙，

癸卯金名合气龙，乙卯水名文笔龙，

戊辰木名龙德龙，庚辰金名进神龙，

壬辰水名受煞龙，甲辰火名隐济龙，

丙辰土名显位龙，己巳木名德化龙，

辛巳金名御带龙，癸巳水名劫伤龙，
乙巳火名宫库龙，丁巳土名旺气龙，
庚午土名天马龙，壬午木名紫袍龙，
甲午金名天病龙，丙午水名助禄龙，
戊午火名文圣龙，辛未土名金华龙，
癸未木名紫袍龙，乙未金名天劫龙，
丁未水名天财龙，己未火名庆德龙，
壬申金名天贵龙，甲申水名天仙龙，
丙申火名进德龙，戊申土名天庆龙，
庚申木名天天龙，癸酉金名天雄龙，
乙酉水名天成龙，丁酉火名天孤龙，
己酉土名天运龙，辛酉木名天职龙，
甲戌火名天尾龙，丙戌土名天库龙，
戊戌木名游神龙，庚戌金名金藏龙，
壬戌水名印库龙，乙亥火名天刑龙，
丁亥土名天官龙，己亥木名死气龙，
辛亥金名福吉龙，癸亥水名主福龙。

在近代使用中，有些风水家则以仙命为主，以六十龙为辅，看生克关系取用。即盈缩六十龙之五行不可克仙命为吉。

六十龙吉凶歌

丙子庚子丙壬子，乙丑丁丑丙戊寅，
癸卯庚辰辛乙巳，壬午丙午亦相邻，
甲丙庚戌己辛酉，癸丁己未壬戊申，
甲申乙丁辛亥位，二十七龙大吉神。
甲子戊子己辛丑，庚寅壬寅及甲寅，
丁卯辛卯与乙卯，己癸巳戊丙壬辰，
庚甲戊午并辛未，癸乙丁酉丙庚申，
戊壬戌癸己亥位，二十八龙不吉名。
癸丑己卯及甲辰，丁巳乙未半吉凶，
此是盈缩六十位，罗经排定示吾人。

二十一、十二宫次

十二次是中国古代对周天的一种划分方法。

古代人为了观测日、月、五星的运行情况和气节的变换情况，把周天分为十二等分，叫做十二次。他们采用的方法，是把黄赤道带天区自西向东划分为十二部分，使冬至点正处于一份的正中间，这一份就叫星纪，然后由西向东依次排列十二次，并依次命名为星纪、玄枵、娵訾、降娄、大梁、实沈、鹑首、鹑火、鹑尾、寿星、大火、析木。

春秋战国时代的《左传》、《国语》等书中就已有这些名称的记载，它们被用来记述岁星（木星）的位置。古代把木星的恒星周期定为十二年，所以一般认为，十二次的创立大概起源于对木星的观测，创立年代在春秋时期或更早。每次都以二十八宿中的某些星宿为标志，但由于有些星宿跨属相邻的两个次的，因此十二次中的各次的界限其实与二十八宿不能完全对应。

黄道十二宫宿度图

除十二次外，在中国天文学中还有一种与其关联密切的"十二辰"纪年法。他的星空划分方法与十二次一样，但方向却相反，即以玄枵为子，然后由东向西，星纪为丑，析木为寅……十二辰产生的原因是，因为岁星在星空背景上移动的速度不均匀，将岁星的位置用来纪年不很理想，于是人们就设想了一个与岁星运行方向相反但运行速度均匀的理想星体，称为岁阴、太岁或太阴，并用其来纪年，后来太岁被星命家或星占家用于星命术和星占术。

《史记·天官书》上记载：

> 其日月所会之宫谓之月将，娵訾，亥也。降娄，戌也。大梁，酉也。实沈，申也。鹑首，未也。鹑火，午也。鹑尾，巳也，寿星，辰也，大火，卯也。析木，寅也。星纪，丑也。玄枵，子也。子曰神后，丑曰大吉，寅曰功会，卯曰太冲，辰曰天罡，巳曰太乙，午曰胜光，未曰小吉，申曰传送，酉曰从魁，戌曰河魁，亥曰登明。月建运天道而左旋，为天关。月交禀地道而右旋，为地轴。

明万民英《三命通会》卷二论太阳躔次，也涉及十二次与十二辰及节气的对应：

> 正月雨水中气后二日躔亥，娵訾之次。
>
> 二月春分中气后二日躔戌，降娄之次。
>
> 三月谷雨中气后五日躔酉，大梁之次。
>
> 四月小满中气后六日躔申，实沈之次。
>
> 五月夏至中气后五日躔未，鹑首之次。
>
> 六月大暑中气后四日躔午，鹑火之次。
>
> 七月处暑中气后五日躔巳，鹑尾之次。
>
> 八月秋分中气后八日躔辰，寿星之次。
>
> 九月霜降中气后九日躔卯，大火之次。
>
> 十月小雪中气后七日躔寅，析木之次。
>
> 十一月冬至中气后四日躔丑，星纪之次。
>
> 十二月冬至中气后六日躔子，玄枵之次。

十二次与十二辰、二十八宿

十二次	十二辰	二十八宿
星纪	丑	斗、牛、女
玄枵	子	女、虚、危
娵訾	亥	危、室、壁、奎
降娄	戌	奎、娄、胃
大梁	酉	胃、昴、毕
实沈	申	毕、觜、参、井
鹑首	未	井、鬼、柳
鹑火	午	柳、星、张
鹑尾	巳	张、翼、轸
寿星	辰	轸、角、亢、氐
大火	卯	氐、房、心、尾
析木	寅	尾、箕、斗

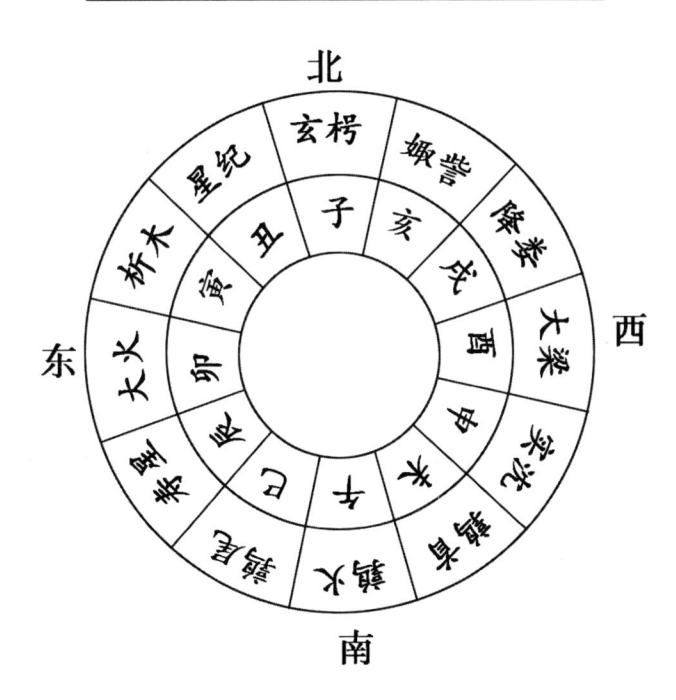

十二次与十二辰对应示意图

古代西方也按照由西向东的方向,把黄道带分为白羊、金牛等十二个等分,叫做黄道十二宫,与我国的十二次划分的界限划分稍有差异。二者对照情况如下表:

十二次与黄道十二宫

十二次	黄道十二宫
1. 星纪	摩羯宫
2. 玄枵	宝瓶宫
3. 娵訾	双鱼宫
4. 降娄	白羊宫
5. 大梁	金牛宫
6. 实沈	双子宫
7. 鹑首	巨蟹宫
8. 鹑火	狮子宫
9. 鹑尾	室女宫
10. 寿星	天称宫
11. 大火	天蝎宫
12. 析木	人马宫

在古代,十二次在生活中用以指示一年四季太阳所在位置,说明节气的变化,如太阳在星纪,为大寒节气;太阳在玄枵,为冬至节气。还能说明岁星每年运行所到的位置和纪年。在占星术中,星占家以岁星即太岁所到位置和纪年来判断地方和时间的吉凶,以十二宫附会于中国的十二个区域,以星象的变异来预测地域的吉凶,并附会人事的吉凶。但就风水术而言,十二次并没有什么实际的应用,古代风水家只是将其作为古代的天文学资料录入以充实罗盘。

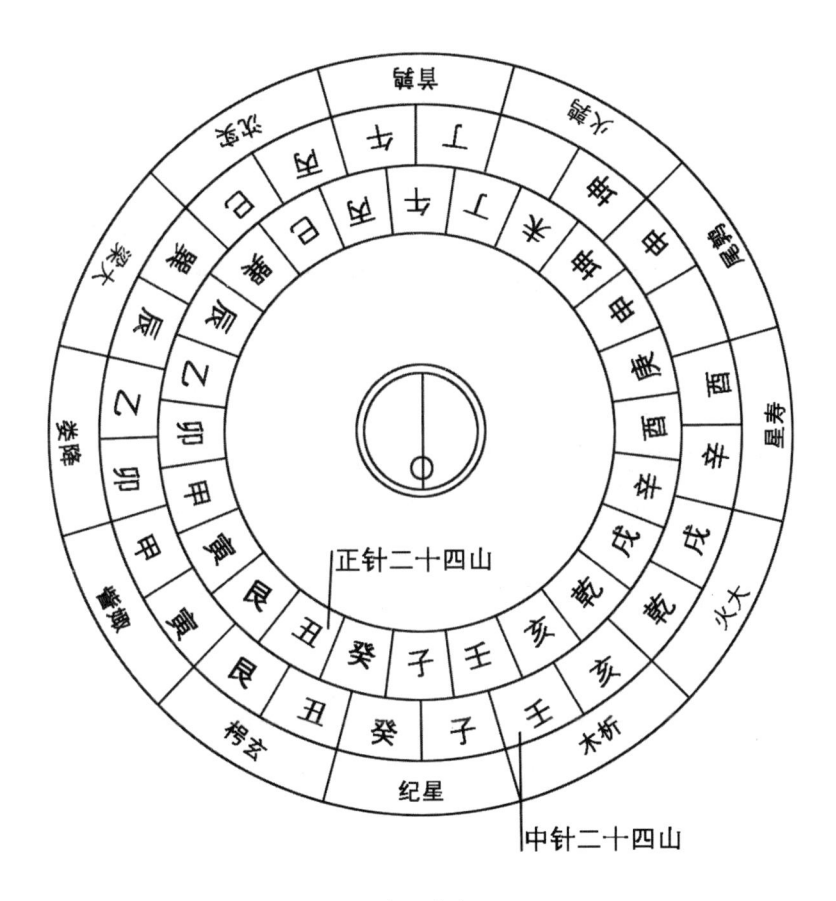

十二次盘

二十二、十二分野

根据我国古代的天人感应观念，古人认为，天上的星象与人间的吉凶祸福有着密切的联系。因此，他们将天上星宿与地上的区域相对应、相分配，这就是所谓的"分野"。对此，《周礼·春官宗伯》也曾有过记载：保章氏"掌天星以志星辰日月之变动，以观天下之迁，辨其吉凶。以星土辨九洲之地，所封封域，皆有分星，以观妖祥"。

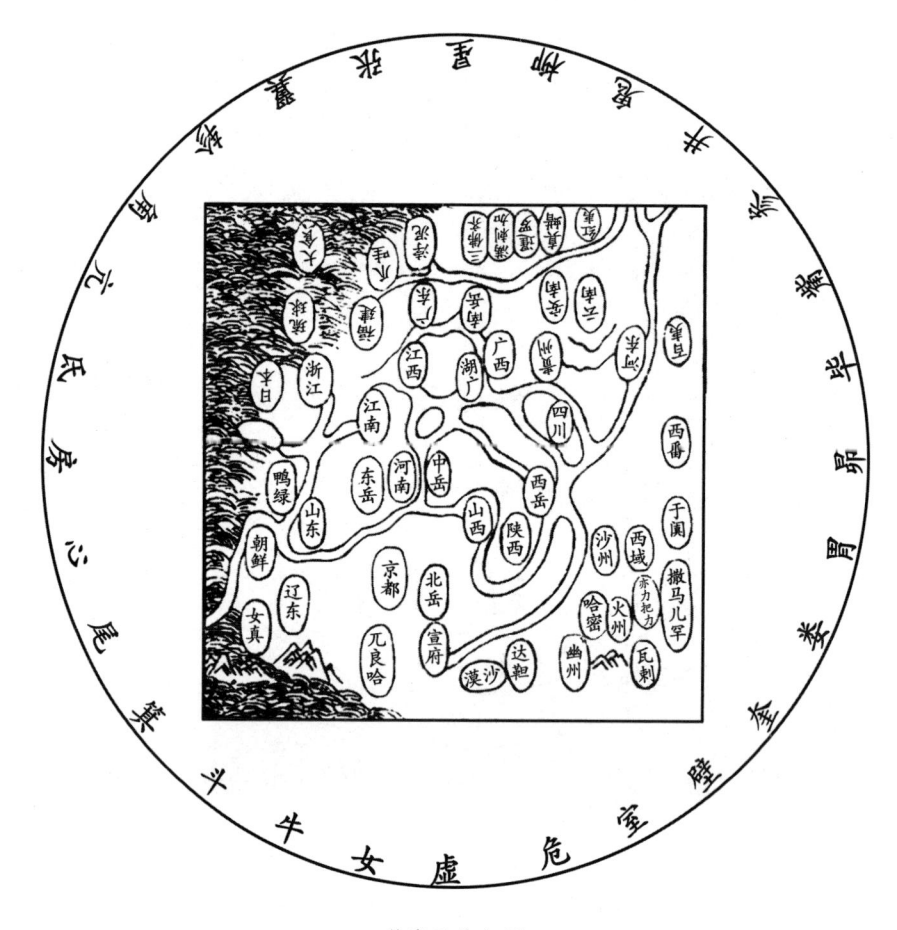

数窥天地之图

  分野的方法有多种，如二十八宿分野、五星分野、十天干和十二地支分野等，但最主要的是二十八宿和十二次分野。《淮南子·天文训》中记载了列国与二十八宿的对应分野关系，这种早期的分野是按列国来划分的，共有十三个分野。

《淮南子·天文训》所载分野

二十八星宿	列国
角、亢	郑
氐、房、心	宋
尾、箕	燕
斗、牛	越
女	吴
虚、危	齐
室、壁	卫
奎、娄	鲁
胃、昴、毕	魏
觜、参	赵
井、鬼	秦
柳、星、张	周
翼、轸	楚

先秦以后，诸国消亡，天下统一，二十八星宿的分野便用州府替代列国，这一变动反映在《史记·天官书》中，仍是十三个分野。

《史记·天官书》所载分野

二十八星宿	州
角、亢、氐	兖州
房、心	豫州
尾、箕	幽州
斗	湖州
牛、女	扬州
虚、危	青州
室、壁	并州
奎、娄、胃	徐州
昴、毕	冀州
觜、参	益州
井、鬼	雍州
柳、星、张	三河
翼、轸	荆州

古人还采用岁星纪年法，把星辰划分为十二躔次，又将地上的州、国划分为十二个区域，使两者相互对应。躔，是指日月星辰的运行；星占家于是根据某一天区的星象，预测相应地区人事的吉凶。就天而言，称为"十二分星"；在地而言，称为"十二分野"。

《周礼·春官·宗伯》的郑玄注中，提到了十二分野，将十二次的星空位置与战国列国的地域位置联系起来，从当时的国家疆域划分，其云：

星纪：吴、越；玄枵：齐；娵訾：卫；降娄：鲁；大梁：赵；实沈：晋；鹑首：秦；鹑火：周；鹑尾：楚；寿星：郑；大火：宋；析木：燕。

罗盘十二次分野

十二次	国州分野
1. 星纪	吴越扬州
2. 玄枵	齐分青州
3. 娵訾	卫分并州
4. 降娄	鲁分徐州
5. 大梁	赵分冀州
6. 实沈	晋分益州
7. 鹑首	秦分雍州
8. 鹑火	周分三河
9. 鹑尾	楚分荆州
10. 寿星	郑分兖州
11. 大火	宋分豫州
12. 析木	燕分幽州

在唐代李淳风的《乙巳占》卷三中，更有对十二次与二十八宿分野的详细记载，现将其列于下表：

十二次及二十八宿分野表

十二次	星纪	玄枵	娵訾	降娄	大梁	实沈
十二辰	丑	子	亥	戌	酉	申
分星	斗、牛	女、虚	危、室、壁	奎、娄	胃、昴	毕、觜、参
分星范围	斗 12°—女 7°	女 8°—危 15°	危 16°—奎 4°	奎 5°—胃 6°	胃 7°—毕 11°	毕 12°—井 15°
分野国	吴、越	齐	卫	鲁	赵	晋、魏
十二次	鹑首	鹑火	鹑尾	寿星	大火	析木
十二辰	未	午	巳	辰	卯	寅
分星	井、鬼	柳、星、张	翼、轸	角、亢	氐、房、心	尾、箕
分星范围	井 16°—柳 8°	柳 9°—张 16°	张 17°—轸 11°	轸 12°—氐 4°	氐 5°—尾 9°	尾 10°—斗 11°
分野国	秦	周	楚	郑	宋	燕

罗盘上的十二分野也是以十二次与国州相互关系来划分的，以十二地支为中各占一份。但罗盘上的十二分野与十二次一样，也没有什么实际的应用，仅仅是将古代天文学资料的罗列其中，作为补充和参考。十二分野在术数中主要用于占星，让星占家观察"瑞祥"的天象，以占卜地上所配州国的吉凶。

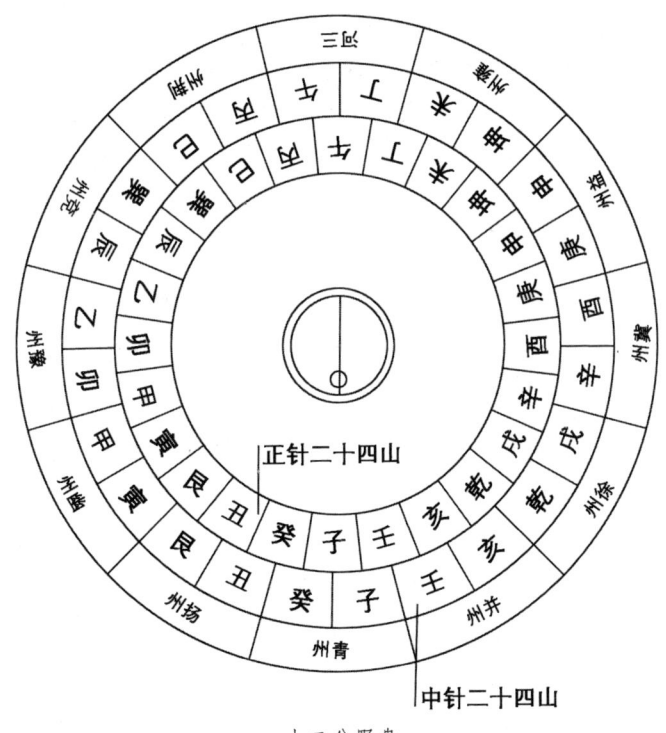

十二分野盘

二十三、浑天星度五行

浑天星度五行，也叫宿度五行、浑天分度五行。浑天星度，是指二十八宿的周天度数，一共 365.25 度，对应一年的 365 天。这里的"浑"，有"浑沌、模糊不清"的含义。浑天，是指天圆地方的天体。古人曾"立竿见影"，即以竖杆观日影的方法，制造了土圭，用土圭法目力测定天体圆周和二十八宿的位置，并划分周天为 365.25 度的浑天星度，将这些星度配上五行，这种五行就称之为浑天星度五行。

浑天星度五行的配法为天度在十二支中，每宫五位：

子宫金、火、水、金、木；丑宫土、水、金、木、土；寅宫火、木、火、金、土；卯宫木、金、水、土、木；辰宫火、水、土、木、火；巳宫金、木、土、火、金；午宫水、土、木、火、水；未宫金、土、水、火、金；申宫木、火、水、金、木；酉宫土、水、火、木、土；戌宫金、土、水、金、火；亥宫木、火、土、水、木；共六十一位。其用不为穿山透地分金作穴之一端，而又取一岁为七十二候，每一字管 6 日，共 360 日。寅宫多一"木"字，则又管五日，以全 365 日 3 时。

据开禧历定度的《天机素书》载，星度五行定例如下：

甲子金龙宫，管室五六七八九十合六度属金，取纳音金。

丙子水龙宫，管危十六，室一二三四合五度属火，取天干火。

戊子火龙宫，管危十一、十二、十三、十四、十五合五度属水，取地支藏水。

庚子土龙宫，管危五六七八九十合六度属金，取天干金。

壬子木龙宫，管虚九、危一二三四合五度属木，取纳音木。

乙丑金龙宫，管虚三四五六七八合六度属土，取地支藏土。

丁丑水龙宫，管女八九十、十一，虚一二合六度属水，取纳音水。

己丑火龙宫，管女三四五六七合五度属金，取地支藏金。

辛丑土龙宫，管牛四五六七、女一二合六度属木，取天干化生水。

癸丑木龙宫，管斗二十一、二十二太，牛一二三合五度零属土，取地支藏土。

丙寅火龙宫，管斗十五、十六、十七、十八、十九、二十合六度属火，取纳音火。

戊寅土龙宫，管斗八九十、十一、十二、十三、十四合七度属火，取地支藏火。

庚寅木龙宫，管斗二三四五六七合六度属金，取天干金。

壬寅金龙宫，管箕六七八九太、斗一合五度零属水，取天干水。

甲寅水龙宫，管尾十七、十八，箕一二三四五合七度属土，取天干化土。

丁卯火龙宫，管尾十一、十二、十三、十四、十五、十六合六度属木，取地支藏木。

己卯土龙宫，管尾八九十合三度属金，取天干生金。

辛卯木龙宫，管心四五六，尾一二三四五六七合十度属水，取天干生水。

癸卯金龙宫，管房四五太，心一二三合五度零属土，取天干化生土。

乙卯水龙宫，管氐十三、十四、十五、十六半，房一二三合七度半属木，取天干木。

戊辰木龙宫，管氐七八九十、十一、十二合六度属火，取天干化火。

庚辰金龙宫，管氐二三四五六合五度属水，取地支藏水。

壬辰水龙宫，管亢五六七八九太，氐合六度零属土，取地支藏土。

甲辰火龙宫，管角十一、十二太，亢一二三四合六度零属木，取天干木。

丙辰土龙宫，管角五六七八九十合六度属火，取天干火。

己巳木龙宫，管轸十七、十八太，角一二三四合六度零属金，取地支藏金。

辛巳金龙宫，管轸十一、十二、十三、十四、十五、十六合六度属木，取天干化生木。

癸巳水龙宫，管轸五六七八九十合六度属土，取地支藏土。

乙巳火龙宫，管翼十八、十九，轸一二三四合六度属火，取纳音火。

丁巳土龙宫，管翼十一、十二、十三、十四、十五、十六、十七合七度属金，取地支藏金。

庚午土龙宫，管翼六七八九十合五度属水，取天干生水。

壬午木龙宫，管张太，翼一二三四五合五度零属土，取地支藏土。

甲午金龙宫，管张十二、十四、十五、十六、十七合五度属木，取天干木。

丙午水龙宫，管张七八九十、十一、十二合六度属火，取天干火。

戊午火龙宫，管张二三四五六合五度属水，取玄空金生水。

辛未土龙宫，管柳十三、牛星一二三四五六太，张一合八度半太属金，取天干金。

癸未木龙宫，管柳九、十、十一、十二合四度属土，取地支藏土。

乙未金龙宫，管柳三四五六七八合六度属水，取纳音金生水。

丁未水龙宫，管井二十八、二十九、三十半，鬼一二半，柳一二合七度二半属火，取天干火。

己未火龙宫，管井二十二、二十三、二十四、二十五、二十六、二十七合六度属金，取天干生金。

壬申金龙宫，管井十六、十七、十八、十九、二十、二十一合六度属木，取天干生木。

甲申水龙宫，管井十一、十二、十三、十四、十五合五度属火，取天干生火。

丙申火龙宫，管井六七八九十合五度属水，取天干化水。

戊申土龙宫，管参八九半，井一一三四五合七度半属金，取天干生金。

庚申木龙官，管参三四五六七合五度属水，取纳音木。

癸酉金龙宫，管毕十三、十四、十五、十六半，觜半，参一二合六度二半属土，取天干化生土。

乙酉水龙宫，管毕七八九十、十一、十二合六度属水，取纳音水。

丁酉火龙宫，管毕一二三四五六合五度属火，取纳音火。

己酉土龙宫，管昴六七八九十、十一，毕一合六度属水，取地支藏辛金化生木。

辛酉木龙宫，管胃十五，昴一二三四五合六度属土，取地支三合丑土。

甲戌火龙宫，管觜九、十、十一、十二、十三、十四，合六度属金，取天干化生金。

丙戌土龙宫，管胃四五六七八合五度属土，取纳音土。

戊戌木龙宫，管娄九、十、十一、十二太，胃一二三合七度零属水，取地支藏金生水。

庚戌金龙宫，管娄三四五六七八合六度属金，取纳音金。

壬戌水龙宫，管奎十五、十六、十七、十八，娄一二合六度属火，取地支藏火。

乙亥火龙宫，管奎九、十、十一、十二、十三、十四合六度属木，取天干木。

丁亥土龙宫，管奎二三四五六七八合七度属火，取天干火。

己亥木龙宫，管壁六七八九太，奎一合五度零属土，取天干土。

辛亥金龙宫,管室十七、十八,壁一二三四五合七度属水,取地支藏水。

癸亥水龙宫,管室十一、十一、十三、十四、十五、十六合六度属木,取天干生木。

程建军先生在《中国风水罗盘》一书中将以上定例整理成简表,现列如下:

六十甲子配星度五行

六十甲子	五行	度数	二十八宿所属度
甲子	金	6	室 5.6.7.8.9.10
丙子	水	5	危 16 室 1.2.3.4
戊子	火	5	危 11.12.13.14.15
庚子	土	6	危 5.6.7.8.9.10
壬子	木	5	虚 9 危 1.2.3.4
乙丑	金	6	虚 3.4.5.6.7.8
丁丑	水	6	女 8.9.10.11 虚 1.2
己丑	火	5	女 3.4.5.6.7
辛丑	土	6	牛 4.5.6.7 女 1.2
癸丑	木	5	斗 21.22 太牛 1.2.3
丙寅	火	6	斗 15.16.17.18.19.20
戊寅	土	7	斗 8.9.10.11.12.13.14
庚寅	木	6	斗 2.3.4.5.6.7
壬寅	金	5	箕 6.7.8.9 太斗 1
甲寅	水	7	尾 17.18 箕 1.2。3.4。5
丁卯	火	6	尾 11.12.13.14.15.16
己卯	土	3	尾 8.9.10
辛卯	木	10	心 4.5.6 尾 1.2.3.4.5.6.7
癸卯	金	5	房 4.5 心 1.2.3

续表

六十甲子	五行	度数	二十八宿所属度
乙卯	水	7.5	氐 13.14.15.16 半房 1.2.3
戊辰	木	6	氐 7.8.9.10.11.12
庚辰	金	5	氐 2.3.4.5.6
壬辰	水	6	亢 5.6.7.8.9 太氐 1
甲辰	火	6	角 11.12 太亢 1.2.3.4
丙辰	土	6	角 5.6.7.8.9.10
己巳	木	6	轸 17.18 太角 1.2.3.4
辛巳	金	6	轸 11.12.13.14.15.16
癸巳	水	6	轸 5.6.7.8.9.10
乙巳	火	6	翼 18.19 轸 1.2.3.4
丁巳	土	7	翼 11.12.13.14.15.16.17
庚午	土	5	翼 6.7.8。9.10
壬午	木	5	翼 1.2.3.4.5
甲午	金	5	张 13.14.15.16.17
丙午	水	6	张 7.8.9.10.11.12
戊午	火	5	张 2.3.4.5.6
辛未	土	8.5	柳 13 星 1,2.3.4.5.6 太张 1
癸未	木	4	柳 9.10.11.12
乙未	金	6	柳 3.4.5.6.7.8
丁未	水	7.5	井 28.29.30 鬼 1.2 半柳 1.2
己未	火	6	井 22.23.24.25.26.27
壬申	金	6	井 16.17.18.19.20.21
甲申	水	5	井 11.12.13.14.15
丙申	火	5	井 6.7.8.9.10

续表

六十甲子	五行	度数	二十八宿所属度
戊申	土	7.5	参 8.9 半井 1.2.3.4.5
庚申	木	5	参 3.4.5。6.7
癸酉	金	6	毕 13.14.15.16 半觜半参 1.2
乙酉	水	6	毕 7.8.9.10.11.12
丁酉	火	5	毕 2.3.4.5.6
己酉	土	6	昴 6.7.8.9.10.11 毕 1
辛酉	木	6	胃 15 昴 1.2.3.4.5
甲戌	火	6	胃 9.10.11.12.13.14
丙戌	土	5	胃 4.5.6。7.8
戊戌	木	7	娄 9.10.11.12 太胃 1.2.3
庚戌	金	6	娄 3.4.5。6。7.8
壬戌	水	6	奎 15.16.17.18 娄 1.2
乙亥	火	6	奎 9.10.11.12.13.14
丁亥	土	7	奎 2.3.4.5.6.7.8
己亥	木	5	壁 6.7.8.9 太奎 1
辛亥	金	7	室 17.18 壁 1.2.3.4.5
癸亥	水	6	室 11.12.13.14.15.16

浑天星度五行出现于什么时期，是何人创制，目前已经无法查考。但据李定信先生研究，从唐宋风水术仅应用正针二十四山、七十二龙以及缝针双山、浑天星度，而没有用浑天星度五行的事实看来，它应当是创制于宋代以后的风水术法。

关于浑天星度五行的应用，《罗经解定》有载：

二十八宿分为七曜，各有所属，而一宿之内又有五行，金十二、木十三、水十二、火十二、土十二共六十一位，与透地纳音相为体用。纳音为主，天度五行为宾，如丙子水龙坐火度为财，戊子火龙坐水度为煞。又龙生度为泄，度生龙为恩，比和为得宜。又坐度克来水之度吉，来水之度克坐度凶，故曰：山克穴者，人多发福；穴克山者，其家少禄。穴而克水，财源积聚；水而克穴，必遭荼毒。山克穴谓透地纳音克坐下度也，穴克山谓坐度克透地之纳音也。《丛珠瀛海经》载之甚悉，但其论山水吉凶，专取一二度为断语，多不经，明者辨之。其六十龙二十八宿，宫分阔狭应天地盈缩之气，五行相错应五星经纬之象。所谓"颠颠倒，二十四山有珠宝；倒倒颠，二十四山有火坑"是也，内有天干所生，有地支所藏，有化气相生，有纳音相属，有刑有克，有关有煞，有生入克出为进神，有生出克入为退神，有坐山相生相克，有向水相生克，总是避其关煞、差错空亡、反吟伏吟、孤虚之凶度，而向水生坐不克坐，坐穴生龙不克龙，便得妙诀。

由于宿度五行的分位与盈缩六十龙完全一样，都是以二十八宿的度数为依据，因此其五行分位与盈缩六十龙完全一致，也是主要"配合"盈缩来使用，看其与盈缩六十龙的纳音五行生克关系来断吉凶：盈缩龙纳音五行克浑天星度五行为财，浑天星度五行克盈缩龙纳音五行为煞，浑天五行生盈缩纳音五行为恩，盈缩纳音生浑天为泄，比和亦为吉。

除此之外，浑天星度五行有用于消砂纳水的，其以浑天五行的坐度为主，以来水的浑天星度五行为宾，如主克宾便为吉，反之为凶。也有用于格龙的，如山克穴吉，即透地龙克浑天五行坐度；穴克山主凶，即浑天五行坐度克透地龙。另外，还有用于百二十分金和七十二龙论生克关系的。

李定信先生认为，由于浑天星度五行分位与透地龙分位有矛盾，所以这些用法是有很大疑问的。

例如壬山丙向兼子午，以台湾翰辉罗盘而言，七十二龙是甲子金坐穴，透地龙是丙子水，中针百二十分金是辛亥金，缝针百二十分金是丁亥土，盈缩六十龙是戊子火，浑天星度五行坐度属水。于是，以浑天五行论盈缩则为浑天克龙是煞，论缝针百二十分金是分金克浑天是死浑天，论中针百二十分金是分金生浑天为泄分金，论透地龙是比和，论七十二龙是龙生浑天，为龙泄而浑天恩。照以上分析，壬山丙向兼子午到底是吉是凶，风水家们自己也没有办法决定。

二十四、浑天星度吉凶

浑天星度吉凶，也叫二十八宿分度吉凶，即以分金所坐的二十八宿分度来论断吉凶。要弄清这一层的用法，首先需要了解二十八宿及其分度的有关概念。

1. 二十八星宿

二十八星宿是罗盘上极为重要的一层，也是最为争议的一层。历代风水国师，几乎都是钦天监或是懂得看星斗，也就是兼具天文学知识，因此二十八宿的位置常被用作点穴立向的依据。

二十八星宿，又名二十八舍或二十八星，最初是古人为比较太阳、太阴、金、木、水、火、土的运动而选择的二十八个星官，作为观测时的标记。"宿"的意思和黄道十二宫的"宫"类似，有住所之意，表示日月五星所在的位置。到了唐代，二十八宿成为二十八个天区的主体，这些天区仍以二十八宿的名称为名称，和前文提到的三垣的情况不同，作为天区，二十八宿主要是为了区划星官的归属。

据考证，早在春秋战国时期，甘德的《天文星占》和石申的《天文》两书就有了对二十八宿体系的记载，这两本书现在已经佚失，但它们关于二十八宿的星表在《汉书·天文志》中得以保留下来。根据《礼记·月令》及《吕氏春秋》中所记载的天文现象推算，二十八宿体系的成立可追溯到公元前8~6世纪。

以文物考查的话，随县出土的战国时期曾侯乙墓漆箱，上面首次记录了完整的二十八宿的名称，其两端还绘有苍龙与白虎图案。这个墓的准确年代约在公元前430年，因此把二十八宿及四象记载的可靠时代提前到了公元前5世纪。

〔编者注：因此图为仰视图，故东西方青龙白虎方位与八卦图方位相反。〕

四官二十八星宿

二十八宿各以一个字来命名，即：角、亢、氐、房、心、尾、箕、斗、牛、女、虚、危、室、壁、奎、娄、胃、昴、毕、觜、参、井、鬼、柳、星、张、翼、轸。古人将每个星宿各与一种动物相配，从角宿开始，自西向东排列，为：角木蛟、亢金龙、氐土貉、房日兔、心月狐、尾火虎、箕水豹、斗木獬、牛金牛、女土蝠、虚日鼠、危月燕、室火猪、壁水貐、奎木狼、娄金狗、胃土雉、昴日鸡、毕月乌、觜火猴、参水猿、井木犴、鬼金羊、柳土獐、星日马、张月鹿、翼火蛇、轸水蚓。

二十八星宿是沿着黄道和赤道之间来划分的，自古以来，人们都是依据它们的出没和中天时刻来定一年四季二十四节气。所以为了便于观察，古人把二十八个部分归纳为四个大星区，并把它们想象为四种有神性的动物的形状，冠以"四象"之名，每个星区有七宿，俗称"七政四余"。

东方苍龙七宿：角、亢、氐、房、心、尾、箕；

南方朱雀七宿：井、鬼、柳、星、张、翼、轸；

西方白虎七宿：奎、娄、胃、昴、毕、觜、参；

北方玄武七宿：斗、牛、女、虚、危、室、壁。

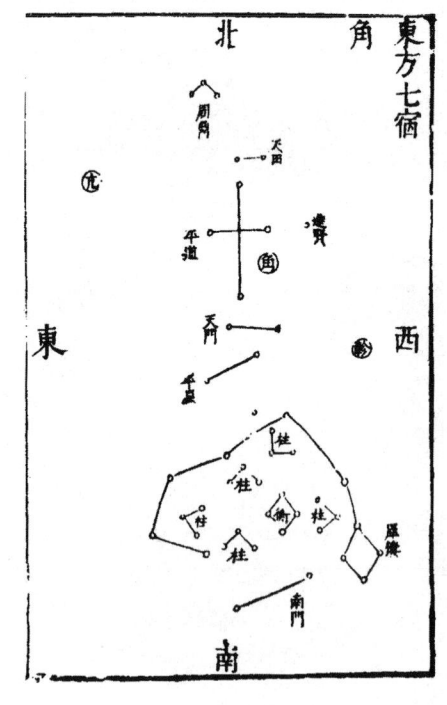

东方七宿

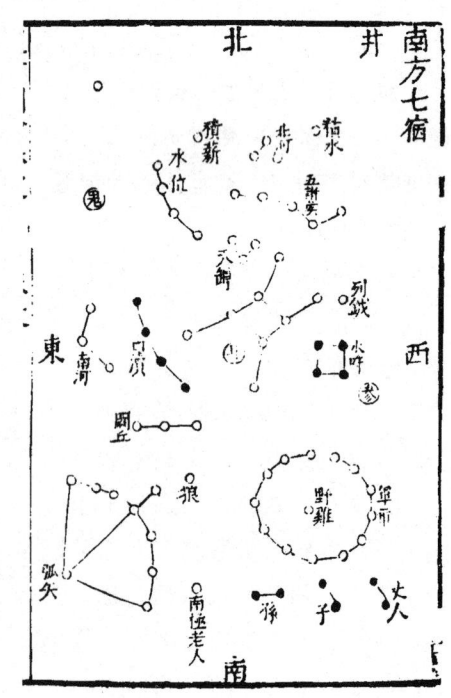

南方七宿

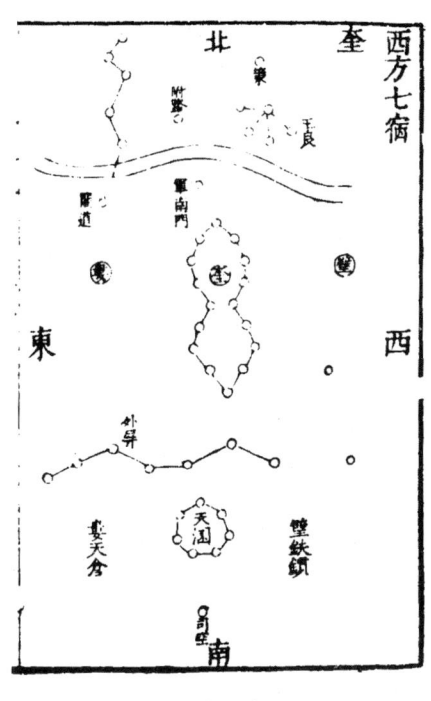

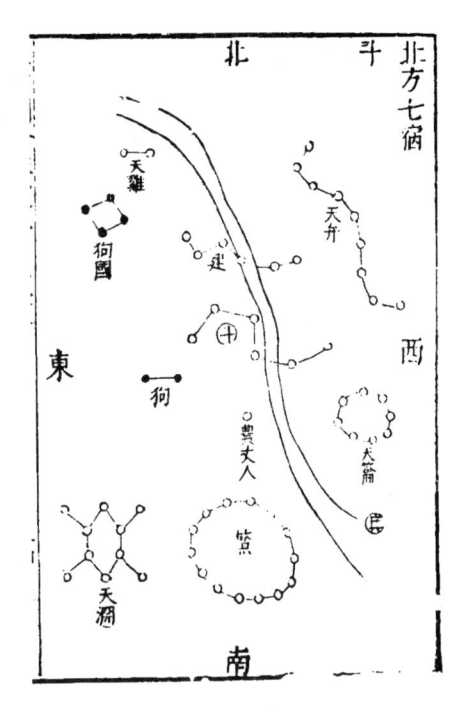

西方七宿　　　　　　　　北方七宿

　　二十八宿又称经星，隶属于纬星即日、月、木、水、火、土的星宿中，以下所列的便是二十八宿所归属的纬星宿。

　　日星宿：房、虚、昴、星，五行属火。

　　月星宿：张、心、危、毕，五行翼火。

　　金星宿：亢、牛、鬼、娄，五行属金。

　　木星宿：角、奎、井、斗，五行属木。

　　水星宿：轸、壁、箕、参，五行属水。

　　火星宿：翼、室、觜、尾，五行属火。

　　土星宿：氐、女、胃、柳，五行属土。

　　二十八宿还可以作为时间的坐标。古人发明了一种二十八宿记日法，以一宿代表一日，二十八宿代表二十八日，二十八宿轮流值日，周而复始。二十八日为一个周期，正好四个星期轮流一个周期。这种方法在中国近现代的历法通书中还保留着。

　　因此，除了风水术以外，二十八宿还广泛地用于择日术中，即二十八宿值日，一天一宿，吉宿值日主吉庆，如可结婚、开业、庆典等；凶宿值日则不宜举办有吉庆色彩的活动。如娄宿被认为是个吉宿，娄宿值日的这一天可以动土修建房屋、商店开业、登记结婚等；而昴宿值日时却诸事不宜。

二十八宿配纬星五行日期

宿	五行	二十八宿星	星期
金	金	亢牛鬼娄	五
木	木	角奎井斗	四
水	水	轸壁箕参	三
火	火	翼室觜尾	二
土	土	氐女胃柳	六
日	火	房虚昴星	日
月	火	张心危毕	一

2. 开禧宿度和时宪宿度

因为二十八星宿并非固定不变，因此历朝都有重测修订，罗盘上常刻有两种二十八星宿所在方位与度数。一种是宋朝开禧年间，当时所定的三十八宿位置，被称之为"开禧宿度"。《罗经解定》记载："虚危之间针路明，南方张宿上三乘，坎离正位人难识，差却毫厘断不明。"这是以地盘正针子山分隔"虚日九度少"与"危月十六度"，赖布衣又是以人盘中针来拨砂，因此，宋徽宗时代赖布衣的"赖公拨砂法"也可以应用在二十八星宿，论坐度五行生克。

另外一种常用的二十八星宿校正于清代，一般称之为"时宪宿度"。二十八星宿位置移动了，如"虚日"往逆时针方向移五点五度，"虚日"也变为八点七五度；"危月"往逆时针方向移十四点三度，"危月"也减少了零点二五度。虽然整个星宿移动有一定规律，但说法不一，有认为每四十五年差一度，也有认为七十年差一度。然而以个别星体而言，其除了方位，还有体积、形状、大小，要表现在罗盘盘面上，的确变得复杂多了。

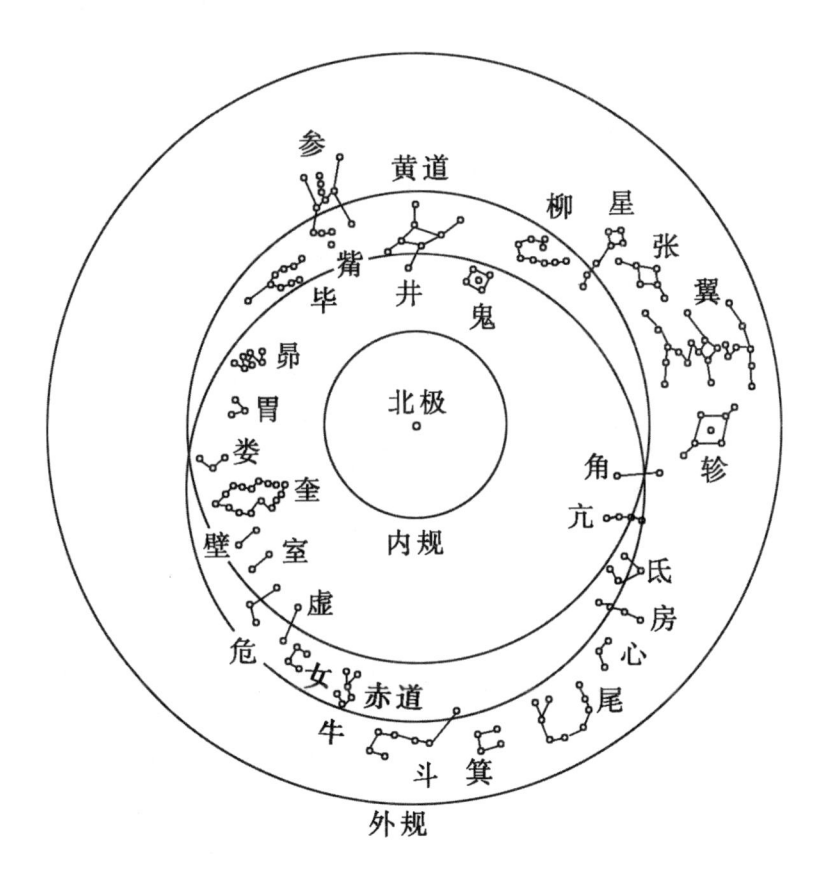

东汉的二十八星宿图

3. 二十八宿分度

二十八宿分度，即二十八宿所占的度数，历来就有不同的记载。以角宿为例，唐人丘延翰所撰《天机素书》认为是十二度八十七分，明末董德彰《分金赢海经》一书认为是十二度，清人李三素所撰《红囊经》则认为是十二度七十九分。在古代测量工具极其落后的情况下，要想准确测出二十八宿的准确位置以及它们之间相互间隔的分度，无异于痴人说梦，因此以上数据也无所谓正确与否。但是无论如何，能够确定 365.25 度的周天度数，已经说明了古代中国在天文学上令人惊叹的成就。

二十八宿分度

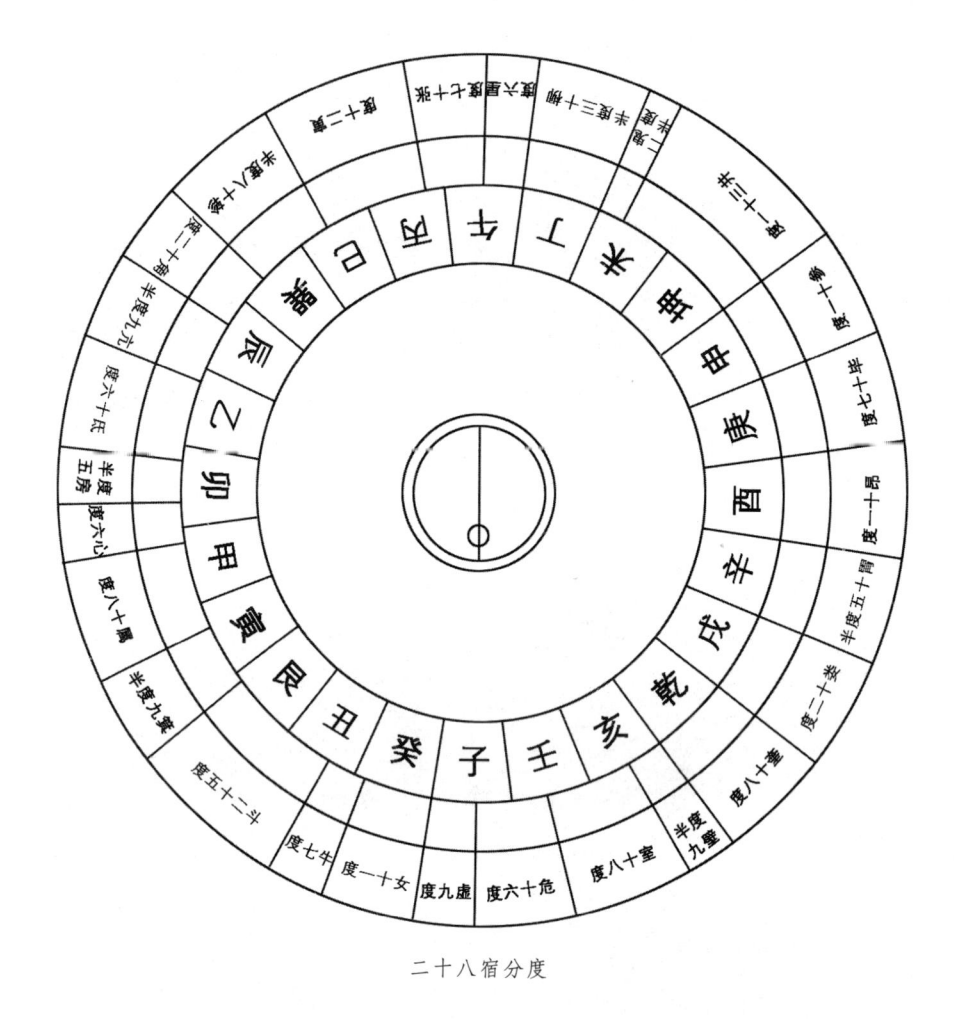

李定信先生在《中国罗盘49层详解》一书中曾载有《嬴海经》、台湾东定和翰辉罗盘及安徽休宁罗盘的二十八宿分度，程建军先生又据此整理成表，今转引如下：

《瀛海经》所载二十八宿分度

二十八宿	分度	二十八宿	分度
角	12	奎	16 半
亢	9 少	娄	11 太
氐	16 少	胃	15 半
房	5 半	昴	11 少
心	6 半	毕	17 半
尾	19	觜	少
箕	10 半	参	11
斗	23	井	33
牛	7 少	鬼	2 少
女	11 少	柳	13 少
虚	9 少	星	6 少
危	15 半	张	17 少
室	17	翼	18 太
壁	8 太	轸	17 少

台湾翰辉罗盘所载二十八宿分度

二十八宿	分度	二十八宿	分度
角	12 太	奎	18 半
亢	9 太	娄	12 太
氐	16 太	胃	15 少
房	5 太	昴	11
心	6	毕	16 半
尾	18	觜	半
箕	9 半	参	9 半
斗	22 太	井	30 少
牛	7	鬼	2 半
女	11	柳	13 半
虚	9	星	6 太
危	16	张	17 太
室	18 少	翼	20 少
壁	9 太	轸	18 太

台湾东定罗盘所载二十八宿分度

二十八宿	分度	二十八宿	分度
角	12太	奎	18
亢	9	娄	12
氐	16	胃	15
房	5	昴	11
心	6	毕	16
尾	18	觜	1
箕	9	参	9
斗	22	井	30
牛	7	鬼	3
女	11	柳	13
虚	9	星	6
危	16	张	17
室	18	翼	20
壁	9	轸	18

安徽休宁罗盘所载二十八宿分度

二十八宿	分度	二十八宿	分度
角	12太	奎	18
亢	9太	娄	12太
氐	16少	胃	15少
房	5太	昴	11
心	6太	毕	16少
尾	18	觜	半
箕	9半	参	9半
斗	22太	井	30少
牛	7	鬼	2半
女	11	柳	13半
虚	9少	星	6太
危	16	张	17太
室	18少	翼	20少
壁	9太	轸	18太

4. 二十八宿界限

二十八宿界限是指二十八宿在正针十二宫的界限。由于种种原因，各个朝代所发布资料不一，历法不同，因此二十八宿界限也就存在差异。近现代的罗盘大多使用宋开禧历所定的二十八宿。

据李定信先生《中国罗盘49层详解》记载，李三素的《红囊经》根据罗盘所载二十八度数，以正针十二支宫为主，区分二十八宿的界限如下：

子宫，从正针壬中至癸中。自危宿十五度二十八分起，含虚宿九度二十四分，至女宿五度十一分。

丑宫，从正针癸中至艮中。自女宿五度十一分起，中含牛宿七度，至斗宿五度三十一分止。

寅宫，从正针艮中至甲中。自斗宿五度三十一分起，中含箕宿九度五十二分，至尾宿二度五十分止。

卯宫，从正针甲中至乙中。自尾宿二度五十分起，中含心宿六度二十五分。房宿五度五十四分，至氐宿零度六十三分止。

辰宫，从正针乙中至巽中。自氐宿零度六十三分起，中含亢宿九度十五分，角宿十二度七十九分，至轸宿十度八十八分止。

巳宫，从正针巽中至丙中。自轸宿十度八十八分起，于翼宿零度八十五分止。

午宫，从正针丙中至丁中。自翼宿零度八十五分起，中含张宿十七度四十三分，星宿六度三十分，至含柳宿七度十二分止。

未宫，从正针丁中至坤中。自柳宿七度十二分起，中含鬼宿二度四十五分，至井宿十二度二分半止。

申宫，从正针坤申至庚中。自井宿十二度二分半起，中含参宿九度九十二分，嘴宿四十七分，至毕宿八度三十六分半止。

酉宫，从正针庚中至辛中。自毕宿八度三十六分半起，中含昴宿十一度，至胃宿四度三十分止。

戌宫，从正针辛中至乾中。自胃宿四度三十分起，中含娄宿十二度十二分，至奎宿四度八十六分半止。

亥宫，从正针乾中至壬中。自奎宿四度八十六分半起，中含壁宿九度三十四分，室宿十八度三十分，至危宿十五度二十八分止。

程建军先生曾引李定信先生据《红囊经》区分的二十八宿界限并整理成表，今转载如下：

二十八宿界限

十二支宫	二十四山	宿度
子	壬中~癸中	危18度28分~女5度11分
丑	癸中~艮中	女5度11分~斗5度31分
寅	艮中~甲中	斗5度31分~尾2度50分
卯	甲中~乙中	尾2度50分~氐0度63分
辰	乙中~巽中	氐0度63分~轸10度88分
巳	巽中~丙中	轸10度88分~翼0度85分
午	丙中~丁中	翼0度85分~柳7度12分
未	丁中~坤中	柳7度12分~井12度2.5分
申	坤中~庚中	井12度2.5分~毕8度36.5分
酉	庚中~辛中	毕8度36.5分~胃4度30分
戌	辛中~乾中	胃4度30分~奎4度86.5分
亥	乾中~壬中	奎4度86.5分~危15度28分

5. 二十八宿的应用

风水家认为，二十八宿主要用于造葬。古诀有云："先识穿山虎，方行透地龙，浑天开宝镜，金水月相逢。"这二十字口诀，将阴宅大地风水理气上的操作，最重要的并首尾环节，详细道来。天上有星，地下成形，上应天统，下应人统。在大地风水操作上格龙定向时，来龙生旺衰死，由地盘承气，天盘收水来处理，但是要格定来龙福力之贵贱，则无二十八宿不行。

罗盘上二十八星宿分金的运用，主要有两个方法，其一是为每个星宿的度数设定吉凶，并在该层盘面上直接用红黑圈及符号，将空亡、关煞、差错等标注于度中，以此来定吉凶。这在《罗经解定》的"星度吉凶入用定例"一节中有详细的说明，现将其简化，列出二十八星宿的度数吉凶：

角木蛟：一二度俱吉，三度凶，四度关煞，五六度俱吉，七度差错，八至十二度俱吉，少度平。

亢金龙：一度凶，二度小空，三度平，四度关煞，五六度俱平，七度凶，八度吉，九度平，少度凶。

氐土貉：一度大空，二度关煞，三四度俱吉，五度平，六度凶，七度关煞，八度吉，九度小空，十度十一度俱平，十二度吉，十三度十四度俱凶，十五度平，十六度差错。

房日兔：一二三度俱吉，四度关煞，五度吉，六度平。

心月狐：一度吉，二度小空，三度凶，四度关煞，五度平，六度凶。

尾火虎：一二度俱凶，三度大空，四五度俱吉，六七度俱平，八度凶，九度吉，十度小空，十一度关煞，十二至十五度俱平，十六度凶，十七度差错关煞，十八度凶。

箕水豹：一度二度俱吉，三四度俱平，五度凶，六度小关煞，七度凶，八度平，九度凶，半度平。

斗木獬：一二三度俱吉，四度大空，五度平，六度吉，七度关煞，八十六度凶，十七度差错，十八度十九度俱吉，二十度二十一度俱凶，二十二度二十三度平，半度吉。

牛金牛：一度小空，二度吉，三度关煞，四度凶，五度吉，六度平，七度吉。

女土蝠：一度吉，二度大空关煞，三度平，四度凶，五度平，六度凶，七八度俱吉，九度小空，十度平，十一度凶。

虚日鼠：一度凶，二度关煞，三度凶，四五度俱吉，六度差错，七度吉，八度关煞，九度凶，少度北针差错。

危月燕：一度北针差错，二三度俱吉，四度关煞，五度小空，六度吉，七度八度平，九度凶，十度十一度俱吉，十二度十三度大空，十四度凶，十五度十六度关煞。

室火猪：一二三度吉，四度小空，五度关煞，六度吉，七八度俱凶，九度吉，十度凶，十一度关煞，十二度差错，十三度十四度俱吉，十五度凶，十六度吉，十七度十八度俱平，少度吉。

壁水㺄：一度二度俱吉，三度小空，四度平，五度关煞，六度凶，七度八度俱吉，九度凶，少度吉。

奎木狼：一二度大空，三度平，四度吉，五度凶，六度平，七度至九度俱吉，十度小空，十一度吉，十二度平，十三度平，十四凶，十五度十六度俱吉，十七度十八度差错。

娄金狗：一度平，二度凶，三度关煞，四度至七度吉，八度九度十度俱平，十一度十二度凶，少度吉。

胃土雉：一二度俱平，三度关煞，四度大空，五六七度俱平，八九度吉，十度凶，十一度小空，十二度吉，十三度平，十四度十五度凶，少度吉。

昴日鸡：一二度平，三度差错，四度平，五度关煞，六度凶，七度吉，八度平，十度十一度小空。

毕月乌：一至四度俱吉，五度凶，六度关煞，七度大空，八度吉，九度十度凶，十一度吉，十二度关煞，十三度凶，十四度小空，十五度凶，十六度平，半度吉。

觜火猴：少度吉。

参水猿：一度平，二度关煞，三度平，四度差错，五度凶，六度吉，七度关煞，八度九度吉，少度吉。

井木犴：一度小空，二至四度俱凶，五度平，六度吉，七度凶，八度大空，九度十度平，十一度关煞，十二度凶，十三度吉，十四度平，十五度小空，十六度十七度吉，十八度平，十九度吉，二十度平，二十一度关煞，二十二度差错，二十三度凶，二十四度二十五度二十六度俱吉，二十七度关煞，二十八度平，二十九度三十度小空，三十一度凶，少度平。

鬼金羊：一度凶，二度吉，少度吉。

柳土獐：一度吉，二度关煞，三度凶，四度大空，五至七度俱吉，八度关煞，九度凶，十度平，十一度小空，十二度十三度俱吉，少度吉。

星日马：一度凶，二度平，三四度吉，五度凶，六度差错，少度平。

张月鹿：一度二度吉，三度两针差错，四度吉，五度凶，六度吉，七度小空关煞，八九度吉，十度凶，十一度至十三度俱吉，十四度凶，十五度太空，十六度，十七度平，太度关煞。

翼火蛇：一度平，二度吉，三度四度吉，五度小空，六度关煞，七度平，八九度凶，十度十一度吉，十二度平，十三度十四度差错，十五度平，十六度吉，十七度关煞，十八度吉，十九度平，二十度吉，少度凶．

轸水蚓：一度二度小空，三度凶，四度吉，五度平，六度吉，七度八度平，九度大空，十度大空关煞，十一度凶，十二度吉，十三度至十五度俱平，十六度关煞，十七度凶，十八度小空，太度凶。

上文中的"某度少"、"某度太"、"某度半"，可能读者不明白是什么意思，这里解释一下："开禧二十八宿度"源自于宋朝开禧年，即公元

1205 年。当时所采用的度分法是以 365.25 度来划分二十四山于二十八宿，并且是以百进位来计算的，由于度下的划分太过于细密，所以天文学家又以"太"来表示四分之三度，以"少"表示四分之一度，以"半"表示二分之一度。

以这种较为直接的方式，风水师参照盘面所定的星度吉凶，如果阴阳二宅坐得吉度方向，便作吉论。

二十八宿的另一个应用方法，是看二十八宿五行与二十八宿分度五行的配合，以其生克关系来定吉凶。

首先，我们要确定二十八宿的五行属性。在这方面，古代流传下一首歌诀可供参考：

> 角奎井斗原属木，
> 轸壁箕参是水神，
> 氐女胃柳土之位，
> 亢牛鬼娄是金神，
> 翼室觜尾火最旺，
> 四月四日火同情，
> 房虚昴星四君火，
> 张心危毕相火临。

在确定二十八宿五行后，接下来，还要将二十八宿的每一分度都配上五行。分度五行是以金木水火土的次序循环配度数而排五行。在罗盘上，每星宿逆时针方向的第一格为第一度，逆行第二格为第二度，逆行第三格为第三度……其余仿此类推。

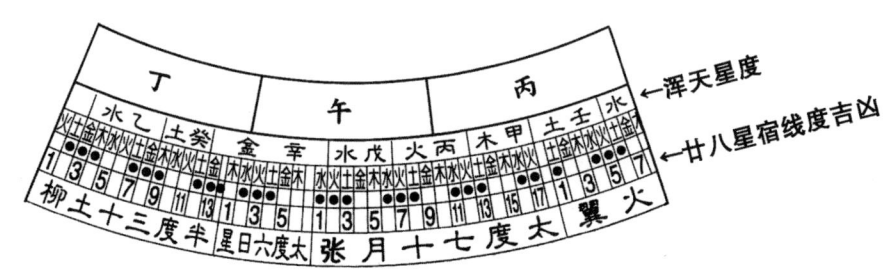

浑天星度与二十八宿宿度吉凶

井、鬼、室、参、娄、亢、虚、氐、箕、斗宿之线度五行，坐第一度为金，坐第二度为木，坐第三度为水，坐第四度为火，坐第五度为土，坐第六度为金，余类推至该宿度数止。

心、星、房宿之线度五行，坐第一度为木，坐第二度为水，坐第三度为火，坐第四度为土，坐第五度为金，坐第六度为木，余类推至该宿度数止。

张、奎、胃、昴、牛、尾宿之线度五行，坐第一度为水，坐第二度为火，坐第三度为土，坐第四度为金，坐第五度为木，坐第六度为水，余类推至该宿度数止。

角、壁、毕、柳宿之线度五行，坐第一度为火，坐第二度为土，坐第三度为金，坐第四度为木，坐第五度为水，坐第六度为火，余类推至该宿度数止。

翼、轸、觜、危、女宿之线度五行，坐第一度为土，坐第二度为金，坐第三度为木，坐第四度为水，坐第五度为火，坐第六度为土，余类推至该宿度数止。

下面列出二十八星宿排第一度的五行表，我们可参照此表，按金、木、水、火、土的次序排完该星宿的每一分度的五行。

五行	二十八宿	各宿第一度起排列分度五行
金	井、鬼、室、参、娄、亢、虚、氐、箕、斗	金木水火土（顺行）
木	心、星、房	木水火土金
水	张、奎、胃、昴、牛、尾	水火土金木
火	角、壁、毕、柳	火土金木水
土	翼、轸、觜、危、女	土金木水火

当排好每度的五行后，以分度的五行为主（度数五行又称"线度五行"或"纳音五行"），以二十八宿五行为宾（二十八宿五行又称"天度五行"），看二者之间的生克关系：

宾的五行生主的五行（宾生主）为生线，吉。

宾的五行与主的五行相同（宾同主）为旺线，吉。

主的五行克宾的五行（主克宾）为财线，吉。

宾的五行克主的五行（宾克主）为煞线，凶。

主的五行生宾的五行（主生宾）为泄线，凶。

例如：室火十八度少，五行属火宿：

坐第一度（第六、十一、第十六度）为金，火来克我金，为煞线。

坐第二度（第七、十二、第十七度）为木，我木生火，为泄线。

坐第三度（第八、十三、第十八度）为水，我水克火，为财线。

坐第四度（第九、十四、第十八度少）为火，五行相同，为旺线。

坐第五度（第十、十五度）为土，火来生我土，为生线。

二十八宿与线度五行吉凶

廿八星宿	危月十六度															
宿主五行	火															
度数	1	2	3	4	5	6	7	8	9	10	11	12	13	14	15	16
线度五行	土	金	木	水	火	土	金	木	水	火	土	金	木	水	火	土
生克	生	煞	泄	财	旺	生	煞	泄	财	旺	生	煞	泄	财	旺	生
吉凶	吉			吉	吉	吉			吉	吉	吉			吉	吉	吉

廿八星宿	室火十八度少																	
宿主五行	火																	
度数	1	2	3	4	5	6	7	8	9	10	11	12	13	14	15	16	17	18
线度五行	金	木	水	火	土	金	木	水	火	土	金	木	水	火	土	金	木	水
生克	煞	泄	财	旺	生	煞	泄	财	旺	生	煞	泄	财	旺	生	煞	泄	财
吉凶			吉	吉	吉			吉	吉	吉			吉	吉	吉			吉

廿八星宿	壁水九度太								
宿主五行	水								
度数	1	2	3	4	5	6	7	8	9.5
线度五行	火	土	金	木	水	火	土	金	木
生克	煞	财	泄	生	旺	煞	财	泄	生
吉凶		吉	吉	吉	吉		吉	吉	吉

风水罗盘全解

廿八星宿	奎木十八度																	
宿主五行	木																	
度数	1	2	3	4	5	6	7	8	9	10	11	12	13	14	15	16	17	18
线度五行	水	火	土	金	木	水	火	土	金	木	水	火	土	金	木	水	火	土
生克	泄	生	煞	财	旺	泄	生	煞	财	旺	泄	生	煞	财	旺	泄	生	煞
吉凶	吉		吉	吉		吉		吉	吉		吉		吉	吉		吉		

廿八星宿	娄金十二度太											
宿主五行	金											
度数	1	2	3	4	5	6	7	8	9	10	11	12	12.5
线度五行	金	木	水	火	土	金	木	火	土	金	木	水	
生克	旺	煞	生	财	泄	旺	煞	生	财	泄	旺	煞	生
吉凶	吉		吉	吉		吉		吉	吉		吉		吉

廿八星宿	胃土十五度少														
宿主五行	土														
度数	1	2	3	4	5	6	7	8	9	10	11	12	13	14	15
线度五行	水	火	土	金	木	水	火	土	金	木	水	火	土	金	木
生克	煞	泄	旺	生	财	煞	泄	旺	生	财	煞	泄	旺	生	财
吉凶		吉	吉	吉		吉	吉	吉			吉	吉	吉		

廿八星宿	昴日十一度										
宿主五行	火										
度数	1	2	3	4	5	6	7	8	9	10	11
线度五行	水	火	土	金	木	水	火	土	金	木	水
生克	财	旺	生	煞	泄	财	旺	生	煞	泄	财
吉凶	吉	吉	吉			吉	吉	吉			吉

廿八星宿	毕月十六度半															
宿主五行	火															
度数	1	2	3	4	5	6	7	8	9	10	11	12	13	14	15	16	16.5
线度五行	火	土	金	木	水	火	土	金	木	水	火	土	金	木	水	火	土
生克	旺	生	煞	泄	财	旺	生	煞	泄	财	旺	生	煞	泄	财	旺	生
吉凶	吉	吉		吉	吉	吉	吉		吉	吉	吉	吉		吉	吉	吉	吉

廿八星宿	觜
宿主五行	火
度数	0.5
线度五行	土
生克	生
吉凶	吉

廿八星宿	参水九度半								
宿主五行	水								
度数	1	2	3	4	5	6	7	8	9	9.5
线度五行	金	木	水	火	土	金	木	水	火	土
生克	泄	生	旺	煞	财	泄	生	旺	煞	财
吉凶		吉	吉		吉		吉	吉		吉

廿八星宿	井木三十度少																	
宿主五行	木																	
度数	1	2	3	4	5	6	7	8	9	10	11	12	13	14	15	16	17	18
线度五行	金	木	水	火	土	金	木	水	火	土	金	木	水	火	土	金	木	水
生克	财	旺	泄	生	煞	财	旺	泄	生	煞	财	旺	泄	生	煞	财	旺	泄
吉凶	吉	吉		吉		吉	吉		吉		吉	吉		吉		吉	吉	

廿八星宿	井木三十度少											
宿主五行	木											
度数	19	20	21	22	23	24	25	26	27	28	29	30
线度五行	火	土	金	木	水	火	土	金	木	水	火	土
生克	生	煞	财	旺	泄	生	煞	财	旺	泄	生	煞
吉凶	吉		吉	吉		吉		吉	吉		吉	

廿八星宿	鬼		
宿主五行	金		
度数	1	2	2.5
线度五行	金	木	水
生克	旺	煞	生
吉凶	吉		吉

廿八星宿	柳土十三度半												
宿主五行	土												
度数	1	2	3	4	5	6	7	8	9	10	11	12	13	13.5
线度五行	火	土	金	木	水	火	土	金	木	水	火	土	金	木
生克	泄	旺	生	财	煞	泄	旺	生	财	煞	泄	旺	生	财
吉凶		吉	吉	吉			吉	吉	吉			吉	吉	吉

廿八星宿	星日六度太						
宿主五行	火						
度数	1	2	3	4	5	6	6.5
线度五行	木	水	火	土	金	木	水
生克	泄	财	旺	生	煞	泄	财
吉凶		吉	吉	吉			吉

廿八星宿	张月十七度太									
宿主五行	火									
度数	1	2	3	4	5	6	7	8	9	10
线度五行	水	火	土	金	木	水	火	土	金	木
生克	财	旺	生	煞	泄	财	旺	生	煞	泄
吉凶	吉	吉	吉			吉	吉	吉		
度数	11	12	13	14	15	16	17		17.5	
线度五行	水	火	土	金	木	水	火		土	
生克	财	旺	生	煞	泄	财	旺		生	
吉凶	吉	吉	吉			吉	吉		吉	

廿八星宿	翼火二十度少										
宿主五行	火										
度数	1	2	3	4	5	6	7	8	9	10	
线度五行	土	金	木	水	火	土	金	木	水	火	
生克	生	煞	泄	财	旺	生	煞	泄	财	旺	
吉凶	吉		吉	吉	吉		吉	吉		

廿八星宿	翼火二十度少										
宿主五行	火										
度数	11	12	13	14	15	16	17	18	19	20	
线度五行	土	金	木	水	火	土	金	木	水	火	
生克	生	煞	泄	财	旺	生	煞	泄	财	旺	
吉凶	吉		吉	吉	吉		吉	吉		

廿八星宿	轸水十八度太																	
宿主五行	水																	
度数	1	2	3	4	5	6	7	8	9	10	11	12	13	14	15	16	17	18	18.5
线度五行	土	金	木	水	火	土	金	木	水	火	土	金	木	水	火	土	金	木	水
生克	财	泄	生	旺	煞	财	泄	生	旺	煞	财	泄	生	旺	煞	财	泄	生	旺
吉凶	吉		吉	吉		吉		吉	吉		吉		吉	吉		吉		吉	吉

廿八星宿	角木十二度太												
宿主五行	木												
度数	1	2	3	4	5	6	7	8	9	10	11	12	12.5
线度五行	火	土	金	木	水	火	土	金	木	水	火	土	金
生克	生	煞	财	旺	泄	生	煞	财	旺	泄	生	煞	财
吉凶	吉		吉	吉		吉		吉	吉		吉		吉

廿八星宿	亢金九度太									
宿主五行	金									
度数	1	2	3	4	5	6	7	8	9	9.5
线度五行	金	木	水	火	土	金	木	水	火	土
生克	旺	煞	生	财	泄	旺	煞	生	财	泄
吉凶	吉		吉	吉		吉		吉	吉	

廿八星宿	氐土十六度少															
宿主五行	土															
度数	1	2	3	4	5	6	7	8	9	10	11	12	13	14	15	16
线度五行	金	木	水	火	土	金	木	水	火	土	金	木	水	火	土	金
生克	生	财	煞	泄	旺	生	财	煞	泄	旺	生	财	煞	泄	旺	生
吉凶	吉	吉		吉	吉	吉			吉	吉	吉			吉	吉	吉

廿八星宿	房日五度太					
宿主五行	火					
度数	1	2	3	4	5	5.5
线度五行	木	水	火	土	金	木
生克	泄	财	旺	生	煞	泄
吉凶		吉	吉	吉		

廿八星宿	心月六度					
宿主五行	火					
度数	1	2	3	4	5	6
线度五行	木	水	火	土	金	木
生克	泄	财	旺	生	煞	泄
吉凶		吉	吉	吉		

廿八星宿	尾火十八度																	
宿主五行	火																	
度数	1	2	3	4	5	6	7	8	9	10	11	12	13	14	15	16	17	18
线度五行	水	火	土	金	木	水	火	土	金	木	水	火	土	金	木	水	火	土
生克	财	旺	生	煞	泄	财	旺	生	煞	泄	财	旺	生	煞	泄	财	旺	生
吉凶	吉	吉	吉		吉	吉	吉		吉	吉	吉		吉	吉	吉

廿八星宿	箕水九度半								
宿主五行	水								
度数	1	2	3	4	5	6	7	8	9	9.5
线度五行	金	木	水	火	土	金	木	水	火	土
生克	泄	生	旺	煞	财	泄	生	旺	煞	财
吉凶		吉	吉		吉	吉	吉		吉

廿八星宿	斗木二十二度太									
宿主五行	木									
度数	1	2	3	4	5	6	7	8	9	10
线度五行	金	木	水	火	土	金	木	水	火	土
生克	财	旺	泄	生	煞	财	旺	泄	生	煞
吉凶	吉	吉		吉	吉	吉		吉

廿八星宿	斗木二十二度太											
宿主五行	火											
度数	11	12	13	14	15	16	17	18	19	20	21	22	22.5
线度五行	金	木	水	火	土	金	木	水	火	土	金	木	水
生克	财	旺	泄	生	煞	财	旺	泄	生	煞	财	旺	泄
吉凶	吉	吉		吉	吉	吉		吉	吉	吉

廿八星宿	牛金七度						
宿主五行	金						
度数	1	2	3	4	5	6	7
线度五行	水	火	土	金	木	水	火
生克	生	财	泄	旺	煞	生	财
吉凶	吉	吉		吉		吉	吉

廿八星宿	女土十一度										
宿主五行	土										
度数	1	2	3	4	5	6	7	8	9	10	11
线度五行	土	金	木	水	火	土	金	木	水	火	土
生克	旺	生	财	煞	泄	旺	生	财	煞	泄	旺
吉凶	吉	吉	吉			吉	吉	吉			吉

廿八星宿	虚日九度少								
宿主五行	火								
度数	1	2	3	4	5	6	7	8	9
线度五行	金	木	水	火	土	金	木	水	火
生克	煞	泄	财	旺	生	煞	泄	财	旺
吉凶		吉	吉	吉			吉	吉	吉

觜宿$\frac{1}{4}$度属土，宿主属火，火生土，为吉。

二十五、易卦先天卦气盘

卦气盘为玄空风水特有的罗盘层次。在玄空大卦风水学中，以易卦为主，又讲究以运为主，所以这一派风水又称三元风水、大玄空卦、玄空易卦等。其起源由易卦而来，并在六十四卦方圆图的基础上，发展出内外两圆形易卦排列，印录在罗盘上，简称为易盘。

这里先从六十四卦方圆图开始讲起。

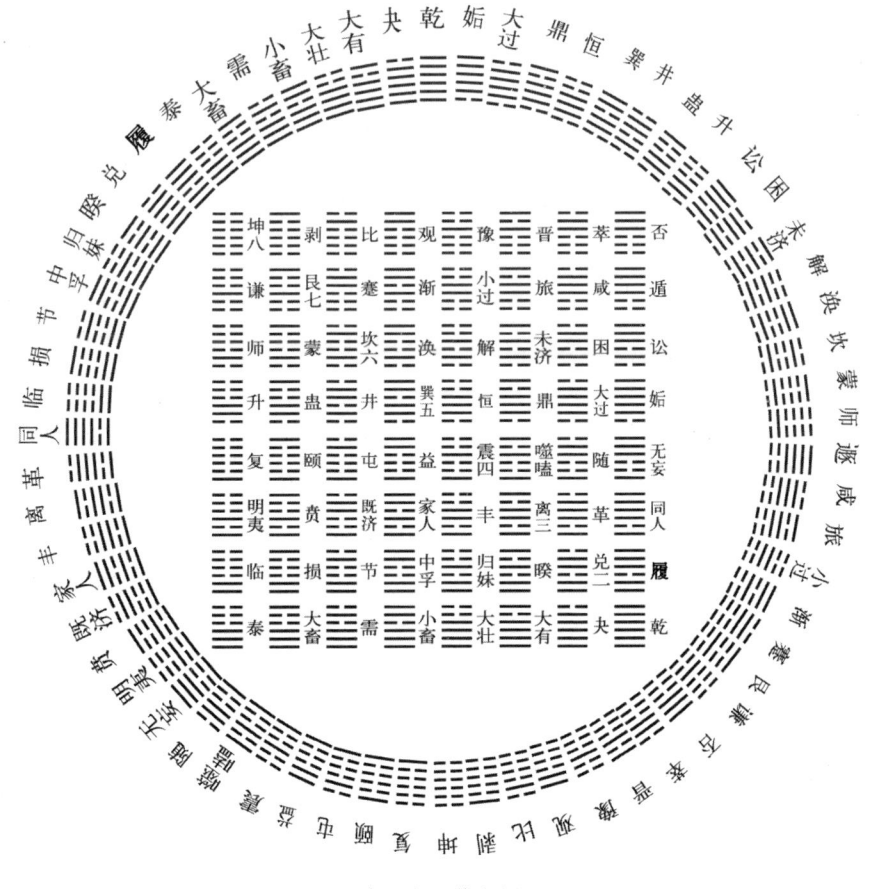

伏羲六十四卦方圆图

1. 先天六十四卦方圆图

先天六十四卦方圆图，按一些易学家的说法，圆图是管宇宙的时间，代表宇宙的运行法则，也可说代表太阳系时间运行的法则或原理；圆图中的方图管空间，代表方位方向。

　　我们先看方图。由于八卦的卦爻是自下向上画的，所以这方图也是自下向上看。可以看到乾卦上边的第二卦是天泽履，第三卦是天火同人，第四卦是天雷无妄，第五卦是天风姤，第六卦是天水讼，第七卦是天山遁，第八卦是天地否。

　　根据邵雍先天卦的理论，先天卦的数字是乾一、兑二、离三、震四、巽五、坎六、艮七、坤八。那么我们从方图的第一行由下往上看，全部八个卦，每卦的上卦，亦即是外卦，都是天，亦即乾卦，而每卦的下卦，亦即是内卦，都是依照先天卦的次序乾、兑、离、震、巽、坎、艮、坤配合的，所以成了乾、履、同人、无妄、姤、讼、遁、否等八个重卦。

　　我们再从乾卦起，从右向左看横列的卦，重卦的次序是乾、夬、大有、大壮、小畜、需、大畜、泰等八个卦，再仔细分析这八个重卦的内外卦，又可以发现，内卦都是乾卦，而外卦从右到左，则是乾、兑、离、震、巽、坎、艮、坤，又是先天卦的次序。

　　这个六十四卦的方图，变化无穷。但只要了解了这个规律，我们就能迅速地记住先天六十四卦顺序了。首先我们要记住八卦的数字，也就是乾一、兑二、离三、震四、巽五、坎六、艮七、坤八。

　　围绕在这个方图外的圆图，也是六十四卦，排列的方法是：首先用方图最下面的第一横列的乾、夬、大有、大壮、小畜、需、大畜、泰等八个卦，依次序放到圆圈的顶端，左边开始，顺原次序向左排列。第二步，又将第二横列的履、兑、睽、归妹、中孚、节、损、临等八个卦的履卦紧接在泰卦之后，依原次序排列下去，然后将第三、第四横列的每个卦，都照这个方法排列，最后复卦紧靠了中线下端的左边为止，这是第一步骤，排列成了左边的半个圆圈。

　　接着排列右边半个圆圈，排列的次序是：从第八横列排起，将否、革、晋、豫、观、比、剥、坤等八个卦，以逆次序接在复卦的后面，也就是仍以反时针的方向，排成复、坤、剥、比、观、豫、晋、革、否的次序。但要特别注意的，如果是画卦，还是要内卦画在内圈，外卦画在外圈，切不可错。第八横列排好以后，再用第七横列，照第八横列的排法排下去，以谦卦接在否卦的后面，成否、谦、艮、蹇、渐、小过、旅、咸、遁的反时针次序，第六横列、第五横列，都是这样。最后第五横列的姤卦，刚刚又接到了最起始的乾卦，就完成了这个圆图的排列。

294

懂了排列法则，六十四卦方圆图也就一目了然了。先天方圆之图建立在一个基本理论之上，即阴阳二气消长说。依据此说，冬至一阳初生，此后阳长阴消，天气转暖；到夏至阳气极盛，一阴初生，此后阴长阳消，天气转凉；到冬至，阴气极盛，又是一阳初生，开始下一年循环。随着阴阳消长，是温凉寒暑的变迁。随着温凉寒暑的变迁，是春生夏长、秋收冬藏，一切人事活动，政治、军事、宗教、生产，都必须据此安排，否则就会受到天的惩罚：冬雷夏霜、人病田荒，直到国家败亡。

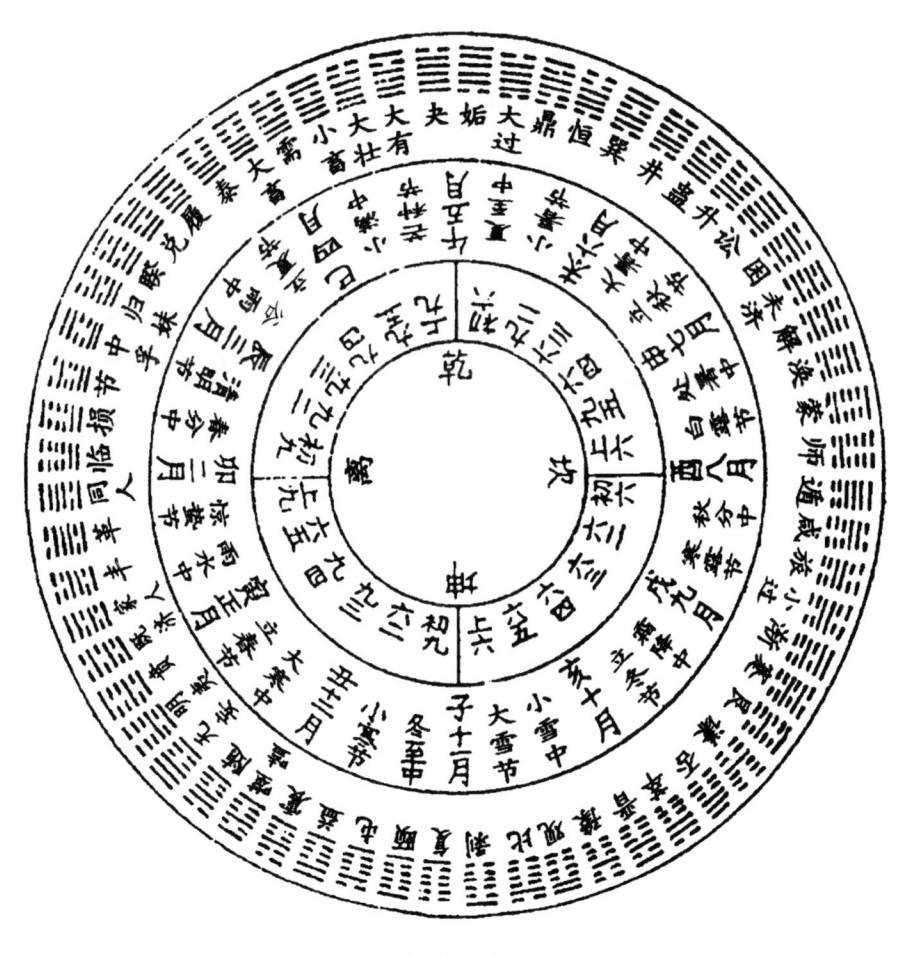

先天卦气图

2. 罗盘先天六十四卦圆图的排法

罗盘二十四山下排先天六十四卦，即将圆周又分成六十四等份，以判断吉凶。

先天六十四卦圆图在罗盘上的排列次序，是以子午线分为左右两部分，圆图中线上面靠左边的卦是乾卦，中线下面靠右边的是坤卦，以乾坤表示左右两片，然后排列六十四卦的圆图。

八卦卦序乾一、兑二、离三、震四，为阳在左，巽五、坎六、艮七、坤八，为阴在右，六十四卦圆图，从子山之复卦，一阳生开始，至午山乾卦六阳全盛，其初爻皆属阳爻，即所谓"阳在左边团团转"。其次序如下：

复、颐、屯、益、震、噬嗑、随、无妄、明夷、贲、既济、家人、丰、离、革、同人、临、损、节、中孚、归妹、睽、兑、履、泰、大畜、需、小畜、大壮、大有、夬、乾，以上共三十二卦。

从午山姤卦，开始一阴生，至坤卦六阴全盛为阴，初爻皆属阴爻，即所谓"阴自右路转相通"。其次序如下：

姤、大过、鼎、恒、巽、井、蛊、升、讼、困、未济、解、涣、坎、蒙、师、遁、咸、旅、小过、渐、蹇、艮、谦、否、萃、晋、豫、观、比、剥、坤。以上共三十二卦。

至于方图如何化为圆图排列在罗盘上的，上面已经讲过，这里不再重复。

3. 卦气内盘和外盘的排法

先天卦气盘分卦气内盘和卦气外盘两部分，系自先天方、圆图推演而出。其中内盘有2层，外盘有3层。

内盘内层为方图六十四卦内卦的先天数。如从子山之中，向左向右皆按"九、四、三、八、二、七、六、一"的顺序排列数字。

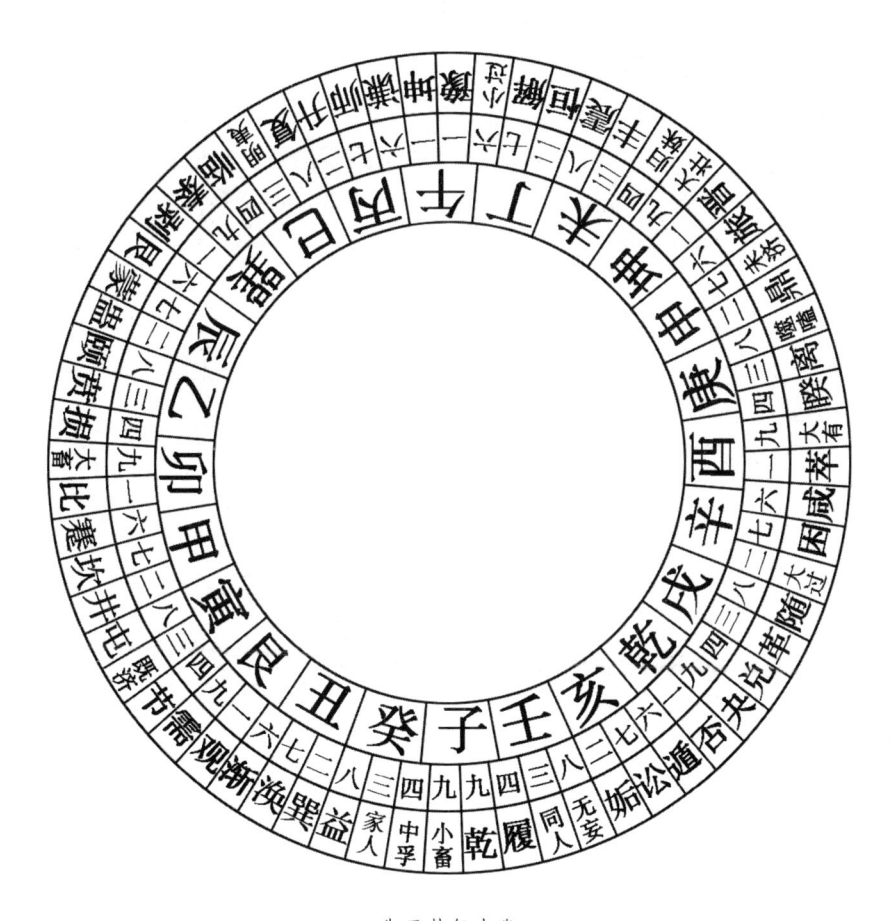

先天卦气内盘

外层为方图化成的先天六十四卦圆图，但展开的次序跟前面提到的相反，是坤南乾北，六十四卦逆旋，即坤自午之中起逆排，坤、谦、师、升、复……中孚、小畜。乾自子之中起亦逆排，乾、履、同、妄、姤、讼……小过、豫。

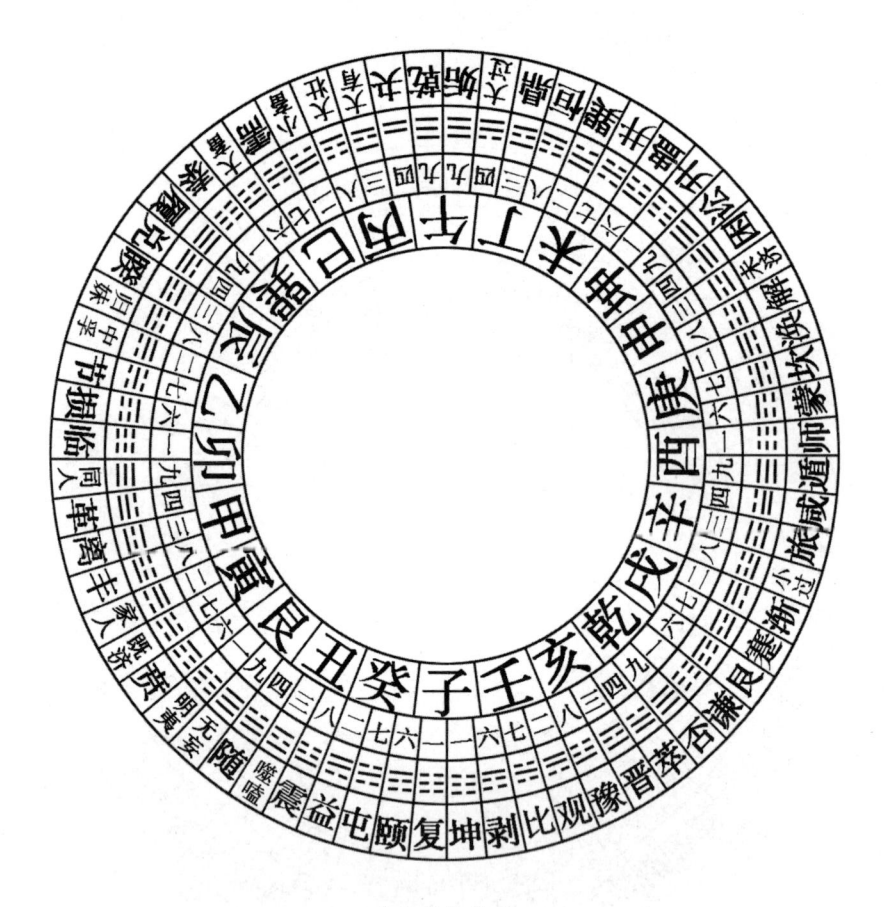

先天卦气外盘

外盘从内向外，第一层是六十四卦的外卦先天位数。先天卦圆图六十四卦的排列，内卦为先天八卦方位，乾兑离震，自南而东北；巽坎艮坤，自西南而北；每宫八位相同；外卦则按"乾兑离震巽坎艮坤"的卦序，自正南午之中点，分左右排去，即午之左、自午中向东排，排至子中；午之右、自午中向西排，排至子中。如先天坤卦之右（东）八位，自午之中向子逆顺排：乾兑离震巽坎艮坤，其先天数即九四三八二七六一。

外盘第二层是先天六十四卦之外卦的三爻。

外盘第三层是先天圆图，标六十四卦卦名，如乾、夬、有、壮……

4. 卦气盘的用法

从内外盘的排法就可以看出，内盘与外盘的卦气数是相反的。内盘用先天方图，象地运，因此用以测坐山方的山峰、来龙、束咽等；外盘用先天圆图，象天运，因此用以测向首的水口及砂峰等。

而五行方面，先天卦配洛书，得出五行如下：

卦气数一——五行属水

卦气数二——五行属火

卦气数三——五行属木

卦气数四——五行属金

卦气数六——五行属水

卦气数七——五行属火

卦气数八——五行属木

卦气数九——五行属金

内外盘卦气之用，以山之坐线、或向方的向线为主，坐方的山峰来龙束咽和向方的水口砂峰为客。主客宜生扶，忌克泄。山主人丁、向主财。

（1）以向论吉凶

前方的水口、山峰称为客，线向称为主。

客数五行生主数五行——生气，生财。

客数五行同主数五行——旺气，旺财。

主数五行克客数五行——财气，聚财。

客数五行克主数五行——煞气，破财。

主数五行生客数五行——泄气，退财。

（2）以坐论吉凶

后方的山峰、过峡、束咽称为客，线坐称为主。

客数五行生主数五行——生气，旺丁。

客数五行同主数五行——旺气，添丁。

主数五行克客数五行——财气，人丁半旺。

客数五行克主数五行——煞气，损丁。

主数五行生客数五行——泄气，丁病。

例如：测坐山线位，得亥中姤卦，卦气数为二，属火。其左右无妄、讼卦位皆有山峰。讼卦卦气数为七，属火；无妄卦卦气数为八，属木。这是客生主，又比和，作旺丁论。

又如测向首线位，得巳中小畜，卦气数为二，属火；有三叉水口卦为需，其数为七，也属火，为客主比和，为旺向之五行。睽卦及大有卦处有山峰，其卦气数都是三，属木，也是客生主，故主旺财。

299

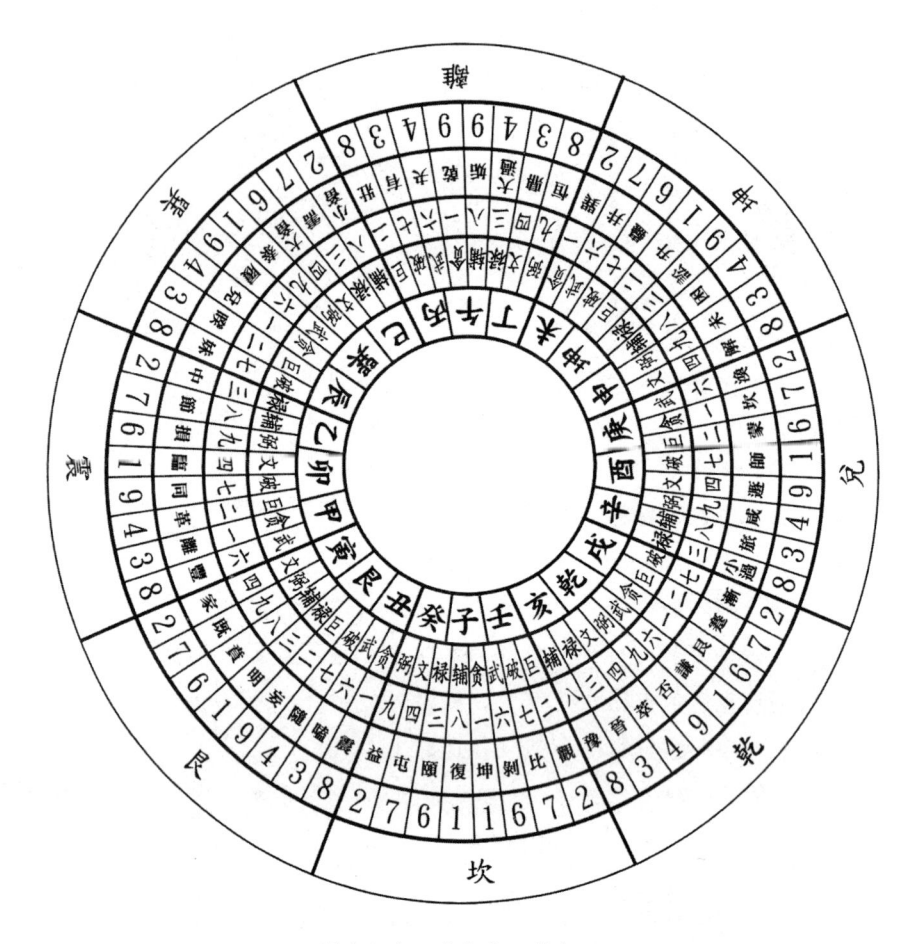

罗盘六十四卦与卦运卦气图

二十六、星运盘

星运盘，也叫卦运盘，它与二十四山相配，共有三层。由内到外，第一层排九星，第二层排九星代表的数字，第三层为父、母、天、地、人元分野。这三层都出自先天六十四卦方圆图。

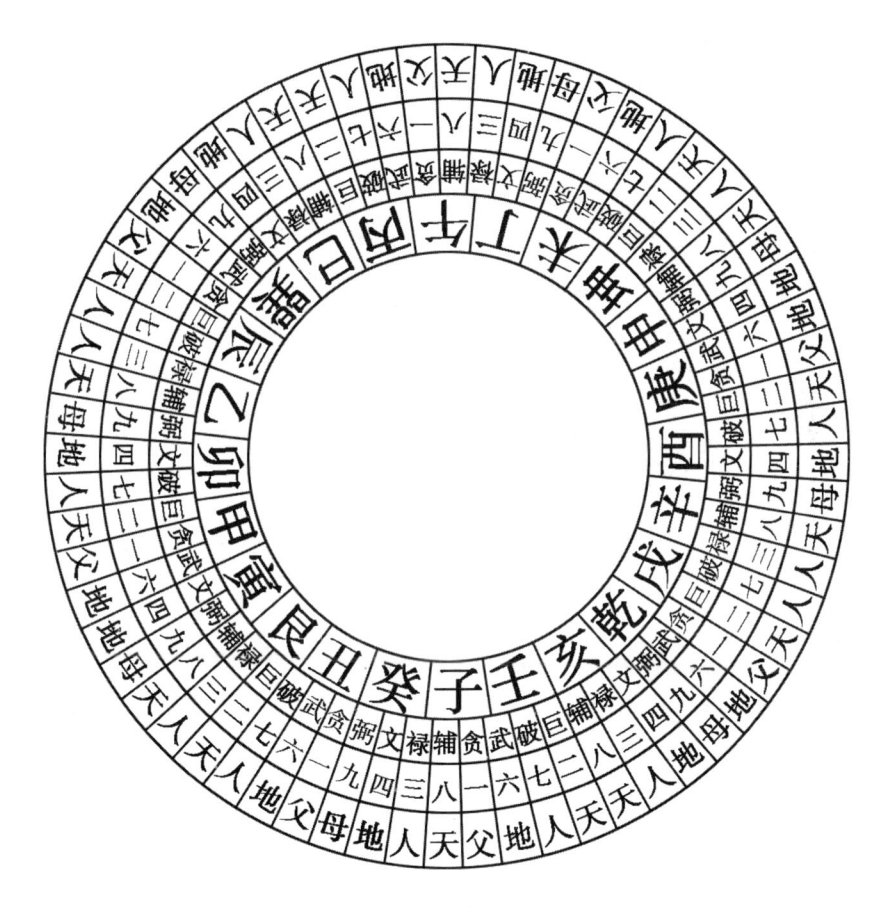

星运盘

星运盘由江东卦及江西卦所组成。江东卦由北父卦变爻而来。所谓北父卦，就是上卦和下卦都相同的卦，即乾、坎、艮、震、巽、离、坤、兑这八个六纯卦。由这八个父卦之内三爻所变出的卦便是江东卦系。

北父卦——为贪狼卦，属父元，一运卦。

变初爻——为左辅卦，属天元，八运卦。

变二爻——为破军卦，属人元，七运卦。

变三爻——为武曲卦，属地元，六运卦。

江东卦系表

武曲（地元六）	破军（人元七）	左辅（天元八）	贪狼（父一）
履	同人	姤	乾九
夬	随	困	兑四
噬嗑	大有	旅	离三
丰	归妹	豫	震八
涣	渐	小畜	巽二
井	比	节	坎七
剥	蛊	贲	艮六
谦	师	复	坤一

　　江西卦由南母卦变爻而来。所谓南母卦，就是上卦与下卦相反的卦，即否、泰、咸、恒、损、益、既济、未济这八个上下反对卦。由母卦之内三爻所变出的卦便是江西卦系了。

　　南母卦——为右弼卦，属母元，九运卦。

　　变初爻——为巨门卦，属天元，二运卦。

　　变二爻——为禄存卦，属人元，三运卦。

　　变三爻——为武曲卦，属地元，四运卦。

江西卦系表

武曲（地元四）	禄存（人元三）	巨门（天元二）	右弼（母九）
遁	讼	无妄	否 九
萃	大过	革	咸 四
鼎	晋	睽	未济 三
解	小过	大壮	恒 八
家人	中孚	观	益 二
屯	需	蹇	既济 七
大畜	颐	蒙	损 六
临	明夷	升	泰 一

也就是说，一运卦和九运卦称为"父母卦"；二、三、四运的卦，称为"江西卦"，以九运卦为父母卦；六、七、八运的卦，称为"江东卦"，以一运卦为父母卦。"南北父母卦"、"江西卦"、"江东卦"，统称为三般卦。古代风水家有云："若能识得父母三般卦，安坟卜宅世世定荣昌。"

由上可知，这里所谓翻卦，与前面介绍过的天定卦的翻卦方式不同，这里"江东卦"或"江西卦"规定内卦变、外卦不变；内卦自初爻变起，继变二爻、三爻。从变出之卦，再定是几运卦，从而找出九星和运数的规律。

星运盘以运数为主，卦位的运数确定以后，九星和父母天地分野便随之确定。运数即先天圆图六十四卦按以上爻变所得卦的卦运数。查以上二表可知。按罗盘上的先天六十四卦圆图，自午中至巽中为乾、夬、大有、大壮、小畜、需、大畜、泰，其排列次序是：一、六、七、二、八、三、四、九。

运数确定后，按星序的对应数，排入相应的运数之下即可。九星之序是：一贪狼、二巨门、三禄存、四文曲、五廉贞、六武曲、七破军、八左辅、九右弼。先天卦分运，没有五运，因此，五廉贞不用，只取其八星。如上述：自午中至巽中，自乾到泰八位：一贪、六武、七破、二巨、八辅、三禄、四文、九弼。余仿此类推。

凡卦运，坐山与向必定相同，如辛山乙向，坐火山旅向水泽节，火山旅与水泽节同为七运破军星卦。巳山亥向，坐风天小畜向雷地豫，风天小畜与雷地豫同为八运左辅星卦。

按以上变爻规律所得运数，"一"是父卦；"九"是母卦；"二八"为天卦；"四六"为地卦；"三七"为人卦。因为，一数是北父卦，故为父。九是南母卦，故为母。二八数为内外卦初爻变来，下本为地，但变则向对立面转化，地对天，故为天。四六数为内外卦上爻变来，上本为天，变为对立面则为地。七数为内外卦中爻变来，故为人。显然，内含了所谓天、地、人三才之道。

卦运盘的运用，必须了解三元九运。三元是上、中、下元，九运是一至九的运，每元占据一个花甲，三元为三个花甲循环，但却是风水的一个循环，俗称"正元"。而三个"天上元"便是一个"大元"，由有历法开始推算至现代，大约有大元七十六个。

三元九运的分法有两种：一种是我们常见的平均卦分运，另一种则是是先天卦分运。平均卦分运以三元的180年除以9，每运占20年；先天卦分运以180年配先天卦，阳爻占九年，阴爻占六年等来运算。

平均分运表

三元九运	一运	二运	三运	四运	五运	六运	七运	八运	九运
所占年期	二十年	二十年	二十年	二十年	二十年	二十年	二十年	二十年	二十年
公元年份	一八六四—一八八三	一八八四—一九〇三	一九〇四—一九二三	一九二四—一九四三	一九四四—一九六三	一九六四—一九八三	一九八四—二〇〇三	二〇〇四—二〇二三	二〇二四—二〇四三

先天卦分运表

三元九运	一运	二运	三运	四运	六运	七运	八运	九运
所占年期	十八年	廿四年	廿四年	廿四年	廿一年	廿一年	廿一年	廿七年
公元年份	一八六四—一八八一	一八八二—一九〇五	一九〇六—一九二九	一九三〇—一九五三	一九五四—一九七四	一九七五—一九九五	一九九六—二〇一六	二〇一七—二〇四三

当知道九运所占的年份后（先天卦分运没有五运），便依当运之卦来取向，如七运则立七运卦的卦线，如果是八运则立八运卦的卦线。如果有水则立零神卦，如七运则立三运的卦线，八运则立二运的卦线。这正是蒋大鸿所说的"无水处以收气为的，有水处以收水为重"。

此外，卦运以洛书九星为主，正神看山，零神看水。

例如有阴宅，在七运中以壬向中人元七运卦为向线，正是当运卦，必丁财两旺。又如阴宅在八运中，同是壬向，取天元、巨门卦为零神卦，立此向得正水，主八运丁财两旺，七运旺财。

又有风水家认为，六十四卦卦运的应用，凡立向取当今的卦最佳。例如：八运时以卦运为八时最旺；三运时则以卦运为三的数字立向最好。如无当运卦则以"同元运"亦可。所谓"同元运"，是把数字一至九分成二组，由于卦运没有五，因此，将一、二、三、四为一组，称作上元卦；六、七、八、九为一组，称作下元卦，也就是说把三元九运分为上下二元运。立向若无法立当运卦，则立同为上元或下元运卦亦可，只是吉度较小。

来龙立向，取本元运值旺之卦为正神。以值衰之卦为水口、为零神。以五黄为界，一、二、三、四属上元，六、七、八、九为下元，上元为旺，则下元为衰。下元为旺则上元为衰。

凡是属上元一运、二运、三运、四运即收一、二、三、四运卦之来龙，立一、二、三、四运卦之向，收六、七、八、九运卦之水口。凡是属下元六运、七运、八运、九运，即收六、七、八、九运卦之来龙，立六、七、八、九运卦之向，收一、二、三、四运卦水口。

以下为六十四卦配九运卦，风水家用以参照来断吉凶：

（1）一运贪狼星

乾兑离震，巽坎艮坤一运卦，为元运正神，宜收龙立向。

以九运卦为零神收水。

（2）二运巨门星

壮暌革妄，升蒙蹇观二运卦，为元运正神，宜收龙立向。

以八运卦为零神收水。

（3）三运禄存星

需中夷颐，过讼小晋三运卦，为元运正神，宜收龙立向。

以七运卦为零神收水。

（4）四运文曲星

畜临蒙屯，鼎解遁萃四运卦，为元运正神，宜收龙立向。

以六运卦为零神收水。

(5) 五运廉贞星

前十年寄四运，吉凶与四运同断；

后十年寄六运，吉凶与六运同断。

(6) 六运武曲星

夬履丰噬，井涣谦剥六运卦，为元运正神，宜收龙立向。

以四运卦为零神收水。

(7) 七运破军星

有妹同随，蛊师渐比七运卦，为元运正神，宜收龙立向。

以三运卦为零神收水。

(8) 八运左辅星

畜节贲复，姤困旅豫八运卦，为元运正神，宜收龙立向。

以二运卦为零神收水。

(9) 九运右弼星

泰损既益，恒未咸否九运卦，为元运正神，宜收龙立向。

以一运卦为零神收水。

二十七、六十甲子配六十四卦

有的风水罗盘以六十四卦配六十甲子玄空五行，以定龙向山水之吉凶。

从数目上说，六十四卦要比六十甲子多出四个卦，怎么相配呢？风水家的解决办法是：其中有四组二卦同属一个干支，乾姤、坤复、坎蒙、离革，也就是：

乾姤（甲午）——乾卦与姤卦皆配以甲午。

坤复（甲子）——坤卦与复卦皆配以甲子。

坎蒙（庚申）——坎卦与蒙卦皆配以庚申。

离革（庚寅）——离卦与革卦皆配以庚寅。

六十甲子以地支，配到二十四山之十二地支中，如甲子、丙子、戊子、庚子、壬子，配到子癸山前后；乙丑、丁丑、己丑、辛丑、癸丑，配到丑艮山前后。寻其相应之地支，则形成六十甲子六十四卦。

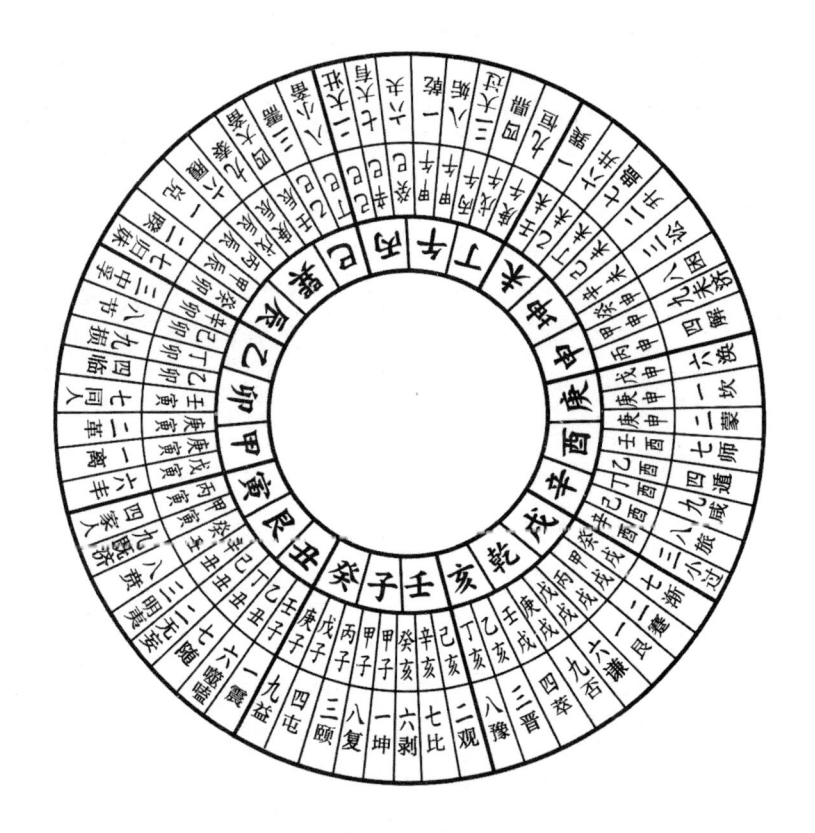

六十甲子配六十四卦图

  六十四卦所属之六十甲子玄空五行，又称之为卦气，以先天八卦配洛书九宫而成。由八卦变成六十四卦，以上卦（外卦）为用神，并以乾九、兑四、离三、震八、巽二、坎七、艮六、坤一，将六十四卦各分有卦气。如上卦为乾者，其卦气为九；上卦为兑卦，卦气则为四；上卦为离，卦气为三；上卦为震，卦气是八；上卦为巽，卦气为二；上卦为坎，卦气七；上卦为艮，卦气六；上卦为坤，卦气为一。

  先天之乾一，即后天之离九，因此乾卦是九运当旺，而天雷无妄、天水讼、天山遁、天泽履、天火同人、天风姤、天地否七个卦，都是以乾卦为上卦，而配震、坎、艮、兑、离、巽、坤为下卦，所生成之卦。

  因此乾、妄、讼、遁、履、同、姤、否八个卦，都属于九运卦气旺卦。又先天之兑二，即后天之巽四，故兑卦是四运当旺，而以其为上卦之泽火革、泽风大过、泽地萃、泽天夬、泽雷随、泽水困、泽山咸七个卦，也同是四运卦气旺卦，其余的仿此类推。

二十八、玄空大卦爻位

玄空大卦爻位，也叫三百八十四爻抽爻换象。所谓玄空大卦，就是先天六十四卦；爻位，即每一卦的六爻位置。在六十四卦中，每卦有六爻，六十四卦共有三百八十四爻。玄空罗盘上的这一层，是通过抽爻换象，以六十四卦、六十甲子，配卦运卦气，以断天时、地利与人之吉凶；三百八十四爻，也就是有三百八十四分法，立向时以卦爻定律，求取吉爻使用，是一种较为精细的方法。

1. 抽爻换象

六十四卦每一个卦都是由两个基本卦组成，在下面的叫内卦或下卦，在上面的叫外卦或上卦。阳爻一长画，阴爻两短画，卦爻由下而上，第一爻叫初爻，第二爻称二爻……，第六爻也叫上爻。初爻在罗盘常以"刀"表示，上爻与各爻罗盘仍以"上"或数字表示。初、上爻既定，其它的位置也确定了。

三百八十四爻，每卦之六爻，从初爻至上爻，在罗盘六十四卦圆图上，有不同一方向，依卦运有顺逆之分。卦运数属奇数的，如一运、三运、七运、九运卦，初爻至上爻以逆时针旋转；卦运数属偶数的，如二运、四运、六运、八运卦，初爻至上爻以顺时针旋转。

逆时针起初爻的有以下三十二卦：

一运贪狼星八个卦：乾兑离震，巽坎艮坤。

三运禄存星八个卦：需中夷颐，过讼小晋。

七运破军星八个卦：有妹同随，蛊师渐比。

九运右弼星八个卦：泰损既益，恒未咸否。

顺时针起初爻的有以下三十二卦：

二运巨门星八个卦：壮睽革妄，升蒙蹇观。

四运文曲星八个卦：畜临蒙屯，鼎解遁萃。

六运武曲星八个卦：夬履丰嗑，井涣谦剥。

八运左辅星八个卦：畜节贲复，姤困旅豫。

在罗盘上，吉爻以黑圆点表示

2. 卦爻定律

六十四卦每卦之六爻，经抽爻变换，必定要合乎卦爻定律，方为吉爻，才可以使用，否则就必须用摘间线法，以求取吉爻。卦爻定律如下：

（1）合河图生成数

经曰："一六共宗（水）、二七同道（火）、三八为朋（木）、四九为友（金）、五十同途（土）。"即先天卦数合"一六"、"二七"、"三八"、"四九"皆数吉爻。即要合生成数，如一与六，二数相减必定为五。

（2）合五

所谓"合五"，即先天卦数相加为五，如一四、二三，二数相加为五。

（3）合十五

所谓"合十五"，即先天卦数相加合十五，如六九、七八，二数相加为十五。

（4）合十

所谓"合十"，乃先天卦数相加为十，如一九、二八、三七、四六，这几组卦数，皆合十。

（5）摘间线法

如果初爻至上爻，六爻中没有一爻符合上述卦爻定律，也就是没有吉爻，则必须同时变相邻的两爻，当作两爻的间线，这种方法就称为摘间线法。比如夬、履、丰、噬、剥、谦、涣、井等八个卦，六爻中没有一个吉爻，都应该摘间线，同时变换两爻，摘初二爻间线，或摘四五爻间线。

在实际应用中，必须详查八卦的卦序与卦数。卦序：乾一、兑二、离

三、震四、巽五、坎六、艮七、坤八。先天八卦卦数：坤一、巽二、离三、兑四、艮六、坎七、震八、乾九。后天八卦卦数：坎一、坤二、震三、巽四。乾六、兑七、艮八、离九。

卦爻定律是以先天八卦卦数为主，初学者很容易与后天八卦卦数混淆，这一点需要特别注意。

六十四卦三百八十四爻抽爻换象吉凶

卦名	乾为天 6/6					
卦运卦气	一 9					
变爻	初	二	三	四	五	上
卦象卦名	天风姤 6/4	天火同人 6/9	天泽履 6/7	风天小畜 4/6	火天大有 9/6	泽天夬 7/6
先天卦数	9/2	9/3	9/4	2/9	3/9	4/9
吉爻			合生成数			合生成数

卦名	泽天夬 7/6					
卦运卦气	六 4					
变爻	上	五	四	三	二	初
卦象卦名	乾为天 6/6	雷天大壮 3/6	水天需 1/6	兑为泽 7/7	泽火革 7/9	泽风大过 7/4
先天卦数	9/9	8/9	7/9	4/4	4/3	4/2
吉爻		地天泰 1/9 合十			泽山咸 4/6 合十	

卦名	火天大有 9 6					
卦运卦气	七 3					
变爻	初	二	三	四	五	上
卦象卦名	火风鼎 9 4	离为火 9 9	火泽睽 9 7	山天大畜 8 6	乾为天 6 6	雷天大壮 3 6
先天卦数	3 2	3 3	3 4	6 9	9 9	8 9
吉爻	合五			合十五		

卦名	雷天大壮 3 6					
卦运卦气	二 8					
变爻	上	五	四	三	二	初
卦象卦名	火天大有 9 6	泽天夬 7 6	地天泰 2 6	雷泽归妹 3 7	雷火丰 3 9	雷风恒 3 4
先天卦数	3 9	4 9	1 9	8 4	8 3	8 2
吉爻		合生成数	合十	合生成数		合十

卦名	风天小畜 4/6					
卦运卦气	八 2					
变爻	上	五	四	三	二	初
卦象卦名	水天需 1/6	山天大畜 8/6	乾为天 6/6	风泽中孚 4/7	风火家人 4/9	巽为风 4/4
先天卦数	7 9	6 9	9 9	2 4	2 3	2 2
吉爻		合十五			合五	

卦名	水天需 1/6					
卦运卦气	三 7					
变爻	初	二	三	四	五	上
卦象卦名	水风井 1/4	水火既济 1/9	水泽节 1/7	泽天夬 7/6	地天泰 2/6	风天小畜 4/6
先天卦数	7 2	7 3	7 4	4 9	1 9	2 9
吉爻	合生成数			合生成数	合十	

卦名	山天大畜 8/6					
卦运 卦气	四 6					
变爻	上	五	四	三	二	初
卦象 卦名	地天泰 2/6	风天小畜 4/6	火天大有 9/6	山泽损 8/7	山火贲 8/9	山风蛊 8/4
先天 卦数	1/9	2/9	3/9	6/4	6/3	6/2
吉爻	合十			合十		

卦名	地天泰 2/6					
卦运 卦气	九 1					
变爻	初	二	三	四	五	上
卦象 卦名	地风升 2/4	地火明夷 2/9	地泽临 2/7	雷天大壮 3/6	水天需 1/6	山天大畜 8/6
先天 卦数	1/2	1/3	1/4	8/9	7/9	6/9
吉爻			合五			合十五

卦名	天泽履 ䷉ 6/7					
卦运卦气	六 9					
变爻	上	五	四	三	二	初
卦象卦名	兑为泽 ䷹ 7/7	火泽睽 ䷥ 9/7	风泽中孚 ䷼ 4/7	乾为天 ䷀ 6/6	天雷无妄 ䷘ 6/3	天水讼 ䷅ 6/1
先天卦数	4/4	3/4	2/4	9/9	9/8	9/7
吉爻		山泽损 ䷨ 6/4 合十			天地否 ䷋ 9/1 合十	

卦名	兑为泽 ䷹ 7/7					
卦运卦气	一 4					
变爻	初	二	三	四	五	上
卦象卦名	泽水困 ䷮ 7/1	泽雷随 ䷐ 7/3	泽天夬 ䷪ 7/6	水泽节 ䷻ 1/7	雷泽归妹 ䷵ 3/7	天泽履 ䷉ 6/7
先天卦数	4/7	4/8	4/9	7/4	8/4	9/4
吉爻			合生成数		合生成数	

卦名	火泽睽 9/7					
卦运卦气	二 3					
变爻	上	五	四	三	二	初
卦象卦名	雷泽归妹 3/7	天泽履 6/7	山泽损 8/7	火天大有 9/6	火雷噬嗑 9/3	火水未济 9/1
先天卦数	8/4	9/4	6/4	3/9	3/8	3/7
吉爻		合生成数	合十		合生成数	合十

卦名	雷泽归妹 3/7					
卦运卦气	七 8					
变爻	初	二	三	四	五	上
卦象卦名	雷水解 3/1	震为雷 3/3	雷天大壮 3/6	地泽临 2/7	兑为泽 7/7	火泽睽 9/7
先天卦数	8/7	8/8	8/9	1/4	4/4	3/4
吉爻	合十五			合五		

卦名	风泽中孚 4/7					
卦运卦气	三 2					
变爻	初	二	三	四	五	上
卦象卦名	风水涣 4/1	风雷益 4/3	风天小畜 4/6	天泽履 6/7	山泽损 8/7	水泽节 1/7
先天卦数	2 7	2 8	2 9	9 4	6 4	7 4
吉爻	合生成数	合十		合生成数	合十	

卦名	水泽节 1/7					
卦运卦气	八 7					
变爻	上	五	四	三	二	初
卦象卦名	风泽中孚 4/7	地泽临 2/7	兑为泽 7/7	水天需 1/6	水雷屯 1/3	坎为水 1/1
先天卦数	2 4	1 4	4 4	7 9	7 8	7 7
吉爻		合五			合十五	

卦名	山泽损 9/7					
卦运卦气	九 6					
变爻	初	二	三	四	五	上
卦象卦名	山水蒙 8/1	山雷颐 8/3	山天大畜 8/6	火泽睽 9/7	风泽中孚 4/7	地泽临 2/7
先天卦数	6/7	6/8	6/9	3/4	2/4	1/4
吉爻			合十五			合五

卦名	地泽临 2/7					
卦运卦气	四 1					
变爻	上	五	四	三	二	初
卦象卦名	山泽损 8/7	水泽节 1/7	雷泽归妹 3/7	地天泰 2/6	地雷复 2/3	地水师 2/1
先天卦数	6/4	7/4	8/4	1/9	1/8	1/7
吉爻	合十			合十		

卦名	天火同人 ䷌ 6/9					
卦运 卦气	七/9					
变爻	初	二	三	四	五	上
卦象 卦名	天山遁 ䷠ 6/8	乾为天 ䷀ 6/6	天雷无妄 ䷘ 6/3	风火家人 ䷤ 4/9	离为火 ䷝ 9/9	泽火革 ䷰ 7/9
先天 卦数	9/6	9/9	9/8	2/3	3/3	4/3
吉爻	合十五			合五		

卦名	泽火革 ䷰ 7/9					
卦运 卦气	二/4					
变爻	上	五	四	三	二	初
卦象 卦名	天火同人 ䷌ 6/9	雷火丰 ䷶ 3/9	水火既济 ䷾ 1/9	泽雷随 ䷐ 7/3	泽天夬 ䷪ 7/6	泽山咸 ䷞ 7/8
先天 卦数	9/3	8/3	7/3	4/8	4/9	4/6
吉爻		合生成数	合十	合生成数		合十

卦名	离为火 $\frac{9}{9}$					
卦运卦气	一 $_3$					
变爻	初	二	三	四	五	上
卦象卦名	火山旅 $\frac{9}{8}$	火天大有 $\frac{9}{6}$	火雷噬嗑 $\frac{9}{3}$	山火贲 $\frac{8}{9}$	天火同人 $\frac{6}{9}$	雷火丰 $\frac{3}{6}$
先天卦数	3 6	3 9	3 8	6 3	9 3	8 3
吉爻			合生成数			合生成数

卦名	雷火丰 $\frac{3}{9}$					
卦运卦气	六 $_8$					
变爻	上	五	四	三	二	初
卦象卦名	离为火 $\frac{9}{9}$	泽火革 $\frac{7}{9}$	地火明夷 $\frac{2}{9}$	震为雷 $\frac{3}{3}$	雷天大壮 $\frac{3}{6}$	雷山小过 $\frac{3}{8}$
先天卦数	3 3	4 3	1 3	8 8	8 9	8 6
吉爻		水火既济 $\frac{7}{3}$ 合十				雷风恒 $\frac{8}{2}$ 合十

卦名	风火家人 4 9					
卦运卦气	四 2					
变爻	上	五	四	三	二	初
卦象卦名	水火既济 1 9	山火贲 8 9	天火同人 6 9	风雷益 4 3	风天小畜 4 6	风山渐 4 8
先天卦数	7 3	6 3	9 3	2 8	2 9	2 6
吉爻	合十			合十		

卦名	水火既济 1 9					
卦运卦气	九 7					
变爻	初	二	三	四	五	上
卦象卦名	水山蹇 1 8	水天需 1 6	水雷屯 1 3	泽火革 7 9	地火明夷 2 9	风火家人 4 9
先天卦数	7 6	7 9	7 8	4 3	1 3	2 3
吉爻			合十五			合五

卦名	山火贲 8 9					
卦运卦气	八 六					
变爻	上	五	四	三	二	初
卦象卦名	地火明夷 2 9	风火家人 4 9	离为火 9 9	山雷颐 8 3	山天大畜 8 6	艮为山 8 8
先天卦数	1 3	2 3	3 3	6 8	6 9	6 6
吉爻		合五			合十五	

卦名	地火明夷 2 9					
卦运卦气	三 一					
变爻	初	二	三	四	五	上
卦象卦名	地山谦 2 8	地天泰 2 6	地雷复 2 3	雷火丰 3 9	水火既济 1 9	山火贲 8 9
先天卦数	1 6	1 9	1 8	8 3	7 3	6 3
吉爻	合生成数	合十		合生成数	合十	

卦名		天雷无妄 6 3				
卦运卦气		二 9				
变爻	上	五	四	三	二	初
卦象卦名	泽雷随 7 3	火雷噬嗑 9 3	风雷益 4 3	天火同人 6 9	天泽履 6 7	天地否 6 2
先天卦数	4 8	3 8	2 8	9 3	9 4	9 1
吉爻		合生成数	合十		合生成数	合十

卦名		泽雷随 7 3				
卦运卦气		七 4				
变爻	初	二	三	四	五	上
卦象卦名	泽地萃 7 2	兑为泽 7 7	泽火革 7 9	水雷屯 1 3	震为雷 3 3	天雷无妄 6 3
先天卦数	4 1	4 4	4 3	7 8	8 8	9 8
吉爻	合五			合十五		

卦名	火雷噬嗑 ䷔ 9/3					
卦运卦气	六 3					
变爻	上	五	四	三	二	初
卦象卦名	震为雷 ䷲ 3/3	天雷无妄 ䷘ 6/3	山雷颐 ䷚ 8/3	离为火 ䷝ 9/9	火泽睽 ䷥ 9/7	火地晋 ䷢ 9/2
先天卦数	8/8	9/8	6/8	3/3	3/4	3/1
吉爻		风雷益 ䷩ 2/8 合十				火水未济 ䷿ 3/7 合十

卦名	震为雷 ䷲ 3/3					
卦运卦气	一 8					
变爻	初	二	三	四	五	上
卦象卦名	雷地豫 ䷏ 3/2	雷泽归妹 ䷵ 3/7	雷火丰 ䷶ 3/9	地雷复 ䷗ 2/3	泽雷随 ䷐ 7/3	火雷噬嗑 ䷔ 9/3
先天卦数	8/1	8/4	8/3	1/8	4/8	3/8
吉爻			合生成数			合生成数

卦名	风雷益 ䷩ 4/3					
卦运卦气	九 2					
变爻	初	二	三	四	五	上
卦象卦名	风地观 4/2	风泽中孚 4/7	风火家人 4/9	天雷无妄 6/3	山雷颐 8/3	水雷屯 1/3
先天卦数	2/1	2/4	2/3	9/8	6/8	7/8
吉爻			合五			合十五

卦名	水雷屯 ䷂ 1/3					
卦运卦气	四 7					
变爻	上	五	四	三	二	初
卦象卦名	风雷益 4/3	地雷复 2/3	泽雷随 7/3	水火既济 1/9	水泽节 1/7	水地比 1/2
先天卦数	2/8	1/8	4/8	7/3	7/4	7/1
吉爻	合十			合十		

卦名	山雷颐 ䷚ 8/3					
卦运卦气	三 6					
变爻	初	二	三	四	五	上
卦象卦名	山地剥 8/2	山泽损 8/7	山火贲 8/9	火雷噬嗑 9/3	风雷益 4/3	地雷复 2/3
先天卦数	6 1	6 4	6 3	3 8	2 8	1 8
吉爻	合生成数	合十		合生成数	合十	

卦名	地雷复 ䷗ 2/6					
卦运卦气	八 1					
变爻	上	五	四	三	二	初
卦象卦名	山雷颐 8/3	水雷屯 1/3	震为雷 3/3	地火明夷 2/9	地泽临 2/7	坤为地 2/2
先天卦数	6 8	7 8	8 8	1 3	1 4	1 1
吉爻		合十五			合五	

卦名	坤为地 2/2					
卦运卦气	一 1					
变爻	初	二	三	四	五	上
卦象卦名	地雷复 2/3	地水师 2/1	地山谦 2/8	雷地豫 3/2	水地比 1/2	山地剥 8/2
先天卦数	1 8	1 7	1 6	8 1	7 1	6 1
吉爻			合生成数			合生成数

卦名	山地剥 8/2					
卦运卦气	六 6					
变爻	上	五	四	三	二	初
卦象卦名	坤为地 2/2	风地观 4/2	火地晋 9/2	艮为山 8/8	山水蒙 8/1	山雷颐 8/3
先天卦数	1 1	2 1	3 1	6 6	6 7	6 8
吉爻		天地否 9/1 合下			山泽损 6/4 合十	

卦名	水地比 ䷇ 1/2					
卦运卦气	七 7					
变爻	初	二	三	四	五	上
卦象卦名	水雷屯 1/3	坎为水 1/1	水山蹇 1/8	泽地萃 7/2	坤为地 2/2	风地观 4/2
先天卦数	7 8	7 7	7 6	4 1	1 1	2 1
吉爻	合十五			合五		

卦名	风地观 ䷓ 4/2					
卦运卦气	二 2					
变爻	上	五	四	三	二	初
卦象卦名	水地比 1/2	山地剥 8/2	天地否 6/2	风山渐 4/8	风水涣 4/1	风雷益 4/3
先天卦数	7 1	6 1	9 1	2 6	2 7	2 8
吉爻		合生成数	合十		合生成数	合十

卦名	雷地豫 3/2					
卦运卦气	八 8					
变爻	上	五	四	三	二	初
卦象卦名	火地晋 9/2	泽地萃 7/2	坤为地 2/2	雷山小过 3/8	雷水解 3/1	震为雷 3/3
先天卦数	3 1	4 1	1 1	8 6	8 7	8 8
吉爻		合五			合十五	

卦名	火地晋 9/2					
卦运卦气	三 3					
变爻	初	二	三	四	五	上
卦象卦名	火雷噬嗑 9/3	火水未济 9/1	火山旅 9/8	山地剥 8/2	天地否 6/2	雷地豫 3/2
先天卦数	3 8	3 7	3 6	6 1	9 1	8 1
吉爻	合生成数	合十		合生成数	合十	

卦名	泽地萃 7/2					
卦运卦气	四 4					
变爻	上	五	四	三	二	初
卦象卦名	天地否 6/2	雷地豫 3/2	水地比 1/2	泽山咸 7/8	泽水困 7/1	泽雷随 7/3
先天卦数	9/1	8/1	7/1	4/6	4/7	4/8
吉爻	合十			合十		

卦名	天地否 6/2					
卦运卦气	九 9					
变爻	初	二	三	四	五	上
卦象卦名	天雷无妄 6/3	天水讼 6/1	天山遁 6/8	风地观 4/2	火地晋 9/2	泽地萃 7/2
先天卦数	9/8	9/7	9/6	2/1	3/1	4/1
吉爻			合十五			合五

卦名	地山谦 ䷞ 2 8					
卦运卦气	六一					
变爻	上	五	四	三	二	初
卦象卦名	艮为山 8 8	水山蹇 1 8	雷山小过 3 8	坤为地 2 2	地风升 2 4	地火明夷 2 9
先天卦数	6 6	7 6	8 6	1 1	1 2	1 3
吉爻		泽山咸 4 6 合十				地天泰 1 9 合十

卦名	艮为山 ䷳ 8 8					
卦运卦气	一六					
变爻	初	二	三	四	五	上
卦象卦名	山火贲 8 9	山风蛊 8 4	山地剥 8 2	火山旅 9 8	风山渐 4 8	地山谦 2 8
先天卦数	6 3	6 2	6 1	3 6	2 6	1 6
吉爻			合生成数			合生成数

卦名	水山蹇 1/8					
卦运卦气	二 7					
变爻	上	五	四	三	二	初
卦象卦名	风山渐 4/8	地山谦 2/8	泽山咸 7/8	水地比 1/2	水风井 1/4	水火既济 1/9
先天卦数	2 6	1 6	4 6	7 1	7 2	7 3
吉爻		合生成数	合十		合生成数	合十

卦名	风山渐 4/8					
卦运卦气	七 2					
变爻	初	二	三	四	五	上
卦象卦名	风火家人 4/9	巽为风 4/4	风地观 4/2	天山遁 6/8	艮为山 8/8	水山蹇 1/8
先天卦数	2 3	2 2	2 1	9 6	6 6	7 6
吉爻	合五			合十五		

卦名	雷山小过 3 8					
卦运卦气	三 8					
变爻	初	二	三	四	五	上
卦象卦名	雷火丰 3 9	雷风恒 3 4	雷地豫 3 2	地山谦 2 8	泽山咸 7 8	火山旅 9 8
先天卦数	8 3	8 2	8 1	1 6	4 6	3 6
吉爻	合生成数	合十		合生成数	合十	

卦名	火山旅 9 8					
卦运卦气	八 3					
变爻	上	五	四	三	二	初
卦象卦名	雷山小过 3 8	天山遁 6 8	艮为山 8 8	火地晋 9 2	火风鼎 9 4	离为火 9 9
先天卦数	8 6	1 6	6 6	3 1	3 2	3 3
吉爻		合生成数			合五	

卦名	泽山咸 7/8					
卦运卦气	九 4					
变爻	初	二	三	四	五	上
卦象卦名	泽火革 7/9	泽风大过 7/4	泽地萃 7/2	水山蹇 1/8	雷山小过 3/8	天山遁 6/8
先天卦数	4 3	4 2	4 1	7 6	8 6	9 6
吉爻			合五			合十五

卦名	天山遁 6/8					
卦运卦气	四 9					
变爻	上	五	四	三	二	初
卦象卦名	泽山咸 7/8	火山旅 9/8	风山渐 4/8	天地否 6/2	天风姤 6/4	天火同人 6/9
先天卦数	4 6	3 6	2 6	9 1	9 2	9 3
吉爻	合十			合十		

卦名	地水师 2 1					
卦运卦气	七 1					
变爻	初	二	三	四	五	上
卦象卦名	地泽临 2 7	坤为地 2 2	地风升 2 4	雷水解 3 1	坎为水 1 1	山水蒙 8 1
先天卦数	1 4	1 1	1 2	8 7	7 7	6 7
吉爻	合五			合十五		

卦名	山水蒙 8 1					
卦运卦气	二 6					
变爻	上	五	四	三	二	初
卦象卦名	地水师 2 1	风水涣 4 1	火水未济 9 1	山风蛊 8 4	山地剥 8 2	山泽损 8 7
先天卦数	1 7	2 7	3 7	6 2	6 1	6 4
吉爻		合生成数	合十		合生成数	合十

卦名	坎为水 ䷜ 1/1					
卦运卦气	一 7					
变爻	初	二	三	四	五	上
卦象卦名	水泽节 ䷻ 1/7	水地比 ䷇ 1/2	水风井 ䷯ 1/4	泽水困 ䷮ 7/1	地水师 ䷆ 2/1	风水涣 ䷺ 4/1
先天卦数	7 4	7 1	7 2	4 7	1 7	2 7
吉爻			合生成数			合生成数

卦名	风水涣 ䷺ 4/1					
卦运卦气	六 2					
变爻	上	五	四	三	二	初
卦象卦名	坎为水 ䷜ 1/1	山水蒙 ䷃ 8/1	天水讼 ䷅ 6/1	巽为风 ䷸ 4/4	风地观 ䷓ 4/2	风泽中孚 ䷼ 4/7
先天卦数	7 7	6 7	9 7	2 2	2 1	2 4
吉爻		火水未济 ䷿ 3/7 合十				风雷益 ䷩ 2/8 合十

卦名	雷水解 3/1					
卦运卦气	四 8					
变爻	上	五	四	三	二	初
卦象卦名	火水未济 9/1	泽水困 7/1	地水师 2/1	雷风恒 3/4	雷地豫 3/2	雷泽归妹 3/7
先天卦数	3/7	4/7	1/7	8/2	8/1	8/4
吉爻	合十			合十		

卦名	火水未济 9/1					
卦运卦气	九 3					
变爻	初	二	三	四	五	上
卦象卦名	火泽睽 9/7	火地晋 9/2	火风鼎 9/4	山水蒙 8/1	天水讼 6/1	雷水解 3/1
先天卦数	3/4	3/1	3/2	6/7	9/7	8/7
吉爻			合五			合十五

卦名	泽水困 7/1					
卦运卦气	八 4					
变爻	上	五	四	三	二	初
卦象卦名	天水讼 6/1	雷水解 3/1	坎为水 1/1	泽风大过 7/4	泽地萃 7/2	兑为泽 7/7
先天卦数	9 7	8 7	7 7	4 2	4 1	4 4
吉爻		合十五			合五	

卦名	天水讼 6/1					
卦运卦气	三 9					
变爻	初	二	三	四	五	上
卦象卦名	天泽履 6/7	天地否 6/2	天风姤 6/4	风水涣 4/1	火水未济 9/1	泽水困 7/1
先天卦数	9 4	9 1	9 2	2 7	3 7	4 7
吉爻	合生成数	合十		合生成数	合十	

卦名	地风升 2/4					
卦运卦气	二一					
变爻	上	五	四	三	二	初
卦象卦名	山风蛊 8/4	水风井 1/4	雷风恒 3/4	地水师 2/1	地山谦 2/8	地天泰 2/6
先天卦数	6 2	7 2	8 2	1 7	1 6	1 9
吉爻		合生成数	合十		合生成数	合十

卦名	山风蛊 8/4					
卦运卦气	七六					
变爻	初	二	三	四	五	上
卦象卦名	山天大畜 8/6	艮为山 8/8	山水蒙 8/1	火风鼎 9/4	巽为风 4/4	地风升 2/4
先天卦数	6 9	6 6	6 7	3 2	2 2	1 2
吉爻	合十五			合五		

卦名	水风井 ䷯ 1/4					
卦运卦气	六 7					
变爻	上	五	四	三	二	初
卦象卦名	巽为风 ䷸ 4/4	地风升 ䷭ 2/4	泽风大过 ䷛ 7/4	坎为水 ䷜ 1/1	水山蹇 ䷦ 1/8	水天需 ䷄ 1/6
先天卦数	2 2	1 2	4 2	7 7	7 6	7 9
吉爻		雷风恒 ䷟ 8/2 合十			水火既济 ䷾ 7/3 合十	

卦名	巽为风 ䷸ 4/4					
卦运卦气	一 2					
变爻	初	二	三	四	五	上
卦象卦名	风天小畜 ䷈ 4/6	风山渐 ䷴ 4/8	风水涣 ䷺ 4/1	天风姤 ䷫ 6/4	山风蛊 ䷑ 8/4	水风井 ䷯ 1/4
先天卦数	2 9	2 6	2 7	9 2	6 2	7 2
吉爻			合生成数			合生成数

卦名	雷风恒 ³₄					
卦运卦气	九 ₈					
变爻	初	二	三	四	五	上
卦象卦名	雷天大壮 ³₆	雷山小过 ³₈	雷水解 ³₁	地风升 ²₄	泽风大过 ⁷₄	火风鼎 ⁹₄
先天卦数	8 9	8 6	8 7	1 2	4 2	3 2
吉爻			合十五			合五

卦名	火风鼎 ⁹₄					
卦运卦气	四 ₃					
变爻	上	五	四	三	二	初
卦象卦名	雷风恒 ³₄	天风姤 ⁶₄	山风蛊 ⁸₂	火水未济 ⁹₁	火山旅 ⁹₈	火天大有 ⁹₆
先天卦数	8 2	9 2	6 2	3 7	3 6	3 9
吉爻	合十			合十		

卦名	泽风大过 7/4					
卦运卦气	三 4					
变爻	初	二	三	四	五	上
卦象卦名	泽天夬 7/6	泽山咸 7/8	泽水困 7/1	水风井 1/4	雷风恒 3/4	天风姤 6/4
先天卦数	4 9	4 6	4 7	7 2	8 2	8 2
吉爻	合生成数	合十		合生成数	合十	

卦名	天风姤 6/4					
卦运卦气	八 9					
变爻	上	五	四	三	二	初
卦象卦名	泽风大过 7/4	火风鼎 9/4	巽为风 4/4	天水讼 6/1	天山遁 6/8	乾为天 6/6
先天卦数	4 2	3 2	2 2	9 7	9 6	9 9
吉爻		合五			合十五	

二十九、八宅吉凶

在罗盘上，这一层是将个人命卦与宅卦相配，以决定房屋的吉凶。

1. 八卦定八宅

古代有一种有名的风水术，以后天八卦方位为基础，将不同坐向的房子与八卦乾、坎、艮、震、巽、离、坤、兑相配，从而分成八种住宅：坐北朝南的房子称为坎宅，坐南朝北的房子种为离宅，坐西北朝东南的房子称为乾宅，坐东南朝西北的房子称为巽宅，坐东北朝西南的房子称为艮宅，坐东朝西的房子为震宅，坐西朝东的房子称为兑宅，坐西南朝东北的房子称为坤宅。这就是阳宅风水中所谓的"八宅"。理气派风水中以"八宅"相关原理来论阳宅风水的派别，便称为"八宅派"。

2. 东四宅和西四宅

八卦与五行相配，乾、兑属金，震、巽属木，坤、艮属土，坎属水、离属火。根据五行相生相克的原理，八卦很自然分成两组相生的体系，一组是坎、离、震、巽，一组是乾、坤、艮、兑。

乾、兑两卦属金，坤、艮两卦属土，金与金、土与土是相互比助的，土与金又是相生的，因此乾、兑、坤、艮都是相生相助的，而且乾、兑、坤三卦都是位于西边，所以乾宅、坤宅、艮宅、兑宅概称为西四宅。

西四宅的八卦方位

震、巽两卦属木，坎卦属水，离卦属火，形成水生木，木生火，其中震、巽两卦居东边，所以震宅、巽宅、坎宅、离宅概称为东四宅。

东四宅的八卦方位

3. 八宅吉凶方位

八宅的八个方位，分为四吉方位和四凶方位两个组。四吉方位分别是生气、延年、天医、伏位，四凶方位分别为五鬼、六煞、祸害、绝命。

风水家认为，凡要求子、催官出贵、吉庆和顺，都要在生气求吉；凡要身体健康、祛灾除病，都要从天医方位求吉；增寿除病、人丁兴旺，都要从延年方位着手；凡是疾病死亡、疑难杂病、官灾人祸，都犯绝命方位；凡是口舌是非、癌症车祸、火灾鬼邪，都是因为犯了五鬼方位；凡是劫财盗失、淫邪上吊、财运不遂，都是因为犯了六煞方位；凡是仇杀争斗、官非诉讼、孤寡贫穷，都是因为犯祸害方位。

将九星与八宅方位相对应，分别为生气配上贪狼，五鬼配上廉贞，延年配上武曲，六煞配上文曲，祸害配上禄存，天医配上巨门，绝命配上破军，伏位配上辅弼。

以下为八宅吉凶图：

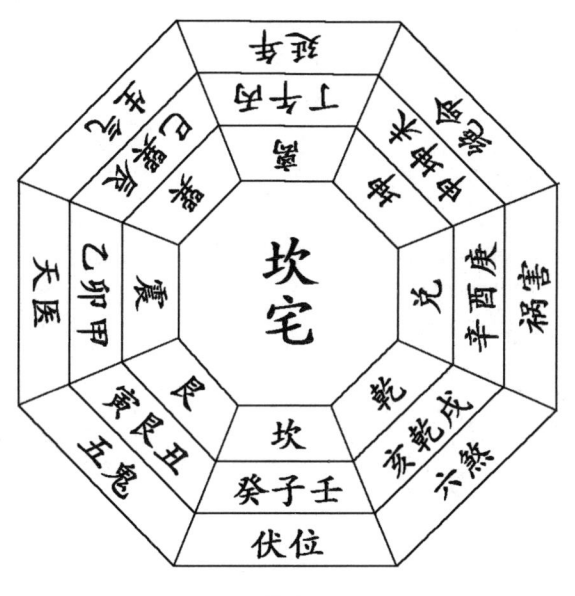

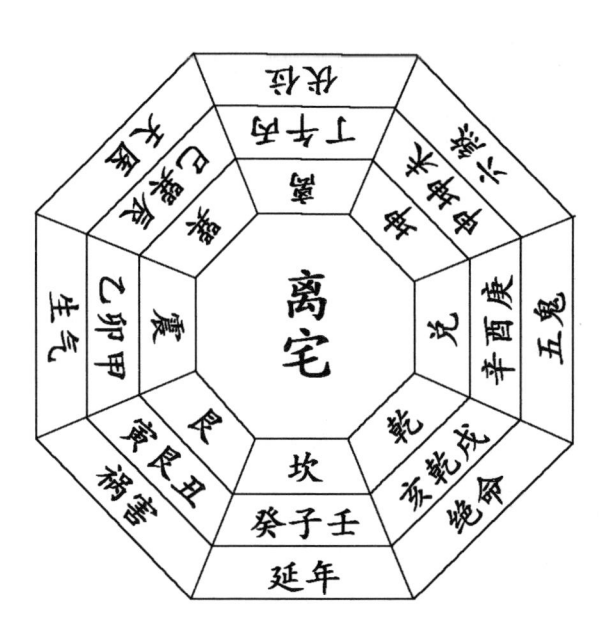

坎宅

方位	星
巽 辰巽巳	生气
离 丙午丁	延年
坤 未坤申	绝命
兑 庚酉辛	祸害
乾 戌乾亥	六煞
艮 丑艮寅	五鬼
震 甲卯乙	天医
坎 壬子癸	伏位

坎宅

离宅

方位	星
巽 辰巽巳	天医
离 丙午丁	伏位
坤 未坤申	六煞
兑 庚酉辛	五鬼
乾 戌乾亥	绝命
艮 丑艮寅	祸害
震 甲卯乙	生气
坎 壬子癸	延年

离宅

风水罗盘全解

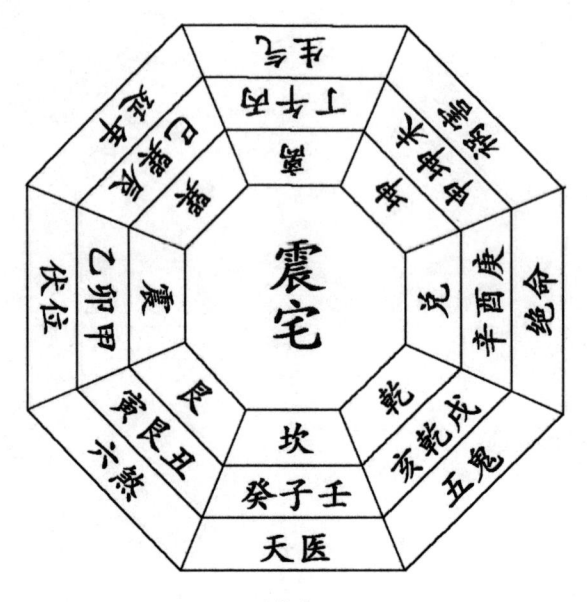

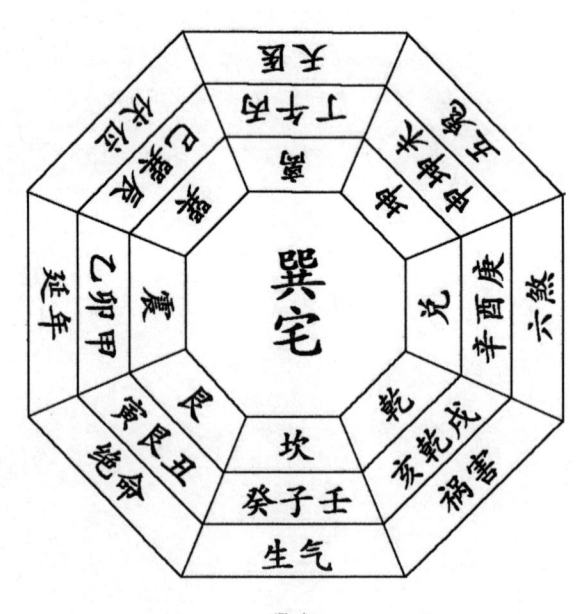

震宅

巽宅

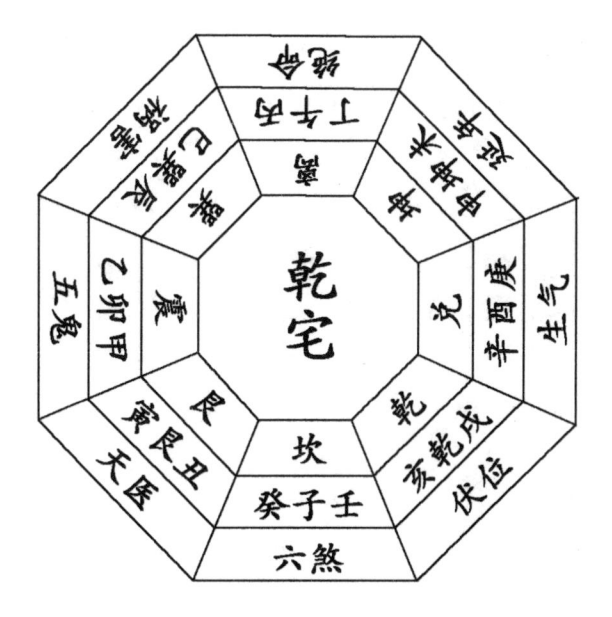

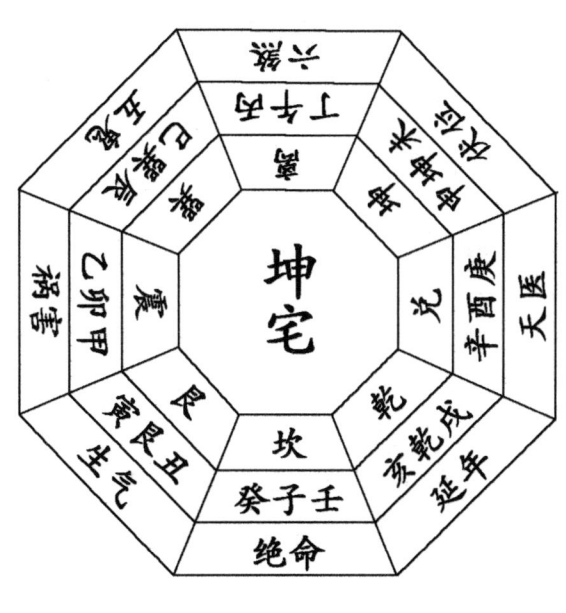

乾宅

坤宅

艮宅

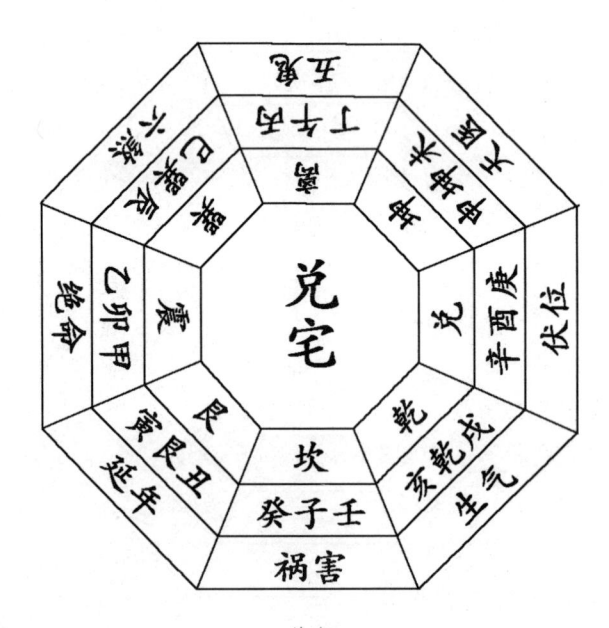

兑宅

4. 起伏位定游星

要推出一个房子的九星方位，首先是确定房子的坐宫卦位，作为整个宅院的基准方位，称为"伏位"。伏位卦（三画卦）的卦爻（自下而上依次为初、二、三爻）按照上中下、中上、中下、中的固定程序，进行逐爻变化，从而推出九星，即：初爻变，为生气贪狼木星；初、二爻同时变，为五鬼廉贞火星；初、二、三爻同时变，为延年武曲金星；初、三爻同时变，为六煞文曲水星；三爻变，为祸害禄存土星；二、三爻变，天医巨门土星；二爻变，为绝命破军金星；初、三爻同时变；从此再向上变中爻，就会变回原来的基本卦——伏位，也就不用再变了。

接着，从伏位开始，按照后天八卦方位顺序左旋（即顺时针方向），排布除了伏位辅弼星之外的七星。为了方便记忆，伏位的卦名和七星的星名缩写可形成一句口诀，把每一句口诀按照后天八卦的方位顺序组合，就形成了阳宅风水中有名的"大游年歌诀"：

乾六天五祸绝延生，坎五天生延绝祸六。

艮六绝祸生延天五，震延生祸绝五天六。

巽天五六祸生绝延，离六五绝延祸生天。

坤天延绝生祸五六，兑生祸延绝六五天。

以乾宅为例。乾宅以乾卦为伏位卦进行变化。第一次从上爻开始变化为兑卦，为生气贪狼木星。第二次中爻继续变化，由兑卦变震卦，为五鬼廉贞火星。第三次下爻继续变化，由震卦变坤卦，为延年武曲金星。第四次回过头又变中爻，由坤卦变坎卦，为六煞文曲金星。第五次又变上爻，由坎卦变巽卦，为祸害禄存土星。第六次又从上爻往下变中爻，由巽卦变艮卦，为天医巨门土星。第七次又变初爻，由艮卦变离卦，为绝命破军金星。再向上变中爻，就会变回原来的基本卦乾卦，也就不用再变了。然后，以乾卦为伏位，依后天八卦顺序左旋，分别为坎、艮、震、巽、离、坤、兑，相应星名正是六、天、五、祸、绝、延、生。其他坐向的房子也用同样变化方法进行演变，从而排出九星方位以论吉凶。

传统的罗盘在背面一般都载有"大游年歌诀"，以备风水师随时查阅。游即变化，年即年命，故称大游年。要用大游年法确定八宅的吉凶方位，应从伏位开始，按大游年歌诀顺序向下数。如坎宅，即以坎为伏位，按歌诀"坎五天生延绝祸六"排各宫卦，艮为五鬼（廉贞），震为天医（巨门），巽为生气（贪狼），离为延年（武曲），坤为绝命（破军），兑为祸害（禄存），乾为六煞（文曲）。然后再依九星的性质而论其吉凶，是凶则凶，是吉则吉。

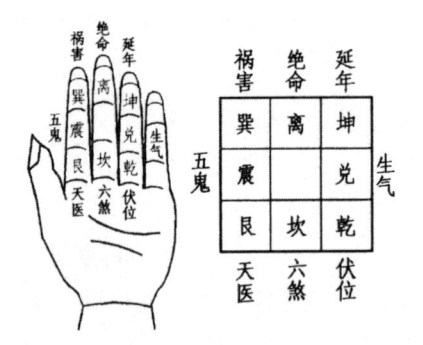

年命或宅命为乾卦

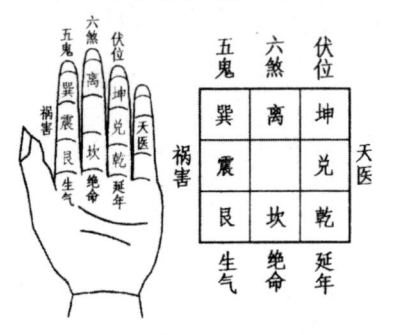

年命或宅命为坤卦

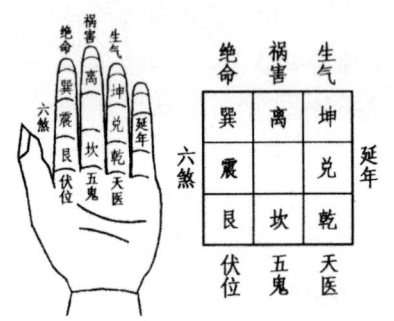

年命或宅命为艮卦

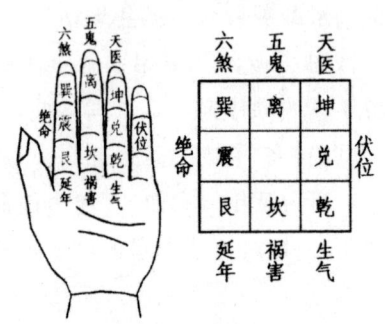

年命或宅命为兑卦

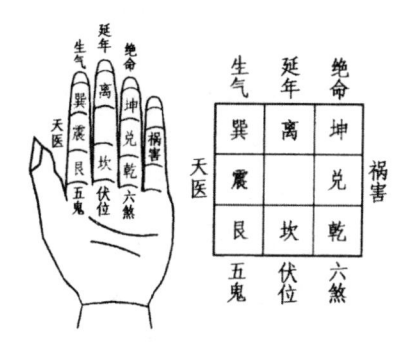

年命或宅命为坎卦

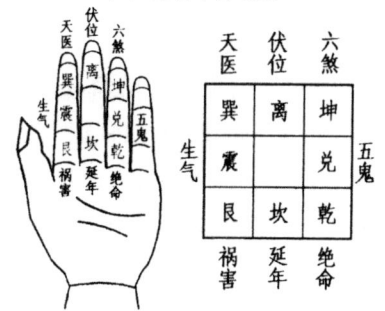

年命或宅命为离卦

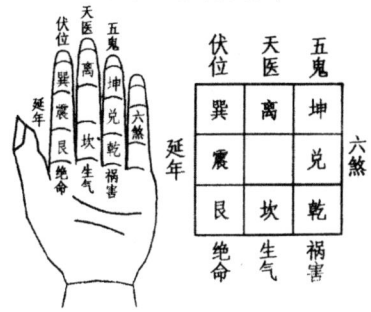

年命或宅命为巽卦

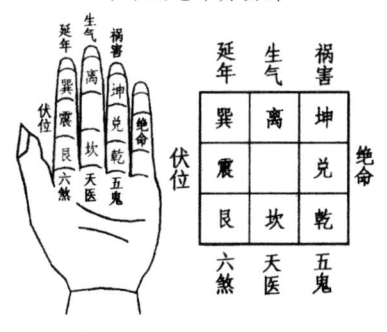

年命或宅命为震卦

5. 命卦推求法

起伏位定游星在八宅法中是最关键的一个步骤，由这个步骤才派生出四吉方、四凶方，才能判断阳宅吉凶。但在实际应用中，不同的情况下，起伏位的方法也不同，除了从坐山起伏位，主要还有依宅主年命起伏位。

以年命卦起伏位是八宅派风水的基本方法。很多人认为好的风水应该不论何人住进去都好，但风水家却不这么认为。他们首先要知宅主多大年岁，出生在哪一年，再按男女查出此人是什么年命，然后再把年命配成卦，再用这个卦和八宅卦相配，看是否相宜。如果命卦和宅子不合，就会产生出不同的凶气。

以年命起伏位，就是在知道宅主命卦的情况下，以命卦为伏位来定游星。如宅主是乾命人，乾就是宅子的伏位。将乾卦按后天八卦方位从左向右顺着数，其次序是乾、坎、艮、震、巽、离、坤、兑。再对照大游年歌诀是"乾六天五祸绝延生"，知其坎位为六煞，艮位为天医，震位为五鬼，巽位为祸害，离位为绝命，坤位为延年，兑位为生气。其余的七卦都仿此法。

那么，怎样才能知道宅主的命卦呢？这里简单介绍两种方法。

一种是用三元命歌诀的原理来推算人的命卦。只要了解洛书九宫图的数理结构，继而要将三元命歌诀背熟，即可推命了。

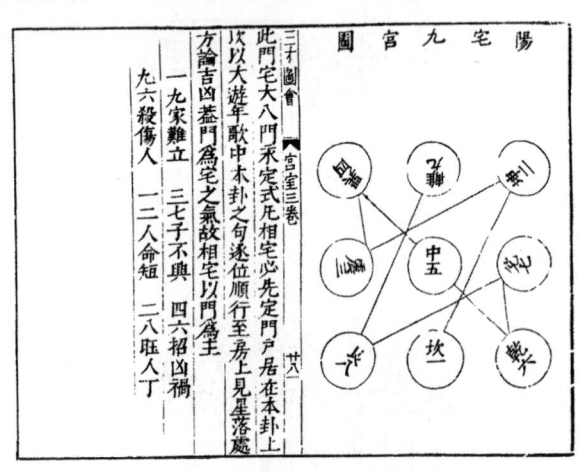

阳宅九宫图

三元命歌诀："上元甲子坎宫看，中元起巽下兑间。上五中二下八女，男逆女顺是根源。"意思是说，根据三元理论，结合自己的出生年份推算八卦宫位，男有男的推法，女有女的推法。

比如上元甲子年生男是坎命，从坎一宫逆数，乙丑年生人是离命，丙寅年生人是艮命，丁卯年生人是兑命……一直往下逆推。中元甲子年生男是巽命，从巽四宫逆排，乙丑年生人是震命，丙寅年生人是坤命，丁卯年生人是坎命……下元甲子生男是兑命，从兑七宫起逆数，乙丑年生男是乾六命，丙寅年生男是中五（中五以坤二代表）坤命，丁卯年生男是巽命……

上元甲子年生女，从中五宫（女之中宫）寄艮顺行，乙丑年生为乾命，丙寅年生为兑命，丁卯年生人为艮命……一直往下顺推。中元甲子生女为坤女，从坤二上起，乙丑生人是震三命，丙寅生人是巽四命，丁卯生人中五寄艮命。下元甲子生女是艮命，从艮上起，乙丑生人是离命，丙寅生人是坎命……

为了方便推算，古人又用一种叫"野马跳涧"的手掌推算法。只要知是哪一年出生，马上即可知这个人什么命，不用一年一年去细推。

野马跳涧歌："野马跳涧走，从寅数到狗。一年隔一位，不用亥子丑。"

野马跳涧图

例：查1958年（戊戌）出生的男性。1958年属于中元，中元应从巽宫起逆行。从1924年在巽宫开始十年十年地逆数，1934年到震，1944年到坤，1954年到坎，然后再一年一年地数，1955年到离，1956年艮，1957年到兑，1958年到乾，则知1958年出生男性是乾命。

又如1958年出生的女性，根据男逆女顺的原则，女命应顺数，从坤二宫开始十年十年的向前数，1934年到震三，1944年到巽四，1954年到中五止，然后再一年的向前数，1955年到乾六，1956年到兑七，1957年到艮八，1958年到离九，则知1958年出生的女性是离命。

除了以上两种方法，我们还可通过查下表来推出命卦。如：1953年生的男命，查1953年为中元癸巳年，在出生年份干支表上找到了"癸巳"，同横行向右查到中元1924～1983男女竖行交叉处，即男性为坤命，女性为巽命。其他上、中、下元各年所生，也都可在表中一查便得。

出生年份干支							上元		中元		下元	
								1864—1923		1924—1983		1984—2043	
								男	女	男	女	男	女
甲子	癸酉	壬午	辛卯	庚子	己酉	戊午	坎	艮	巽	坤	兑	艮
乙丑	甲戌	癸未	壬辰	辛丑	庚戌	己未	离	乾	震	震	乾	离
丙寅	乙亥	甲申	癸巳	壬寅	辛亥	庚申	艮	兑	坤	巽	坤	坎
丁卯	丙子	乙酉	甲午	癸卯	壬子	辛酉	兑	艮	坎	艮	巽	坤
戊辰	丁丑	丙戌	乙未	甲辰	癸丑	壬戌	乾	离	离	乾	震	震
己巳	戊寅	丁亥	丙申	乙巳	甲寅	癸亥	坤	坎	艮	兑	坤	巽
庚午	己卯	戊子	丁酉	丙午	乙卯		巽	坤	兑	艮	坎	艮
辛未	庚辰	己丑	戊戌	丁未	丙辰		震	震	乾	离	离	乾
壬申	辛巳	庚寅	己亥	戊申	丁巳		坤	巽	坤	坎	艮	兑

6. 宅命相配论吉凶

命卦，古人也称之为"福元"。当我们根据人的出生年份推算出卦命，就要看他是东四命还是西四命。

正如宅有东四宅与西四宅之分，而人命也有东四命与西四命之分。无论男女命，只要遇到所配的卦为坎、离、震、巽者都是东四命，凡遇所配的卦为乾、坤、艮、兑者都是西四命。如果是东四命的就住东四宅，西四命就住西四宅，这样就会获得很大的吉利，这就是得"福元"。对此，《八宅明镜》里说："宅之坐山为福德宫。人各有所宜，东四命居东四宅，西四命居西四宅，是为得'福元'。如西而居东、东而居西，虽或吉，不受福也。"

通过命卦起伏位定游星，东四命或西四命以四吉星所在之位为四吉方，以四凶星所在之位为四凶方，一般来说：

乾命的人宜住坐东北向西南的房子大吉，坐西南向东北的房子也吉。坐西朝东的房子，门宜开在东北艮方。坐西北朝东南的房子，宜开西南坤门。大门或房门，宜开在戌、亥、未、申、辛、丑、寅的方向。床位或朝向宜在内室坤、艮、兑三方。家里的灶位宜坐坎、震、巽、离，灶门宜朝向艮、坤、乾、兑。水口宜放甲、乙、壬癸方。

坎命的人房子坐坎向离大吉，坐离向坎中吉，坐震向兑也吉。大门宜在辰巽巳方、坎方、离方位。床在房间内宜放在丙、丁、辰、巳、甲、乙方位，床头也是。灶位宜压在乾、坤、艮、兑方位，灶门宜朝震、巽、离方位。宅内通道宜用震方。水口宜走向丑寅申未方大吉。

艮命的人房子宜坐东北向西南开坤门，或坐西南向西北开乾门、丑门。大门宜开在戌、亥、未、申方。卧室宜在乾、坤兑方。灶位宜在震、巽、离、坎四凶方，灶口宜朝向未、申、乾吉方。宅中通道宜用西方。宅内水口宜出丙、丁二方。

震命的人宜居坎、离、震、巽方，忌乾、坤、兑、艮方。大门宜在巽、壬、癸、离、震方。床宜放巽、壬、癸、震位，床头也宜此四吉方。灶位宜放坤、兑、乾、艮位，灶口宜朝向壬、癸方。宅内之水宜出辛、庚方。

巽命的人宜居坎、离、震、巽，忌乾、坤、艮、兑方。大门宜放在坎、离、辰、巳、震方。床宜放在坎、离、震位，床头朝向也是。灶位宜坐坤、兑、艮方，灶口宜朝向坎、离、震方。宅中通道宜用东方。宅内之水宜放在辛、庚方。

离命的人宜住坎、离、震、巽方，忌乾、坤、艮、兑方。大门宜在巽、巳、壬、癸、震、巽、离方。卧室内床宜放巽、震、癸、壬方位。灶位宜坐坤、艮、兑方，灶口宜朝甲、乙、辰、巳方位。宅中通路宜用东方。水道宜走乾方。

坤命的人宜住乾、坤、艮、兑，忌坎、离、震、巽方。大门在戌、乾、未、坤、丑方大吉。卧室内床宜乾、坤、兑最好，床头也是如此。灶位宜坐坎、离、震、巽、灶口宜朝乾兑申未方。宅中通道，宜用西方。水口宜向丙丁方位。

兑命的人住西屋大吉，北屋宜西间或东向、南屋西向，忌南屋中间，北屋中间，东屋中间。房门宜戌、亥、艮、坤方。床位宜放室内艮、坤、乾方。灶位宜坎、离、震、巽，灶口宜朝向乾、坤、艮、兑方。宅内通道宜用西方。水口宜向丙、丁方向出水。

第五章　罗盘的实际应用

一、罗盘的基本用法

1. 罗盘使用前的校正

罗盘使用前，要注意对外盘进行校准与调整。可用标准的量角器，分别对外盘的四个外角进行测量，检查看是不是 90 度，误差如超过 0.1 度应进行打磨；检查天心十道线是否分别与四条外边平行，如不平行，应适当调整穿线孔的位置；检查四个穿线孔是否分别位于四个外边的中点，如果偏离中点，应重新开孔；检查天心十道的交点是否对准磁针的顶点。

还要注意对罗盘归零，即将内盘刻划的 0 度、180 度、90 度、270 度旋转到能对齐天心十道，如无法对齐，则稍挪移天心十道使其对齐后，再旋转内盘 90 度或任何角度。如内盘之任何十字垂直刻划能一样对齐天心十道，则此罗盘可用；如无法对齐，则此罗盘最好不要用。

此外，可依据以下口诀来校正罗盘："虚危之间针路明，南方张宿上三乘，坎离正位人难识，差却毫厘断不灵。"所谓虚危，是指二十八星宿中的虚宿和危宿。用手转动罗盘内圆盘，如果方盘上固定的"天心十道"红线中的任一线端在虚宿和危宿中间的界缝，也就是圆周刻度的 0 度，而红线另一端压在二十八星宿中的张宿三度，也就是圆周刻度的 180 度，天池内表示南北的子午（即坎位与离位）与方盘上的天心十道线互相重合，一点也没有误差，这就证明所使用的罗盘是准确的，否则需要校正。

2. 罗盘定向的操作步骤

操作罗盘，首先要专心。风水学认为，地面气场是看不见、摸不着的，它分布各方，只能运用罗盘，准确地测度它的分布。所以，在操作时必须专心致志，一丝不苟，才可以获得准确的数值。加上罗盘层数多，排列得密密麻麻，一不专心，视线错位，就会差之毫厘，谬之千里。

传统风水中有《下罗盘诀》云："天旋地旋九星旋，阴阳顺逆显神盘，五行生克各在位，趋吉避凶降周全。"此诀并不是为了上请天神下驱鬼魅，而是用于安静人心，使人专心专意，集中意念，尤如气功入静一样，目的就是使操作罗盘的人排除各种杂念和干扰，顺利地操作罗盘完成测度。

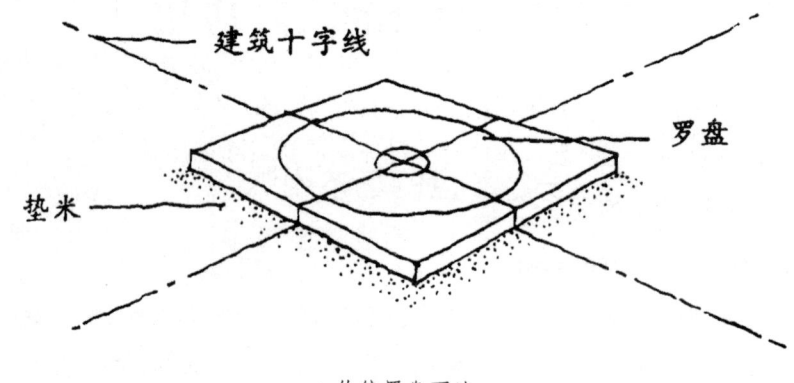

传统罗盘下法

操作姿势正确也是必需的，会直接影响测度的效果。使用罗盘时，磁场有异常、测量所在地有磁性物质、磁针磁性不够强、磁针没有与地磁场的磁力线平行，对测量精度均有影响。所以，用罗盘测量时，罗盘一定要端平，传统风水师开盘时将罗盘放在盛满大米的盘上的方法是科学的，可推广之。

运用罗盘定向时，双手分左右把持着外盘，可保持在转动罗盘时较为稳定。双脚略为分开，务求重心最平稳，双脚合起来或分得太开，都会影响重心。将罗盘放在胸之间的位置上，大约接近肚脐的位置。令罗盘保持水平状态，不要左高右低或右高左低，亦不宜前高后低或后高前低。然后以自己的背靠为坐，面对为向，开始立向。

就在这个时候，罗盘上的天心十道线应该与屋的正前、正后、正左、正右的四正一重合，如果十字线立的向不准，那么，所测的坐向就会出现偏差。

固定了天心十道线的位置之后，用双手的大拇指转动内盘。当内盘转动时，天池会随之而转动。一直将内盘转动至磁针静止下来，与天池内的子午线重合。

有一点是非常重要的，就是磁针有小孔的一端必须与子午线上的两个小红点重。这时显示坐向方的天心十道线（横的那一条）与内盘各层相交。我们要找寻的各种数据和数据，就显示在这条线所穿越和涵盖的区域上。

然而，罗盘上有十多二十层，究竟那一层才是坐向呢？就是二十四山那一层了。它就在天池附近。天心十道线向方上的那一个"山"，我们用它表示向，天心十道丝坐方上的那一个"山"，我们用它表示坐。

譬如说，向山是子，坐山是午，我们便称之为坐午向子。知道自己宅中的坐向后，将罗盘放在全屋的中心点，便可以由坐向求出全屋的方位（或宫位）。

地球磁场在太阳黑子活动高峰期会处于不稳定的状态，磁力线可能会在数度范围内摆动，地磁场不稳定的象征是平放的罗盘在静止状态下磁针剧烈摆动，这时不能测量，应等到磁针完全静止后才能测量。

3. 罗盘定向的两种方式

定建筑物的坐向或门向，有建筑内测向法与建筑外测向法两种方式。在建筑内测坐向时，要立于建筑内的平面中心，先大致观察，背对建筑为坐山，面对建筑为朝向。建筑外测向法，是人站在建筑之外观测，以人面对建筑为坐山，背对建筑为朝向。由于现在的建筑墙体或者家具里有金属材料，所以一般不把罗盘直接靠在建筑的墙体或家具上测量。

测定坐向时，如果测量的地方有金属干扰指南针，指南针就会发生偏差，如此测量出来的坐向就不灵了。所以，为避免磁针偏差，一般要在距离被测量物体约1.5米以上的地方来放罗盘。

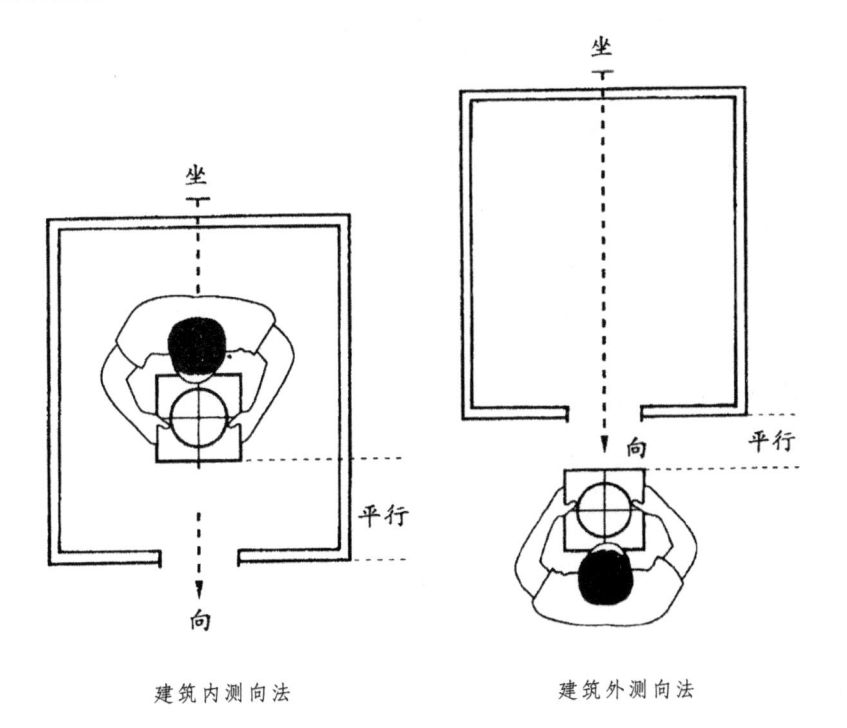

建筑内测向法　　　　建筑外测向法

4. 用罗盘分析静、动、变、化宅

风水学认为，宅院进深只一层房屋为"静宅"；有二至五层房屋为"动宅"；中间有腰房或门墙分隔；有六至十层房屋为"变宅"；有十一至十五层房屋为"化宅"。这就是中国风水学中阳宅"静动变化"四格局。

所谓静宅，为一整体结构的房屋，可以是一间，也可以是几间，但无院落。可在房屋的中间放罗盘，定准二十四山向，看主在某宫某字，门在某宫某字，灶在某宫某字，以断吉凶。

动、变、化宅的看法，可在院落和大门的中间下十字线，将罗盘放在十字正中，定准二十四山向，看大门在卦象中是何宫为何字，属东四宅还是西四宅，则大门即可定矣。再到高大房院的正中，下一罗盘，用线牵到高大房子的门的正中，看其在何宫为何字，则其宅主可定。再到厨房院中下一罗盘，看灶房门在某宫某字，属东四灶还是西四灶，则灶可定。然后将门主灶三者合笼，以断吉凶。

二、风水立极要法

要勘察风水，就要确定阴阳宅的坐向分金度数，以便判断吉凶，而在此之前必须做的，是找到房屋的中心点。在风水学中，这个方法就叫立极。从本质上说，立极就是要找一个静气点，然后引申一线或八宫二十四位来配元运论吉凶。立极也可说成"定中宫"、"放射线"、"立线向"、"定坐向"等。只有极点确定之后，才能使用罗盘测量，找出线位或八宫之二十四山向的确实位置，以便论断各方位的吉凶。

罗盘立极的方法可分两种——八宫放射线和飞线定中宫。二者大体相同，不同的是八宫放射线从中宫立极，而推算八宫所在方位，而飞线定中宫是立线向，可视为立线向与立方位的区别。

坐艮

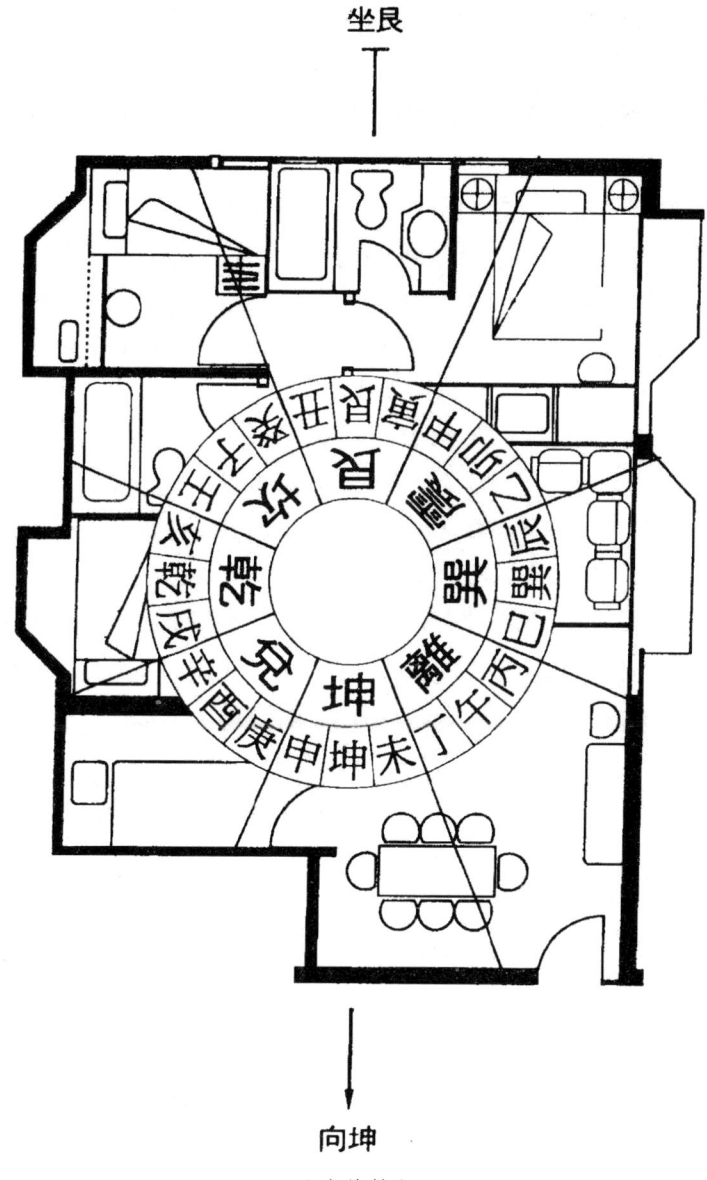

向坤

八宫放射线

1. 阳宅立极

阳宅立极主要用"八宫放射线"的方式，将建筑平面划分为八个或若干个方位，或看某物于某字上以论吉凶。如用八宅法定方位，就用罗盘按八卦将建筑平面划分为八个方位。具体过程是，在建筑平面中心点下罗盘，按八卦方位可推知建筑的八宫位置，或察看大门在何方位上，并以建筑的坐向卦宫来讨论建筑八宫的吉凶。

然而，现代建筑的平面千变万化，有些简单，有些复杂，如何确定建筑平面中心有必要讨论一下。一般来说，针对不同的屋宅，风水中有以下基本的确定中心点的方法：

对于方形（包括长方形和正方形）的住宅，以四角交叉点为立极点。即可用两根线对角拉上，取当中交叉处为中心点。屋宅外面即使有走廊和阳台，也不用计入。

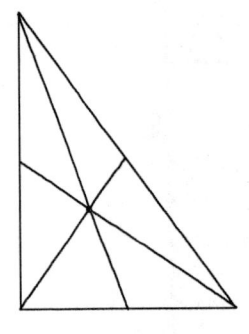

对于三角形的住宅，以两边斜线的一半作交叉点，然后再与对象划直线，另一斜线，也是同样，两线的交点为中心点。

对于梯形的住宅，可将长的一边与短的一边划一道虚形平均互补，形成四方形，再求出对角线之交叉点，即为屋之中心点。

对于缺角屋，如果所缺的角小于全屋面积的二分之一，需要把所缺部分计算在内，划出对角线，以取得中心点。不论所缺部分的形状或位置如何，也不论所缺之角形，完全按这种方法计算。

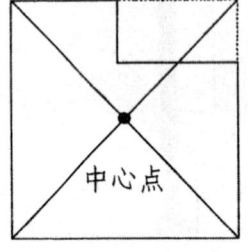

对于凸角屋，如果屋宅的凸出部分小于整栋屋宅的二分之一，在测量时应将凸出部分忽略不计。如凸出部分与与缺角部分大致相等者，可在凸出和缺角中间划一条虚线均分开，成为正方形，取其对角线之交叉点为中心点。

但如果屋宅呈不规则的形状，或者根本就找不出中心点，屋内气场紊乱不顺，风水学认为是凶象，不宜久住。

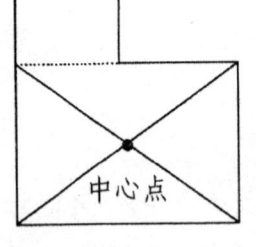

阳宅的立极分两个方面，一是屋向，一是门向。

屋向——屋向是以地局立极的，背山面海的屋当以向海的一方为向，背山的一方为坐。如果房屋看不见山水，便以明堂为向，如前方见平地、游乐场、公园等等；如果屋的前后左右不见山、水及明堂，则以房屋最多窗的一方为向。总之，阳宅的定向口诀以"阴阳动静排龙诀"的阳动为向及阴静为坐作指标。

三角形平面的中心

缺角屋定中心

凸角屋定中心

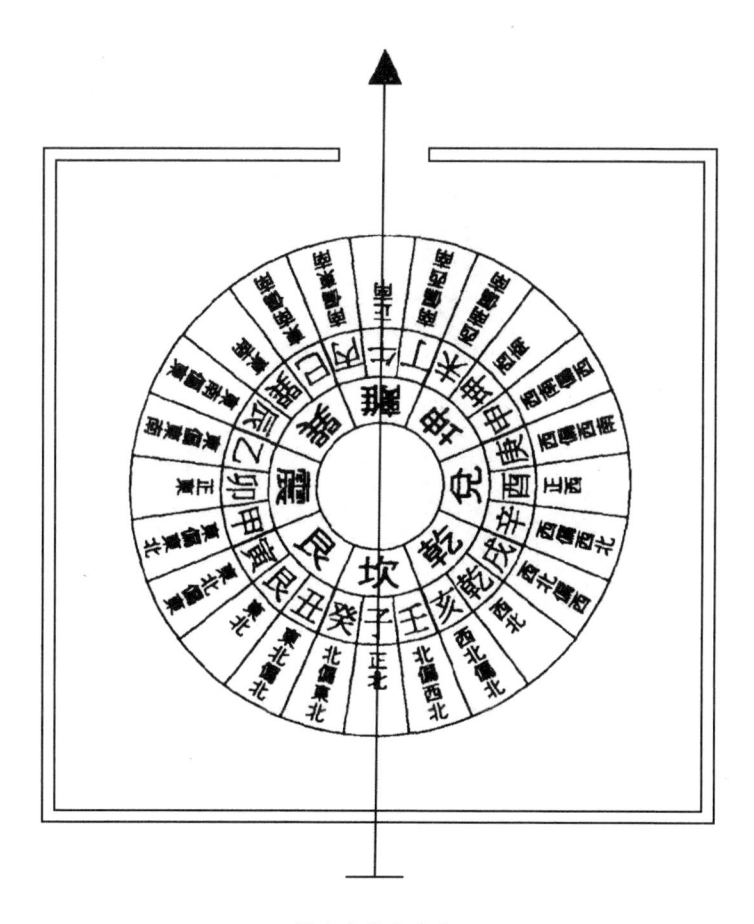

罗盘定住宅中线

门向——门向的立极非常简单，站在门位，向外为向，向屋内为坐。只要在门位下罗盘，门向的线位便会测度得出来。

在房屋立极（测度房屋以何方为坐、何方为向）后，便可下罗盘定线位。

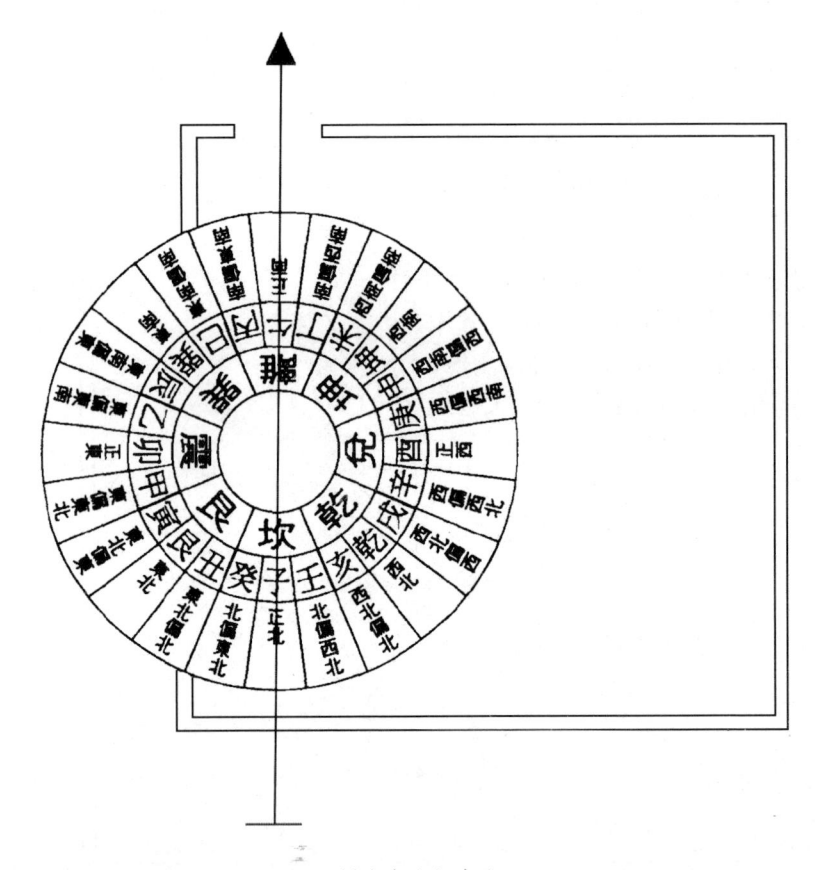

罗盘定大门中线

2. 阴宅立极

古代风水认为，对于阴宅来说，有什么样的坐向就可以乘什么样的龙脉生气，所以测定阴宅立极非常关键。内分金法和外分金法就是用罗盘来测定阴宅坐向的两种方法。

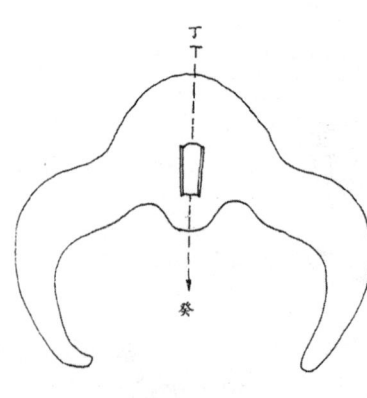

内分金法，就是以棺椁首尾中点的连线定坐向方位，这便是线位；

外分金法，就是以碑面（刻字的一方）的向为向，相反方向为坐；有些风俗不喜在坟前下石碑，只是把这里的泥土削平，这平面便是向了。

阴宅立线，以罗盘外盘与碑面平行，甚至将罗盘贴在碑面上，然后将内盘转至磁针叠在红线上，量度阴宅的坐向山

阴宅测量内分金法

水以论吉凶。

阳宅则以屋向及门向立极后所测度的线位配合论吉凶；阴宅则以内外分金立极后所测度出来的线位配合论衰旺。相比之下，阴宅的立极比之阳宅更为严格，因为阴宅所能乘得的生气只分布在一条非常狭小的线脉之内，稍一偏移，就可能脱离脉气。所以古人说："分金差一线，富贵不相见"。

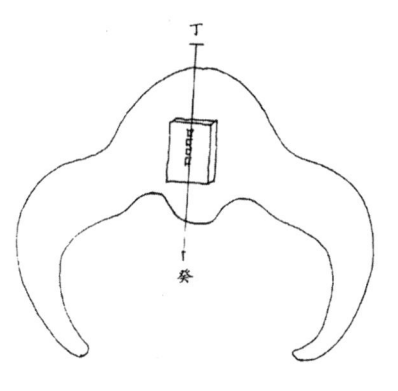

阴宅测量外分金法

三、奇针八法

罗盘使用的关键是看针。就像中医号脉一样，基于地磁的影响，古代风水师们根据天池内磁针晃动的不同状态，来判断地质的优劣以及杂质的情况，从而发展出了一套完整的理论方法，这就是所谓的"奇针八法"——搪、兑、欺、探、沉、逆、侧、正。

搪：惧怕。指磁针浮而不定，不归子午（中线），说明地下有古板古器。向东搪：地下有牛猫狗之类骨头；向南搪：地下有咸泉；向西搪：地下东边有坟；向北搪：地下有磁器；中搪：地下有古钟之类。

兑：突起。指磁针横于水面而不归子午，是地下有金属矿床或铁器所致。向东兑：地下有瓦砾之类；向南兑：地下有甘泉；向西兑：地下南边有顽石；向北兑：地下有异常土质；中兑：地下有强磁电缆之类。

欺，欺诈。指以磁石引针，针转而不稳。向东欺：地下有靠西处是空虚地；向南欺：地下有异样东西；向西欺：地下北向有古庙鬼怪之类；向北欺：地下有古钟铁器之类；中欺：地下有荒。

探，下投。指磁针半沉半浮，或是一头沉一头浮。向东探：地下有白石、晶石之类；向南探：地下东南有铁、磁之类；向西探：地下东南有古井；向北探：地下有动气之土；中探：地下有炉、磬之类。

沉，沉没。指磁针完全沉于水底，是地下有铜器所致。向东沉：有蜂蚁蛇虫之穴；向南沉：地下向南有石器或岩石；向西沉：地下向西有伏尸；向北沉：地下有棺材；中沉：地下有古冢石燈之类。

逆，不顺。指磁针浮而乱动无序。向东逆：地下有祭记灵物；向南逆：地下东北有异矿；向西逆：地下东有磁器；向北逆：地下西南有白骨；中逆：地下有灰炭之类。

侧，不正。指磁针偏向两侧，或东或西，不归中线。向东侧：地下有石器；向南侧：地下西南有磁器；向西侧：地下有空虚之地；向北侧：地下有金、锡之类；中侧：地下有古器、旧宝。

正，不斜。指磁针稳定地指向子午。向东正：西有峰石；向南正：地下西北有水穴；向西正：东有古坟；向北正：地下有金银宝器；中正：百祥福祉，百世安宁。

八奇中唯正为吉，其余七种情况都说明其地不吉，不可安坟造宅。至于这些判断标准是依据何种原理，现在已经无从知晓了。

四、镇宅与化煞

风水学认为，不管任何门派的罗盘，都刻有大量的阴阳两界的数据，可以说是一道很有力的符。罗盘的威力是以先天之气化后天无形之煞，所以可以用来化煞、镇宅和招财。

阳宅中如果阴气太重，出现有人见鬼、小孩无故大喊或犯空亡卦线坐向等情况，都可将罗盘放在屋内的四角或对角上，不论任何方位，针头指向南极的零位上，平放在墙角，即可达到兴旺避邪的目的。

又有风水师认为，可以将罗盘一个放在神龛下方，或者神像的后方，或者摆放神像茶几的下层，可以大大地增强神灵加持力，起到镇室安宅之功效。或将罗盘直接挂在家宅、办公室、商业场所、犯阴煞方或通道门口、房间内和光线明亮处，可保家宅平安，趋吉避凶。

风水家认为如果宅门或单位门窗正对天斩煞或尖角、庙宇、坟场、电线杆等不吉的形煞，会影响屋内人运衰退。较好的化煞方法，是在罗盘的正南方子午线上用红色锦线穿起来，或者在罗盘的正南方钻一个小洞，将罗盘挂在门上或窗前正面朝出，面向着形煞，但须南位向上，这样就可达到化煞的目的（罗盘一定要打开）。平时随身携带，则只需放入公文包，手袋或汽车上，也可达到化煞护身的作用。

第六章　选择适合的罗盘

一、罗盘的尺寸和材料

1. 罗盘的尺寸

罗盘有大小不同的尺寸，近现代生产的罗盘尺寸系列包括：2.8，3.4，4.2，5.2，6.2，7.2，8.2，8.6，10，12，18.6寸。其中，2.8～5.2寸的为小型罗盘，6.2～8.6寸的属中型罗盘，8.6寸以上的属大型罗盘。在北京中国古代建筑博物馆收藏着直径超过30寸（1米）的特大型罗盘，这是目前发现的最大尺寸的古代风水用罗盘。

为什么会有那么多尺寸呢？一方面是由于前面所说的圈层内容有多有少，圈层多的自然就大，圈层少的自然就小；另一方面则是因为使用者和使用对象不同，罗盘尺寸的选择也会有较大的弹性。

一般来说，如果要追求精细准确，愈大的罗盘便愈能够办得到，如在勘察面积较大的阳宅，或需要配合分金刻度等，愈大的罗盘便愈适合，因为大型罗盘圈层内容多，信息量大，精度高，但其缺点是尺寸大，不方便携带。而小型罗盘虽然由于直径小而方便携带，但其圈层内容少，精度稍差，一般只适合业务水平较高的风水师使用，初学者不宜采用。中型罗盘较为适宜多数人使用，如6.2寸的罗盘有22环内容，一般说来已足够用。

罗盘盘面的圈层环数的多寡，常见的罗盘则从最小的9层到36层不等。在胡国慎所著《罗经解定》一书中，则推荐使用直径12寸的罗盘，其认为罗经直径必为12寸，应一年12月，周三径一，围经则为36寸，应周天365度，层数必24环，应岁时24节气。

2. 罗盘的材料

现今制造罗盘的材料有天然的木材，如柚木、樟木等；有合成的木材，如胶木板、蔗渣木、夹板等；以及纤维料，如电木、塑胶料等。

柚木比较耐用，打理得好，最少可以摆放几百年。

合成木的成本比较低，所以它的价格与其他材质的罗盘相比是便宜的。

电木质罗盘平面光滑，不易变形，与柚木罗盘相比，它不受天气的影响，缺点是比较重，携带起来颇为不便。

塑胶多用在外盘。利用塑胶作外盘，是因为质素容易控制，但是，日子久外盘便会容易脆裂。

罗盘内盘的盘面多是以钢片刻蚀而成，再加防锈薄膜，以防氧化。

二、罗盘的选购要点

"工欲善其事，必先利其器。"对于风水师来说，罗盘的质量好坏关系到位置测量的精度，并直接影响立向布局的准确性，所以选择罗盘时不可不慎。市面上所卖的罗盘由于产地的不同，质量有好有次，初学者尤其需要在购买时仔细鉴别。

罗盘是由海底、内盘、外盘三大部件构成的，三大部件的质量都与罗盘的测量精度有密切关系。

（1）罗盘海底：海底的圆盒应是标准的圆柱形，海底底部的定位十字线应正交，即呈90度角；顶针应固定在海底十字线的交点上，并与海底的底面垂直，顶针的尖头不能有损伤，如果尖头受损，磁针的转动就会迟滞不灵活，从而影响指针的准确性；磁针必须通直，不弯不翘，有足够的磁性；磁针两头的重量应一致；海底盖最好是玻璃，有机玻璃或塑料的盖子易产生静电，对磁针有吸附作用，影响测量精度；盖上玻璃盖时，倒转海底，磁针应保持不掉下。将海底放入内盘时，应特别注意海底线的北要与内盘的子山正中对准。

（2）罗盘内盘：内盘上各圈层上的内容是风水罗盘的主要部分，要求盘面平整光滑、分格准确、字迹清晰；内盘不可前后左右松动，旋转时必须光滑、平顺又稳，绝不可有紧涩之感；地盘二十四山的子午卯酉应分别与周天三百六十度0度、180度、90度、270度重合，其他各盘都要按照专业风水罗盘的标准设置，各得其所；内盘的内外圆必须标准，放进外盘后，与外盘的间隙应保持在合适的范围，宽紧适当，间隙太小则转动不灵活，间隙太大则会影响测量精度；内圈宜稍紧，以使海底固定不松动；内盘圆心应与海底同心。

（3）罗盘外盘：外盘必须是标准的正方形，四个边不弯曲、歪斜，放置内盘的园凹的圆心应在外盘的几何中心；整个盘面应平整光滑，没有翘裂、变形等现象；天心十道的四个穿线孔必须分别定位于外盘四个边的中心点上；有水准泡的罗盘，当两个水准泡的气泡都在中心时，海底的磁针应与盘面平行。购买罗盘时可按照上面所详列的要求去挑选。

此外，内盘的盘面底色有金色和黑色之分，在选择时也有讲究。金面的内盘较适合年纪较长的人或视力衰退的人，因为盘面上的字在金色底色衬托下十分清晰分明。而如果是在白天阳光较强烈的时候使用罗盘，则宜选择黑面的内盘，因为当阳光照射时，其折光率较弱，不会太刺眼，而金面在阳光的照射下，双目会受光的反射而难以睁开，在折断线位时容易出错。

就价格而言，两岸三地的罗盘做个比较，台湾的最贵，一个三元盘要达人民币 3000 元左右，香港的也要 1000 元左右，而内地产的罗盘最多不过 300 多元。内地的罗盘往往在网上有售，但许多热卖的罗盘质量令人担忧。所以，选购时一定要请懂行的人为自己参考的好。

台湾白鹤鸣先生针对罗盘的选购，以自身经验总结出 11 句口诀，其内容虽大致不出以上所讲的范围，但由于他的口诀易念易记，特别适合初学者，所以详列如下，以供参考：

（1）中央磁针要准确

内盘中央又称天池位，内藏磁针一支，这磁针有"牛角"的一端指着正北零度，尖的一端要指着正南 180 度。即使偏差一度也不可以接受。

（2）天池红线指南北

天池内的红线尖端，必须指着内盘的正北 0 度（即子山中央）及指着内盘的正南度（即午山中央）。

（3）天心十道由线定

天心十道两线相交的角，必须等于 90 度。检验时，可将罗盘的 0 度（子山中央）垒在其中一端线上，其余三线必须垒在 180 度（午山中央）、90 度（卯山中央）及 270 度（酉山中央）。

（4）盘面字迹要清晰

内盘盘面刻蚀了很多资料。这些资料的字体要清晰，如果在刻蚀的技巧或时间上控制不当，则字体便会模糊不清。

（5）内盘转动要灵活

内盘在转动时，不要有窒阻之感，亦不宜感到松，此是虚位多的表征。总之，在转动时感到罗盘畅顺无阻。内盘与外盘之间虚位不多，便可以了。

（6）外盘必成四方形

外盘必成为一个四方形，每边尺寸均等，这才合乎原则。

（7）四边要直不要曲

外盘的四边必须直，切不能有弯弯曲曲的情况出现，否则，在与宅墙取平行时容易失准。

（8）必须完整莫变形

购买罗盘时要留意有没有扭曲、变形、崩缺的情况出现。特别是木质罗盘，在制作之前水分未干容易变形，金属或有机一类物质的罗盘，容易受人为挤压变形。除了人为的影响之外，天气也会造成如此后果。

（9）罗盘层数要配合

罗盘上刻蚀了很多有关风水的资料。每一派风水所需要的资料不相同，所以在选择罗盘时，要选择本派风水资料的罗盘。如三元派要选择三元盘，三合派要选择三合盘，这样的罗盘才能够配合运作。

（10）尺寸大小要合用

（11）盘面平滑才美观

如果罗盘以上各方面都合格，但外盘盘面有一些凹凸，或者不够平滑，虽然在使用起来并没有甚么妨碍，但总觉不够美观，所以在最后点选择罗盘时，注意选一些盘面平滑的罗盘。

三、罗盘的保养与维护

罗盘是很精密的工具，平时需要精心地保养与维护。

在使用罗盘时，要注意防止日光曝晒、雨淋，特别是铜面罗盘，曝晒容易加速盘面脱落，而沾水则会造成铜锈。在外出旅途中，特别是如果乘坐摩托车时，应把海底取出用布或纸包好，随身带在上衣口袋上，防止旅途颠簸损害顶针。

罗盘使用后，要用软布擦干净盘面。当内盘转动不灵活时，可将内盘取出，在内盘底部涂上石蜡。罗盘不用时，应放在干净、稍为隐蔽的地方。注意避免放在有磁性或磁铁的地方，也不可放在电脑、电视等有磁场电器的旁边，否则会影响到罗盘天池磁针的准确度。

　　罗盘闲置的时候必须平放，以使磁针保持在正确的状态。如果侧放，让磁针打侧落在固定位置，很快便会失去功效。

　　罗盘使用的关键是看针，专业罗盘的针是非常考究的，越是上乘的罗盘，天池指针越灵敏，但就算质量一般的罗盘，天池的指针也是非常灵敏的。因此，罗盘在遇到地磁场强、有龙真穴的大地，或乘车乘飞机等，或长期放置于电磁波较多的地方等等，都会出现指针南北向颠倒的情况。

　　对此，可用马蹄形磁铁或者用长条形的磁铁，对罗盘指针来回非常轻柔地磨。由于磁铁有"同性相吸，异性相斥"的特性，所以不必理会磁铁哪头是南极或北极，只要磁铁的哪头能不让指南部份（或指北部份的）指针头跳开，就用这头磨这方的针头，也就是用相吸的原理来磨罗盘指针。

　　对罗盘的结构较为熟悉的人，可以将指针拆出来，打开天池的盖子，用磁铁直接在指针上轻柔的磨动，也是给指针加磁，这也是专业风水师的"养针"诀窍。一般专业风水师的罗盘每隔半个月或者二十天，都得对罗盘指针进行养针，否则罗盘会出现磁偏差。

参考文献

一、专著

1. 胡国慎. 罗经解定. 上海：文明书局，1926
2. 王圻，王思义. 三才图会. 上海：上海古籍出版社，1988
3. 何晓昕. 风水探源. 南京：东南大学出版社，1990
4. 程建军. 风水与建筑. 南昌：江西科学技术出版社，1992
5. 白鹤鸣. 风水罗盘逐层详解. 香港：聚贤馆文化有限公司，1995
6. 李定信. 中国罗盘49层详解. 香港：聚贤馆文化有限公司，1997
7. 李士澂. 新制二十一层罗经盘结构. 南京：东南大学印刷，1997
8. 程建军. 中国风水罗盘. 南昌：江西科学技术出版社，1999
9. 张玉正. 罗经详解. 台湾：圣环图书股份有限公司，2008
10. 郑同点校. 堪舆（古今图书集成术数丛刊）. 北京：华龄出版社，2008
11. 郑同. 一本书弄懂风水. 北京：华龄出版社，2010
12. 曾涌哲. 中国风水学初探. 北京：华龄出版社，2010
13. （清）沈竹礽著，郑同点校. 增广沈氏玄空学. 北京：华龄出版社，2010
14. 郑同点校. 钦定协纪辨方书（上下）. 北京：华龄出版社，2010
15. （宋）辜托长者著，郑同点校. 绘图入地眼全书. 北京：华龄出版社，2011
16. （清）赵玉材著，郑同点校. 地理五诀. 北京：华龄出版社，2011

二、论文

1. 王振铎. 司南、指南针与罗经盘（上）. 上海：商务印书馆，1948. 中国考古学报（三）
2. 王振铎. 司南、指南针与罗经盘（中）. 上海：商务印书馆，1948. 中国考古学报（四）

3. 甘肃省博物馆. 武威磨嘴子三座汉墓发掘简报. 文物，1972（12）

4. 安徽省文物工作队，阜阳地区博物馆. 阜阳双古堆西汉汝阴侯墓发掘简报. 文物，1978（8）

5. 殷涤非. 西汉汝阴侯墓出土的占盘和天文仪器. 考古，1978（5）

6. 严敦杰. 关于西汉初期的式盘和占盘. 考古，1978（5）

7. 严敦杰. 式盘综述. 考古学报，1985（4）

8. 王振铎. 试论出土元代磁州窑器中所绘磁针. 中国历史博物馆馆刊，1979（1）